『成唯識論』を読む

竹村牧男

春秋社

『成唯識論』を読む

目次

凡例

一、本書に用いたテキストは、佐伯定胤校訂『新導　成唯識論』（法隆寺、昭和一五年〔昭和四七年第三版〕）である。引用にあたっては、同本の訓点にのっとって書き下し文とした。

一、引用の末尾の括弧内に、『成唯識論』の巻数と同新導本の頁数を記した。たとえば、巻三の二〇頁は、（三・二〇）のように記してある。なお、その下に、同引用箇所の最初の部分に関し、四冊（第一〜第四）からなる『会本　成唯識論』（仏教大系刊行会、大正八年〔昭和五〇年、中山書房復刻〕）の冊数と頁数を併記した。たとえば、（Ⅳ・一二三）は、同書第四の一二三頁を意味する。

一、読み仮名は、新導本を基本に、さらに島地大等訳『国訳成唯識論』（国訳大蔵経論部第十巻、国民文庫刊行会、大正九年〔昭和五〇年、第一書房復刻〕）を参照して付した。

一、本文の理解に際しては、右の各書のほか、深浦正文『唯識学研究』下巻（〔教義論〕、永田文昌堂、昭和二九年）を大いに参考にした。記して謝意を表したい。

一、なお、書き下し文中、「心いい〜」というように、「いい」の語がしばしば出るが、この「いい」とは、主格を表わすもので、たとえば「心いい〜」は、「心が〜である」「心は〜である」という意味を表わすものである。

『成唯識論』を読む

はじめに――唯識とはなにか

唯識思想成立の背景

今回、法相宗の根本聖典ともいうべき『成唯識論』という書物を拝読させていただくことになりました。その全部を拝読するということはとうてい無理だと思うのですが、なるべく全体にわたって、重要な点を適宜取り上げながら拝読していこうと考えております。初めに、唯識とはどのような思想であるか、ということをお話させていただこうと思います。

唯識という仏教は大乗仏教の一つの哲学的な思想体系であるわけですが、そもそも大乗仏教とは何か。釈尊と大乗仏教はどういう関係にあるのか。こうしたことにもさまざまな問題があります。それで、ごく簡単に主要な点にのみふれますが、釈尊が亡くなったのは、紀元前三八三年と日本の学界ではいわれています。一方、大乗仏教が登場するのは西暦紀元前後といわれています。釈尊が亡くなって四〇〇年ぐらい経って、新しい宗教が生まれてくるわけです。当初は『般若経』『法華経』『華厳経』等、皆さんよくご存知の経典が宣布され、その後、それらの経典に盛りこまれた思想を整理し、論理的に体系化していく作業が行われていくわけです。

唯識を大成したのは、弥勒・無著・世親だといわれています。そのうちの弥勒については、どう解釈するか、いろいろ考え方があるようですが、伝統的にはこの弥勒は、兜率天にいらっしゃるという弥勒菩薩です。五六億七千万年後にこの世に現れて、龍華樹（りゅうげじゅ）のもとでの三回の説法で一切の衆生を救済する、といわれている弥勒菩薩が一番の根本であって、無著がその弥勒菩薩に兜率天から降りてきていただいて、ひそかに教えを受けて、それを皆に伝えたといわれます。世親は無著の実弟であるといい、この二人は実在の人物だと考えられております。宇井伯寿先生は非常に合理的な考え方をされて「弥勒菩薩というのは伝承にすぎない、無著に先輩がいて、その実在した人物の教えをまとめて、それを弥勒という名前に託したのである」という解釈をされました。なんともいえませんが、確かに唯識の思想体系をまとめたのは、事実上、無著・世親だったでしょう。皆さんご存知のように興福寺には国宝の無著・世親像があります。ふだんは北円堂にいらっしゃいます。

無著・世親が唯識の思想を大成したわけですが、世親は伝承によりますと最初は小乗仏教を学んでいました。説一切有部の教学を学んで『倶舎論』を完成させています。世親の唯識関係の書物はいくつかありますが、『唯識二十論』と『唯識三十頌（じゅ）』はもっとも有名です。頌というのは詩のことです。これが登場しわずか三十の詩の中に、唯識思想の全体系を網羅した作品を、世親が作ったわけです。これが登場しますと、その後の唯識研究は『唯識三十頌』の研究に力が注がれます。もちろん、無著の『摂大乗論』もありますし、他の重要な唯識文献も当然研究されたと思いますが、『唯識三十頌』はわずか三十の詩の中に唯識思想の重要なことがすべて網羅されている名品であるので、これが研究の対象の中心になっていくわけです。

この『唯識三十頌』に対しては、十大論師が注釈を書いたと伝えられております（安慧や護法）。護法は平川彰先生の年代論でいいますと五三〇年～五六一年頃に活躍された方です。インドにナーランダーという場所がありました。そこにかつて仏教だけではなく医学・法学・工学等のいろいろな学問を研究する学園がありました。世界最古の総合大学であるといわれたりもしますが、護法はそのナーランダー学園の学長のような存在であったといわれています。その護法の弟子に戒賢という方がいました。戒賢も『唯識三十頌』の注釈を書いています。さまざまな方が自分自身の立場で『唯識三十頌』に注釈を書く、ということがなされていたようです。宇井伯寿先生は、無著・世親は古唯識（伝統的）であり、それに対して、護法や戒賢は新唯識であると考えました。古唯識と新唯識の間には大きな断絶があって、本当の唯識の考え方は無著・世親の古唯識である、といっておられます。ともかくインドでは、唯識の研究が盛んになされたように伝えられています。

玄奘三蔵と『成唯識論』

中国にはそのつど唯識が入ってきました。玄奘三蔵（六〇二～六六四）は、それまで翻訳された唯識関係の文献がどうも腑に落ちない、本当のところを確かめたいということで、インドへ旅するのです。初めはカシミールで説一切有部の教学を学びます。その後ナーランダーに入って、護法・戒賢の流れの唯識を勉強します。いわば当時のインドの最新の哲学を学んで、これを中国に持って帰るわけです。玄奘三蔵は時の皇帝の支援をうけまして、多くの翻訳事業に携わります。さまざまな経論を正確に翻訳します。しかし、正確さだけがありがたいわけではないようです。『法華経』などは依然として羅什訳が使われます。少し意訳的なところがあっても、流れるような美しい文章のほうが好まれるようで、玄奘訳の方は、それほど人々に親しまれるというわけにはいかなかったようです。しかし、非常に正確な、大量の仏教文献の翻訳をもたらすわけです。

玄奘三蔵はそのようにさまざまな翻訳を産んだわけですが、思想的には唯識を一番重んじていたようであります。ご自身は法相宗、つまり中国あるいは日本に伝わる唯識学派の、その開祖という位置には立たれなかったようですが、高弟の慈恩大師窺基（今日、一般に基が正しいと言われている）によって法相宗が開かれます。慈恩大師は、玄奘三蔵と協力しながら『唯識三十頌』の十大論師の注釈を翻訳しました。しかし、あまりにも煩瑣なのでこれを一つにまとめようとしました。玄奘三蔵はナーランダー学園で学んできましたから、護法・戒賢の立場を中心にして、これを「正義（しょうぎ）」（正しい解釈の立場）とします。重要な異説がいくつかある点については、その説を並べながら、『唯識三十頌』の詳しい一つの注釈書、十本の注釈書ではなくて、一つの注釈書として編集して訳出しました。それが『成唯識論』です。

最近の研究では、もともとインドに一冊にまとまった『成唯識論』の原典があったのではないか。そういうことを主張される学者もおられます。その辺は徐々に明らかになってくるのでしょう。法相宗の伝承では慈恩大師が自ら一本にまとめることを進言したことになっています。もう一度いいますと、世親の『唯識三十頌』に対し、護法の立場を中心にして、他の立場も合わせながら、一冊の詳しい注釈書として編纂して訳出したものが『成唯識論』であるわけです。

ですから、『成唯識論』を拝読するということは、実は『唯識三十頌』を拝読するということでもあるわけです。ところが、宇井伯寿先生の説では、無著・世親は古唯識、護法・戒賢は新唯識で、異なるものであるとします。実際問題として、『唯識三十頌』のサンスクリット写本は残っておりますが、これを見ますと、世親の『唯識三十頌』そのものには、必ずしも無著の立場と合致するとはいえないような表現もあります。『唯識三十頌』はわずか三十の詩の中にあらゆる思想をもりこんでいるわけですが、詩というのは音韻を整えるという制約もあります。そこに全部を詳しく書くことはできないのです。多少のことは省略しながら詩にまとめてある。しかし実際にそれを講義するときはきちっと講義をする。そういうスタイルであったのではないかと思われます。世親の『唯識三十頌』に対する護法の解釈は古唯識と異なるのかについては、私の見解ですが、逆にむしろ無著の『摂大乗論』の立場、あるいは『瑜伽師地論』の立場、それらに基づいて、少し表現の違う世親の『唯識三十頌』をきちっと解釈する、そういうものが『成唯識論』ではないか、と考えております。決して無著・世親と護法・戒賢とが古と新に分かれるのではなく、むしろ世親の『唯識三十頌』のほうに若干の言葉の不足がある。それに対して、伝統的な唯識の立場からつきつめて解釈して示したものが護法・戒賢の立場であり、『成唯識論』である。そういうふうに見ることができると私は思っています。

日本には、四回にわたって中国から唯識が伝えられたといわれています。一番最初は道昭です。道昭は遣唐使とともに唐（中国）に渡って、玄奘三蔵に師事して法相教学を学び日本に伝えました。その後も別の方が、慈恩大師窺基に師事したり、さらにそのお弟子さんについて学んだりして、日本に伝えたといわれています。

第四伝は、玄昉であります。政治的な要因から地方へ追放になった僧でもありますが、この玄昉が第四伝ということになっていまして、興福寺の唯識教学はその玄昉の流れをくんでいるといわれます。こうして、インドから中国へ玄奘三蔵が当時最新の唯識思想を移植し、それがほとんど間をおかずに日本に伝わったのです。リアルタイムにインドの最新の哲学が日本に伝わっているわけです。奈良はシルクロードの終着駅といいますが、まさに特急便で唯識思想が奈良へ届けられたのです。奈良の大きなお寺では、どこでも唯識が勉強されました。奈良仏教は八宗兼学といって、いろいろな立場の仏教学を学んでいくわけです。とりわけ興福寺・薬師寺は今も法相宗の大本山です。法隆寺なども盛んに唯識が学ばれた道場でありました。

唯識とはなにか

『成唯識論』は法相宗の根本聖典であり、実に重要な書物になるわけです。これは一つの仏教の教えでもあり、また一つの哲学でもあります。では、そもそも唯識とはどういうことなのでしょうか。

ふつう私たちは、こちら側に心があって、向こう側に物が実在していて、心は物を映し取る。そうして認識が成立する。このように考えているのではないでしょうか。心があり、その心とは別に物があるという考え方です。それに対して、唯識はただ識のみということをいうわけです。実際問題として、本当にこちら側に何か透明な心がある、向こう側になにか物がある、世界はそのようになっているのでしょうか。あるいは、心が物を映し取るという仕方で、認識しているのでしょうか。認識にもいろいろありますが、たとえば見るということを取り上げたとき、それはどのように起こると考えられるでしょうか。

見ることを考えたときに、なるほど外側に物があるのかもしれません。しかし、その物の姿は眼球の水晶体を通って、網膜にその像が映り、その像が視神経を通じて脳に伝えられるでしょう。そこで網膜に映った像が視神経を通じて脳に伝わるというときに、物理的な像のまま伝わるのではありません。細胞ごとに情報は分割され、電気的な信号かなにかで脳に伝えられるでしょう。脳はその情報を解読して、映像を作りだします。目の向こう側に映像を投影するのです。こうして、少し反省してみますと、決して我々は外のものを直接見ているのではなくて、脳が作りだした映像を脳が見ていると考えざるをえないでしょう。脳は自ら像を作りだしてそれを見ていることにならざるをえないと思います。片目だけで見ますと極めて平板な像しか見えません。両目を開けて見ると立体的に見えてきます。これも左右の信号を脳の中で何か調整して、立体像を作りだしているからです。実は今いっている脳自体が見られたものの側ですから、そこには哲学的に大きな問題もあるわけですが、それはともかくとして、簡単にいって我々は直接外界のものを見ているのではなくて、脳が作りだした映像を脳が見ているという仕方で、認識は行われていると考えられます。

意識の世界でいえば、心の中に言語の観念等を浮かべてそれを認識している。その場合、心の中において認識が行われています。物を見るということに関しても、視覚という感覚の中に、視覚の対象が現われてそれを見ているのです。脳が対象像を作りだすはたらきを心といえば、心は心の中に映像を浮かべてそれを見るものであります。それが心なのです。単なる透明な主観ではなくて、心は自分の中に対象像を浮かべてそれを見るもの、ということになってくるわけです。

唯識で考えている識は、正にそういうものです。単なる透明な主観ではなくて、自分の中に対象像を現わし出して見るもの、そのような構造をもっているものが識です。心の中に、見られるものと見るものとがあるのです。識の中に見られる側と見る側が備わっている。そういうものが唯識の識であります。その見られるものを「相分」、見る側を「見分」といいます。識というのは少なくともその中に相分と見分を具えたものです。

その識に眼識・耳識・鼻識・舌識・身識の五感の識、それから第六意識、さらに末那識・阿頼耶識があるといいます。これらについては、『成唯識論』を拝読していくなかで紹介したいと思いますが、それら八識が個人でありかつ世界でもあるのです。我々が見たり聞いたりしているものは脳が現わし出したものかもしれない。言い換えれば心が現わし出したものかもしれない。しかし、それを生み出す基になる外界のものがあるのではないか。東京から新幹線に乗ると時間通りに京都に着きます。そのような時間・空間の厳然たる秩序の基になる外界の物質的な世界があるのではないか。我々が見たり聞いたりしているものは心の中に現われたものかもしれない。しかし、その基になるものが何か外にあるのではないか。これは極めて当然の考え方だと思います。ただ、唯識の場合、実に意識下の阿頼耶識の中にそういうものがあると考えます。外界に相当すべきものは、決して心と独立した外界の存在ではないというのです。このことについては、またあとで説明いたしましょう。ともあれ唯識とは、物と心が分かれていて、その心が世界を現わし出すのではなく、心の中にその対象があるような、そういう心があるのみということなのです。

法相宗の宗名のいわれ

唯識の学派を、日本では法相宗といいます。なぜ唯識宗といわないで法相宗というのか。それは私にはわかりませんが、唯識の思想の中には、諸法の分析の実に細かいものがあります。ここでいう法は、世界の構成要素みたいなものです。サンスクリットのダルマ（dharma）という語、これにはいろいろな意味があります。真理という意味もありますし、それこそ法則・法律という意味合いのダルマもあります。しかし、法相宗でいう法は、その定義がありまして、「任持自性（にんじじしょう）、軌生物解（きしょうもつげ）」というものです。自性を任持して軌となって物（もつ）に解を生ず。この物というのは衆生のことのようです。自分自身の特質をたもち続けて、そして規範となって、その認識を人々に生ぜしめるもののことなのです。

たとえば、水と氷と湯気があります。我々の目には、それらは違うものとして見えるわけです。目には異なるものとして見えるのですが、それはH_2Oという分子のくっつき具合の変化にすぎない。それらを通じて、H_2Oという分子そのものは変わらない。こういうことが自然科学的にはいえます。その場合、何が存在しているのか。水があるのか氷があるのか湯気があるのか。いや、H_2Oという分子があるのであって、その集合具合によって現象に変化が生じてくるのみ。そのように、現象がいくら変化してもその中で自分自身をたもち続けるものがあるとしたら、それがダルマです。ですから、ダルマは世界の構成要素といえるようなものです。我々の目には千変万化してやまない世界。けれども、その世界にあって自分自身をたもち続けるもの、それがダルマ・法です。ただ、自然科学のように物質界だけにそれを求めていくのではなくて、心の世界等にもそれを見出しているのです。

仏教は昔から心を一つのものとは見ません。多くの別々の心が仮に和合して心理現象を構成すると考えます。釈尊のもっとも初期の説法に、「五蘊無我」という教えがあります。五蘊の色・受・想・行・識の、最初の色は物質的な要素。受・想・行・識は別々の心として分析されたものです。受は感情、想は認知、行は意志、識は知性。それらは別々の心であって、そういうものが縁によって仮に和合して流れている。その相続があるのみなのであり、常住で、不変で、かつ主体的な存在、常・一・主・宰の我すなわちアートマンは、一切ない。これが無我の教えです。無我というのは自分が全く存在しないのではなくて、常・一・主・宰であるものは存在しないということです。現象としての自己はないわけではありません。その現象の自己において、根本的な主体をどこに見出すかが問題になるかと思いますが、ともかく、五蘊無我の教えでも、心を別々のものの複合体として考えていて、単一の自我はないというのです。唯識ではその心がさらに細かく分析されているわけです。

自分自身の特質を維持して変わらないものを探求して、説一切有部では七十五のダルマを分析しています。「五位七十五法」といいます。五位とは、物質的なもの、心の中心になるもの、さまざまな心、物とも心ともいいきれないもの。それから、現象にかかわらないもの（順に色法・心王・心所有法（心所）・心不相応法・無為法）、です。説一切有部ですと、涅槃の世界は無為法として、他の有為法とは区別されるダルマであるとします。唯識は、これらの諸法を空観をもとに再解釈して、五位百法と分析するわけです。唯識の場合は心のほうから始まります。心の中心となるものが八つ、いわゆる八識です。それから、その他のさまざまな心を分析し、物質的なものを分析し、物でも心でもないものを分析し、不変なものを分析する。全部で百のダルマを分析する。こういうものも唯識の思想の中にあるわけです。ではこの百の世界の構成要素の存在と唯識とは矛盾しないのかが問題となるわけですが、ちゃんと矛盾しないようになっているのです。そのことについてはいずれお話するとして、そういう五位百法のダルマの分析というものが唯識の中にあって、これが法相宗という宗の名前の由来になっているのだろうと思います。要するに唯識は大乗のアビダルマでもあるのです。アビダルマとは諸法の分析という意味です。このアビダルマというものが、仏教の世界観の一番基本にあるものです。大乗のアビダルマである唯識は、ですから大乗仏教の基礎学であるということになるわけです。

日本の多くの人々を捉えている仏教というと、やはりいわゆる鎌倉新仏教になるでしょう。一番最初にその道を開いた法然上人は、比叡山で長く勉強したのでしたが、南都にも遊学して法相宗の学問を修めています。法然上人が思うには、凡夫が真実の仏国土、法身・報身・化身でいうと報身の仏国土（報土）に往生させていただくということは、本当に可能なのであろうか。天台によれば、一見可能のようだけれども、仏身・仏土論が弱い。唯識は仏身・仏土論が非常に克明に分析されているけれども、凡夫が報土へ行くことは否定している。どうしたものであろうか。法然上人はその思いの中で、ようやく善導の『観経疏』の一文に出会って、凡夫であっても阿弥陀仏の本願によって報土に往生させていただける、そういう確信を持って、念仏を広められた。ですからその背景には、唯識の仏身・仏土論の勉強があるわけです。

親鸞聖人になりますと「信満成仏」というか、信を得たときにもう弥勒と等しい、如来と等しいというかたちになります。それは横超というようなことになるわけですが、その意味は、唯識で、凡夫から仏になるまでに大変長い時間がかかる、三大阿僧祇劫という気の遠くなる時間がかかる、ということがきちっと述べられている、そのことに対して際立ってくるものです。『華厳経』では、初めて菩提心を発したときに正覚を成ず、といいます。その『華厳経』の立場も、唯識にきちっとした修行のプロセスが描かれているからこそ、また大きな意味を持ってくるのです。

そのように、唯識は極めて正統的な立場を表明しています。唯識があってこそ、他の学派の考え方も意味がでてくるのです。そのことにおいても、大乗仏教の基礎学であり、標準となるものです。そういう意味で、唯識はなかなか重要な思想体系であると思うのです。そういう、実に壮大な思想体系が我々には残されているわけで、最近、建造物等で世界遺産というものがいろいろ指定されていますが、興福寺に伝わるこの唯識の思想こそは、まさに最高の「心の世界遺産」ではないでしょうか。

一　五位百法の概要

心王・心所の分析

五位百法についてですが、五位とは、心王・心所有法（心所）・色法・心不相応法・無為法の五つのグループでした。この中、無為法は変化しない世界、心王・心所・色法・心不相応法は有為法といわれます。つまり有為法は、変化していく現象世界を構成するダルマです。心王については、説一切有部の場合は意識一つだけですが、唯識では八識すべてを個々のダルマと見ます。心所は詳しく分析されており、色法は一言でいえば物質的な世界です。心不相応法は物でも心でもないものです。これらと無為法の五つの範疇の中で、世界の現象を構成する単位となるものが、詳しく分析されているわけです。唯識の理解に、この百法のアビダルマの理解は欠かせません。以下、五位百法のおののダルマの概要について簡単に説明しましょう。

〔五位百法〕　心王八　心所五一　色法一一　心不相応法二四　無為法六

心王		眼識・耳識・鼻識・舌識・身識・意識・末那識・阿頼耶識
心所	遍行	触・作意・受・想・思
	別境	欲・勝解・念・定・慧
	善	信・慚・愧・無貪・無瞋・無癡・勤・軽安・不放逸・行捨・不害
	煩悩	貪・瞋・癡・慢・疑・悪見
	随煩悩	忿・恨・覆・悩・嫉・慳・誑・諂・害・憍・無慚・無愧・掉挙・惛沈・不信・懈怠・放逸・失念・散乱・不正知
	不定	悔・眠・尋・伺
色法		眼・耳・鼻・舌・身・色・声・香・味・触・法処所摂色
心不相応法		得・命根・衆同分・異生性・無想定・滅尽定・無想事・名身・句身・文身・生・老・住・無常・流転・定異・相応・勢速・次第・方・時・数・和合・不和合
無為法		虚空無為・択滅無為・非択滅無為・不動無為・想受滅無為・真如無為

まず、「心王」ですが、要は、八識です。眼識・耳識・鼻識・舌識・身識、ここまでは感覚（五感）

の世界です。意識は感覚と区別された心のはたらき、推理とか判断、記憶なども含まれるでしょう。さらに唯識は、これら私たちが日常知っているような心の世界だけではなくて、意識の奥に末那識（常時の我執）という世界があり、さらにその奥に阿頼耶識という世界があると説きます。阿頼耶識は、過去一切の経験を貯蔵している意識下の世界です。これら八識の一つ一つがダルマなのです。

「心所有法」、略して「心所」は、さらにいくつかのグループに分かれます。遍行（へんぎょう）・別境・善・煩悩・随煩悩・不定というグループ分けがあるのです。

〔遍行〕は、一切性・一切地・一切時・一切倶を満たします。一切性とは、心が善の傾向を持っても悪の傾向を持っても、どんな時でも心王と一緒になってはたらく、すなわち相応するということです。一切地とは、我々は三界に生きています。欲界・色界・無色界といいますが、これは六道輪廻の世界でもあります。その迷いの世界を、九つの段階に分けて見る場合があります。九地というのですが、要するに三界と同じであります。その、どの段階であっても、必ず心王と相応するということです。地獄にいる場合でも、神々（天）として禅定に入っている場合でも、とにかく心王が起きている時には、その心王と必ず相応するというのが、一切地です。一切時とは、とにかくどのような時でも、どの心王とも相応するということ。一切倶とは、その遍行の五つの心所は必ず一緒に起きることです。遍行の心所はむずかしく理解しづらいのですが、『唯識三十頌』の阿頼耶識を説くところに、それと相応する心所として遍行の心所がでてきます。そこを読む時には、『成唯識論』に沿って詳しく見ていくことにしたいと思っていますが、以下はごく簡単な説明です。

「触」は、『倶舎論』では、根（器官）・境（対象）・識（主観）を和合させて認識を成立させるはたらきのあるものだといいます。『成唯識論』の説明では、心・心所を境に接触させ、そして感覚・知覚等を成立させるものです。そういうものがあるというのです。「作意」は、『倶舎論』では、対象に関心を持つというはたらきですが、唯識では、種子を警覚して心を起こさせるものをいうようです。「受」は、苦楽等の感情です。「想」は、認知作用です。「思」は、心をはたらかせるもので、意志に相当するものです。

これら五つの心所は別々の心として存在して、しかもどの心王とも、どんな場合でも、必ず一緒になって起きるわけです。

〔別境〕の心所は、特別の対象に対した場合にのみ起こります。「欲」は、欲求の対象に対して起きます。「勝解」は、明確な事柄に対して、断定的に了解するような場合に起きます。「念」は、記憶のことで、過去の対象に対してのみ起きます。「定」は、観法で何かを観察する場合に、心を統一していく、その心の統一をもたらすものです。「慧」は、分析的知性のことなのですが、これも主に観法において起きてくるものです。

〔善〕の心所ですが、仏教でも善悪ということはいいます。ふつう善悪は倫理的、道徳的な価値基準と考えられますが、仏教の善悪は、業に関係します。業とは、行為をおこなえば、その行為が必ず未来に影響を及ぼす、その全体をいうものです。このとき、楽の結果をもたらすものが善の行為です（善因楽果）。それに対して苦しみの結果をもたらすものが悪の行為です（悪因苦果）。その場合、楽とか苦といっても、我々がふつう考えるような感覚的な楽とか苦ではなくて、宗教的な意味での楽と苦でしょうが、そういう結果を導くものが業です。善の定義としては、「二世にわたって自他を順益するもの」（五・一九参照）。現在世だけではなく未来世にも、自分だけでなく他者に対しても、本来のいのちの願いに順じて自他をともに利益していく、そういう効果のあるもの、それが善なのです。唯識ではそうはっきり定義しています。その善の心に、どういうものがあるのか。

まず、「信」は、理解・憧れ・意欲の一体となったものといえます。まず仏典を知的に理解して信ずる。信と理解の解を合せて、信解（しんげ）といいますが、信はそこから始まります。そして仏・法・僧の三宝に対する憧れと、修行に対する実戦への意欲、これらが信の心の内容です。

「慚」と「愧」とは、別々のダルマとして五位百法の中で分析されています。一般に慚は自分に対して恥じること、愧は世間（他者）に対して恥じること、という説明がよくなされるのですが、唯識ではそれをふまえつつも、ポイントは善を尊重することが慚であり、一方、悪を避けることが愧であると説いています。

「無貪」「無瞋」「無癡」は、貪・瞋・癡のないことですが、それぞれ善のダルマとしてポジティブに挙げられています。「勤」は、努力精進。「軽安」は、身心が快調なること。身心が重いとおっくうで、修行がなかなか出来ないわけで、そうでない快適な状態が軽安です。「不放逸」は、放逸でないということで、したい放題に振舞わないことです。「行捨」は、心を常に平静にたもてること。得意になっても湛然としているし、失意になっても泰然としているということです。「不害」は、攻撃しないこと、暴力を振わないことです。

善の心所の分析の後には、〔煩悩〕〔随煩悩〕の分析があります。

煩悩は、自分自身を煩わしく悩ますものです。自分の心を濁らせ悩ますものです。随煩悩に対して、煩悩は根本煩悩といわれます。随煩悩は、その根本煩悩から派生したものです。この煩悩・随煩悩に、末那識と一緒になってはたらくものがあります。末那識は未来に結果を導くようなはたらき（業）を持ちません。自我にしがみついてはいるのですが、そのこと自体は業をつくらないのです。未来に苦果を招くものが悪ですが、末那識と相応している煩悩にはそういう力能がありません。そこで、煩悩全体に対して悪と決めつけることができませんので、善に対し悪とはいわずに、煩悩・随煩悩という分類になっているのです。

我々の意識レベルで自覚される煩悩は、ほぼ悪の性質を持ちます。悪の行為は未来に苦しみの結果をもたらすのですが、さらに詳しく定義を見ますと、「二世にわたって自他を違損するもの」（五・一九参照）です。現在世だけでなく、未来世までにも、自分だけでなく他者をも損ねていく結果をもたらすもの。これが仏道の世界で考えられている悪です。多くの煩悩・随煩悩は、実際はそういうはたらきをするわけです。

煩悩のなか、まず「貪」「瞋」「癡」の三毒（貪り・怒り・無明）があります。また、「慢」という、自分と他者を比較して自分のほうが他者より勝れているとか、明らかに劣っているのに同じだとか、そうやって他者との比較の中で自分を保全しようとする心もあります。「疑」は、仏教の教えに対して、真摯に受け止めることを猶予する心です。「悪見」は、間違った見解です。

これらの貪・瞋・癡・慢・疑・悪見が根本的な煩悩で、しかもそれらは具体的な場でさらに個々の特徴をもってはたらいたりします。それが随煩悩です。そのなか、「忿」は、いきどおり。「恨」は、うらみ。「覆」は、しらばっくれ。先輩の兄弟子などから「あなたは悪いことをしましたね」と指摘されたときに、「いえ、していません」としらばっくれて、自分がおこなった過去の悪い行ないを覆ってしまうことです。「悩」は、悩むということもあるようですが、その結果、言葉で相手の急所を攻撃する。これものちに『成唯識論』の関係個所の説明の中で詳しくお話したいと思います。「嫉」は、しっと。「慳」は、ものおしみ。「誑（おう）」は、たぶらかし。つまり、本当でない姿を現わすことです。昔のインドでは、本当は修行をよくしてもいないのに、いかにも覚ったかのようにみせて立派な供養にありつくといったことがしばしばあったようです。「諂（てん）」は、覆と似ているのですが、先輩などから悪事を指摘された時に、否定し覆ってしまうのではなく、相手をいいくるめて籠絡（ろうらく）してしまうことです。人から自分の欠点や過失を指摘された場合に、どうしても素直に認めることができない我々の心のはたらきを分析して取り出しているのです。「害」は、攻撃心。「憍」は、うぬぼれ。自分の優れていると思っている部分に酔う心です。「無慚」「無愧」は、それぞれ慚のないこと・愧のないことです。「掉挙（じょうご）」は、いわばそう状態。坐禅の最中に心がざわついたりすること。一つの対象に集中しなければいけないのにできない。修行の観法を別の言葉で心一境性といったりしますが、一つの対象に対して次から次へと違う心が起きてくる状態です。「惛沈（こんじん）」は、いわばうつ状態。観法において、心が暗く沈んで、観察に堪え得ない状態です。「不信」は、信のないこと。「懈怠（けだい）」は、なまけて何もしない状況。「放逸」は、したい放題してはばからないこと。逆にしなければならないことをしない。「失念」は、記憶の喪失。「散乱」は、心のうわつき。心が散り乱れ、次から次へ対象を移していくことです。「不正知」は、誤った認識。

以上のものが、煩悩と随煩悩です。実によく、人間の心の中を分析しています。おそらく、僧伽で多くの修行者が修行していく経験のなかで、このことに関する臨床知が積み重ねられてきたものではないかと思います。

次に、〔不定〕の心所ですが、今までのどれにもあてはまらないものです。遍行でもない、別境でもない、善でも煩悩・随煩悩でもないものが、不定の心所です。

「悔」は、いわば後悔。「眠」は、睡眠への導入。眠らせるはたらき。本当に眠ってしまえば心王（意識）も起きていないし、心王が起きなければ心所も起きないわけで、眠りの心所というものはありえないわけです。「尋」は、言葉を粗く探すはたらき。「伺」は、言葉を細かく探すはたらきです。つまり尋と伺は表現を探すはたらきです。尋は言葉を粗く探し、伺は言葉を細かく探します。例えば、青い海というだけなら尋のはたらきのみでしょう。ではどのように青いのか、エメラルドグリーンのようなとか、透き通るようなとか、さらに細かく言葉を探すのは伺のはたらきです。

以上の五十一のダルマは、心所有法というのが詳しい名前で、心王と相応してはたらくダルマです。我々の精神現象は、これらのダルマがいくつか組み合わさって、刹那のうちに生滅を繰り返しつつ相続されていく。その中に心理現象があるのです。

色法・心不相応法・無為法の分析

次に、「色法」ですが、まず、眼根・耳根・鼻根・舌根・身根は五根です。私たちが知っている眼や耳は、ふつうの物質から成り立っているでしょう。しかし根の根たる所以は何かというと、対象を取り込んで認識をおこさしめるもの、「取境発識」のもの、これが根です。根の本質は、そこにあります。『倶舎論』では、その本当の根を、眼に見えない微細な物質であると考えます。それは物質なので色法になります。さらにその本当の根を包んでいる眼球とか耳殻とか、そういうものをも含めて根なのですが、唯識でも感覚器官としてのこの五根を、色法として考えています。

また、色境・声境・香境・味境・触境は五感の対象です。色法というときの色は、物質一般です。色境というときの色は、視覚の対象に限定されます。『倶舎論』では色と形が視覚の対象になっていますが、大乗唯識では、形の認識は意識の対象です。

色法には、今の五根・五境で十個あるわけですが、もう一つ、法処所摂色があります。法処というのは意識の対象ということです。意識の対象の中に収められるべき物質的なものを、法処所摂色というのです。例えば、これ以上分割できないと思われる物質の最小単位のもの、原子といったものを、今日では電子顕微鏡で見ることもできるかもしれませんが、古代にはそのようなものはありませんでしたから、考えることはできても、感覚で確認することはできませんでした。そこで、これは意識の対象の中に収められる物質的なものになるわけです。

「心不相応法」は物ともいえないし心ともいえないものです。一つ例をあげますと、心不相応法のダルマのなかに、名身・句身・文身というものがあります。この場合の身は集まりという意味です。名身は単語の集まりと考えればよいでしょう。文章とか命題、そういうものを句といいます。そのすべての集合が句身です。文身の文は文字なのですが、音声言語を考えていますから、その場合の文字は母音・子音です。音素というか、要するに母音・子音の集まりが文身です。つまり、名身・句身・文身というのは言語です。いったい言語というものは、物でしょうか、心でしょうか。

言語が音声そのものだとしたら、音声は聴覚の対象ですから、色声香味触法の声法になります。しかし言語は、音そのものでしょうか。言語の世界では、実のところ、例えばソプラノで「ア」といっても、バスで「ア」といっても、その音を聴いているのではなくて、「ア」に「イ」でもない「ウ」でもないという区別を聴いているのです。音の高い低いは関係ありませんから、音そのものを聞いているわけではないのです。母音・子音は、音に乗っているのだけれども、音そのものではありません。ですから声法としての色法（物質一般）ではないのです。かといって心ともいえません。そういう、物ともいえない、心ともいえないようなものが、心不相応法で、そういうものが、いくつもあるというのです。ともかくそうした心でも物でもないものが、二十四、分析されているわけです。

無為法は変化のない世界です。説一切有部の場合は三つありまして、択滅無為（涅槃）・非択滅無為（縁欠不生、本来生ずべきものが縁が欠けたために生じなくなってしまったもの）・虚空（ダルマが縁起することができる空間）です。大乗唯識になると六つあげられていますが、実際は真如一つです。真如は有為法の本性です。縁起ゆえに本体を持たない無自性なる現象世界の、そのすべての本性。それは空というあり方、「空性」です。その空性を別の言葉で「真如」とか、現象（諸法）の本質として「法性」とかいったりします。本当は無為法はその真如一つなのですが、それを別々の角度から見て述べたのが、虚空無為・択滅無為・非択滅無為・不動無為・想受滅無為です。

以上、これらの全部が、五位百法というものです。唯識は世界を、このようなダルマの組み合わせとして分析しています。そういうものが大乗仏教の基礎的な世界観として存在しているのです。

唯識とは唯「心王・心所」

八識は、五位の中の心王というグループに収められていました。ですから、唯（ただ）識のみということは、八識心王のみということと思われるわけですが、一方で五位百法を立てているわけです。これでは唯識ということと矛盾するのではないかと思われますが、実は五位百法と唯識は矛盾しないことになっております。その理由は、まず無為法は有為法の本性です。ですから、無為法は、有為法に帰せられます。有為法のなか、心不相応法は、心王・心所及び色法の相続のうえに仮りに立てられたものにすぎません。仮りに言葉を与えたにすぎないのであって、実質的に世界を構成しているダルマではありません。説一切有部では、すべてのダルマが「三世実有・法体恒有」であって、心不相応法も実在するという考え方でしたが、唯識では心不相応法は仮りに立てられたものにすぎないとします。色法は心王・心所の相分に求められます。例えば、色境というのは、眼識の相分に現われるわけです。心法（心王・心所）というものは、少なくともその中に見られる側（相分）と見る側（見分）の二つの契機が分析できるようなものなのであり、心所にもそれぞれ相分・見分があるのです。色法は、色（いろ）であれば眼識の相分、あるいはそれといっしょに相応している心所のそれぞれの相分に現われています。阿頼耶識の相分の中にはその感覚の基になる器世間（五境）が、五根とともに維持されているのです。

というわけで、物質的なものは心王・心所の相分に見出されるべきものです。心所の中にはいくつか仮のダルマ（現象世界を実質的に構成しないダルマ）も含まれているのですが、全体にほぼ現象世界を構成しているダルマであるといえます。ですから、唯識は心王・心所のダルマの存在は肯定します。心王・心所の複合体の、その流れがあるのだと見ているのです。ここで、唯識という識の語の中に、単に心王のみでなく、心所も含まれていると見ることにすれば、唯識と五位百法は矛盾しないことになります。ですから、実は唯識とは、唯「心王・心所」ということなのです。逆にいいますと、唯識という言葉から、ただ八識のみと受け止めると間違いになります。それは実はひどく浅い理解になってしまいます。

こうして、唯識という言葉の意味内容は、実は心王・心所のみということなのですが、これは五蘊無我の考え方と似ています。五蘊無我には色法も入っていますが、それと受想行識の複合体があるだけであって、常住の我のアートマンはないとするものです。そういう基本的な見方に拠りつつ、唯識になると、色法は心王・心所の相分に見出されます。結局、心王・心所のダルマの複合体があるだけであって、アートマンはないというのです。そればかりか、心王・心所のダルマそのものが、けっして実体的な存在ではないのです。

唯識はただ心王・心所のみというのが基本であって、いわばダルマ多元論といいますか、世界には多元的なダルマが存在しているとするものです。そのいくつかが縁に応じて、生滅を繰り返しつつ流れているのです。これが唯識の基本的な世界観です。そういう世界観を念頭に置きながら、ふだんは八識というものを基本に考えていくことでよいかと思います。しかし根本的には、心王・心所が常に一緒になって起きてくるのです。

心王と心所の関係についてよくいわれるのが絵師の喩えです。絵の先生がざっと輪郭を描く、弟子が色を塗っていく。絵の先生が心王であって、個々に色を塗っていく弟子たちが心所である、という喩えです。心所は、個々に独自のはたらきをするわけです。また心王と心所の関係は「四義平等」といわれまして、心王と心所が相応するときに、まず時を同じくします。また眼識と相応する心所は、眼識が眼根によるのと同じように、その心所もまた眼根によります。そのように眼識と相応する心所は根を同じくし、さらに対象も等しくします。例えば、眼識が青を認識しているとします。眼識の中の相分に青があって、それを眼識の見分が見ている。その青を見ている眼識と相応するそれぞれの心所はそれぞれ自分の相分に青を浮べて、個々の仕方で関わる。ですから、対象を等しくするのです。なお、心王一つに、心所は一つずつのみ相応します。

こうして、我々の個体もダルマの縁起における複合体です。五蘊無我と基本的に同様の見方がここにあります。そうだとしますと、かけがえのない個の意志、個体を統合する根拠はどこに求められるのでしょうか。自己は単なる複数のダルマの和合にすぎないのでしょうか。まず、個体としてのベースは阿頼耶識です。さらに自己意識として個の連続的な統合を自覚的にもたらしているものは、意識でしょう。刹那刹那、そのつどそのつど、別の意識が起きてくるわけですが、その意識の中で統合的なはたらきがなされていきます。そういう統合的なはたらきは、特に菩提心を発す、ということに始まって、やがて八識全体が修行の中で変化し、最終的には大円鏡智・妙観察智・平等性智・成所作智のはたらきに変わっていくように導くでしょう。仏果においては、その智慧のはたらきの中で主体性が発揮され、他者にも利益を及ぼしていくでしょう。そこに、自己としての統合的なはたらきがないわけではありません。しかしそうだとしても、基本的には、唯識はダルマ多元論的な構造になっているのです。

とりあえず、五位百法という法相宗の法相を簡単に紹介しました。一応、こういう世界の分析があるということを念頭に置いておいてください。

二　『唯識三十頌』について

『唯識三十頌』制作の意図

これから『唯識三十頌』を『成唯識論』の説明で拝読してまいります。論師が解説書を書くときは、三宝とか仏法とかに心からの帰依を表明して、自分の解説がうまくいくようにお祈りを捧げます。そういう詩（帰敬頌）がまず初めに置かれております。

唯識の性において、満に分に清浄なる者を稽首す。
我れ今、彼の説を釈し、諸の有情を利楽せん。（一・一、Ⅰ・三）

このテキスト（新導本）には、唯識の広大な思想体系を基盤にして、その立場から伝統的な読み方が確立されて、その読み仮名がふられています。その訓点、読み方には唯識教学の深い思想の背景があります。ですから、それを尊重しながら読むことで、『成唯識論』を精確に読めることになると思います。

この詩は、要は、諸仏・諸菩薩に帰依したてまつります。私はこれから世親菩薩が説かれた『唯識三十頌』について解説をし、人々を利楽したいと思います。どうか私の解説がうまくいきますように、というお祈りの詩です。

さて、いよいよ『成唯識論』の本文に入りますが、まず初めに、世親菩薩がなぜ『唯識三十頌』を著されたのか。そのこころ（造論の意趣）について明かしています。

今、此の論を造することは、二空の於に迷謬すること有る者に、正と解とを生ぜしめんが為の故なり。解を生ぜしむることは、二の重障を断ぜしめんが為の故なり。我・法と執するに由りて二の障具さに生ず。若し二空に証いぬるときは、彼の障も随いて断じぬ。障を断ぜしむることは、二の勝果を得せしめんが為の故なり。生を続する煩悩障を断ずるに由るが故に、真解脱を証す。解を礙うる所知障を断ずるに由るが故に、大菩提を得す。（一・一、I・八一）

「今、此の論を造することは、二空の於に迷謬すること有る者に、正と解とを生ぜしめんが為の故なり。」

世親が『唯識三十頌』を造られたのは、二空、つまり我と法の空です。アートマンもダルマも空なのです。これが本来の真理です。その二空に対する「正解」を正と解に分けて、正は無分別智の覚り、解は後得智の分析的な智慧と解釈し、その無分別智・後得智という二つの智慧によって覚らせんがために、『唯識三十頌』を造られたというのです。

「解を生ぜしむることは、二の重障を断ぜしめんが為の故なり。」なぜ二空を覚知させようとするのか。それは二つの重い障りを断たせるためだといいます。二つの重い障りというのは、我執・法執に基づくすべての煩悩のことです。それらが、人々の本来のいのちの実現を妨げているのです。

「我・法と執するに由りて二の障具さに生ず。」二の重障または二の障とは、煩悩障と所知障というものですが、自我に執著する、あるいは、物（法）に執著することによって、その煩悩障・所知障が二つともども生じてくることになります。

「若し二空に証いぬるときは、彼の障も随いて断じぬ。障を断ぜしむることは、二の勝果を得せしめんが為の故なり。」二空を覚らせるのは、二障を断たしめるためでした。なぜ二障を断たしめるのか。それは二つの勝れた結果を得させるためです。小乗仏教の場合は、我執しか断ちません。その結果、生死を離れた涅槃に入って終わりということになります。小乗仏教の場合は、仏としての智慧が実現しないのです。ところが、大乗仏教は我執とともに法執をも断ちます。そのことにおいて煩悩障とともに所知障を断じます。我執にかかわる煩悩を、煩悩障といいます。物等に対する執著（法執）にかかわる煩悩を、所知障といいます。所知というのは知られるべきものという意味で、つまり真理のことです。真理を知ることに対して障りになるのが、所知障です。しかし法執を断ずることによって所知に対する障りがなくなりますから、真理に対する智慧が生まれます。その智慧が生まれて仏になるのです。それは小乗仏教にはない勝れた果であります。つまり、二空を了解・証悟することによって、真解脱と大菩提を得るのです。真解脱というのは大涅槃です。

「生を続する煩悩障を断ずるに由るが故に、真解脱を証す。」煩悩障は我執に基づく煩悩です。我執においては自我にしがみついていますから、死んだ後もふたたびどこかに生まれることになります。我執があると生死輪廻を続けていくのです。自我へのしがみつきがなくなりますと、生死輪廻から解放されるわけです。小乗仏教の涅槃は、我執のみを断つことによる、生死を離れた涅槃でしかありません。ですから涅槃は無為法という、変化のない世界の一つのダルマになります。大乗仏教における涅槃は、単に生死と区別された涅槃ではなくて、生死の中で生死にとらわれない。生死に積極的に入っていくことができ、人々が苦しんでいる世界に自ら入っていくことができて、しかも、それに煩わされたり汚されたりしないで活動できる、そこに涅槃を見出していくという涅槃です。単純に生死輪廻を超えるだけではない、生死輪廻からの自由ではなくて、生死輪廻への自由が実現する、それが本当の解脱なのです。その意味で、大乗仏教の涅槃は、やはり勝れた果であるのです。

大乗菩薩の生き方を表わす言葉として、「願って悪趣に生まれる」という言葉があります。苦しみの多い世界にあえて自ら願ってそこに赴いて、人々のためにはたらく。そういうことが自由にできる、それは、法空をも見抜く智慧が成就して、はじめて実現するのです。小乗仏教の場合は法の空が理解できない。ただ、我の空だけを考えている。自我に対する執著から解放されるという、その点だけがテーマになっていて、そこからは生死輪廻の世界にあえて自ら入って活動するということはできません。生死輪廻から逃れるだけなのです。大乗仏教の場合は同じ涅槃といっても無住処涅槃といいまして、生死にも住まらないけれども、涅槃にも住まらない。むしろ生死の中に入ってひたすら活動します。しかも自分の功績・手柄にとらわれない。そこに本当の解脱があります。こうして、我執・煩悩障を除くと、大涅槃が実現するのです。

「**解を礙うる所知障を断ずるに由るが故に、大菩提を得す。**」菩提は、覚りの智慧です。法執、簡単にいえば物に対する執著、およびそれにかかわる煩悩を断じていくことによって、悟りの智慧が成就してくるのです。修行が完成すると、八識は智慧に変わります。智慧というのは、一言でいえば自利・利他のはたらきといえるでしょう。覚りの智慧を得ることによって、さきの無住処涅槃も実現するわけです。大乗の智慧は、他者を利益していくはたらきですから、小乗の覚りの智慧よりもはるかに勝れた果だということになります。自己が自分と物とにしがみついて苦しんでいたのが、仏教の教えの中で自由な主体となって、他者に関わっていきます。そこに本来のいのちが実現します。そのことを実現させるために、唯識が説かれたのだというのです。

我と法の空がポイントになって、その証悟を通じて、大菩提と大涅槃とが実現する。これは唯識だけではなくて、大乗仏教のすべての目的といってもよいものです。

『唯識三十頌』をどうして世親菩薩が説かれたのか。その次には、唯識を理解させるためだというような意味合いのことが書かれています。ニヒリズムに陥るのも阻止し、かといってすべてがあると見るのも阻止する。識のみあるというかたちの中で非有非空の中道を理解させる。そういうような意味合いも説かれています。さらに細かいことでは、八識が別にあって、決して一つの心王ではない、ということを理解させるためだとか、心王・心所は別なものである、そのことを理解させるために『唯識三十頌』を説かれた。そういうことが書かれています。

さらには、「**或は心に離れて別の心所は無しと執す**」ることは、誤った見解だといっています（一・一）。心王とは別に心所はない、と考える人々もいたわけで、そういう者に心王と別に心所があることを理解させるために『唯識三十頌』は書かれたというのです。やはり唯識の世界観は、心王・心所のダルマの多元論的な性格を持っているわけです。ですから、このことの理解も重要なことです。

しかしながら、こうしたことは枝葉末節のことでありまして、根本は我空・法空の二空を覚らせて、我執・法執に基づく煩悩障・所知障を断じさせ、本当の涅槃と智慧とを実現させることにあります。真に自由な主体、しかも利他にはたらいてやまない主体を実現させることにあります。このことこそが、唯識の究極の目的であります。ここに唯識の教えの意義、その根本が明らかにされているのです。

『唯識三十頌』の構成

ここで、『唯識三十頌』の大体の内容について、一覧しておきましょう。

以下に、『唯識三十頌』の原漢文と書き下し文を示します。

『唯識三十頌』

1
由仮説我法　有種種相転
彼依識所変　此能変唯三

仮に由りて我・法ありと説く。種々の相転ずること有り。
彼れは識が所変に依る。此れが能変は唯だし三つのみなり。

2
謂異熟思量　及了別境識
初阿頼耶識　異熟一切種

謂く、異熟と思量と及び了別境との識ぞ。
初のは阿頼耶識なり。異熟なり。一切種なり。

3
不可知執受　処了常与触
作意受想思　相応唯捨受

不可知の執受、処と了となり。常に触・
作意・受・想・思と相応す。唯だし捨受のみなり。

4
是無覆無記　触等亦如是
恒転如暴流　阿羅漢位捨

是れ無覆無記なり。触等も亦（ま）た是（かく）の如し。
恒に転ずること暴流（ぼる）の如し。阿羅漢の位に捨す。

5
次第二能変　是識名末那
依彼転縁彼　思量為性相

次のは第二の能変なり。是の識をば末那と名づけたり。
彼れに依りて転じて彼れを縁ず。思量するをもって性とも相とも
為す。

6
四煩悩常倶　謂我癡我見
幷我慢我愛　及余触等倶

四の煩悩と常に倶なり。謂く、我癡と我見と、
幷びに我慢と我愛なり。及び余と触等と倶なり。

7
有覆無記摂　随所生所繋
阿羅漢滅定　出世道無有

8
次第三能変　差別有六種
了境為性相　善不善倶非

9
此心所遍行　別境善煩悩
随煩悩不定　皆三受相応

10
初遍行触等　次別境謂欲
勝解念定慧　所縁事不同

11
善謂信慚愧　無貪等三根
勤安不放逸　行捨及不害

12
煩悩謂貪瞋　癡慢疑悪見
随煩悩謂忿　恨覆悩嫉慳

有覆無記に摂められる。所生に随いて繋せらる。
阿羅漢と滅定と、出世道とには有ること無し。

次の第三の能変は、差別なること六種有り。
境を了するをもって性とも相とも為す。善と不善と倶非となり。

此れが心所は遍行と、別境と善と煩悩と、
随煩悩と不定となり。皆な三の受と相応す。

初の遍行というは触等なり。次の別境というは、謂く、欲と、
勝解と念と定と慧となり。所縁の事いい不同なるをもってなり。

善というは、謂く、信と慚と愧と、無貪等の三根と、
勤と安と不放逸と、行捨と及び不害とぞ。

煩悩というは、謂く、貪と瞋と、癡と慢と疑と悪見とぞ。
随煩悩というは、謂く、忿と、恨と覆と悩と嫉と慳と、

13 誑諂与害憍　無慚及無愧
掉挙与惛沈　不信幷懈怠

誑と諂と害と憍と、無慚と及び無愧と、
掉挙と惛沈と、不信と幷びに懈怠と、

14 放逸及失念　散乱不正知
不定謂悔眠　尋伺二各二

放逸と及び失念と、散乱と不正知となり。
不定というは、謂く、悔・眠と、尋・伺とぞ。二に各二つあり。

15 依止根本識　五識随縁現
或倶或不倶　如濤波依水

根本識に依止す。五識は縁に随いて現じ、
或ときには倶なり、或ときには倶にあらず。濤波の水に依るが如し。

16 意識常現起　除生無想天
及無心二定　睡眠与悶絶

意識は常に現起す。無想天に生じたると、
及び無心の二定と、睡眠と悶絶とをば除く。

17 是諸識転変　分別所分別
由此彼皆無　故一切唯識

是の諸の識いい転変して、分別たり、所分別たり。
此れに由りて彼れは皆な無し。故に一切唯だ識のみなり。

18 由一切種識　如是如是変
以展転力故　彼彼分別生

一切種識の、是の如く是の如く変ずるに由り、
展転する力を以ての故に、彼彼の分別生ず。

19
由諸業習気　二取習気倶
前異熟既尽　復生余異熟
諸の業の習気と、二取の習気と倶なるに由りて、
前の異熟既に尽きぬれば、復た余の異熟を生ず。
20
由彼彼遍計　遍計種種物
此遍計所執　自性無所有
彼彼の遍計に由りて、種種の物を遍計す。
此の遍計所執の、自性は所有無し。
21
依他起自性　分別縁所生
円成実於彼　常遠離前性
依他起の自性の、分別は縁に生ぜらる。
円成実は彼れが於(うえ)に、常に前のを遠離せる性なり。
22
故此与依他　非異非不異
如無常等性　非不見此彼
故に此れは依他と、異にも非ず不異にも非ず。
無常等の性の如し。此れを見ずして彼れをみるものには非ず。
23
即依此三性　立彼三無性
故仏密意説　一切法無性
即ち此の三性に依りて、彼の三無性を立つ。
故に仏、密意をもって、一切の法は性無しと説きたまう。
24
初即相無性　次無自然性
後由遠離前　所執我法性
初のには即ち相無性をいう。次のには無自然の性をいう。
後のには前の所執の我・法を、遠離せるに由る性をいう。

25
此諸法勝義　亦即是真如
常如其性故　即唯識実性

26
乃至未起識　求住唯識性
於二取随眠　猶未能伏滅

27
現前立少物　謂是唯識性
以有所得故　非実住唯識

28
若時於所縁　智都無所有
爾時住唯識　離二取相故

29
無得不思議　是出世間智
捨二麁重故　便証得転依

30
此即無漏界　不思議善常
安楽解脱身　大牟尼名法

此れは諸法の勝義なり。亦たは即ち是れ真如なり。
常如にして其の性たるが故に。即ち唯識の実性なり。

乃し未だ識を起こして、唯識の性に住せんと求めざるに至るまでは、
二取の随眠に於て、猶お未だ伏し滅すること能わず。

現前に少物を立てて、是れ唯識の性なりと謂（おも）えり。
所得有るを以ての故に、実に唯識に住するには非ず。

若し時に所縁の於（うえ）に、智いい都（すべ）て所有無くなんぬ。
爾の時に唯識に住す。二取の相を離れたるが故に。

無得なり、不思議なり、是れ出世間の智なり。
二の麁重を捨しつるが故に、便ち転依を証得す。

此れは即ち無漏界なり。不思議なり、善なり、常なり、
安楽なり。解脱身なり、大牟尼なるを法と名づく。

以上の三十の頌（詩）の中、まず第一頌と第二頌の前半が、ひとまとまりの意味をもっておりまして、唯識思想の根本命題がそこにこめられています。

そのあと、第二頌の後半から第四頌までが、阿頼耶識の説明です。いわば、一切の経験を貯蔵しているという、意識下の世界のことを説明するものです。

第五頌～第七頌までの三つの詩の中に、第七末那識が説かれます。我々は、常に自我を執著している。何か善い行ないをしていても、実は自我に執著している。そういう心があるということを反省して、第七末那識を説くのです。

第八頌～第十六頌までには、前五識及び意識について説かれています。五感の識と、第六意識に関する説明の箇所になります。ただ、そのほとんどは心王とともにはたらく心所有法の説明です。

第十七頌～第十九頌は、唯識ということをさらに論証する箇所です。

第二十頌～第二十二頌は三性説（さんしょうせつ）です。唯識説の中に三性説という理論がありまして、存在の在り方を三つの観点に分けて考えていく中で、空や中道について究明します。

第二十三頌～第二十五頌までは、三無性についての箇所です。前の三性説に対応して、無自性の意味にも三種類あるという、三無性説が説かれます。特に第二十五頌では、唯識の一番核心である唯識実性が明かされます。それまでは唯識の相が説明されたといわれます。相と性は決して別のものではないと思いますが、覚りの世界で証される究極の世界、真の勝義諦が、この第二十五頌に明かされています。

第二十六頌～第三十頌は修行のプロセスです。唯識の修行は五位で語られることが多いのですが、だいたいそれに沿った修行の道筋が、その五つの詩の中に説かれています。

もちろん最後の第三十頌には、仏の世界のことが示されています。

以上のように、『唯識三十頌』では、世界観の説明、修道論に関する説明、その両方がわずか三十の詩の中に盛りこまれているわけです。この名品ともいうべき『唯識三十頌』に対する護法らの注釈、それが玄奘三蔵によって漢訳されて、『成唯識論』となりました。それも、哲学としての意味合い、論理のあり方、そういうことを深く究明したうえで、漢訳を完成したのです。それがほとんど間をおかず日本に伝わりました。以来、日本では訓点を振って、ある意味では日本語として読んでいるわけです。その場合、護法の思想や戒賢の思想を検討して、確かな唯識思想の論理体系を十分に咀嚼して、その上でその文章を解読したときに、論理的にどうしてもこのように読まなければならないという、その必然性を追究しぬいて訓点がつけられているのです。我が国の唯識を学んだ先学たちの努力の結晶が、その訓点に示されているわけです。インドの哲学者、玄奘三蔵、日本の法相宗、あらゆる真理を追究してやまない人々のいとなみの結集が、日本の『成唯識論』（たとえば新導本）というかたちで残されているわけです。この一冊の書物がどれだけの時空の深さ、広がりをもっていることか、まさに「心の世界遺産」ではないでしょうか。

三　唯識思想の根本構造

唯識思想の根本構造

第一頌と第二頌の前半に、唯識の根本命題が説かれているのでした。この一頌半をめぐっての議論を少し考えてみたいと思います。私たちは言語を用いて人とコミュニケーションをとったり、物事を理解したりします。しかし、言語を用いることによって本来の真理を見失っている、言語が真実を覆い隠してしまうということもあるわけです。ふつう我々は、言葉というものは、すでに外界に自立的に存在している物があって、それに対応してあるものと考えています。しかし少し反省してみるとして、我々は何に対して言葉を立てているのでしょうか。本当に外界の物に直接、言葉を立てているのでしょうか。

たとえば見ることを考えたときに、網膜に映った像が、視神経を通じて脳に伝えられます。そうすると、脳が作りだした映像を、脳が見ているということになります。とすれば、心の中に浮かんだ色や音、それに対して言葉を立てているのです。すでに外界に何か実在していて、それに直接に言葉を立てているのではなく、見たり聞いたりしたものに対して言葉を立てていることになります。

唯識の場合は、ふつうは外界にあるかと思われるものも、阿頼耶識の中にあるというかたちで処理します。そのうえで、少なくとも見たり聞いたりしているものに対して言葉を立てているとするのです。そのことをめぐっての根本的な考え方が、『唯識三十頌』の最初の一頌半の中に示されています。

仮に由りて我・法ありと説く。種種の相転ずること有り。彼れは識が所変に依る。此れが能変は唯だし三つのみなり。謂く、異熟と思量と及び了別境との識ぞ。（一・二、I・一一二）

私たちはすでに物があって、それで言葉があると考えていますが、実は言葉を用いているのは、ない物をあるかのように説いているにすぎない。本当にはない物に対して、何かあるかのように言葉を用いているだけなのだ。それが第一頌の初め、「仮に由りて」ということです。「我」には自分という意味もありますが、のちに「主宰」と説明されますから、いわば主体的存在を表す言葉ということになります。我に関する種々の言葉を、我々は用いるわけです。「法」は「軌持」とありますが、これはいわゆる「任持自性　軌生物解」です。自分の特質を維持し続けてやまないものということで、唯識では五位百法を分析しました。ですから、法とはいわば客体的な存在（ただし個々の心等も含む）

のことで、我々はこれらについても種種の言葉を用いるわけです。

我々は、何もないところに言葉を立てることはできません。かといって、素朴には本当にある物に対して言葉を立てていると思っていますが、実はそうではなくて、「識が所変」、つまり識において現われたものに対して、言葉を立てているのです。サンスクリットの『唯識三十頌』には「識転変」の語があるだけで、識の所変と能変を区別する言葉はありません。「識の変化」という意味の「識転変」(vijñāna-pariṇāma)の語しかありません。所変とか能変とかの言葉はないのですが、玄奘三蔵は、ここは「識所変」と訳すのが一番哲学的にも適していると考え、あえてそう訳したのでした。我々は識において現わされたものに対して言葉を立てているのだ、という意味合いを非常にはっきりさせた訳をしているのです。識の所変とは、眼識の中に色が現われている、耳識には音が現われている、そういうもののことです。具体的には、相分・見分になります。これに対する能変は、自体分(=自証分)となるのです(以上は、護法らの立場の場合)。

次に、「異熟」というのは阿頼耶識、「思量」は末那識、「了別境」は六識を意味します。この三つで、要するに八識です。これらが、前の識の所変を現わす当体(識体)だというのです。ですから、結局、八識の相分・見分において世界は現われているのであり、それに対して、言葉を立てているというのです。けっして言葉に対応して外界に実在があるわけではありません。我に関する種々の言葉をしばしば用いますが、その言葉の意味する常住で単一で主宰者であるような存在、そういうものは存在しない。また、法(もの)に関する種々の言葉を用いますが、その言葉に対応する実体的なものも存在しない。あるのは、八識の中に現われた世界(現象世界)のみです。八識は、生滅を繰り返しながら相続していきます。本来はそういう世界のみなのです。そこを言葉によって固定化することによって物を認識し、それにしがみつく。自我にしがみつき物にしがみつく。ここに根本的な錯覚が存在しているのです。そこに我執・法執がつきまとってくるわけですが、その我執を克服していくと、涅槃が実現します。物に対する執著（法執）を克服すると、菩提（覚り）の智慧が実現します。日常の錯覚、迷いを翻して我執・法執から解放されていく。そうすると菩提と涅槃という言葉で表わされるような本来の自己が実現します。この本来の自己を実現するためにも、どういうかたちで自我や物に執著しているのか。『唯識三十頌』はその構造を解明していくのです。

以下、この箇所についての『成唯識論』の説明です。

我・法の内容

若し唯だ識のみ有りといわば、云何ぞ世間と及び諸の聖教とに我・法有りと説く。
仮に由りて我・法ありと説く。種種の相転ずること有り。
彼れは識が所変に依る。此れが能変は唯だし三つのみなり。
謂く、異熟と思量と及び了別境との識ぞ。

論に曰く、世間と聖教とに我・法有りと説けるは、但だ仮に由りて立てたり、実に性有るものには非ず。我というは、謂く、主宰ぞ。法というは、謂く、軌持ぞ。彼の二は倶に種種の相転ず

ること有り。我の種種の相というは、謂く、有情と命者との等きと、預流・一来との等きとぞ。法の種種の相というは、謂く、実と徳と業との等きと、蘊と処と界との等きとぞ。転というは、謂く、縁に随いて施設して異なること有るぞ。（一・二、Ⅰ・一〇九）

「若し唯だ識のみ有りといわば、云何ぞ世間と及び諸の聖教とに我・法有りと説く。」ただ識のみならば、どうして我や法、つまり自我や物等があるとふだんもいわれるし、経典の中でもいわれるのだろうか。そういう言葉が使われている以上、言葉に対応する対象が実際に存在するのではないか。これは、唯識以外の立場の人々の疑問を想定して『唯識三十頌』の最初の頌が造られたのだ、という解釈を示しているものでもあります。

「仮に由りて我・法ありと説く。種種の相転ずること有り。彼れは識が所変に依る。此れが能変は唯だし三つのみなり。謂く、異熟と思量と及び了別境との識ぞ。」これは、『唯識三十頌』の第一頌と第二頌の前半そのもので、すでにさきほどその意味をざっと述べました。

「論に曰く、世間と聖教とに我・法有りと説けるは、但だ仮に由りて立てたり、実に性有るものには非ず。」経論で我や法が説かれているというのは、現象にすぎないということを理解したうえで、なおかつ、私たちを導くために用いられている言葉です。一方、世間に生きる私たちは、世界は現象だと分からずに、実体から成り立っているのだと思い込んで言葉を使っています。世間にしても聖教にしても、いずれにしても、何か本当にあるものによって言葉を用いているのではない、仮によって立てたにすぎないのです。我々は、ないものをあるといっているにすぎません。

「**我というは、謂く、主宰ぞ。**」以前に、我とは「常・一・主・宰」と定義されると申しましたが、常・一はここでは省かれていて、主・宰のみによって表わされています。要は主体的な作用をもつものです。詳しくは、主は自在であり、宰は断割であるとされます。

「**法というは、謂く、軌持ぞ。**」法とは、軌範を維持するもの。もう少し詳しくいえば「任持自性、軌生物解」です。自性を任持して、人々に解を生ぜしめるもの。要するに、五位百法、五位七十五法の諸法です。心理的な現象の中で法として捉えられたものもあるし、心や物ともいいきれないものとして把握されたものもあるわけですが、ごく簡単にいえば「もの」になります。

「**彼の二は倶に種種の相転ずること有り。我の種種の相というは、謂く、有情と命者との等きと、**」衆生といったり命者といったり、いろいろな主体的存在を表わす言葉があります。これらは、世間においてよく使われる主体的存在を表わす言葉です。それに対して、「**預流・一来との等きとぞ**」ともあります。預流・一来は小乗仏教において、ある一定の覚りを開いたあとの修行の段階として「預流・一来・不還・阿羅漢」といわれる、その一部です。その修行の段階にある者を指しています。他に、菩薩といってもよいし、仏とさえいってもよいだろうと思います。これらは、経論で用いられる主体的存在を表す種々の言葉です。

「**法の種種の相というは、謂く、実と徳と業との等きと、蘊と処と界との等きとぞ。**」法は、簡単にいえば客体的存在を表わす言葉ですが、ここの「実」は実体、「徳」は性質、「業」は作用です。外道のヴァイシェーシカという学派（勝論派）では、何が本当に実在するかを考えたとき、実体としての存在がある。さらに、性質は性質として実在している。作用は作用として実在している。こういう説を立てていいます。これを仏教の言葉でいいますと、体・相・用に相当します。体用は仏教でよく使われる言葉です。ただ、『大乗起信論』には、この体・相・用が用いられています。もちろん、仏教でいう体・相・用は、いずれも実体的な存在、実在として見られているわけではないでしょう。しかしヴァイシェーシカ学派では、これらをそれぞれ実体視したのでした。

「蘊と処と界」は五蘊・十二処・十八界に相当します。仏教の基本的な世界の見方です。小乗ではそれらを実体的に考えたわけです。大乗でも五蘊・十二処・十八界をいわないわけではありません。ただし、それらは空なる現象としてあることを見抜いてのうえでであります。空であることを了解しつつ現象界の中になんらかの秩序がある。それを表わす言葉として五蘊・十二処・十八界という言葉を用いるのです。

このように、世間と聖教において、我や法については、実にいろいろな言葉が用いられるでしょう。「**転というは、謂く、縁に随いて施設して異なること有るぞ。**」そのときの縁に応じて言葉を立てて、縁が変わればまた違う言葉を立てる。いろいろと起きてくるというのが、転じるということです。ここで転の語は、言葉が生起するということと、それが変わっていくということとの両方を含んだような意味合いとして使われているように思われます。

識の変化と言葉の依り所

是の如きの諸相をば、若し仮に由りて説くといわば、何に依りてか成ずることを得る。彼の相をば、皆な識が所転変に依りて、仮りて施設す。識というは、謂く、了別するぞ。此れが中の識の言には、亦た心所をも摂む。定めて相応するが故に。変というは、謂く、識体いい転じて二分に似るぞ。相と見と倶に自証に依りて起こるが故に。斯の二分に依りて我・法を施設す。彼の二ついい此れに離れて所依無きが故に。

或は復た、内識いい転じて外境に似る。（一・二～三、I・一三三）

「**是の如きの諸相をば、若し仮に由りて説くといわば、何に依りてか成ずることを得る。**」そういう種々の言葉は、本当に存在する物に対して説かれたのではなくて、仮りに説かれたにすぎない。その言葉の対象が本当に（実体として）あるわけではないのだけれども、そういう言葉を用いているにすぎない。しかし、何もないところに言葉を立てることはできません。例えば、四角い茶色の物があるから机という言葉を立てうるし、黒い大きな平面があるから黒板という言葉を立てることができるわけです。かといって実際に実体的存在があって、それに対して言葉を立てるのではありませんから、言葉はその意味で仮りの施設にすぎないのです。では、結局、何に対して言葉を立てるのでしょうか。「**彼の相をば、皆な識が所転変に依りて、仮りて施設す。**」種々の言葉は、識において転変したものに対して立てるのだというのです。八識において現わし出されたものに基づいて言葉は立てられるというのです。それはまた八識の所変の流れの世界にすぎないのだけれども、それに対して、机や椅子があるかのように言葉を立てるわけです。

「**識というは、謂く、了別するぞ。**」了別は訳しにくい言葉ですが、別の相を了ずるもの、といった意味のようです。要は、認識するものでよいと思います。了解し判断するといいましょうか。しかし、感覚の世界には判断や知覚はありません。眼識は、これが青であるという認識はしないと考えられています。青を見ているときはただ青を見ているだけで、それがどういう青だとか、黄色でもない黒でもないとか、そういうことは判断しません。識のはたらきには多少の違いがあるわけですが、ここでは八識すべてについて、了別でまとめられています。これは知るもの、認識するものと受けとめればよいと思います。

「**此れが中の識の言には、亦た心所をも摂む。定めて相応するが故に。**」識といっても、ただ心王のみではありません。本当は心所有法（心所）をも含みます。心王とそれに相応している心所を含めて識というのだというのです。八つの心王とそれらに相応する心所のそれぞれに、現わし出されたものがあって、その全体が言葉を立てる依り所になる。それが唯識本来の立場であります。ただ、このことを詳しく説明しますと複雑になりますので、とりあえずは識だけで考えていってもよいかと思います。本当は、唯識といっても、ただ心王のみではありません。八識のみではなくて、心王・心所のみで、このことについては、前に五位百法を説明したときに申しました。心王・心所の諸法のダルマが縁に応じて組み合わせを変えたり変えなかったりしつつ、生じては滅し、生じては滅しながら流れている。それが我々の世界そのものであります。

「**変というは、謂く、識体いい転じて二分に似るぞ。**」「識体いい〜」の「いい」とは、主格であることを表わします。「識体が〜」「識体は〜」というような意味になるわけです。眼識なら眼識の自体分が転じて、相分・見分がそこに現われます。相分に色が現われる、そして、色を見るものがそこに現われる。要は視覚なら色が見えている世界がそこに現われるということです。

「**相と見と倶に自証に依りて起こるが故に。**」自証分は識の自体分でもあるわけです。古来、「安・難・陳・護　一・二・三・四」といいまして、安慧は一分説、難陀は二分説、陳那は三分説、護法は四分説を立てたといわれます。論師によって識の構造の見方がそれぞれ違うのです。陳那から三分説が自覚的に説かれるようになりました。ただ、『摂大乗論』を見ますと、そこにすでに三分説に近いものが説かれています。『成唯識論』の立場は三分説に依りつつ、さらにもう一つ増やして四分説を立てます。これについては、後に阿頼耶識の相分・見分を検討するときに見ることになりますが、三分説の立場で識を見ていくと、見分の奥に自証分（自体分）があります。その自証分から相分・見分が生まれてきます。そこが識の転変なのです。ただ、それは時間をかけて現われてくるのではなく、種子から現行した瞬間から音が聞こえたり、色が見えたりしていると思いますが、構造的に能所の関係をいったときに、自証分（＝自体分）から相分・見分が起こるとする、それを転変といったわけです。

「**斯の二分に依りて我・法を施設す。**」その識の相分・見分に基づいて、我や法（もの）に関する種々の言葉を立てているのです。

「**彼の二つ い い此れに離れて所依無きが故に。**」識の相分・見分は自体分なくしては、その依り所はありえないからです。これは三分説で識を見たときの説明です。世親の頃は、この三分のこと（つまり自体分のこと）は、まだ自覚的には考えられていなかったかもしれません。『唯識三十頌』そのものには、そういうことが説かれていません。その場合は、次の難陀の立場が基本になるのでしょう。**「或は復た、内識いい転じて外境に似る。」**眼識・耳識等々が転じて、あたかも外界のものであるような相がそこに現われる。識の中に相分が現われるということです。二分説のときに言葉を立てるのは、そういうかたちでの相分・見分に対して言葉を立てるということなのか、それともその相分だけに対して言葉を立てるという解釈なのか。安慧が注釈した『唯識三十頌釈』の複注がチベット訳にあります。それを見ますと、識の所取分に対して仮説するといわれています。ただ、『成唯識論』のここでの文脈では、自証分はいわないけれども、結局はそこに相分・見分が現われる、それが言葉を立てる依り所になる、ということを述べていると見てよいと思われます。三分説を採用する護法の立場だけではなく、他の見方もありますので、一応補足しておいたということでしょう。

過去の言語活動と世界の現われ

我・法と分別しつつ熏習せし力の故に、諸識の生ずる時に変じて我・法に似れり。此の我・法の相は内識に在りと雖も、而も分別に由りて外境に似て現ず。諸の有情の類は、無始の時より来た、此れを縁じて執して実我・実法と為す。患と夢との者の、患と夢との力の故に、心いい種種の外境の相に似て現ず。此れを縁じて執して実に外境有りと為るが如し。愚夫の所計の実我・実法は、都て所有無し。但だ妄情に随えて施設せるが故に、之を説いて仮と為す。内識が所変の似我・似

法は有なりと雖も、而も実の我・法の性には非ず。然も彼れに似て現ぜり、故に説いて仮と為す。

（一・三、I・一五二）

「**我・法と分別しつつ熏習せし力の故に、諸識の生ずる時に変じて我・法に似れり。**」過去に言葉を用いて世界を把握してきた。それが阿頼耶識の中に熏習されていく。そうして、しばしば言葉を用いて認識してきた経験が無意識の世界に蓄えられて、その力によって、眼識において色が見える、耳識において音が聞こえるというときに、その言葉で捉えた我や法に近いかたちで、感覚世界や対象世界が現われてくるのだというのです。識の中に相分・見分が現われるわけですが、それは我々がかつてより言語のもとに認識している世界に沿うものとして現われてきます。世界を言語で捉えることによって、世界がまさに言語の分節のように現われてくる。たとえば生まれたての赤子にとっては、世界は混沌としているだろうと思います。あるいは、眼が見えなかった人が急に眼が見えるようになったときに、その初めから秩序だって世界が見えるでしょうか。光の渦しか見えないかもしれません。それが言葉を習うことによって、少しずつ分節して世界を把握していく。そういう中で、感覚世界がその言語の分節に沿ったかたちで現われてくるということは、十分、考えられます。

「**此の我・法の相は内識に在りと雖も、而も分別に由りて外境に似て現ず。**」我・法のすがたは識の中にあるのですが、それがあたかも外界のものであるかのように現われるということです。しかし、それはあらかじめ外界に何か実物があって、それのように現われたというのではなくて、我々が言葉を修得して世界を分別した、その言葉の分別に対応して現われてくるというのです。

「諸の有情の類は、無始の時より来た、此れを縁じて執して実我・実法と為す。」我々は、それを本当にあるかのように誤って認めてしまう。本当は、我々に直接に与えられた感覚は、時々刻々変化しているでしょう。本来、固定的なものは何もないわけです。けれども、そこに我・法に似た相が現われるので、そこで、変わらないもの、実我・実法があると認めてしまうわけです。このとき、それらを執するはたらきは何かというときに、論師によってさまざまな説があるのですが、護法の立場は第六意識と末那識が執著の主体と見ます。この二つの識が、本来、心の中に現われた映像的な世界しかないのに、それを「実我・実法」と見なすのです。

「患と夢との者の、患と夢との力の故に、心いい種種の外境の相に似て現ず。此れを縁じて執して実に外境有りと為るが如し。」熱病にうなされて、存在しないものをあるかのように見るとか、あるいは、夢を見ている中で自分や世界があると思い込んでいる。そういう人にとっては、実際に外界の物を見ているのではないのだけれども、熱病や夢の力によって、内心の中のみに世界があるかのように現われてきているわけです。そこで見られているものは、心が作りだした映像にすぎないわけです。ところが、自分が夢を見ていること、熱病にうなされていることは、そのただ中にあってはわからないわけで、結局、そこで見たものを本当に存在しているのだと思ってしまう。八識の中に現じたものに対して、本当に世界があると思ってしまうのは、それと同じようなことだというのです。心の中に描きだされた映像の相続に対して、言葉を立てて、そして、それを実体視してしまう。実体視するだけでなく、執著さえする。そこからさまざまな苦しみが生じてくるわけです。

「愚夫の所計の実我・実法は、都て所有無し。」凡夫があると思っている常住の自我とか、変わらない物とか、そういうものは本当は存在しないものです。といって、かけがえのない個々のいのちがないわけではありませんが、常住の自我、対象的に変わらないものとして把握されてしまったものは、すべて存在しません。

「**但だ妄情に随えて施設せるが故に、之を説いて仮と為す。**」まったくないものを、迷いの認識の中であるかのように扱う。それが凡夫における仮の意味合いです。

「**内識が所変の似我・似法は有なりと雖も、而も実の我・法の性には非ず。**」我や法のように現われている、その識の相分・見分の限りにおいては、あるわけです。それらは、縁起相続するなかで世界を構成し、その実質を担っています。八識の相分・見分は、まったくないものとはいいきれない。しかし一方、凡夫があると思いなした、変わらない自分、変わらない物、これはまったくないものです。凡夫があると思いなす、その依り所になる現象世界、それを唯識で表現すると八識の相分・見分の流れとなるのですが、それはまったくないとはいえません。かといって、常住不滅の実体的な存在としての我や法であるわけではありません。

「**然も彼れに似て現ぜり、故に説いて仮と為す。**」識においては、あたかも我のように法のように現われている。聖教の場合はそのことを了解しつつ言葉を用いている。たとえば、「如是我聞」というように、仏典の最初に我がでてきますが、それは実我ではなく、我に似た相が八識の中に現われ、現象としてのみある我のことです。それもまた、仮有そのものです。実有ではないのだけれど仮有・無自性の現象として現われている。聖教の場合はそのことを理解しつつ、さまざまな表現を用います。主体的存在についての種々の言葉を用いたり、客体的な存在についての種々の言葉を用いたりします。

言葉を立てるというのは、絶対に迷いの中だけ、でもないわけです。そこで、今、その両方の仮を説明したのです。

外境の無と内識の有

> **外境は情に随いて而も施設せるが故に、有なること識の如くなるに非ず。内識は必ず因縁に依りて生ぜるが故に、無なること境の如くなるに非ず。此れに由りて便ち増と減との二の執を遮す。境は内識に依りて仮立せるが故に、唯だし世俗のみに有り。識は是れ仮の境が所依の事なるが故に、亦た勝義にも有り。**（一・三、I・一六一）

「**外境は情に随いて而も施設せるが故に、有なること識の如くなるに非ず。**」外境というのは、要は対象的に常住なるものとしてあると考えられたものです。これには、物だけでなく、自我も含まれます。それらは迷いの認識によって設けられたにすぎないものであるから、識のようにあるものではないのです。識はある意味であるものといいうるのですが、それと同じくあるとはいえないということです。

「**内識は必ず因縁に依りて生ぜるが故に、無なること境の如くなるに非ず。**」言葉を立てる依り所になる相分・見分の世界は縁起の中で生起してくるものですから、まったくないとはいいきれません。

私たちがあると思っているものはないけれど、だからといって何もないわけではなくて、いのちとしてはたらいている世界というか、その世界は存在しないわけではありません。『般若経』では「一切法空」と説きました。それを聞いて、世界には何も存在しないのかと思ったら、ニヒリズムに陥ってしまうわけです。そこで唯識が登場しまして、「一切法空」といって否定したその否定の対象は、我々が錯覚のうちに捉えているもののみにほかならない。それらについては空と否定したが、八識で語られるような縁起の世界はまったくないわけではないのだと説いて、非空非有の中道を明かしたのです。

釈尊は最初に諸法の有の世界を説きました。そのことによって、我を否定したのです。次に、般若中観で、諸法の有も否定します。しかし、全部を否定してニヒリズムに陥ったらどうしようもありません。それならまだ、何か存在すると思って執著しているほうが救われる。何もないと思って悲観的になってしまった人は、どうにも救いようがないのです。唯識は般若中観についての誤解を解くために、我々が迷いの中で、あるとみなしたものについては存在しないけれども、その依り所になる縁起の世界、唯識的には八識の相分・見分の流れの世界はまったくないわけではないとした。むしろ、世界を実質的に構成しているものはあるとしたわけです。そこに非空非有の中道が明かされたのです。唯識はそれまでに説かれなかった深い秘密を解きほどくもの（解深密(げじんみつ)）なのです。

「**此れに由りて便ち増と減との二の執を遮す。**」増というのは、ないものをあるとみなす迷いです。増益(ぞうやく)といったりします。減は損減といって、これはあるものをないとしてしまうことです。両方とも極端な理解であり執著であり、その二つともを否定するのです。

「境は内識に依りて仮立せるが故に、唯だし世俗のみに有り。」境は実体視されたものです。これは八識の世界に依って仮りに立てたにすぎないのです。迷いの世界の中で、あると見なされるものです。それがあるとみとめられるのは、世俗のかぎりのみということです。

「識は是れ仮の境が所依の事なるが故に、亦た勝義にも有り。」執著された我・法が世俗においてのみあるのに対して、八識の世界は、我々が迷いの中で捉えたもの以上に本来あるものですから、勝義有とよびます。ただ、世俗と勝義の対比というのは、さまざまなレベルでいわれることで、八識の世界は、仮りの言葉を立てる依り所としてはあるとみなす必要があるのですが、それ自身は縁起の現象であり、無自性で、空といえば空なのです。そこでひとつレベルを上げると、今度は縁起の八識の依他起性の世界が世俗有で、これに対しさらにその本性である真如・法性が勝義有である、ということになります。そのように、世俗と勝義の対比は重層的に使われることに注意が必要でしょう。

以上のようなわけで、我々があると思っているものは、主に言葉を通じてあると考えてしまうわけですが、それは八識の中に我であるかのように、また法であるかのように現われてくるからでもあります。ともかく言葉を用いることの中で実体視、さらには執著というものがおこなわれている。しかし、本当にあるのは八識の相分・見分の縁起の流れだけなのです。これが唯識説のまさに根本命題です。

さらにこのことを補強していくために、どうして実体的な我は存在しないのか。どうして実体的な法は存在しないのか。そういうことが詳しく論じられていきます。常住の自我を考えたときにどういう不都合があるのか。常住の法を考えた時にどういう矛盾があるのか。たとえば、物は原子・分子の集合したものです。では、原子は存在するのでしょうか。このこと（外界は実在しないこと）については、『唯識二十論』でも詳しく説かれています。こうして、我や法は実体として存在しないことが説明されています。

しかし、何もないところに言葉を立てるわけにはいきません。では何に対して言葉を立てるのか。このとき、唯識は、八識の相分・見分の中に現われている色や音等々の世界に対して言葉を立てているのだというのです。それでは、その八識の世界とはどのような世界か。そのことに関して、これより以後、すなわち『唯識三十頌』の第二頌後半から説明されていくことになります。

言語は実体的存在に基づくのか

ところで、言葉とその依り所の問題に関して、『成唯識論』で興味深い議論をしている例がありますので、ここに簡単に紹介してみます。三分説にせよ二分説にせよ、識の中に実我・実法のように識が転じて現われるのでした。特に二分説ですと「内識転じて外境に似る」、あるいはまた、両者まとめて説く中には、「分別に由りて外境に似て現ず」とありました。言葉を用いた経験が阿頼耶識に熏習されて、八識の中に、我やものの世界のように現れてくるという、実に深い考察をしているのです。ところが、ある立場の人から「識が外境に似て現じて、それに対して、我・法を説くとは、こういう構造になるのではないか」という質問がなされます。

有るが是の難を作さらく、若し識に離れたる実の我・法無くんば、仮も亦た応に無かるべし。謂く、仮は必ず真事と似事と共法とに依りて立つ。真の火有り、火に似る人有り、猛と赤との法有るをもって、乃ち仮りて此の人を説いて火と為すべきが如し。仮りて牛等と説くことも、応に知るべし亦た然なり。我・法いい若し無くんば、何に依りてか仮りて説かん。仮りて説くべきこと無きが故に、似も亦た成ぜずなんぬ。如何ぞ心いい外境に似て転ずと説く、という。（二・一〇、Ⅰ・五四四）

「**有るが是の難を作さらく、若し識に離れたる実の我・法無くんば、仮も亦た応に無かるべし。**」アートマンやダルマが外界に実在していなければ、仮りに説くことも成立しないのではないか。なぜなら、「**謂く、仮は必ず真事と似事と共法とに依りて立つ。**」真事は本当にあるもの、似事はそれと似たもの、共法は本当にあるものと似たものとにある共通の性質です。この三つがあるとき、はじめて仮りに説くということができるからだ、というのです。というのも、「**真の火有り、火に似る人有り、猛と赤との法有るをもって、乃ち仮りて此の人を説いて火と為すべきが如し。仮りて牛等と説くことも、応に知るべし亦た然なり。**」火と、火に似た人と、両者に猛・赤という性質があればこそ、その人に対して火のようといいうる。あるいはまた、牛と、牛に似た人とがいて、さらに牛と牛に似た人との間に共通の性質があるとき、その人を牛のようといいうるのだ。この三つの要素があって、仮りて説く（仮説・仮設）ということは初めて可能なのではないか。猛とは、いきおいのあること、赤は赤いことなのでしょう。

「**我・法いい若し無くんば、何に依りてか仮りて説かん。**」本当の我・法がなければ、何に基づいて我・法を仮りに説く、ということができるのか。だから、外界の実在はあるはずだ、実体的存在としての我・法はなければならない、というのです。「**仮りて説くべきこと無きが故に、似も亦た成ぜずなんぬ。**」我や法がなければ、その外境に似てということ自体がいえないでしょう。「**如何ぞ心いい外境に似て転ずと説く、という。**」どうして心がそれに似た相として現われるといえるのか。外界の実在を認めようとする者は、このように非難しつつ質問してくるというのです。

この質問に対して、唯識の側は次のように答えます。

彼れが難ずること理に非ず。識に離れたる我・法は、前に已に破してしが故に。類に依り実に依りて仮りて火等を説くということ、倶に成ぜざるが故に。類に依りて仮説すということ、理いい且た成ぜず。猛と赤との等きの徳は、類に有るものには非ざるが故に。若し共徳は無けれども而も仮りて彼れを説くといわば、応に亦た水等の於にも仮りて火等の名を説くべし。若し謂まく、猛等は類が徳には非ずと雖も、而も相離せず、故に仮りて説くべしといわば、此れも亦た然はあらず。人の類と猛等とは、現に見るに亦た互いに相離れたること有るが故に。類いい既に徳無く、又た互いに相離れたり。然るものを人の於に仮りて火等を説くこと有らんや。故に知る、仮説は類に依りては成ぜずということを。(二・一〇、I・五四七)

「彼れが難ずること理に非ず。識に離れたる我・法は、前に已に破してしが故に。」この非難は道理に合いません。常住なものの存在は、すでに論理的に否定してきました。そのことは、実は『成唯識論』にいろいろと説明されていたのです。それもふまえて、さらに上述の質問について問題にしていきます。

「類に依り実に依りて仮りて火等を説くということ、倶に成ぜざるが故に。」人を火のようだというときの、その火は類なのか実なのか。この類とは普遍あるいは一般者ということです。どの火にも共通の火があります。焚き火の火にも蠟燭の火にも共通するものとしての火、つまり一般者としての火があります。古代はこの一般者の火のほうが真の実在で、現象する個々の火というものは、それを限定したものだという考え方が普通でした。あるいは、本当に存在する牛とは何なのか、それは一般者としての牛だ、という考え方です。現実に存在する白黒の牛や茶色の牛というのは、それが限定されて存在しているにすぎないというのです。プラトンは三角形のイデアが実在であって、現実にある三角形はすべて不完全な三角形だと述べています。一般者としての火は実在で、その一般者としての火をもって、人に対して火のようだといったのか。それとも実、つまりある特定の具体的・個別的な火、特殊あるいは個物としての火をもって、火のようだといったのか。ところが、そのどちらにしても、人を火のようということはできないぞ、と反論したわけです。

「類に依りて仮説すということ、理いい且た成ぜず。猛と赤との等きの徳は、類に有るものには非ざるが故に。若し共徳は無けれども而も仮りて彼れを説くといわば、応に亦た水等の於にも仮りて火

等の名を説くべし。」一般者というものは、いわば形而上の存在で、具体的な性質をもっているわけではありません。一般者としての火には、猛・赤の具体的な性質はないのです。特定の人間の方にはそういう独特の猛・赤の性質があるけれども、火のようだという、その火が一般者の火の場合は、そこに実際の猛・赤の性質はないのです。そこで両者に共通の性質がないのに、人に火のようだということがどうしていえるのか。もしそれが可能だとしたら、水という、火とはまったく共通の性質を持たないものに対しても、火のようだといえることになってしまいます。

「若し謂まく、猛等は類が徳には非ずと雖も、而も相離せず、故に仮りて説くべしといわば、」一般者の火そのものには、性質がないのかもしれない。しかし、猛・赤という性質と、一般者の火とは切っても切れない関係にある。それでもって火のようだといえるはずだ、との反論が出されます。

「此れも亦た然はあらず。人の類と猛等とは、現に見るに亦た互いに相離れたること有るが故に。」この箇所を他の論書をも参考にしますと、その人には具体的に猛・赤の性質があるわけです。一方、猛・赤と火の一般者とは切っても切れないと相手側は主張します。もし人に猛・赤という性質があれば、それらと切っても切れない関係にあるという一般者としての火が、同時にその人にあるのか。しかしその人に、火の一般者があるとはいえないでしょう。火の一般者はないのにもかかわらず、猛・赤がその人にあるということは、火の一般者と猛・赤とが切っても切れない関係にあるとはいいきれないことになります。火の一般者と猛・赤とが相い離れないのだとすれば、逆に猛・赤があれば必ずそこに火の一般者がなければならないはずだからです。しかしその人を見ても、その人に火の一般者があるとはとうてい思えません。だとすれば、火の一般者と猛・赤とは、切っても切れない関係にあるとはいえないことになります。むしろ離れているといわざるをえません。ですから、今の反論も成立しないわけです。

「類いい既に徳無く、又た互いに相離れたり。然るものを人の於に仮りて火等を説くこと有らんや。故に知る、仮説は類に依りては成ぜずということを。」こうして、人を火のようだというとき、その火を一般者と見たら、結局、どのように考えてもそれは成立しないといわざるをえないわけです。では、一般者ではない、特定の具体的な火、個物の火をもって、火のようだといったのか。

> **実に依りて仮説すということ、理いい亦た成ぜず。猛・赤等の徳は共有に非ざるが故に。謂く、猛・赤の等きは、火に在ると人に在ると、其の体各別なり。所依異なるが故に。共は無けれども仮りて説くといわば、過有ること前のに同じ。若し謂まく、人と火との徳、相似せるが故に仮りて説くべしといわば、理いい亦た然はあらず。火と説くことは人に在り、徳に在るには非ざるが故に。此れに由りて仮説は実に依りて成ぜず。**（二・一〇〜一一、Ⅰ・五五一）

「実に依りて仮説すということ、理いい亦た成ぜず。猛・赤等の徳は共有に非ざるが故に。」それもまた成立しません。なぜなら、ある特定の火にある猛・赤の性質と、似ているといわれた人のもつ猛・赤の性質とは、同じとはいえないからです。それはともに、特定の猛・赤であるからです。ある個物の火をもって、人を火のようだといったとするとき、その場合、その特定の火がもっている独自・無二の猛・赤があるわけです。それはその人特有の猛・赤とは同じにはなりません。

「謂く、猛・赤の等きは、火に在ると人に在ると、其の体各別なり。所依異なるが故に。」猛・赤といっても、依り所が違うのですから、それぞれ違っています。一つの同じ猛なり赤なりが両方にあるというならば、共通の性質になりますが、両者は異なるものに依拠しているのです。それらは多少似ているかもしれませんが、いずれも独自で、とうてい同じといえません。

「共は無けれども仮りて説くといわば、過有ること前のに同じ。」特定の人間の猛・赤と特定の火の猛・赤とは違っているわけで、共通の性質があるとはいいきれない。共通のものがないにもかかわらず火のようだといえるとするならば、また水に対して火のようといえるという過失になってしまいます。

「若し謂まく、人と火との徳、相似せるが故に仮りて説くべしといわば、」猛・赤の性質は異なるものの、それなりに似ているから、そのようにいえるのだというなら、

「理いい亦た然はあらず。火と説くことは人に在り、徳に在るには非ざるが故に。」徳（性質）が似ているので、徳に対して火のようだというならまだしもわかりますが、人に対して火のようだといっているのだから、徳が似ているということだけでは、そのことは成立しません。

「此れに由りて仮説は実に依りて成ぜず。」こうして、個物の火によっても、人を火のようということは成り立ちません。

結局、以上の理由から、あなたがたが主張するような、外境があって、それに似た心の現れがあって、両者の中に共通のものがあるから、その心の現れに対して我・法と仮りに説くことが可能となる、そのためには外界の実在がなければならない、という議論は成立しないというわけです。

このように、『成唯識論』は、実に鋭利な議論を展開して、我々があると思っている常識、無意識の思いこみ、それがどのような錯覚を含んでいるのか、本当には何が存在するのか、非常に詳しく分析していきます。唯識の教えは、結局、我々が何かに捉われている状況から、いかに脱出していくか、その道を示していくものなのです。インドの論師たちが盛んに議論して、漢文として中国に移植され、日本人も研究しぬいてきた。このような深い議論が、千年も前からおこなわれていたのです。これを現代に生かしていくことは、実に重要な意味があるのではないでしょうか。

四　阿頼耶識について

『唯識三十頌』における阿頼耶識の説明

次に、いよいよ阿頼耶識を説く箇所に入ります。それは、『唯識三十頌』の第二頌の後半から、第四頌までに説かれています。

初のは阿頼耶識なり。異熟なり。一切種なり。不可知の執受、処と了となり。常に触・作意・受・想・思と相応す。唯だし捨受のみなり。是れ無覆無記なり。触等も亦た是の如し。恒に転ずること暴流の如し。阿羅漢の位に捨す。（二・一三、Ⅱ・二）

『唯識三十頌』では、このわずか二頌半の中に、阿頼耶識のすべての説明をこめています。とりあえず、この全体をざっと見ておきましょう。まず、前（第二頌前半）に異熟といわれたものは、阿頼耶識・異熟識・一切種子識でもあるといいます。これは第八識のいろいろな呼び方、名前をあげているわけで、それに応じて第八識の内容、性格がそこに表現されるわけです。

阿頼耶識も識ですから、少なくともその識の中に相分・見分があるはずです。一つの識の中に、見られる側と見る側が具わっている。眼識であれば、相分は色であり、見分はそれを見るものです。では、阿頼耶識は、何を相分としているのでしょうか。

そこで、阿頼耶識は「**執受、処と**」を対象にしているとされます。その中、執受という言葉の意味するものとして、一つは種子があります。ふだん経験したものが意識下の阿頼耶識に蓄えられて、未来にその同じ経験を生み出すもとになるものを種子といいます。もう一つは、感覚器官を具えた身体のことで、有根身というものです。このように、執受という言葉には、種子と有根身とが含まれていると解釈されているのです。このことはつまり、阿頼耶識の相分に、種子と身体とがあるということです。

さらに、処も相分の一つで、この処というのは器世間と呼ばれるものです。それは物質的な環境世界です。ただ、それはどういう形をして、どういう色をしているかについては、あくまでも「**不可知**」ですからわかりません。我々があると思っている環境世界は、眼識において捉えられたもの等、五感において捉えられたものでして、阿頼耶識の中に維持されている環境世界そのものの姿は知られません。これはあくまでも識の中の相分ですが、カントの説の、感覚の外にある「物自体」そのものに相当します。とにかく阿頼耶識の中に環境世界が維持されているというのです。ですから、阿頼耶識の相分は、身体と環境世界と種子であるということになります。

「**了**」はそれを知るものです。了別という言葉で表わされますが、要するにこれは見分を表わしています。ただこれもまた、不可知なのです。こうして、「**不可知の執受、処と了となり**」の中に、阿頼耶識の相分・見分が明らかにされたということになります。

ここに示されていることは、馴染みにくい考え方だと思います。ごく普通には、まず個人の身体があって、その中に脳があって精神作用をおこす、そのように考えているかと思います。身体の中に心があると思っているわけです。ところが唯識では、まず心がある。その心の中に、身体とさらに環境世界が維持されている。それがいのちの基盤にあって、見たり聞いたりがおこなわれる、という考え方です。にわかには了解し難い部分もあると思いますが、『瑜伽師地論』以来、阿頼耶識の中に身体と環境世界が維持されていると、唯識では説くのです。このことについては、のちほどまた考えたいと思います。

阿頼耶識は心王の一つです。唯識の「五位百法」のアビダルマの世界での、八つの心王の中の一つです。心王は必ず心所有法（心所）と相応します。各心王と各心所は相応して、一つのいのちの世界を構成します。心所は五十一分析されていましたが、では、阿頼耶識はそのうちのどの心所と相応するのか。そのことについて「**常に触・作意・受・想・思と相応す**」と説明されたわけです。心所有法は、遍行・別境・善・煩悩・随煩悩・不定と分類されるのでしたが、この触等の五つの心所は、遍行の心所といわれるものです。心王があれば必ずそれと一緒に相応するものが遍行の心所でして、それに触・作意・受・想・思があり、阿頼耶識と常に相応しているのです。逆にいえば、阿頼耶識は遍行の心所としか相応しないわけです。他の善の心所や煩悩の心所等とは相応しないのです。

その中に受の心所がありますが、受というのは苦受・楽受等で、苦しい・楽しいという感受であり、いわば感情です。阿頼耶識と相応する受の場合は、苦しい・楽しいという感受はなく、必ず非苦・非楽受の「**捨受**」のみです。

「**無覆無記**」とある、その無記は、善でも悪でもないということです。善悪というのは業と関連していて、その業というのは死んだ後の結果を招く力のことです。善の業を行なえば楽しみの結果がある。悪の業を行なえば苦しみの結果がある。これは業の世界の厳然とした法則です。しかし阿頼耶識自身は、善悪の性質をもっていません。未来に影響を及ぼす力は、一切ないというわけです。

「無覆」というのは、覚りの智慧が生じることを妨げるようなはたらきはない、といったことです。末那識の場合は、「有覆無記」で、やはり善とも悪ともいえません。後に何か苦しみの結果をもたらす力はなく、無記なのですが、しかし自我に執著していますから、覚りの智慧が生じることに対しては妨げるはたらき（覆障）を持ち、また心を汚すこと（覆蔽）もあります。したがって、「有覆」となります。ところが阿頼耶識には煩悩は相応しませんから、覆障・覆蔽のはたらきはありえず、「無覆無記」となります。かといって、無漏（煩悩の漏泄がない）、つまり覚りの智慧そのものというわけでもありません。要するに、まったくニュートラルなのです。だからこそ、善いことを思えばその思った通りに阿頼耶識に記録され、保存されます。悪いことを思えば寸分たがわずに阿頼耶識の中に記録され、そのまま意識下の中に保存されていくわけです。

「**触等も亦た是の如し。**」相応する心所もまた、無覆無記です。なお、不可知であることや、心王と相分等を同じくすることも、この中に表現されていると見ます。

「**恒に転ずること暴流の如し。**」暴流は、河のことです。始まりのない過去から、終わりのない未来まで、刹那刹那生滅しつつ、しかも一瞬の隙間もなく相続されています。ですから、自己の根底である第八識は、鉄の棒のようにつながっているわけではありません。あくまでも刹那滅で、常住の実体的な存在ではありません。しかし、一瞬の隙間もなく相続されているといいます。ですから、常住ではないのですが、かといって死後に断滅するということもありません。我々は修行して仏になった場合、第八識は大円鏡智という、大きな円い鏡のような智慧になり、未来永劫、存続されるというのです。そういう生命の根底があると、唯識では見ているということになります。

「**阿羅漢の位に捨す。**」第八識はずっと相続されていくわけですが、なぜ「捨てる」といわれるのか。それは、第八識そのものは、仏になっても大円鏡智として続いてゆくのですが、この阿頼耶識と呼ばれる呼び名は、阿羅漢の位に達したら捨てられるということです。問題は、その阿羅漢の位とはどこかですが、大乗菩薩の場合、十地の第八地以降ということになります。このことについては、またのちに多少ふれます。

ともかく、ざっとこういった内容が、今の『唯識三十頌』の阿頼耶識の説明の中に説かれていたわけです。

阿頼耶識の名前の意味

さて、今の箇所、最初の方からもう少し詳しく説明をしてまいりたいと思いますが、阿頼耶識の阿頼耶は、サンスクリットのアーラヤという言葉（ālaya）の音写です。これには「蔵」という意味がありまして、漢訳では「蔵識」と訳されることもあります。どうして第八識が蔵なのかというと、過去一切の経験を貯蔵している世界だからと、まずは受けとめておいていただいてよいでしょう。

実は『成唯識論』では、この「蔵」の意味を三つに分けて示しています。「能蔵・所蔵・執蔵」の三つです。能蔵は種子を蔵しているところを指します。

前にも申したように、我々が見たり聞いたり、想ったり考えたりすると、悪いことも善いこともそのままに意識下の第八識の世界に記録され保存されます。パソコンを使い画面で文字を書くと、ただちにハードディスクの中に記録されるというようなことです。この記録されることを、唯識では熏習（くんじゅう）というわけです。熏習とは、一般には、香を焚いて衣を掛けておくと、香の匂いが衣に移る、そういうこととして説明されます。『成唯識論』には、胡麻の実を香りのよい花と一緒にしておいて、後でそれを搾ると香油ができるようなこととあります。香りが移る、それが熏習だというのです。私たちは常に、憎い・惜しい・欲しい・可愛い、と思っているわけですから、香りというよりも臭気が阿頼耶識に熏習されているのかもしれません。阿頼耶識に熏習されたものを「習気（じっけ(じって)）」といいます。それが未来に、同じ経験をよびおこす種となります。そこでそれを「種子」というのです。その種子を保持していることが能蔵です。

所蔵は、阿頼耶識が諸々の経験の熏習される場所になるところをいいます。この蔵は、ものがそこに運びこまれ保管される場所となることの意です。

執蔵は、詳しくは所執蔵であって、「蔵が執される」ということです。要するに末那識によって、阿頼耶識が執著される。阿頼耶識は末那識の執著の対象となっている。そこを執蔵（＝所執蔵）というわけです。末那識は常住の自我を執著するわけですが、その場合、阿頼耶識を対象にして、それを常住の自我だと執著します。第八識自身は刹那刹那に生滅を繰り返しているわけですから、常住の自我ではないわけで、しかし、それが常住の我として執著されると、執蔵の意となります。

そのように、能蔵と所蔵と執蔵と、この三つの意味合いが、阿頼耶識の阿頼耶＝「蔵」にあります。では、『成唯識論』の場合、その三つのうちのどれをもって阿頼耶識の阿頼耶の本来の意味とみるかというと、実は執蔵（所執蔵）なのです。『成唯識論』によれば、第八識は執蔵の意味で阿頼耶識と呼ばれるとするのです。ですから、我々が修行をし、我執が消滅したら、阿頼耶識という名前はなくなります。それが「阿羅漢の位に捨す」ということなのです。それを大乗の修行でいうと、仏になる前に十地の修行をするのですが、第七地までは我執があり、第八地以降には我執はなくなります。第八地以降は末那識の執著はないことになりまして、その段階において阿頼耶識という名前は捨てられるのです。そのようにそこで我執の煩悩を断じた位を、ここの阿羅漢の語は表している、と解釈するのです。なお実際には、さらに細かな議論もなされています。

異熟識等の名前の意味

次に、第八識は、「異熟識」とも呼ばれます。異熟という語は、業の世界の言葉です。前にも申しましたように、阿頼耶識は、その相分に個体と環境とを維持しています。このことは、一般には理解し難いことでしょう。私たちは身体と心のみが自分であると、そのように思っています。しかし、身体だけを取り出して、それだけで生命が維持されるでしょうか。やはり外界の食べ物を摂ったり、排泄したりということが必要でしょう。もっといえば呼吸は必ず必要です。呼吸は数分でも絶たれれば死んでしまいます。そういうふうに考えますと、個体は、その個体だけにおいて生きているのではなく、環境との交流の中で生命を維持していることになります。一個のいのちが存続しえているのは、身体と環境が交流し合う中でであると考えられます。そうであれば、具体的な一個のいのちは、身体と心だけなのではなくて、身体が環境におかれて、その環境と身体が交流する総体が一個のいのちであるということが、十分いえるわけです。

たぶん、ふつうは、身体は個人の数あるけれども、自然世界はただ一つであると考えているでしょう。そうした場合でも、身体と環境のセットを考えれば、そのセットはいくつもあるわけです。そのセットは、身体の数だけあるといってもよいでしょう。第八識の中に個体と環境とが維持されているということには、そういう意味を汲み取れるかと思います。一人一人の阿頼耶識の中に、その人自身の身体と人間界の環境が維持されている。不思議だと思われますが、いのちの実相の具体的なあり方をみれば、身体と環境が交流する全体が一個のいのちであって、そう考えれば、阿頼耶識の相分に、身体と環境とが維持されていて一個の人間であるというこの立場も、必ずしも奇妙とはいえないと思います。

私たちが実際に見たり聞いたりしているのは、五感において捉えられたものであって、阿頼耶識の中に維持されているものは、どういう姿なのかわかりません。不可知ですが、ともかく人間としての住む環境が阿頼耶識の中に維持されているわけです。あるいは業によって、ある者が地獄に生まれたのであれば、その者の阿頼耶識の相分の中に、地獄の生きものとしての身体と環境が維持されているということになります。

業に従って寿命が確定され、その一定期間、相分に身体と環境とが相続されます。死を迎えると、いったんそれが消えて、しばらく後に新しい身体と環境が阿頼耶識の相分に現われ、それがまた一定期間維持されるということになります。こうして、阿頼耶識の見分を含めて、業の結果として阿頼耶識があるということになるわけです。阿頼耶識の中の相分に、業の結果として一定期間、餓鬼なら餓鬼、修羅なら修羅、その世界の生きものとしての身体と環境が現われるということです。

その場合、阿頼耶識の世界そのものは善でも悪でもなく、無記なわけです。地獄・餓鬼・畜生等の六道のどの世界に生まれ変わるかは、それまでの過去の業が決めます。しかし、阿頼耶識の中の個体と環境そのものは善でも悪でもない無記の世界です。常に無覆無記です。たとえば地獄に生まれて、それ自身また悪であるとしたら、悪ということは未来に苦しみの結果を招くことですから、結局、苦しみから逃れることは出来なくなってしまいます。業がたとい悪だったとしても、その結果は無記であるので、そこから脱却してより善い世界に生まれていける余地があるわけです。
というわけで、業の世界では、因は善ないし悪ですが、結果は無記であります。「因是善悪、果是無記」です。このように、業の因に対して果の性格は異なって熟するということで、第八識が異熟識とよばれるわけです。

実は阿頼耶識の相分・見分は、阿頼耶識自身の種子から成立します。地獄の生きものとしての相分が阿頼耶識の中に現われるということは、その種子が現行するということです。地獄の生きものの種子か、餓鬼のそれか、人間のそれか、次の生においてそのどれを現行させるかの決め手となるのが、それまでの業です。そういう意味でいいますと、業果の因は阿頼耶識自身の種子なのであり、善悪の要素は、その因そのものなのではなく、その縁になるということになります。それを一応、因と呼んで、果はその善・悪と異なって熟したというところをみて、「異熟」と呼ぶわけです。

さらに第八識を、「一切種子識」ともよびます。一切種子識に関連して、種子や熏習については厳密に規定されております。熏習するもの（能熏）はどういうものでなければならないか。熏習を受ける場（所熏）としてはどういうものでなければならないのか。作られた種子はどういう性格をもっているのか。それらに関して、非常に細々とした分析、規定があります。それは非常に重要なことではありますが、しかし時間の関係上、ここでは、省略することにさせていただきます。

なお、第八識を「阿陀那識（あだなしき）」と呼ぶ場合があります。阿陀那というのは、サンスクリットのアーダーナ（ādāna）という言葉を音写したものであります。それは執持識の意で、種子を保つという意味でも阿陀那識と呼ぶこともできますし、また個体と環境を常に維持しているところをも捉えて阿陀那識と呼べます。

異熟識というのは業の結果ですから、果相の方面で第八識を考えた場合です。それに対して、一切種子識は現行のための種子を蔵していることですから、因相を表すことになります。これら因と果の両方を束ねて意味を表わしているのが、阿頼耶識で、それは第八識の自相を表すといわれます。

阿頼耶識の中心的な意味は、末那識に執著される所執蔵としての阿頼耶識なのでした。その執著がなくなれば阿頼耶識という名前は捨てられるわけで、第八地以降はその名は使われないことになります。一方、異熟識という名前は、仏になる直前までは業の結果であるとみられるので、その段階まで第八識に対して用いることができます。仏になった以降は智慧そのものとなりまして、業の結果ではなくなります。ですから、異熟識の名は仏になる直前までは使えますが、仏になって大円鏡智になってからは使えません。阿陀那識という名前は、仏になっても、第八識の中に仏としての個体と仏の環境つまり仏国土が維持されることになりますから、仏果以降もずっと使えるものです。

識の四分説——相分・見分

その次に、「**不可知の執受、処と了となり**」とあります。この中、執受とは、身体と種子を意味するのでした。処というのが器世間で、これは物質的な環境世界でした。それは、意識下の世界で、どういう姿かたちをしているのかわからない。しかしともあれ、その人の個体とそれがおかれている環境世界とがそこに維持されているということにおいて、阿頼耶識の相分・見分の内容が示されたわけです。

そのように、ここに阿頼耶識の相分・見分が示されたわけですが、識は相分・見分だけのものなのか。いったい識はどういう構造をもっているのでしょうか。前に識の所変・能変という語の区別のなかで、識の相分・見分および自体分というものが示唆されていたわけですが、いったい識というものの内部構造はどういうことになっているのか、そのことが一つの議論を呼びます。実は『成唯識論』では、識を四分で考えます。四分説ということになります。これは阿頼耶識だけではなく、八識すべてに通じています。あるいは、一つ一つの心所有法もすべて同じ構造を持つのです。その四分のことが、『成唯識論』の阿頼耶識の相分・見分に関連して議論されていますので、これより四分説についての議論（四分義）をひととおり見てまいりましょう。

> 然も有漏の識が自体の生ずる時に、皆な所縁・能縁に似る相現ず。彼の相応法も、応に知るべし、亦た爾なり。所縁に似る相をば、説いて相分と名づく。能縁に似る相をば、説いて見分と名づく。若し心・心所いい、所縁の相無くんば、応に自の所縁の境を縁ずること能わざるべし。或は、応に一一いい能く一切を縁ずべし。自境も余の如く、余も自の如くあるべきが故に。若し心・心所いい、能縁の相無くんば、応に能縁にあらざるべし。虚空等の如く、或は虚空等も亦た是れ能縁なるべし。（二・二八、Ⅱ・一一一）

識転変において、自体分の中に相分・見分が現われます。もっとも、時間的に順序立てて現われるのではなくて、自体が生ずる（現行する）と即、相分・見分が具わるということだと思うのですが、八識だけでなくて、五十一ある心所も同じような構造を持ちます。その中、どうして相分はあるといえるのか。心の中にある対象面としての相分がないとしたならば、「**応に自の所縁の境を縁ずること能わざるべし**」で、自分の認識対象を縁ずることができなくなってしまいます。眼識でいえば、視覚として色を見ますが、しかし他の音や香り等は感覚しません。そのとき、色は相分に現われて見られますが、音や香りは、眼識の相分に現れず、眼識の外のものであって、したがって眼識はそれらを感覚することはできないわけです。とすれば、もし色が相分に現われなければ、「**自境も余の如く**」色も他の音や香り同様、感覚することができなくなる、見ることができなくなるでしょう。耳識は耳識の中に相分がなければ、音を聞くということができなくなります。一方、自分の中に所縁の相分がなくとも対象を感覚することができるといえば、「**応に一一いい（各識が）能く一切を縁ずべし**」となります。眼識において、自分自身の中の相分ではない、その識の外の色を感覚するのであれば、「**余も自の如く**」同じくその識の外の音や香り等をも感覚することができることになってしまうぞというのです。識の中に相分として所縁があるからこそ、それを見ることができるのであって、しかも相分として現われたもの以外は見ることができないのです。それが、自の相分がなくとも見えるというのであれば、他のものも感覚できることになるはずだ、という矛盾を指摘しているのです。

次に、どうして識に見分があるかについてですが、識に知るものや見るものがなければ、能縁の相がないことになります。つまり見るものでない心、ということになりますと、「**応に能縁にあらざるべし。虚空等の如く**」、それは何のはたらきもない、目に見えない虚空と同じようなものとなってしまいます。見るというはたらきがないのであれば、それは知るものとはいえません。そうであるにもかかわらず、対象を見ることができる、知ることができる、というのであれば、「**虚空等も亦た是れ能縁なるべし**」、虚空であっても見ることや知ることができるはずということになってしまうぞ。こういう議論をしています。こうして、心には相分と見分の二つの契機が具わっているはずだ、とするのです。次の『厚厳経』の偈（詩）は、この二分の存在の証明として引かれるものです。

> **一切は唯だし覚のみ有り。所覚の義は皆な無し。**
> **能覚と所覚との分いい、各自然にして而も転ず、という。**（二・二八、Ⅱ・一一五）

「**一切は唯だし覚のみ有り。**」この「覚」は識のことのようです。知るものがあるだけだというのです。「**所覚の義は皆な無し。**」ここでいう「所覚の義」とは、実体視されたもののことです。識の活動の中で実体視されたものは、本当はないのです。識の中に対象面と主観面が現われてきて世界が成立していく。しかし実体的に捉えられたものはないのです。次の「**能覚と所覚との分**」が自然に転ずというところに、識に相分・見分あるという証拠をみています。後に出る所覚は、前に出た実体視されたものとしての所覚とは違って、識の相分のことを意味しているわけです。

識の四分説――自証分・証自証分

識に離れたる所縁の境無しと達せる者、則ち説く、相分は是れ所縁なり。見分をば、行相と名づく。相と見とが所依の自体をば事と名づく。即ち自証分なり。此れいい若し無くんば、応に自ら心・心所法を憶せざるべし。曾更ざりし境をば必ず憶すること能わざるが故に。

（二・二九、Ⅱ・一一六）

「**識に離れたる所縁の境無しと達せる者**」、これは、世界はただ識のみだと了解している者、大乗の者という意味です。説一切有部は六根・六境・六識、それぞれ実在である（識に離れた所縁がある）という立場でした。それに対して、唯だ識のみである、と考える大乗では、相分に対して所縁という言葉を与えます。所縁は親しい所縁と疎なる所縁とにわけて説かれる場合もありますが、この所縁は親しい所縁のことです。説一切有部は、外界の対象を所縁とし、識の中の相分を行相とします。唯識では所縁という言葉を相分に使い、見分に対して行相という言葉を使います。「**相と見とが所依の自体をば事と名づく。即ち自証分なり。**」相分・見分の依り所の自体を立てて、しかもそれは自証分であるというわけです。そういうものが、さらに相分・見分のほかにあるのだというのです。

「**此れいい若し無くんば、応に自ら心・心所法を憶せざるべし。**」自証分がなければ、自分の心王・心所のはたらきを記憶することはできないはずだといっています。

「**曾更ざりし境をば必ず憶すること能わざるが故に。**」記憶ということを考えた場合、およそかつて認識したもの以外は記憶できません。ところが、私たちには、たとえば興福寺に三重塔があった、という記憶もあれば、あの時あそこで三重塔を見た、という記憶もあるわけです。見たということの記憶があるためには、見たということをさらに見ているものが必要でしょう。その見ることを見るものが、見ることの外にあって、その外のものが見ることを確認するということになると、見ることを見るというそのことを、さらに確認するものがその外に必要になって、ついには悪無限に陥ってしまいます。確かに、私たちは見ることを記憶するわけですが、色を見るのであれば、その見ることに即してそれを見ているものがあるとしなければなりません。考えていると知っているものは、考えているものに即して、それを知っているものでなければなりません。というわけで、それぞれの識に即して、見分をさらに見ているものとして、自証分がなければならないということになるのです。こうして、識には相分・見分と、さらに自証分がなければならないことになります。つまり、識には三分があることになるわけです。

然も心と心所とは、一一いい生ずる時に、理を以て推徴（すいちょう）するに、各三の分有り。所量と能量と量果と別（こと）なるが故に。相と見とは必ず所依の体有るが故なり。（二・二九、Ⅱ・一二〇）

さらに三分の必要性を補強して述べています。「**所量と能量と量果と別なるが故に。**」ここで量果の必要性という、第二の理由をもってきたわけです。ここには、およそ認識がある場合、見られるもの・見るもの・見た結果、この三つがあって認識は完結するという見方があります。このことは、よく布地の長さを量ることに喩えて説明されます。布地が何尺あるか量る。量られる布地が所量であり、量るもの、つまりものさしが能量で、何尺何寸と、量った結果が量果です。そういう三つの要素がそろうとき、一つの認識が完結するという考え方があるのです。識の中に相分があり見分があり、さらにその見分が見た結果を確認するものがなければならない。このことから、識の構造は三分からなるのでなければならないということになります。

さらに第三に、「**相と見とは必ず所依の体有るが故なり**」とありました。相分・見分がある以上は、拠り所の自体がなければならないでしょう、というのです。こうして、自証分すなわち自体分の存在の証明を、記憶や量果、所依の体のことから行なって、最後に「**集量論（じゅりょうろん）の伽他（かだ）の中に説くが如し**」と、量果のことを述べつつ三分の存在を説く『集量論』の次の詩（伽他＝ガーター）を根拠に示します。

境に似たる相は所量なり。能く相を取ると自証とは、
即ち能量と及び果となり。此の三は体別（こと）なること無し、という。（二・二九、Ⅱ・一二一）

相分が量られるものであり、見分と自証分が能量と量果に相当します。これらは一つの識の中にあって、はじめてその機能は完結するのです。

ところが『成唯識論』では、以上の三分ではおさまりません。もう一つの分を立てるのです。

又た心・心所を、若し細く分別するに、応に四分有るべし。三分は前の如し。第四の証自証分有り。此れいい若し無くんば、誰か第三を証せん。心分ということは既に同なるをもって、応に皆な証すべきが故に。

又た（若し第四分無くんば）自証分は、応に果有ること無かるべし。諸の能量は必ず果有るが故に。見分は是れ第三が果には応ぜず。見分は或る時には非量にも摂むるが故に。此れに由りて見分は第三を証せず。自体を証するは、必ず現量なるが故に。（二・三〇、Ⅱ・一二一）

さらに証自証分があるというのです。自証分も心のはたらきであって、見分を確認する。そうすると、その自証分が確認したものをさらに確認するものが必要であるといいます。そこで第四分を立てないと、自証分が見たものを確認するもの、その量果がないことになってしまうわけです。もしもこのとき、自証分が見たものを見分が見るのだとすれば、見分が自証分の量果であるということで、三分でおさまるわけですが、それはありえません。

「**見分は是れ第三が果には応ぜず。**」見分は自証分が見たものを確認するはたらきにはふさわしくないというのです。なぜかというと、「**見分は或時には非量にも摂むるが故に。**」能量が見たものを確認する量果は、能量のままに、そのままに受けとめなければならないものです。それを加工して受けとめてしまっては、確認することにはなりません。たとえば見分が見たものを、自証分はまったくそのままに受けとめなければならないのです。自証分が見たものをさらに確認するという時も、自証分が見たものをありのままに確認しなければならないのです。このそのまま、ありのままの認識を、「現量」といいます。それはいわば、直接経験のような世界です。もとより、「**自体を証するは、必ず現量なるが故に**」でなければなりません。ところが、意識の見分は時には分別をする場合もあります。さらに論理的に間違って思考したりすることもあるわけです。それが、「非量」です。ですから、見分には常にありのままに受けとめるというはたらき、現量とはなりきれないものがあるのです。それで見分は、自証分を受けとめるものとしては、ふさわしくないのです。

「**此れに出りて見分は第三を証せず。**」自証分を確認するものは見分ではありえないから、そこで、第四に、証自証分を立てるわけです。証自証分は当然、ありのままに受けとめる現量のものであると同時に、かの自証分もまた、もとよりただありのままに、そのままに受けとめる現量のものですから、今度は証自証分が見たものを、自証分が確認することが可能となります。自証分が所量、証自証分が能量で、その量果はもう一度、自証分がなしうるのです。証自証分と自証分の間でお互いに確認し合う、そのように考えれば、四分でおさまって、悪無限になりません。こういうわけで、四分説が説かれたのでした。

> **是**(かく)**の如き四分を、或るところには摂して三と為**(せ)**り。第四をば自証分に摂入**(しょうにゅう)**するが故に。或るところには摂して二と為り。後の三は倶に是れ能縁の性なるが故に、皆な見分に摂む。此こに見と言うは、是れ能縁の義なり。或るところには摂して一と為り。体、別**(こと)**なること無きが故に。**（二・三一、Ⅱ・一二七）

こうして、四分を立てるのですが、時と場合によっては三分だけで示す場合があります。その場合は、「**第四をば自証分に摂入するが故に**」、証自証分は自証分におさめて三分で説明する場合があります。「**或るところには摂して二と為り。**」証自証分と自証分とを見分におさめて、相分と見分の二分だけで識を説明する場合もあります。「**後の三は倶に是れ能縁の性なるが故に、皆な見分に摂む。**」それらは相分を見る側として一つにまとめられるので、みな見分におさめられるというのです。「**此こに見と言うは、是れ能縁の義なり。**」二分しか説かない場合の見分は、自証分、証自証分を含めての見分なのであり、それは全体として能縁としての見分という意味合いになります。

「**或るところには摂して一と為り。体、別なること無きが故に。**」時には識を一つだけで語る場合もあります。相分・見分も識という点では一つです。自体分が体で、後の四分は作用だという見方もあります。そこで一心（一）という言葉が使われる場合もあります。ここでの一心は、何か唯一の心があって、それから万象が現れるというような、そういう一心のことではなく、心はあくまでも多様な個別の心の複合体であるのであり、それぞれが四分から成り立っているのだけれども、その四分は同じ一つの心にほかならないということを表すものです。このことについては、『入楞伽経』の詩が引用されていますが、これは省略いたします。

以上、我々の心を詳しく反省すれば、認識の構造、記憶の問題、量果の問題等から、一つ一つの心の中に、少なくとも相分・見分が具わっていて、さらにその見分を見る自証分、さらにその自証分を見る証自証分がなければならないとされ、しかしこの四分を立てれば、どうにかそれでおさまると考えられたわけです。いうまでもなく、心王・心所すべてが、そういう構造をもっているのです。『成唯識論』は、識の構造といういわば認識論上の根本的な問題に関しても、このようにきわめて精緻な分析をしているのでした。

阿頼耶識相応の心所有法

『唯識三十頌』には、阿頼耶識と相応する心所有法について、「常に触・作意・受・想・思と相応す」と、遍行の五つのみであると示していました。このことについて、『成唯識論』の説明を見ておこうと思います。

遍行の心所は、善の傾向を持っても悪の傾向を持っても、どんな時でも、どの心王とも相応する心所でした。逆に、阿頼耶識は遍行の心所とのみしか相応しないわけです。

この相応するということについては、多少の定義があります。とにかくあらゆるものは刹那滅ですから、心王と心所が相応するというときに、その刹那を同じくします。また、眼識に相応する心所は、眼識が眼根によるのと同じように、同じく眼根によります。つまり、根を等しくします。では、阿頼耶識は何の根によるのでしょうか。おそらく、なんらか意根という根があると考えられているのでしょう。

また、眼識の心王が青という色を見ているとき、それと相応する心所もまた、自分の相分に青を浮べ、それぞれの心所独自の仕方でそれに関わることになります。つまり、心王と心所とで、相分が同じものになるわけです。このことは、もちろん阿頼耶識の場合も同様です。さらに事が等しいということがありまして、それは心王一つに対して同種の心所が一つずつ対応するということです。例えば意識という心王一つに対して、同じ瞋の心所が三つも四つも相応することはありません。相応するのは、一つの心王に対し、瞋の心所は一つ、貪の心所も一つであります。

以上が、心王と心所が相応するということの内容なのですが、では、阿頼耶識と相応するという遍行の心所の、触・作意・受・想・思とはどのような心なのでしょうか。

触（そく）というは、謂く、三和して変異に分別（ぶんべつ）するぞ。心・心所をして境に触れしむるをもって性と為（な）し、受・想・思の等（ごと）きが所依たるを業と為す。（三・一、Ⅱ・一七四）

これが「触」の心所の基本的な説明です。三和の三は根・境・識で、順に、器官・対象・心識を意味します。識の活動が成立するためには、その根・境・識の三つが和合するということが必要です。阿頼耶識の場合、他者の阿頼耶識がなんらかの縁になるということはいわれますが、その対象になるということはなく、境としては相分を考えるしかないのかもしれません。ただ、触は阿頼耶識だけのものではありません。遍行の心所で、あらゆる心王とも相応するものです。そこで触の基本的な説明として、根・境・識の三つが和合すると、その三つの根・境・識の全体が変化していくことがある。そこにおいて分別して触というものを立てるのだ、とあります。認識活動が行なわれていく中で、そういう変化する現象が見られるが、そこにおいて根・境・識の三に区別して触という心所を立てる、というのです。

実は、仏教のさまざまな思想の中には、一方で、根・境・識が和合したこと自体が触なのであり、ゆえに別の触という心所はないのだという主張もありました。触の心所を独自のダルマとして別立てしない立場です。ところが、唯識学派の『瑜伽師地論』以来の伝統では、心所は心所として現象世界を構成している実のダルマとして考えます。そこで触も、これとして指摘することはむずかしいのだけれども、根・境・識が和合して認識がおこなわれていく、そういう事態の中で、触をその三者とは異なる独自のダルマとして取り出して、別立てするのです。この触の心所は、心王・心所を対象に接触させることを本性とするものです。

「**受・想・思の等きが所依たるを業と為す。**」そして、さまざまな心所がそこから活発に活動していく依り所となります。ただ、遍行の心所はどのような場合でも必ず心王と相応しているわけですから、まず心王に触が相応し、そのあと受が相応するということではないでしょう。ここもやはり論理的関係というべきでしょうか。

今の基本的説明を、『成唯識論』は、さらに次のように説明していきます。

謂く、根と境と識との更相(たが)いに随順せるが故に三和と名づく。触いい彼れに依りて生じ彼れをして和合せしむ、故に説いて彼れと為す。三が和合する位に、皆な順じて心所を生ずる功能(くうのう)有るを説いて変異と名づく。触いい彼れに似て起こる、故に分別(ぶんべつ)と名づく。……一切の心と及び心所とを和合して、同じく境に触れしむるは、是れ触の自性なり。（三・一～二、

Ⅱ・一七七）

根・境・識の三が和合することによって触が生じます。また、触が生じることによって、根・境・識はますます緊密に和合します。

「**触いい彼れに似て起こる、故に分別と名づく。**」「彼れに似て起こる」とは、三が和合して変異することに似て起こる、ということです。ここの「分別」という語の意味は、『成唯識論』の立場でいいますと、それに「似て」起こるという、その「似る」ことだというのです。触を触そのものとして指摘することがなかなかできないので、そこでの変化に触の心所の存在を見るということです。なお、ある論書は三和合の変異といわないで、根の変異だけで触を説明する場合があるとも述べています。

「**一切の心と及び心所とを和合して、同じく境に触れしむるは、是れ触の自性なり。**」阿頼耶識の場合は遍行の心所のみですが、前五識・第六意識などでは、善・煩悩その他さまざまな心所が心王と相応します。それぞれの心王に触の心所が相応して、それぞれの心王と心所がいっしょになっているものを和合させて同じく境に触れさせていく。これが触というものであります。要は、識が根に基づいて境を認識するということを成立せしめるようなはたらきが、心王とは別にあるというのです。

作意（さい）というは、謂く、能（よ）く心を警（きょう）するをもって性と為し、所縁の境の於（うえ）に心（しん）を引くをもって業と為す。謂く、此れが応に起こすべき心の種を警覚（きょうかく）し、引いて境に趣（おもむ）かしむるが故に、作意と名づく。（三・二、Ⅱ・一八七）

作意の心所は、『倶舎論』などでは、対象に関心を持つはたらきとして説かれていますが、唯識では心を警するものだといいます。その心を警するとは、「**謂く、此れが応に起こすべき心の種を警覚し**」、起こすべき心の種子を目覚めさせて現行させるというはたらきのことです。実はこのことは、作意の種子が他の心王・心所の種子を警覚することになります。「**引いて境に趣かしむるが故に、作意と名づく。**」その心を導いて対象に赴かせる。そのような心のはたらきが、これも遍行ですから、どの心王にも相応していることになります。

受というは、謂く、順と違と倶非との境の相を領納するをもって性と為し、愛を起こすをもって業と為す。能く合と離と非二との欲を起こすが故に。（三・三、Ⅱ・一九一）

「受」は、苦楽の感受です。「順」は、自分にとって好ましいもの、「違」は、自分にとって嫌だと思うもの、「倶非」は、好いとも嫌だとも想わないもので、それらを納めること、いい換えれば、楽を感受する、あるいは、苦を感受するということです。楽受と苦受だけがあって、それ以外には受はないといってもよいのではないかと思うのですが、受は遍行の心所で、楽でも苦でもない感受もあるとされるのです。

「**能く合と離と非二との欲を起こすが故に。**」快楽は自分に取り入れたいものです。それは「合」の欲を起こすことになります。嫌なものについては離れたい。それは「離」の欲を起こしていきます。

良いとも悪いとも思わないものについては、どちらとも思わない、「非二」の欲があるということになる。受の心所があると、自分の方に引き寄せたい、遠ざけたい、そういう思いがでてくることになるわけです。

想というは、謂く、境の於に像を取るをもって性と為し、種種の名言を施設するをもって業と為す。謂く、要ず境の分斉の相を安立して、方に能く随いて種種の名言を起こすぞ。（三・三、Ⅱ・一九六）

「**想というは、謂く、境の於に像を取るをもって性と為し、**」対象のおおよそのすがたを認知する、そういうはたらきが「想」の心所です。それがあることによって、それに対して言葉を立てていく。前の「触」は、認識を成立せしめるはたらき。「作意」は種子を警覚するということがありますが、おおざっぱにいえば関心を持つはたらきでしょう。それに対し、「想」はいわば認知作用です。「**謂く、要ず境の分斉の相を安立して、方に能く随いて種種の名言を起こすぞ。**」対象のなんらかのすがた・かたちを捉えなければ言葉は立てられないということです。ある一つのなんらかの形象を捉えるからこそ、それに対して言葉を立てることができることになります。その一番根本の役割を果たすのが、想の心所です。ただ、実際に言葉を立てるのは、第六意識においてでしょう。こういう想の心所が、目覚ましいはたらきをするのは、意識においてです。阿頼耶識や五感の識に相応する想の心所も、「取像」というはたらきをしているとは思いますが、さらに言葉を立てるというところまで力を発揮するということはないと思います。これはある意味で、第六意識の代表的な想の心所の活動をあげて説明しているのです。

思というは、謂く、心を造作せしむるをもって性と為し、善品等の於に心を役するをもって業と為す。謂く、能く境の正因等の相を取りて、自心を駆役して善等を造せしむるぞ。（三・三〜四、Ⅱ・一九七）

「善品」というのは、善い種類の行ない、修行のことで、それらに心をはたらかせていくことが「思」の心所です。善い行ないをしようとする思いだけでなく、我々は凡夫ですから、煩悩に支配されて悪を悪と思わず、むしろ自覚的に悪をなそうとしていくこともあります。そういう善や悪に対して心を向かわせていくもの、いわば意志のはたらきが「思」の心所です。

「**謂く、能く境の正因等の相を取りて、自心を駆役して善等を造せしむるぞ。**」心の対象の中、たとえば解脱に向かう正しい因となる教えの、その説明をよく了解することによって、自分の心を駆り立てて、意志的に修行をして善をなしていこうという思いを起こす。それは思の心所のはたらきです。人間は悪事に誘われて、結局、みずから悪のほうに向かうということも、ないわけではありません。それも思の心所のはたらきによるものです。

『成唯識論』では、触・作意・受・想・思について、以上のような説明をしているわけです。そこでは、作意において種子を警覚するということもいわれていて、独特の説明になっています。ただ、一般的にいえば、我々の認識は、心と対象を接触せしめ、対象に関心を持つなかで、感情的な判断が先立って、その後に概念的な判断や、意志がある、という順序になっている。その順序を、「触・作意・受・想・思」は、なんらか表現しているということもあるのではないかと思います。

なお、『唯識三十頌』には、「**唯だし捨受のみなり**」とありました。受の心所と阿頼耶識は相応するのですが、その受の心所には、苦楽の感受はありません。「捨受」というのは、非苦非楽の感受ということです。

大河のような阿頼耶識の意味

さて、『唯識三十頌』の阿頼耶識の説明には、「**恒に転ずること暴流の如し**」とありました。阿頼耶識は、始めのない過去から終わりのない未来まで、刹那刹那生滅しつつ相続されています。自己の根底である第八識は、鉄の棒のようにつながっているわけではない。あくまでも刹那滅で、常住の実体的な存在ではありません。ただしこの短い文句の中に、それだけでない、いろいろな意味合いが読み込まれていきます。そのことは『成唯識論』に、以下のように説明されていきます。

阿頼耶識をば、断とや為る、常とや為る。断にも非ず、常にも非ず。恒に転ずるを以ての故に。恒というは、謂く、此の識は無始の時より来た、一類に相続して、常に間断すること無しといわんとぞ。是れ界と趣と生とを施設する本なるが故に。性、堅にして種を持して失せざらしむるが

故に。転というは、謂く、此の識は無始の時より来た、念念に生滅して前後変異すといわんとぞ。因滅すれば果生ずるをもって、常・一に非ざるが故に。転識の為に種を熏成せらるべきが故に。恒という言は、断を遮す。転というは、常に非ずということを表す。猶お暴流の如く、因果法爾なり。（三・八、Ⅱ・一二五）

「**阿頼耶識をば、断とや為る、常とや為る。**」阿頼耶識は断滅のものなのか、それとも常住のものなのか。断見・常見は仏教の世界では誤りとされています。断見は、死ねば何も無くなってしまうという見解、常見は、死後も常住であるという見解になります。それに対して、唯識では「**断にも非ず、常にも非ず。恒に転ずるを以ての故に**」と主張します。断滅するものでもないし、常住のものでもない。生滅を繰り返しつつ転ずるので、実体的な存在として常住なのではないからです。それは、二つの極端な見解を離れた中道の立場に立つものです。

阿頼耶識の世界は、始めのない過去から現在にいたるまで、一瞬の隙間もなく相続されています。仏教は生死輪廻を前提にしておりまして、無始より無終にいのちはつながっていると述べます。ところがそれを聞いて、何か自分という変わらないものがあると考えてしまうと、それは迷いであり自我に対する執著にもつながります。

「**是れ界と趣と生とを施設する本なるが故に。**」我々は生死輪廻していろいろなあり方に生まれます。欲界・色界・無色界の三界（「界」）とか、地獄・餓鬼・畜生・修羅・人間・天上の六趣（「趣」）とか。「生」とは、生まれ方のことで、卵生・胎生・湿生・化生の四生であり、これも多様な生きものを表わす言葉であります。阿頼耶識は、そういう言葉を立てる基になる。阿頼耶識が相続する中で生死輪廻が行なわれて、人間や地獄という言葉が立てられる。その拠り所になるのが阿頼耶識です。

「**性、堅にして種を持して失せざらしむるが故に。**」自性が堅いというのは、絶対に一瞬の隙間もなく常に相続されるということです。一切の種子を保持して、その情報を断絶することなく引き継いでいく。そういう意味で、これは断ではないのです。しかし転ずるというあり方にあるものであって、刹那刹那生滅しつつ流れ、しかも前後変異する。阿頼耶識の中に含まれる情報も変化する。業が蓄えられていくあり方が変化していく中で、人に生まれたり地獄に生まれたりする。したがって、常でもありません。

前の刹那の阿頼耶識が滅すると、次の刹那の阿頼耶識が生じる。それが一瞬の隙間もなく繰り返されていく。そこが「**因滅すれば果生ずるをもって、常・一に非ざるが故に**」です。常住の存在でもなければ単一の存在でもないのです。仏教は我・アートマンを否定しますが、その否定されるアートマンの定義は、「常・一・主・宰」でした。我々のいのちの根底に、生滅を繰り返しながら流れている、自我の意識を超えて自己を運んでいるものがある。しかもそれは常に転ずるあり方の中で成立していることが明かされているのです。

「**転識の為に種を熏成せらるべきが故に。**」常住ではないが常に相続してつながっている。そういう基盤があるからこそ、我々の見たり聞いたりの経験がそこに蓄えられて、そしてそれが引き継がれていくのです。実体的な固体の変わらない世界であるならば、種子を受け入れることはできません。そのつど変化していく経験を受け入れることはできません。ところが刹那刹那生滅しながらつながっていることによって、経験を受け入れ、引き継いで、一人一人のいのちが運ばれて行くのです。

「猶お暴流の如く、因果法爾なり。」常に転ずるということは、河が滔々と流れていくさまに喩えられます。大河のように因が滅すれば果が生ずるようであるというのです。そのように、河のようだというのは、常に転ずることの喩えとしていわれていると思われるわけですが、さらにこの喩えには実にさまざまな意味合いが含まれていると解説されます。

暴流の水の、断にも非ず常にも非ずして、相続して長時に漂し溺する所、有るが如し。此の識も亦た爾なり。無始従り来た、生滅し相続して常にも非ず断にも非ずして、有情を漂・溺して出離せざらしむ。又た暴流の風等に撃せられて諸の波浪を起こすと雖も、而も流すること断ぜざるが如し。此の識も亦た爾なり。衆縁に遇うて眼識の等きを起こすと雖も、而も恒に相続せり。又た暴流の、水の下・上の魚・草の等き物を漂して、流に随いて捨せざるが如し。此の識も亦た爾なり。内の習気と外の触等の法とともに恒に相随いて転ず。（三・八〜九、Ⅱ・二二七）

河の水は、たんに非連続の連続でつながっているというだけでなくて、その河の水面に何かを漂わせたり、河の中にいろいろなものを巻きこんで運んでいく。そのことなどまで含んで、「阿頼耶識は河のようだ」という意味合いがあるといいます。

第八識の中に有情を漂わせ、あるいは、溺れさせながら河から出させない。要するに、一人一人に阿頼耶識が相続しているわけで、ある一人の阿頼耶識の流れを見れば、その阿頼耶識の長遠の時間の相続の中に、ある時には地獄の生きものとしての身体と器世間が相分に現われ、ある時には人間としての身体と器世間が相分に現われたりしたでしょう。ある意味で人間や神々というのは河の表面に浮んできたもので、地獄・餓鬼・畜生というのは河の中に沈みこんだもの。いずれにしても、迷いの世界から解脱させないで生死輪廻を繰り返してきたことが、この河の喩えによって表わされている、と見るのです。

「**又た暴流の風等に撃せられて諸の波浪を起こすと雖も、而も流すること断ぜざるが如し。此の識も亦た爾なり。衆縁に遇うて眼識の等きを起こすと雖も、而も恒に相続せり。**」阿頼耶識はいろいろな縁にあって、その中に蔵されている種子が刺激を受けて、眼識等の識が生起します。しかしそれらは常に起きているわけではなく、縁に応じて起きてくるわけです。食べ物を食べなければ舌識は起きないわけですし、何か匂いがなければ鼻識は起きません。縁があって、阿頼耶識より五感の識が起きたり、第六意識が起きたりするのです。それは、河の水と、風によって起こる波のようだというのです。

「**又た暴流の、水の下・上の魚・草の等き物を漂して、流に随いて捨せざるが如し。**」河の水面には水草が浮かび、水中には魚が泳いでいる。河はそれらを携えながら流れのままに運んでいく。阿頼耶識もこれと同じようだといいます。阿頼耶識はその中に、過去世来の経験が熏習された種子をかかえています。その外側には、相応する心所を共に引きつれています。それは水中と水の表面に喩えられるということです。

是の如き法と喩とは、意、此の識の無始より因果として断にも常にも非ざる義を顕す。謂く、此の識性は、無始の時より来た、刹那刹那に果生ずれば因滅す。果の生ずるが故には断に非ず。因滅するが故には常に非ず。断にも非ず、常にも非ずといえること、是れ縁起の理なり。故に、此の識は恒に転ずること流の如し、と説く。（三・九、Ⅱ・二二八）

無始よりこのかたとか、未来永劫とか、そういう言葉が頻繁に使われていますが、究極をいえば、過去・未来は存在しません。今、現在しかないのです。その現在が自己の思いを超えたところから運ばれていく。そこに我々のいのちがあるのです。自分を超えたものにおいて自分というものが生かされている、そこをなんとかしてつかまない限り、生死輪廻を繰り返すことになります。「**断にも常にも非ざる義を顕す。**」ここに一番の意味合いがあります。ここにおいて、二つの極端な見解を離れ、分別を離れる。自我に対象的に関わるあり方から解放されていく中で、本来の自己に目覚める道を開くものだと思います。

阿頼耶識は無始の時よりこのかた、次の刹那の阿頼耶識が生じれば、その前の刹那の阿頼耶識が滅します。しかし果が生ずるので断滅ではない。けれども前の刹那の阿頼耶識は滅するので常住ということでもない。それは、断見・常見を離れた立場を指し示しています。それをここでは「縁起の理」といっています。実体的な存在を想定して世界を説明するのではなくて、かといって何かニヒリズムにおちいるのでもなくて、河のように常に転ずるということによって、有・無を離れた、その意味で「縁起」の立場を表わしているのです。「縁起」の世界というのは、言い換えれば「中道」の世界のことであって、対象的に分別して考えることを離れたところにリアリティがあるという立場を明かすために、このことを説いたのです。

縁起の真実相

部派仏教の代表的な部派である説一切有部の考え方は、「任持自性　軌生物解」と定義される法＝ダルマ、要するに世界の構成要素について、「三世実有・法体恒有」と、三世に実有なるダルマを考え、その常住の諸法の実在という立場から人間の業等を説明しました。一方、唯識は、説一切有部とは異なり、「現在実有・過未無体」を主張し、現在のみが実在するのであって、過去や未来は存在しないと考えます。これはごく当然の考え方でしょう。しかしそうすると、何か善い行為をしたか、悪い行為をしたとして、その行為そのものは過去に入ると消えてなくなってしまいます。行為が無となれば、業は成立しないでしょう。しかしたとえ行為そのものが無に帰しても、その情報が現在の何ものかに蓄えられ、それが現在から現在へとバトンタッチされてつながっていくことによって、未来にその行為の結果をもたらす、ということを考えれば、業のことを説明できるわけです。このとき、阿頼耶識という、それらの情報を保持していく場を立てることによって、すべて矛盾がないよう説明しようとしたのが、唯識の思想です。

このことに関連して、『成唯識論』の阿頼耶識の暴流の説明の箇所には、以下の興味深い議論があります。それは実は、縁起ということを根本的に考察するものです。まず初めに、説一切有部の考えに立つ者が、唯識の立場について疑問を呈します。

過去と未来とは既に実有に非ずという。常に非ずということは爾るべし。断に非ずということは如何ぞ。断じなば、豈に縁起の正理を成ずることを得といわんや。（三・九、Ⅱ・二二九）

「**過去と未来とは既に実有に非ずという。**」阿頼耶識を説明して、過去もなければ未来もない。ただ現在のみが続いていく、と唯識は主張するのでした。

「**常に非ずということは爾るべし。**」仏教の立場から見れば、すべては諸行無常・諸法無我ですから、常住不変の存在を認めるのは誤りです。過去や未来を認めないで、現在のみが刹那滅に続いていくという立場に立てば、確かに常住でないということは認められるであろう。

「**断に非ずということは如何ぞ。**」常見と断見は仏教の世界では誤りとされています。断見に陥るという過失については、しかしその立場において、本当に免れきれるであろうか。未来がないと述べるのであれば、断滅してしまうという立場が成立しかねません。

「**断じなば、豈に縁起の正理を成ずることを得といわんや。**」そうしたら、仏教の考える縁起や中道の正しい道理の立場が成り立たなくなってしまうではないか。このように説一切有部は大乗唯識に対して質問したわけです。

過去・未来いい、若し是れ実有ならば、断に非ずと許すべし。如何ぞ常に非ずという。常ならば

亦た縁起の正理を成ぜざりぬ。（三・九、Ⅱ・二二九）

その問いに対し、唯識の側から逆に質問を返します。「**過去・未来いい、若し是れ実有ならば、断に非ずと許すべし。**」あなたがたの三世実有という立場に立つとするならば、なるほどある時すべてがなくなってしまうというような断滅の見解に陥らずにすむであろう。「**如何ぞ常に非ずという。**」しかし、三世実有・法体恒有ならば、どうしてその立場が常住でないといえるのか。それは仏教の根本的立場、無常の立場に反しているではないか。説一切有部はダルマを実体のような存在として認めて、その上で世界を考えているのです。この場合は、法執は問題になりません。法は有ると見るのが正しいからです。ところが大乗は一切法も空であると説きます。アートマンという常住の自我は存在しないのと同じように、物も常住不変の実体的存在ではないと考えます。したがって法執からも解放されなければ、真の自由自在を得ることはできない、というのが大乗の立場です。小乗の場合は、世界の空を洞察することができず、結局、生死輪廻とは異なる、無為法の涅槃の世界に入って満足してしまいます。しかし大乗は法も空である、世界そのものが空にほかならないということを見抜いて、そのことにより生死輪廻の世界の中に自由に入っていって、ひたすら活動していき、しかもそこに涅槃を見出します。

「**常ならば亦た縁起の正理を成ぜざりぬ。**」あらゆる存在が常住ならば、仏教本来の縁起の立場が成り立たないことになるではないかと、説一切有部の立場の問題性について反問したのです。これに対し、説一切有部は、とりあえず次のように応じます。

豈に他の過を斥するをもって、己れが義便ち成ぜんや。（三・九、Ⅱ・一二三〇）

どうして他者（説一切有部）の過失を否定することによって、自分（唯識）の立場が成り立つであろうか、と切り返します。あなた方、唯識で、刹那滅のうちに相続するといっていることについて、きちんと説明してくださいと、そのような意味をこめているわけです。

若し邪を摧かずしては、以て正を顕すこと難し。前の因が滅する位に後の果も即ち生ずることは、秤の両の頭の低り昂る時等しきがごとし。是の如く因と果との相続すること流の如し。何ぞ去・来を仮りて方に断に非ずということを成ぜん。（三・九～一〇、Ⅱ・一二三〇）

それに対して、唯識の方では、まず、間違った見解を否定しなければ、正しい立場を表わすのはむずかしい。邪を破ることによってこそ、正が明らかになってくる、と応じます。まずは相手側の主張が正しくないことをはっきりさせなければならない、だから「三世実有・法体恒有」の立場では駄目だということを述べたのだ、という返事です。

破邪顕正という言葉がありますが、それはふつう、間違った見解を否定して、その上で正しい立場を表わすというものでしょう。南都六宗の中に「三論宗」という宗派がありました。龍樹の「中観派」の流れを汲む立場でありますが、この三論宗は徹底して相手側の破邪を行ないます。一方、自分たちの正しい立場がどういうものであるかを、ポジティブに主張することはしません。というのも、主語を立て述語して、ある主張を述べると、それがどんな立場であれ、そこに矛盾が介在してしまって解体されざるを得ない。正しい真理をポジティブに言葉で立てることはできない、言葉を離れたところに真実があるというのです。そこで、破邪がそのまま顕正であるというのが、三論宗の独特の立場です。しかし唯識は、そこもふまえつつ、その言葉の立たない世界の消息をなんとか言葉において伝えようとします。ですから、やはり破邪のあとに顕正を設けるわけです。以下、唯識の立場の説明がなされます。

「**前の因が滅する位に後の果も即ち生ずることは、秤の両の頭の低り昂る時等しきがごとし。**」前刹那の阿頼耶識が滅しますと、同時に次の刹那の阿頼耶識が生まれてきます。それは天秤ばかりの、一方が下がると同時に他方が上がるようなものだと言います。そのように、いわば現在に現在が生まれるようなあり方において、しかし非連続の連続において、相続しながら続いていく。我々の個々のいのちの根底に、無始より無終に、そういう世界があるというわけです。

「**是の如く因と果との相続すること流の如し。**」その因と果が相続していくことは、大河のようであります。常にまったく隙間もなく、次の現象が起きてくるということです。そのようなあり方の阿頼耶識という世界を根底において、我々の世界を見ていくことで、縁起の道理と矛盾なく世界を説明することができる、というのが唯識の立場です。

「**何ぞ去・来を仮りて方に断に非ずということを成ぜん。**」こうして、過去や未来の存在がなくとも、断見に陥るものではない立場を説明することはできる、というのです。

刹那滅の相続の中で因果が相続していく。唯識側はこれで十分だと主張したわけですが、説一切有部はさらに問題があると反論します。それは、因果関係の問題をめぐる議論です。因果関係というのは本当にあるのか、これは実は非常にむずかしい問題です。因果関係には空間的な因果関係と時間的な因果関係がありますが、一般には因果関係といえば時間的な因果関係でしょう。その時間的な因果関係が本当にあるといえるのか。イギリスのヒュームという哲学者は、客観的に因果関係があるとは言い切れないと明かしています。それに対して、カントは、「独断論の微睡（まどろみ）をやぶられた」といって、まさに因果関係はどのように成立するのかということを、哲学上の根本的な問題として追究していきます。カントは我々の主観の側が世界を了解するときに、因果関係という形式のなかで了解していくのであって、それは悟性という主観が、世界を捉えるときの形式なのだと説きます。そのように、西洋哲学の見方からしたとき、客観世界に因果関係があるということは必ずしも言えないことなのです。仏教は、縁起が真理だと主張していますが、その縁起とは、直接的な原因に、さらに他の条件が整ったときに果があるのであって、因だけあっても縁がそろわなければ果は成立しない、因縁あいまって結果があるという考え方でした。とはいえ、この縁起の中に因果関係が入っているわけで、では本当にその因果関係はあると認められるのでしょうか。ひいては、縁起は無条件に真理なのでしょうか。

たとえば龍樹の『中論』の中には、因果関係を問題にして、次のような議論をしています。因より前に果があるとしたら、当然、因果関係は成り立ちません。因と果が同時にあるとすると、これは時間的な因果関係にはなりません。それは空間的な因果関係にとどまります。そうすると、時間的な因果関係においては、因の後に果があるということになります。ところが大乗仏教では、現在実有・過未無体ですから、因が過去に去れば無になります。無なるものが、どうして果を生じうるのか。ですから、因の後に果があるという立場でも、因果関係は説明できません。『中論』には、そのような議論があるのですが、ここでも同じような議論がなされます。説一切有部が、その議論を用いて唯識を攻めるのです。

因が現に有る位には、後の果、未だ生ぜず。因は是れ誰が因ぞ。果が現に有る時には、前の因、已に滅したり。果は是れ誰が果ぞ。既に因・果無くなりぬ。誰か断・常を離せん。（三・一〇、Ⅱ・二三二）

「因が現に有る位には、後の果、未だ生ぜず。因は是れ誰が因ぞ。」因が現在ある時には、果というものは成立していない。特に大乗の立場でいうならば、現在のみ実有で、未来は未だないわけですから、因があるときには、果はまだ成立していないのです。果が無い以上、その因というものもまた無いことになるであろう。

「果が現に有る時には、前の因、已に滅したり。果は是れ誰が果ぞ。」しかし果が成立したときには、因は滅しています。滅してしまった無なるものが、どうやって果を生じるのであろうか。こうして、現在実有・過未無体の立場の中で世界を見ていくときには、結局、因果関係は成立しなくなるではないか、というのです。

「既に因・果無くなりぬ。誰か断・常を離せん。」もし因果関係がそもそも成立しないとなると、縁起の正しい道理というものも成立しない。そうすると断見・常見を離れた中道の立場も不可能になってしまうではないか。三世実有・法体恒有を主張する説一切有部からすると、現在実有・過未無体と見る唯識の立場では、因果関係、ひいては縁起の道理は成立しないぞ、というわけです。

それに対して、唯識はまず逆に、三世実有の立場の難点を指摘します。

若し因有る時に已に後の果有らば、果いい既に本より有りぬ、何ぞ前の因を待たん。因の義、既に無くなりぬ。果の義、寧(いずく)んぞ有らんや。因も無く果も無くなりぬ。豈(あ)に断・常を離せんや。（三・一〇、Ⅱ・二三二）

「若し因有る時に已に後の果有らば、果いい既に本より有りぬ、何ぞ前の因を待たん。」説一切有部は未来もすでに存在しているという立場を主張します。未来がすでに存在しているというのであれば、すでに果があるということであって、その因を求める意味がなくなってしまうであろう。**「因の義、既に無くなりぬ。果の義、寧んぞ有らんや。」**因というものが成立しなければ、果というものがどうしてありえよう。縁起そのものが成り立たないではないか。**「因も無く果も無くなりぬ。豈に断・常を離せんや。」**因も果も無いのであれば、どのようにして断見・常見を離れた中道の立場に立つことができるであろうか。むしろ常見の過失に陥るのみであろう、と反論したわけです。これに対して、説一切有部は、反論を試みます。

因・果の義成ずることは、法の作用に依りてなり。故に詰難する所は、我が宗には預るに非ず、という。（三・一〇、Ⅱ・一三二）

説一切有部は、「**因・果の義成ずることは、法の作用に依りてなり**」と、縁起や因果は法の体においてでなく、法の作用においてであると主張します。これは説一切有部の正統的な立場です。ダルマの体は常住であると認め、あるダルマが作用を起こしたときがそのダルマの現在であり、未だ作用を起こさないものが未来のダルマです。作用を起こし終わったダルマは過去のダルマとなります。その諸法の刹那に滅する作用の連続によって世界を説明する。これが説一切有部の立場です。無数のダルマがあり、そのうちのある法の作用の生起と消滅が相続していくということでしょうが、そのような仕方ですべて法そのものは存在し続けるのです。こうして、諸法の作用の縁起によって世界を説明し、「常・一・主・宰」であるような自我は存在しない、としたわけです。これに対して唯識は、さらにその不当性を指摘しつつ、自らの立場を明かしていきます。

縁起は仮りの言表である

体いい既に本より有らば、用もまた応に然るべし。所待の因縁も亦た本より有りぬべき故に。斯

れに由りて汝が義は因・果定めて無くなんぬ。応に大乗の縁起の正理を信ずべし。謂く、此の正理は深妙にして言を離れたり。因・果等の言は皆な仮りて施設せり。現在の法が後のを引く用有るを観じて、仮りて当果を立てて、対して現の因を説く。現在の法が前に酬る相有るを観じて、仮りに曾の因を立てて、対して現の果を説く。仮というは謂く、現の識が彼れに似る相を現ずるぞ。是の如く因・果は理趣顕然なり。二辺を遠離して中道に契会せり。諸の有智の者、応に順じて修学すべし。（三・一〇、Ⅱ・一三二）

「**体いい既に本より有らば、用もまた応に然るべし。所待の因縁も亦た本より有りぬべき故に。**」体があれば、そこにおのずから作用もあるはずである。因にせよ縁にせよ、もともと存在していれば、それぞれの作用をもっているはずである。とすると、縁がととのってはじめて作用が起きるのではなくて、すでにダルマが存在している未来において、因も縁も作用し、結果はいくらでも起きてくることになるはずだ。因も縁も体があれば作用があって、体の常住とともにすべてが常住であるという立場になりかねない。結局、縁起は成り立たないことになるではないか。唯識はそういって、体の常住、用の縁起（刹那滅）という考え方では説明しきれないと述べます。

「**斯れに由りて汝が義は因・果定めて無くなんぬ。応に大乗の縁起の正理を信ずべし。**」したがって、その小乗の立場ではない、大乗の縁起の正しい道理を信ずべきであると主張します。唯識で考えている縁起の見方を了解しなければならないというのです。

「**謂く、此の正理は深妙にして言を離れたり。**」大乗の縁起の道理は、非常に深いものであって、その縁起の世界そのものは、本来、言葉を離れたところにあるのです。

「**因・果等の言は皆な仮りて施設せり。**」その言葉を離れた世界、諸法実相のうえに縁起や因果関係を立てるのみだ。こう、唯識は説くのです。一般に仏教は縁起が真理であると説きます。しかし大乗唯識からみると、そのように、縁起の説もまた実に仮りの設定にすぎないものなのです。究極の覚りの世界は言葉を離れていて、そこをなんとか言葉にのせて説明しようとするときに、縁起の語を用いるのです。その仮りの施設とはどういうことかと言いますと、

「**現在の法が後のを引く用有るを観じて、仮りて当果を立てて、対して現の因を説く。**」唯識の立場からいえば、現在しかないわけです。その現在が未来につながっているわけではありません。二刹那以上でも自己同一を保つとしたら、もはや永久の存在になってしまいます。あくまでも刹那滅で、その場合は現在しかないのです。その現在のみの法が、未来に作用を及ぼしそうだということを見て、そこで現在に対し未来の果を想定して、それに対して現在の法に因という語を与えるのみなのです。

「**現在の法が前に酬る相有るを観じて、仮りに曾の因を立てて、対して現の果を説く。**」一方、現在の法が過去に報いるというすがたをもっていることを見て、そこで現在に対して過去の因を設定して、それに対して現在の法に果の語を与えるにすぎない。

「**仮というは謂く、現の識が彼れに似る相を現ずるぞ。**」現在の識が未来に似る、あるいは過去に似る。そのようなすがたを現わす、そこに仮りてということがあるのであり、実際に未来や過去が存在しているわけではありません。

「**是の如く因・果は理趣顕然なり。**」こうして、あくまでも仮りの施設として因果関係が言われるに

すぎない。その因果関係のありようは、明白である、と言います。縁起は仏教の究極の真理とさえも言われるものですが、唯識からするとこのような意味で、なんと仮りの設定（仮設）の中で縁起や因果関係が言われているにすぎないというのです。

「**二辺を遠離して中道に契会せり。**」その縁起の立場において、一方的に有るという見方を離れ、一方的に無いという見方を離れる。実体的な存在として常住である自己をつかまえることもなく、死後はなにもないといってニヒリズムにおちいることもない。これが唯識の縁起観です。ところが凡夫は、このような刹那滅の、現在しかない世界を対象化して、自我や物を実体的な存在と見なして、それに執著する。自我に振り回され、物に振り回され、苦しんでいる。

「**諸の有智の者、応に順じて修学すべし。**」智慧ある人は、この唯識の道理こそ学ぶべきである。ここに本当の真実が明らかになっているではないか、というわけです。

というわけで、因果、もしくは縁起は仮りの施設になったわけですが、この仮りの施設であることを明らかにすることによって、より深い真理が明かされたと言えましょう。つまり、縁起をも超えた、さらに言葉をも離れた世界が、八不中道の戯論寂滅の世界であり、それは勝義諦という、究極の真理の世界でしょう。ただし、八不中道の世界は言葉を超えた世界だというと、今度はそういう世界を対象的に考えがちです。しかしそうなっては、それも一つの想定されたものになってしまいます。本当の勝義諦、究極の真理の在処というのは、実は現在が現在になりつくしている世界、仮設以前の世界、そこにあるでしょう。

五　末那識について

『唯識三十頌』における末那識の説明

次に、第七末那識の世界に入ります。末那識は恒常的な我執の識です。眠っている間、意識は起きないわけですが、その際にもさらにある心がはたらいていて、自我に執著し続けているといいます。あるいは、意識がはたらいていて、善行や修行を行なっているような時でさえ、いつもいつも自我にしがみついている心があると言います。これを反省して、第七末那識を立てているのです。意識レベルで善い行ないをしても、自我に執著しているのであれば、結局、善行も偽善ではないか、という考え方もあるかもしれませんが、唯識ではむしろ、あえて意識レベルで善を行なうことによって、末那識も浄化されていく。そしてやがて仏智を完成していけるのだとします。これが仏教の基本的な考え方なのです。

まず、『唯識三十頌』における末那識の説明を読むことにしましょう。

次のは第二の能変なり。是の識をば末那と名づけたり。
彼れに依りて転じて彼れを縁ず。思量するをもって性とも相とも為す。
四の煩悩と常に倶なり。謂く、我癡と我見と、
幷びに我慢と我愛となり。及び余と触等と倶なり。
有覆無記に摂めらる。所生に随いて繋せらる。
阿羅漢と滅定と、出世道とには有ること無し。（四・一三、Ⅱ・四七〇）

「**次のは第二の能変なり。**」相分・見分の現わし出す主体（識体。識の自体分）を能変といいまして、それには三種類（異熟・思量・了別境識）あるのでした。了別境は第六意識と前五識です。異熟識とも言われる阿頼耶識の次に説明するのは、第二の、思量と呼ばれた識です。

「**是の識をば末那と名づけたり。**」これを末那（マナス）と名づけます。末那はmanasで、考えるもの、思量するものという意味の言葉です。末那識は常に阿頼耶識を自我だと考え、思いこんでいるものです。仏教には心に関する言葉として、心・意・識の三つがありますが、その中、心は阿頼耶識、意は末那識、識は六識を表すと見ることができます。第六意識と、意である第七末那識とは、どのように違うのかといいますと、第七末那識は意という識、第六意識は意（意根）による識です。

「**彼れに依りて転じて彼れを縁ず。**」阿頼耶識の中に種子があって、そこから末那識が現行する。あるいは常に倶にあることによって阿頼耶識が末那識の増上縁になっている。そこが、「彼」つまり阿頼耶識に依るということです。しかもこの末那識は、その阿頼耶識を対象として、我とみなすのです。阿頼耶識の何を対象として我とみなすかについては、のちに紹介しますように、唯識の思想家（論師）たちの間でさまざまな議論がありました。

「**思量するをもって性とも相とも為す。**」思量するということを識の本性ともしているし、そのすがたともしている。詳しく言うと、性は自証分、相は見分のはたらきということになります。自証分にも、我執に同じ思量があるということは問題になるような気がしますが、要は末那識の本質を一言でいえば思量するものであり、実際に阿頼耶識を対象として自我と考え続けるようなものだということです。

「**四の煩悩と常に倶なり。**」この末那識はどういう心所有法と相応しているかというと、まず、四つの煩悩の心所と常に相応しています。もちろん末那識も修行が進めば平等性智という智慧になります。このときには煩悩は消えますが、凡夫の末那識である間は、四つの根本煩悩と常に一緒になっています。その四つとは、

「**謂く、我癡と我見と、幷びに我慢と我愛となり。**」我癡は、自我ということに関して、その真実を知らないままにいる。我見は、常住の我が有ると見なす間違った見解。我慢は、自分と他者を比べながら自分を保全しようとする気持ち。ただ、そもそも自我があるということにおいての思い上がりもあるわけで、それを我慢といいます。我愛は、我に対する貪著、愛著。以上の、無明と悪見と慢と貪、この四つの根本煩悩が常に末那識とともにはたらいているとされます。

「及び余と触等と倶なり。」さらに四つの根本煩悩だけではなくて、当然、どんな識とも相応するという遍行の心所も相応しています。それは、「触等」に示されています。遍行の心所には、触・作意・受・想・思がありました。そのほかにも、相応する心所があります。それは、「余」に示されているのですが、『成唯識論』の護法の考えによると、大随惑と呼ばれる八つの随煩悩と、別境の慧の心所だと言います。全部で十八の心所と相応するわけです。慧の心所は、我見の本体であるからということで、相応すると言われます。

「有覆無記に摂めらる。」末那識の世界は有覆無記であります。無記は善でも悪でもないということ、死んだ後に苦しみの結果や楽しみの結果を招くような力は持っていないということです。仏教の悪とは、死んだ後に苦しみの結果を招くもの（業）なのです。それも自分だけではなくて、他者についても、本来のいのちの願いに背いて損ねていく。そういう作用を果たしてしまうのが悪です。末那識は、常に自我に執著しているのですが、しかしこの悪の業には関与しないのです。善の業や悪の業は、実は意識的な行為によるものなのです。それが善業や悪業になっていくのです。末那識は意識の奥にあって、意識されずに自我に執著している世界で、これは無記として、仏教にいう悪にはならない、という見方です。

しかし、仏教の修行を進めると智慧が生じますが、末那識はその智慧が生ずることを妨げるはたらきはします。そのようなところが有覆ということです。阿頼耶識は無覆無記ですから、完全に中立の世界です。それに対し末那識は、有覆無記なのです。

「所生に随いて繫せらる。」所生というのは生まれた所ということです。地獄に生まれるか餓鬼に生まれるか神々に生まれるかは、過去の業によって決まりますが、阿頼耶識は刹那滅の中に相続されていて、その阿頼耶識の相分に器世間（環境）と有根身（身体）が現じて相続される。そして我々は人間なら人間として生きているし、餓鬼なら餓鬼として一生を終える。生まれた所というのは、そのように、次の生において阿頼耶識の相分にどういう身体や器世間が現われるか、ということになるわけです。その生まれた境涯によって、末那識のはたらきも規定されていきます。

「阿羅漢と滅定と、出世道とには有ること無し。」阿羅漢は、声聞乗・縁覚乗・菩薩乗の三乗の、無学位を意味しています。無学位というのは、もはや修学すべきものが何もなくなった位ということで、修行が完成したところです。声聞・縁覚でも修行が完成すれば、我執を断じ尽くしますから、末那識はなくなります。菩薩の場合も、仏になれば当然、我執はありませんから、第七識そのものがなくなるわけではないのですが、我執としての末那識はそこではないということになります。なお、大乗菩薩の場合、仏になった位だけでなく、すでにそこに至る十地の修行の第八地に至れば、我執は起きなくなるのですが、その時点ではなお第七識に法執があり、仏になるまでにそれを断滅させていくことになります。その法執もなくなったとき、末那識は完全に消えますが、それは仏以降のこととなります。

滅定とは、心を統一して禅定に入るとして、きわめて深い心の統一の世界に入ると意識も起きなくなり、さらに末那識も起きなくなるような禅定の世界があるというのです。詳しくは滅尽定といい、覚った人が修する禅定だといいます。

出世道は、世間を超えた覚りの智慧の世界のことです。出世というのは煩悩のまつわりついた世間を超えたもの、無漏ということです。道というのは覚り、菩提のことを道と訳しているのです。その智慧が、さきほどの十地の初地より起きてきますが、それは初めのころはまだ、常時にではありません。修行しているときのみです。日常に返ればまた我執が起きてきます。その智慧が起きているときには、末那識はないと言えるというのです。

末那識の執著の対象

以上が、『唯識三十頌』における末那識のひととおりの説明ですが、この中、阿頼耶識を所縁とするというとき、それは具体的に阿頼耶識の何をなのかについて、インドの論師たちの間に、議論がありました。それには四人の考え方が『成唯識論』に伝えられております。このことについて、少し見ておきましょう。

末那識は末那識の中に相分を持ちますから、末那識は阿頼耶識を対象としつつ、自分の相分に常住なる自我の映像を浮べて、それに執著することになります。その常住の自我の映像を浮べるもとになる対象として、阿頼耶識を縁じているのです。一方、『瑜伽師地論』には、末那識は常に我執と我所執とに相応しているともあります。我執は我がある、我である、という執著、我所執というのは、我のものだ、自分ものだという執著です。末那識は、阿頼耶識を対象に、その二つの執著を持っていると説かれていたわけで、そこで、ここをどう解釈していくかが問題になるわけです。

難陀という論師は、阿頼耶識そのものを我と執著し、阿頼耶識と相応する心所を我所と執著するという説を立てました。しかし聖典に、末那識が心所有法を対象とするとは記されていません。そこで火弁という論師は、見分と相分が我執・我所執の対象に対応すると考えました。見分に対して我と執著し、相分に対して我所と執著するというのです。ところが識の相分には、身体も、物質的な環境世界もあって、それらは見方によれば、色法としての存在ともなってしまいます。そこで、色法を対象とするのでは、阿頼耶識という識を対象とするということに本当はふさわしくない、という議論が生まれます。

こうして、安慧という論師は、相分を我所として執するのは、色蘊を執著することになってしまい、識を対象とするということにそぐわないから成り立たないとして、阿頼耶識を我と執し、その中の種子を我所と執するのだと主張しました。

しかし護法は、この安慧の立場をも否定します。安慧は、種子は実法でないというのですが、実法でなければ現行を生ずる因の役目をなしえないと反論します。実有であればこそ、因の役目をなしうるからです。それで安慧の説には問題があるとします。他に、種子には色法の種子もあり、それは色蘊のものとなって、識蘊のものではない、という議論もしています。そして護法自身の立場はどうかというと、阿頼耶識の見分を我と執著するのであり、一方、我所執はないのだとします。これが『成唯識論』の立場になります。阿頼耶識の見分を対象として、ただ我のみを執著しているというのです。確かに『瑜伽師地論』には我執・我所執とに常に相応している、と説かれていましたが、論理的に考えて末那識という一つの識の作用の中に、自分であるという執著と、自分のものであるという執著との、二つの別の作用があることは考えられないというのです。では、なぜ『瑜伽師地論』に我執・我所執と常に相応している、と説かれていたのか。その解釈については、次の句に示されています。

此れは唯だ彼れのみを執して自の内我と為れども、語勢に乗ずるが故に、我所という言を説けり。或は此れいい、彼れは是れ我が我ぞと執す。故に一見の於に義を以て二の言を説けり。（四・二九、Ⅲ・一〇）

要するに、我所執と言ったのは、我執を言う中で筆が滑ったのだといって、これについては考える必要はないというわけです。また、ここの我所は我を我所として、つまり我を自分の我として執著することを言ったのだという解釈もあげられています。ともあれ、こうして、『成唯識論』の正式な立場は、末那識はただ第八阿頼耶識の見分のみを対象として自我が存在すると考え執著し続けるものということになるのです。

第八阿頼耶識の見分は、主体そのものとして常に現在にはたらき続けているでしょう。その根源的な主体を、末那識は対象化して常住なものとして相分の中に描いて、それを自分だといってしがみついている。本当は常にはたらく主体そのものこそが本当の自己であるべきはずなのに、自分を対象化して、いわば鏡に映った自分を自分だと思ってしがみつく。この根本的な迷いが、意識にいろいろと作用して、我々の迷いや苦しみがあるのです。唯識は、我々の自己自身への根本的な誤解に関して、そういう構造を描き出しているのでした。

末那識と相応する心所有法について

末那識と相応する心所有法については、『唯識三十頌』には、「**四の煩悩と常に倶なり。謂く、我癡と我見と、幷びに我慢と我愛となり。及び余と触等と倶なり**」とありました。このことについて、『成唯識論』は、以下のように説明しています。

此の意と相応するに、幾（いくばく）の心所か有る。且（しばら）く、四種の煩悩と常に倶（く）なり。此れが中の倶という言は、相応の義を顕す。謂く、無始従り未転依に至るまで、此の意は任運（にんぬん）に、恒に蔵識を縁じて、四の根本煩悩と相応す。其の四とは、何ぞ。謂く、我癡と我見と幷びに我慢と我愛とぞ。是れを四種と名づく。（四・三〇～三一、Ⅲ・一九）

「**此の意と相応するに、幾の心所か有る。**」末那識は、意でもあります。この心王と相応するのは、どれだけの心所でしょうか。「**且く、四種の煩悩と常に倶なり。**」まずは四つの煩悩と常に相応しております。これは、『唯識三十頌』の句でした。「**此れが中の倶という言は、相応の義を顕す。**」その中の「倶」という言葉は、心王が心所有法と相応しているということを示しています。心王（識）と心所が相応するとはどういうことかと言いますと、ある識と相応する心所は、その識と根を同じくし、さらに対象（相分）も等しくします。例えば、眼識は眼根によるのと同じように、眼識と相応してはたらく心所も眼根によります。眼識が青を認識している時は、その心所も自分の相分に青を浮かべます。もちろん、はたらく時は同じで、さらに心王一つに対し、同じ種類の心所は一つずつ相応するのです。相応は、このような関係において説明されることです。

「**謂く、無始従り未転依に至るまで、**」転依は末那識でいえば、まずは「平等性智」に変わるということです。長遠の修行の中の途中（初地）で、すでに無分別智を起こします。そのときに平等性智が多少現われるのですが、日常に戻るとふたたび末那識に戻ります。平等性智を起こしていれば我執はなくなるわけです。仏になれば、完全にいつも平等性智となっています。ここでの「転依」は、仏の位ということになります。その仏の位に至るまでの間が、「未転依に至るまで」、転依にならない前までということです。

「**此の意は任運に、**」「任運に」とは、我々の意識的な計らいにかかわらず、おのずから、という意味です。

「**恒に蔵識を縁じて、四の根本煩悩と相応す。**」迷っている間はいつも、四つの根本煩悩（心所には根本煩悩と随煩悩とがありました）が第七末那識とともにはたらいていて、阿頼耶識を常住の自我だと誤り執著します。では、その四つの煩悩とは、どういうものか。

「**其の四とは、何ぞ。謂く、我癡と我見と幷びに我慢と我愛とぞ。是れを四種と名づく。**」それは、我癡すなわち無明、我見すなわち悪見、我慢すなわち慢、我愛すなわち貪の、四つの煩悩です。ではいったい、これらはどういうものなのでしょうか。

我癡とは謂く、無明ぞ。我の相に愚にして無我の理に迷えり。故に我癡と名づく。我見とは謂く、我執ぞ。我に非ざる法の於に妄計して我と為す。故に我見と名づく。我慢とは謂く、踞傲なるぞ。所執の我を恃みて心をして高挙ならしむ。故に我慢と名づく。我愛とは謂く、我貪ぞ。所執の我の於に深く耽著を生ず。故に我愛と名づく。幷びにというは、慢と愛といい見と慢と倶なること有りということを表して、余部の相応する義無しと執するを遮す。此の四ついい、常に起こりて内心を擾濁し、外の転識を恒に雑染に成らしむ。有情いい、此れに由りて生死に輪廻しつつ出離すること能わず。故に煩悩と名づく。（四・三一、Ⅲ・二二）

「**我癡とは謂く、無明ぞ。**」末那識と相応する無明は、自己の本来のあり方がわからないでいる、その無知の心です。本当の自己は、常住・単一・主体というような存在ではありません。我々の自己は、そのつどかけがえのない主体としてはたらいていています。にもかかわらずそれを対象的につかまえ、本来の自己の姿についてはわからないでいる。常住の自我はないという真理に気づかないままにいる。だから我癡と名づけるのです。

「**我見とは謂く、我執ぞ。**」我執・法執の当体は我見です。我執は我見を含めて、自我に関する執著の心作用をすべて含んでいう場合もありますが、その我執の本質は我見であります。

「**我に非ざる法の於に妄計して我と為す。故に我見と名づく。**」仏教では五蘊無我を説いてきましたが、そこでは、別々の五つの要素が仮りに縁起の中で組み合わさっているにすぎないし、それら自身、有為法として生滅を繰り返して相続しているにすぎません。常住・単一・主体であるようなものではないものです。しかしそれらに対して、常住の自我とみなしてしまうのが我見です。本当の自己は主体の側にあるはずです。主体というのは、対象的につかまえられないもののはずです。自己というのは、不可得にして今・ここにはたらいているもの、そういういのちそのものであるはずですが、何か常住の自分を想定、設定して、それにしがみついている。我々は、その我見というものを常に抱いているのです。

「**我慢とは謂く、踞傲なるぞ。所執の我を恃みて心をして高挙ならしむ。故に我慢と名づく。**」自分であると思いなされたものをたのんで、思い上がりを抱く。自分があるという見解の中に、慢心がでてきます。

「**我愛とは謂く、我貪ぞ。所執の我の於に深く耽著を生ず。故に我愛と名づく。**」我愛とは、我に対する深い貪愛で、実体視された我に耽るがごとく執著するはたらきです。

「**幷びにというは、慢と愛といい見と慢と倶なること有りということを表して、余部の相応する義無しと執するを遮す。**」説一切有部では、慢と愛とは見と、愛は慢とともにははたらかないと考えます。ところが大乗唯識では、この二つの場合とも、ともにはたらくと見るのです。そこが『倶舎論』とは違うということを示すために、『唯識三十頌』で「我癡と我見と、幷びに我慢と我愛となり」と、「幷」という字が置かれているのだというのです。

「**此の四ついい、常に起こりて内心を擾濁し、外の転識を恒に雑染に成らしむ。**」ここには、四つの煩悩がなぜ煩悩といわれるかが説かれています。自分自身の末那識そのものを騒がせ濁らせる。意識レベルでは善を為すということはありうるわけですが、たとえ善を為していても、なおかつ、なんらかの意味でその奥の末那識に相応している煩悩に裏づけられている、そういう善でしかないという反省が唯識にはあります。修行をしても覚りの智慧を開く前は、煩悩に色づけられた善（有漏の善）です。ただし、それは偽善であるからするなというのではなく、たとえ煩悩に色づけられた有漏の善（修行）であっても、まさに善であるがゆえに、それを行なっていくことによって煩悩が薄れていき、智慧へと転換していく。エゴイズムに満ちていた末那識が自他平等性に目覚め、他者への慈悲の心が表れてくる。ですから有漏善であっても、修行は大切なのです。たとえ有漏の善であっても、つまり第七末那識に煩悩が常に相応していて意識を汚していても、その意識において善を志向していく中で、自己が開かれていく。これが唯識の立場です。ともあれ、末那識に四つの煩悩が常に相応していることによって、末那識自身を騒がせ濁らせ、さらに「外の転識」つまり他の六識（意識と前五識）をもいつも汚していく。これは煩悩の煩の意味です。

「**有情いい、此れに由りて生死に輪廻しつつ出離すること能わず。故に煩悩と名づく。**」生死輪廻を繰り返してしまう苦悩をもたらすのが、煩悩の悩の意味だというわけです。煩悩というと道徳的な悪のように思われますが、仏教語としての煩悩は、心を煩わしく濁らせ、さらに苦悩させるもののことなのです。

煩悩の心所有法とは――貪ないし疑

こういうかたちで『成唯識論』は末那識とともにある煩悩の説明をしているわけですが、この四つだけでは煩悩の説明が不足しますので、もう少し煩悩について見てみましょう。

『成唯識論』では、意識および前五識の解説の中に、あらゆる心所の説明があって、その中に根本煩悩の心所の説明があります。次のようです。

> 煩悩の心所の、其の相云何ぞ。頌に曰く、
> 煩悩というは、謂く、貪と瞋と、癡と慢と疑と悪見とぞ。
> 論に曰く、此の貪等の六は、性是れ根本煩悩に摂めらるるが故に、煩悩という名を得。
> 云何なるをか貪と為る。有と有具との於に染著するをもって性と為し、能く無貪を障え、苦を生ずるをもって業と為す。愛の力に由りて取蘊生ずるが故に。
> 云何なるをか瞋と為る。苦と苦具との於に憎恚するをもって性と為し、能く無瞋を障え、不安と悪行との所依たるをもって業と為す。謂く、瞋は必ず身・心を熱悩して諸の悪業を起こさしむ。不善性なるが故に。
> 云何なるをか癡と為る。諸の理と事との於に迷闇なるをもって性と為し、能く無癡を障え、一切の雑染が所依たるをもって業と為す。謂く、無明に由りて疑と邪定と貪等の煩悩と随煩悩と業

とを起こして、能く後生の雑染の法を招くが故に。

云何なるをか慢と為る。己れを恃みて他の於に高挙するをもって性と為し、能く不慢を障え、苦を生ずるをもって業と為す。謂く、若し慢有るひとは、徳と有徳との於に心謙下せず、此れに由りて生死に輪転すること窮まり無く、諸の苦を受くるが故に。……

云何なるをか疑と為る。諸の諦理の於に猶予するをもって性と為し、能く不疑の善品を障うるをもって業と為す。謂く、猶予の者には善生ぜざるが故に。（六・一三～一四、Ⅲ・三二六）

「**煩悩の心所の、其の相云何ぞ。頌に曰く、煩悩というは、謂く、貪と瞋と、癡と慢と疑と悪見とぞ。**」根本煩悩には、貪・瞋・癡・慢・疑・悪見の六つがあります。「**論に曰く、此の貪等の六は、性是れ根本煩悩に摂めらるるが故に、煩悩という名を得。**」この六つは本性が根本煩悩におさめられるものです。

「**云何なるをか貪と為る。**」貪りという心所とはどういうものか。「**有と有具との於に染著するをもって性と為し、能く無貪を障え、苦を生ずるをもって業と為す。**」ここの「有」は、迷いの中での生存です。三界（欲界・色界・無色界）における生存、要は自己そのものだと思います。いいかえれば六道輪廻のいずれの生にもなるわけです。有具はその因ということで説明されます。生死輪廻から逃れたい、というのが本来の考えですが、凡夫のうちはその苦しみに思いがいたらずに、いつまでも生きていたいと思うし、煩悩の快楽にどっぷり浸かってしまう。輪廻をもたらす因（業）にも愛著してしまいます。さらにもっとわかりやすくいえば、有具とは生存を支えるあらゆるものといってよいでしょう。ですから、自己の生存そのものと、自己の生存をもたらし助けてくれる一切に対して愛着する、これが貪の本性です。この貪の心所を起こすと、「無貪」を障えます。この「無貪」とは、善の心所の中の一つです。善とは、実際に宗教的な意味での楽をもたらす効果のある心です。

「**愛の力に由りて取蘊生ずるが故に。**」とりわけ臨終のときにやはり死にたくない、いつまでも生きていたい、という貪愛の心所を起こす。それが未来の五蘊を生み出すことを促進し、生死輪廻を促進するというのです。

「**云何なるをか瞋と為る。苦と苦具との於に憎恚するをもって性と為し、**」苦具も苦しみの原因となるものです。苦しみそのものと、それらの苦しみの原因とに対して、憎しみ・怒る、これが瞋の心所の本性です。仏教で苦しみというと、一般に四苦八苦を思い浮かべると思いますが、唯識ではしばしば三苦（苦苦・行苦・壊苦）ということをいいます。苦苦は、嫌なものに出会った時に感じる苦しみ。行苦は、自分にとって好ましいものがなくなってしまう時に感じる苦しみ。壊苦は、一切が無常であるということを聞いて感じる苦しみ。こうした三つの苦しみ、及びその苦しみの原因に対して憎しみ怒るものが瞋です。

「**能く無瞋を障え、不安と悪行との所依たるをもって業と為す。**」「無瞋」自体がまた一つの善の心所ですから、それが起きればよい方向へ向かっていくことができるのですが、それを邪魔する。そして安静でない状態となり、あるいは苛立ってばかりいて、結局、してはならないことをしてしまう。

「**謂く、瞋は必ず身・心を熱悩して諸の悪業を起こさしむ。**」怒れば身も心も熱くなって、かーっとなって、諸々の悪業を起こしてしまうのだというのです。

「云何なるをか癡と為る。」「癡」は無明です。我々の迷いの根本に、この無明があります。**「諸の理と事との於に迷闇なるをもって性と為し、能く無癡を障え、一切の雑染が所依たるをもって業と為す。」**一般に事は、有為法（現象世界）です。理は、無為法（真如）です。ただ「諸の」とありますので、ここの理に、諸行無常・諸法無我という種種の道理を含めてもよいと思います。そういう世界の諸の事象や、諸の道理や真理、あるいは空という本質・本性（真如）に対して、その本当の姿というものが暗くてわからない。とにかく無明は暗いものです。それは、「無癡」というやはり善の心所であるものを障えて、一切の雑染をもたらしていくはたらきがあります。雑染というのは、煩悩雑染・業雑染・生雑染の三つのことです。つまり、無明・煩悩があって（煩悩）、その煩悩を背景に行為をする（業）、その結果、来世に生まれ（生）、結局、生死輪廻が続いていく。そのすべてを、一切の雑染というわけです。

「謂く、無明に由りて疑と邪定と貪等の煩悩と随煩悩と業とを起こして、」その根本の無明によって疑いが起きてくる。仏法の道理に対して信じ切れない、という疑いです。邪定は邪見のことです。ここで邪見を意味しているというときに、悪見の五つすべてを邪見といっているのか、あるいは五つの見解の中の邪見だけとみるのか。すべてでよいと思いますが、疑いから仏教の教えに基づかない種々の見方を持つことになって、貪等の煩悩と、それら根本煩悩から派生した随煩悩とを起こします。たとえば瞋に関する心所の中に、恨みや嫉妬等、いろいろな具体的な煩悩がありますが、それらが随煩悩です。そして業を作っていくわけです。

「能く後生の雑染の法を招くが故に。」その業によって、また未来の無明・煩悩をかかえた苦しみの生存そのものを招くことになる。このようにして、無明は、一切の雑染のもとになるというのです。「**云何なるをか慢と為る。**」人と自分を比べつつ他人に対して自分を保全していこうと思う心が、慢です。ただ、末那識と相応する慢は我慢です。我があると思いなした心に基づく慢心のことです。ここは、一般的な慢の説明です。「**己れを恃みて他の於に高挙するをもって性と為し、能く不慢を障え苦を生ずるをもって業と為す。**」他人よりも自分を上に思おうとする。それが慢の本質です。「不慢」という善の心所はないのですが、不慢とは慚・愧の心所のはたらきの一部だという説明があります。慢は、その慢心がないというおそらくは善の心のあり方を邪魔して、苦しみを生ずるはたらきがあるものです。

「**謂く、若し慢有るひとは、徳と有徳との於に心謙下せず、此れに由りて生死に輪転すること窮まり無く、諸の苦を受くるが故に。**」慢心のある人は、よき性質としての徳そのものや、その徳がある人に対して、謙虚になることができない。その結果、結局は生死輪廻して窮まりがないというのです。

「**云何なるをか疑と為る。諸の諦理の於に猶予するをもって性と為し、能く不疑の善品を障うるをもって業と為す。**」「諦」とは、因果の事、つまり諸事象で、「理」は諸の道理のことであるという解説もあります。ただ、「諸の諦理」で、仏教に説かれるさまざまな道理や真理でよいかと思います。それに対して、本当にそうであると思いきれない。そこで「不疑の善品」、つまり信という善の心所およびその周辺の心を障えることになります。「**謂く、猶予の者には善生ぜざるが故に。**」信が定まらない者には善は生まれないからです。

云何なるをか悪見という。諸の諦理の於に顛倒に推度(すいたく)する染の慧をもって性と為し、能く善の見を障え、苦を招くをもって業と為す。謂く、悪見の者は多く苦を受くるが故に。

此の見の行相の差別なること五有り。

一には薩迦耶見。謂く、五取蘊の於に我・我所と執するぞ。一切の見趣が所依たるをもって業と為す。此の見の差別(しゃべつ)なること、二十句と六十五との等(ごと)き有り。分別起(き)に摂む。

二には辺執見(へんじっけん)。謂く、彼れが於に随いて断・常と執するぞ。処中の行と出離とを障うるをもって業と為す。……

三には邪見。謂く、因果と作用と実事とを謗すると、及び四の見に非ざる諸余の邪執とぞ。……

四には見取。謂く、諸見と及び所依の蘊との於に、執して最勝なりと為し、能く清浄(しょうじょう)を得すという。一切の闘諍の所依たるをもって業と為す。

五には戒禁取(かいごんしゅ)。謂く、諸見に随順せる戒禁と及び所依の蘊との於に、執して最勝なりと為し、能く清浄を得すとするぞ。無利の勤苦(ごんく)が所依たるをもって業と為す。……（六・一五～一六、Ⅲ・三二八）

「**云何なるをか悪見という。諸の諦理の於に顚倒に推度する染の慧をもって性と為し、**」本来の道理に対して、誤って逆さまに考える。そうした煩悩に汚された知性が悪見の本質です。「**能く善の見を障え、苦を招くをもって業と為す。**」それは正しい見方を妨げ、結局、苦を招くはたらきをもっているのです。「**謂く、悪見の者は多く苦を受くるが故に。**」悪見のものは、どんな人も苦を受けているのが実情だといっています。

「**此の見の行相の差別なること五有り。一には薩迦耶見。謂く、五取蘊の於に我・我所と執するぞ。**」悪見には五種があります。その第一が薩迦耶見。常住の自分があるという見解、さらに自分のものだ（我所）という見解です。末那識は、護法の立場で説明すると阿頼耶識の見分を我として執するだけで、我所への執はなかったのですが、我見・我執は、末那識だけでなく意識にもあります。そこで薩迦耶見の中には、我と執するものもあれば我所と執するものもあるということになるわけです。「**一切の見趣が所依たるをもって業と為す。**」あらゆる悪見の根本となるはたらきがあります。「**此の見の差別なること、二十句と六十五との等き有り。分別起に摂む。**」我見として、外道の説に見られるような実にさまざまに分類されるものがあります。原子大の我とか、等身大の我とか、宇宙大の我とか、その他いろいろな我に関する見解があります。ただそれらは分別起で、だいたいは生まれてからのち育つ中で形成されるものです。逆に言えば、外道の説は末那識をも説く仏教とは異なり、自己・自我への見解について深く掘り下げていません。

「**二には辺執見。**」辺は極端という意味で、一方の極端にとらわれた考えのこと。ですから、有・無の見解でも一・異や生・滅の見解でもよいと思うのですが、唯識の場合、この辺執見に独特の意味が示されます。「**謂く、彼れが於に随いて断・常と執するぞ。**」「彼れ」というのは、薩迦耶見において有るとみなされた我のことです。ですから辺執見は、死んだ後に、自分がないと思ったり、死んだ後も自分が永遠に続くと思ったりする、そのどちらかの見解のことです。しかし両方とも間違った見解です。それは、そのつどはたらいている自己そのものを固定化して、対象的にあるとみなした自我に、すでに誤りがあるでしょう。そこで捉えられた自我に対して、さらに死後について断・常を固執する考えが辺執見です。「**処中の行と出離とを障うるをもって業と為す。**」「処中の行」とは、中道に処する行です。四諦でいえば道諦にあたります。出離というのは、苦しみから解放された世界、四諦でいえば滅諦です。辺執見は、それらの実現を妨げるはたらきがあるのです。

「**三には邪見。謂く、因果と作用と実事とを謗すると、**」善を行なえば必ず楽の結果がある。悪を行なえば苦しみの結果がある。あるいは唯識といっても、火をつければ物は焼けるし、水をかければ火は消えます。客観的な現実がないわけではないのです。邪見は、そうした、本来否定できない因果の関係などを否定する考えです。

「**及び四の見に非ざる諸余の邪執とぞ。**」五つの見のうち、邪見を除く他の四つの悪見のどれにもおさまらない間違った見解も、すべて邪見とよばれます。

「**四には見取。謂く、諸見と及び所依の蘊との於に、執して最勝なりと為し、能く清浄を得すという。**」誤った見解と自己とをすぐれたものであると考えて、それに執著すること。しかもそれが、正しい仏道だと固執します。こういう心のはたらきも、悪見の中の一つです。「**一切の闘諍の所依たるをもって業と為す。**」自分の見解が正しいといって、他人の見解を排除するので、争いになってしまいます。

「**五には戒禁取。謂く、諸見に随順せる戒禁と及び所依の蘊との於に、執して最勝なりと為し、能く清浄を得すとするぞ。**」仏教外で戒律として実行されているものを、すぐれた正しいものと思い、よく解脱を果たすものであると主張して、それに拠ろうとする考えのことです。「**無利の勤苦が所依たるをもって業と為す。**」そうなると、本当の利益はない無駄な努力の依り所となってしまいます。

以上が、唯識の五位百法の根本煩悩の分析ですが、末那識には、この六つの中の四つの煩悩、無明・貪・慢・悪見が、特に真実の自己を自覚することが出来ず、自我に執著するようなあり方において、相応していることになります。

我執について

我見は我執だといわれていました。この我執に関して、さらにもう少し詳しくみておきたいと思います。我執は、常住で単一でしかも主体であるものがあるという執著です。つまり、はたらくものがあるという執著なのです。このとき、実はこの我執は、必ず法執によって起こるものなのです。たとえば、まず杭があって、その杭に迷って人間だとみなすように、何かものがあるという迷いが先にあって、しかもそれがはたらくものであるという誤った見解がでてくるのです。ですから、我執の背景には、必ず法執が存在しているのです。

また、末那識の我執は、倶生の我執といわれるもので、生まれつきあるものです。たとえば人間として受生した瞬間、阿頼耶識の中に人間界の器世間と人間界の身体が現われて一定期間相続する、その初めから、末那識がはたらいていて自我を執著しています。しかし、さらに、社会にあって育っていく中で、自分とはこういうものだというイメージや概念を作りあげて執著するものもあります。それは分別起の我執です。我執には、こうしたいわば先天的と後天的との二種類があることも分析されています。今、このことを説く『成唯識論』の説明を見てみましょう。

> **然も諸の我執に、略して二種有り。一には倶生、二には分別なり。倶生の我執は、無始の時より来た、虚妄に熏習せし内因の力の故に、恒に身と倶なり。邪教と及び邪との分別を待たず、任運にして而も転ず。故に倶生と名づく。此れに復た二種あり。一には常に相続する。第七識に在るぞ。第八識を縁じて、自心の相を起こして、執して実我と為す。二には間断有る。第六識に在るぞ。識所変の五取蘊の相を縁ずること、或は総じて、或は別にして、自心の相を起こして、執して実我と為す。此の二の我執は細なるが故に、断じ難し。後の修道の中にして、数数勝れたる生空観を修習して、方に能く除滅す。**
>
> （一・七～八、I・二〇〇）

「**倶生の我執は、無始の時より来た、虚妄に熏習せし内因の力の故に、恒に身と倶なり。**」無始の時より自我に執著し、物に執著してきて、それが阿頼耶識に蓄えられた、その内なる原因のその力によって、生まれれば必ず末那識がはたらいて我執を起こしていくことになると解明しています。

「**邪教と及び邪との分別を待たず、任運にして而も転ず。故に倶生と名づく。**」間違った教えを学ぶ、間違った考えをする、それらの分別を待たずして、生まれたときから身と倶に自然に生起してくる。そこを倶生といいます。「邪教」の分別に対する「邪」の分別は、邪思のことのようです。

「**此れに復た二種あり。一には常に相続する。第七識に在るぞ。第八識を縁じて、自心の相を起こして、執して実我と為す。**」このいわば先天的な我執には、二種類あるといいます。ずっと起きている我執があるし、起きる時もあれば起きない時もあるような我執もある。もちろん、常相続の我執は、末那識にある我執です。それは、阿頼耶識の見分を対象としつつ、自己の相分に我の影像を浮かべて、それに執著するのでした。

「**二には間断有る。第六識に在るぞ。識所変の五取蘊の相を縁ずること、或は総じて、或は別にして、自心の相を起こして、執して実我と為す。**」もう一つは、意識に見られる我執です。唯識によると、五取蘊が八識等の相分・見分において現われている、その五蘊全体を自我だと思ったり、或いは五蘊のどれか一つに対して自我だと思う。その際、それらを縁じつつも、第六意識自身の中に自我の影像を浮べて、それを実我とし執著します。そういう意識の我執に、もとより先天的に起きてしまうものもあるというのです。

「**此の二の我執は細なるが故に、断じ難し。**」この二つの倶生の我執は、非常に微細なもので意識されにくい。したがってこれを断ずることは難しい。「**後の修道の中にして、数数勝れたる生空観を修習して、方に能く除滅す。**」唯識では四十一の修行の段階（十住・十行・十回向・十地・仏）を五つ（資糧位・加行位・通達位（見道）・修習位（修道）・究竟位）に分けます。資糧位は、基本的な修行を積む段階、四十一位でいうと、十住・十行・十回向の段階の修行となります。加行位は、修行が進んで、唯識観という観法を修して無分別智を開く準備をする位で、十回向の最終段階といわれています。ここで観法を修すると、無分別智という智慧が起こる、一つの覚りを開くのです。それが十地の最初の段階、通達位（見道）というわけです。それから十地の修行が始まる。それが修道です。初発心から仏になるまで、三大阿僧祇劫という、実に気の遠くなる時間がかかるというのですが、その中、初発心時から無分別智が初めて起こるときまで、つまり十地の最初の位まで、一大阿僧祇劫の時間をかけて修行します。その後の十地の修行は、その二倍、二大阿僧祇劫の時間がかかります。その十地の段階の修道の中で、自我が空であるという観察をすることによって、ようやくこの倶生の我執というものは浄化することができるのです。

> **分別の我執は、亦た現在の外縁（げえん）の力にも由るが故に、身と倶にしも非ず、要（かなら）ず邪教と及び邪との分別を待って、然して後に方に起こるが故に分別と名づく。唯だ第六意識の中のみに有ること在り。**
>
> **此れに亦た二種あり。一には邪教に説く所の蘊の相を縁じて、自心の相を起こして、分別し計度（けたく）して、執して実我と為す。二には邪教に説く所の我の相を縁じて、自心の相を起こして、分別し計度して、執して実我と為（す）るなり。此の二の我執は麁（そ）なるが故に断じ易し。初の見道の時に、一切の法の生空真如を観じて、即ち能く除滅す。**（二・八、I・一二三）

「分別の我執は、亦た現在の外縁の力にも由るが故に、身と倶にしも非ず、」我執には、生まれてから後に学習する中で作られていく我執もある。もちろん、阿頼耶識に蓄えられている誤った考え、自我への執著への傾向もあずかるのですが、それに加えて、現世に生まれて出会った言語や思想や文化等の力によっても成立するものがあって、それは必ずしも生まれて以来、ずっとあるというわけではない。

「要ず邪教と及び邪との分別を待って、然して後に方に起こるが故に分別と名づく。」それは、仏教の正しい無我の教えではない、アートマンを立てたりとか、間違ったものの見方や考え方を示したりしている教えや、間違った思索などの分別を待ってはじめて起こるものなので、分別の我執と名づけるのです。

「唯だ第六意識の中のみに有ること在り。此れに亦二種あり。一には邪教に説く所の蘊の相を縁じて、自心の相を起こして、分別し計度して、執して実我と為す。」この分別の我執は第六意識の中だけにあるもので、これに二種が説かれます。五蘊も大乗仏教の中では、現象としてのみ存在し、実体的存在ではない。世界の構成要素も、常住の存在として語られているわけではありませんでした。けれども、小乗仏教や外道も含めて、世界の構成要素を説くときに実体的存在だとして、それらをもととして自我という存在を意識の相分に浮かべて、あれこれ考えて、常住の自我だとみなし、執著してしまう。

「二には邪教に説く所の我の相を縁じて、自心の相を起こして、分別し計度して、執して実我と為るなり。」外道の中には、現象としての個体ではない、実体の自我があると説くものもある。五蘊とは別に独自の常住の自我があると主張する、そういう間違った教えを学んだりする中で、自分とはこういうものであるというイメージを浮かべて執著する。こういう我執もあるのです。

「**此の二の我執は麁なるが故に断じ易し。初の見道の時に、一切の法の生空真如を観じて、即ち能く除滅す。**」この二つの分別の我執は、自覚しやすく、断ずることが簡単です。初めて無分別智を起こすときに、その智の対象にあたる真如は常住の自我に関しては空であるという、そのありようを観察して、それを断ずることができます。十地に入った最初、見道において、すでに除くことが出来るわけです。もっともそこにいたるまでに相当長い時間が必要ですから、断じ易しと言われても、これを離れることは相当難しいわけでしょうが。

しかもその我執は、前にふれたように、法執のうえにあるものなのです。したがって、本当は、法執のことも知っておくべきでしょう。法執にもまた俱生の法執と分別の法執の両方があるのです。我執が用に迷うものとすると、法執は体に迷うという違いがあって、その点が我執と異なりますが、しかし俱生と分別ということに関しては今の我執の説明とほぼ変わりませんので、それについては、もはや省略します（巻二、八頁以下参照）。

ともあれ、第七末那識の我見の根底に、阿頼耶識の見分を実体化する法執が存在して、そのうえに我執がある、という構造を、『成唯識論』は精緻に分析し、明らかにしています。それだけ深く禅定の中で自分の心のありようを見つめていたということなのでしょう。唯識は、自分にも物にもとらわれない自在ないのちを実現するために、その障害となる我執・法執を深く掘り下げて、人間存在のありようを的確に描いているのでした。

有覆無記ということなど

『唯識三十頌』に、末那識を説明して、「**有覆無記に摂めらる。所生に随いて繋せらる。阿羅漢と滅定と、出世道とには有ること無し**」とあったのですが、その「有覆無記」のこと等については、『成唯識論』に概略、次のように説明されています（五・二、Ⅲ・六六以下参照）。

「**有覆無記に摂めらる。**」末那識は、善・悪・無記の三つの性質でいうと、有覆無記という性格をもっています。無記というのは善でも悪でもないということです。有覆というのは覚りの智慧が生じるのを妨げる（聖道を障礙す。覆障）、あるいは心を汚していく（自心を覆蔽す。覆蔽）はたらきがあることです。末那識は未来に対する影響力はないけれども、全体として心に何らかの影響を与えているのです。よく有漏と無漏（覚りの智慧の世界）といいますが、たとえば第六意識の世界で善の心を起こすとしましょう。その場合、意識に煩悩の心は起きません。けれども常に我執をはたらかせている末那識がその底にあって、それがなんらかの影響を及ぼしていきます。そこに有漏といわれる事態がでてくるのです。意識や末那識が覚りの智慧に変わって、煩悩がなくなった状況に至る以前の修行や善の行為は、未だ有漏の善であります。善にも有漏の善と覚った後の無漏の善とが区別されます。

善の業を作ったり、悪の業を作ったりするのは意識の世界です。その一番の中心は思の心所（いわば意志）です。これが業のもっとも中心となるものです。自覚的に善を目指すか、自覚的に悪を目指すか、そのことが未来に対して大きな影響を与えていくことになります。一方、末那識は先天的に自我に執著している世界でありますが、ことさら未来への影響力は持たず、ゆえに善とも悪ともいえないという性格があるわけです。

「**所生に随いて繫せらる。**」生死輪廻を唯識で説明すると、阿頼耶識の中に人間界の個体と器世間が現われたり、地獄の個体と器世間が現われたりする。阿頼耶識の相分に身体と環境世界が維持される。どの世界の個体と環境世界が現われて維持されるか、それがそこに生まれて一生過ごすという意味になってくるわけです。業の結果によって地獄や餓鬼に生まれる。それを別の言葉でいいますと、三界(欲界・色界・無色界)の中を生死輪廻するといいます。三界のどこに生まれるかは過去世の業によって決まります。欲界に生まれれば、末那識等はその欲界の煩悩と相応するし、色界に生まれれば色界の煩悩と相応します。阿頼耶識が、どこに生まれるかにより、末那識のありようもなんらか規定されてくるわけです。

末那識断捨の位

「**阿羅漢と滅定と、出世道とには有ること無し。**」この句は、一定の位には末那識がなくなるというようにも見えるわけですが、ここに「有ること無し」、といっている意味合いは、染汚の末那識がないということです。つまり覚りの智慧に変わった平等性智として第七識がはたらくことはあるのであって、第七識の世界がまったくなくなるということではありません。第七識の、我執を抱いているあり方の基盤には、法執があります。自我を認めるには、自我が何かあるものでもあるという執著が前提になるのです。そのように、我執の前には必ず法執があるのです。ですから、法執がなければ我執はありませんが、我執がなくとも法執は残ることがありえます。このとき、大乗菩薩にとっては、我執があるときだけではなくて法執だけがある場合も、第七識は染汚の末那になるのです。そういう意味で、法執の要素をさらにもっている第七識がどこで消えるかが問題になります。小乗は我執だけあるところで染汚の末那ということをおさえているようです。

そういう染汚の末那識がどこでなくなるのかを表しているのが「**阿羅漢と滅定と出世道とには有ること無し**」という句です。菩薩にとっても法執がある以上は染汚の末那であるということなのですが、まさに十地の修行が完成して仏になる直前まで法執はあるそうです。ですから、大乗にとっての染汚の末那がない阿羅漢は、仏と同じことになります。

唯識の思想を理解するには、「五位百法」や修行の階梯を一通り頭に入れておくと、より理解しやすくなります。あらためて説明しておきますと、唯識の修行の道筋は、十住・十行・十回向・十地・仏の四十一位で説かれます。十住の一番最初が初発心住といいまして、初めて菩提心をおこし、この道をいこうと覚悟を決める。その前提には信が確立されることが大切なわけですが、初発心住に入ってから、四十一の段階を経て仏になるまでには、気が遠くなる時間がかかります。ずっと修行を進めてきまして、十地の最初に入るところで、無分別智という智慧を発します。初めての覚りをそこで実現します。このとき、意識に妙観察智が現われ、末那識に平等性智が現われます。ただし、最初のうちは、それは修行をしているときだけとか、部分的であります。阿頼耶識の中には、無始の過去以来の我執・法執の習気が存在していますから、さらにそれを浄化していく。それが十地の修行になって、その最後に仏になるときには八識全体が智慧に変わるわけです。

十地の第八地以降は菩薩の場合、我執を起こさないといいます。阿頼耶識という名前は末那識によって自我だと執著されていること（所執蔵）を表すものでした。そういう観点からすると第八地以後は第八識を阿頼耶識とはいえません。異熟識とか阿陀那識という別の名前を用いることになるわけですが、第七識、末那識の場合、我執がなくとも法執が残っている場合は、染汚の末那になるのです。それは仏になる直前まで続くといわれております。一方では、平等性智を発揮して修行や生活をしたりすることもあるのですが、他方で法執が残り続けていて、それを本当に断ち切るのは仏になってからだということで、阿羅漢の位になればようやくそれがなくなります。ですから、その阿羅漢とは、小乗では我執のみを断じ尽くして修行を完成し、涅槃に入った者となりますが、菩薩の場合は仏と変わらない意味になってくるのです。実際、仏の十号（十の呼び名）の中には、阿羅漢も入っています。

滅定（滅尽定）は、覚った人が修行をする禅定だといわれています。この禅定に入ると、第七末那識も起こらないといわれています。出世道の道は菩提、覚りの智慧のことです。道場というのはボーディマンダラ（覚りの座）の訳語でして、その場合の道は覚りのことを意味します。出世というのは無漏です。煩悩の影響をまったく受けていない世界のことです。十地の初地で一時的に末那識は平等性智になります。その段階以降、第七識が平等性智としてはたらく間には、染汚の末那はないことになります。

以上が末那識の説明でありまして、細かい教学的な規定がいろいろと説かれていましたが、一番大切なのは、我々が意識しない奥に、常に自我に執著しているものがあって我々はそれに常に影響されている、そういう自己存在であるということを自覚することでしょう。そこに、一番の大きな意味があるのではないかと思います。

六　前五識と意識について

『唯識三十頌』の六識の説明

さて、次に、第六意識と五感の識の世界に入っていきます。『唯識三十頌』ではそのことが、第八頌から第十六頌までの多くの詩を用いて説明されています。そこで語られる多くは心所有法の説明です。それだけ個々の心のはたらきが重要であると、世親菩薩は重視されていたということかもしれません。心の個々のはたらきを細かく分析し見つめていくということは、人生を生きていくということ自体に、とても参考になることではないかと思います。『唯識三十頌』の、前五識（眼識・耳識・鼻識・舌識・身識）と第六意識について説く頌は、次のようです。

次の第三の能変は、差別なること六種有り。

境を了するをもって性とも相とも為す。善と不善と倶非となり。（五・一七、Ⅲ・一四三）
此れが心所は遍行と、別境と善と煩悩と、
随煩悩と不定となり。皆な三の受と相応す。（五・二一、Ⅲ・一七八）
初の遍行というは触等なり。次の別境というは、謂く、欲と、
勝解と念と定と慧となり。所縁の事いい不同なるをもってなり。（五・二九、Ⅲ・二二一）
善というは、謂く、信と慚と愧と、無貪等の三根と、
勤と安と不放逸と、行捨と及び不害とぞ。（六・一、Ⅲ・二五七）
煩悩というは、謂く、貪と瞋と、癡と慢と疑と悪見とぞ。（六・一三、Ⅲ・三一六）
随煩悩というは、謂く、忿と、恨と覆と悩と嫉と慳と、
誑と諂と害と憍と、無慚と及び無愧と、
掉挙と惛沈と、不信と并びに懈怠と、
放逸と及び失念と、散乱と不正知となり。（六・二四、Ⅲ・四一一）
不定というは、謂く、悔・眠と、尋・伺とぞ。二に各二つあり。（七・一、Ⅲ・四五五）
根本識に依止す。五識は縁に随いて現じ、
或ときには倶なり、或ときには倶にあらず。濤波の水に依るが如し。
意識は常に現起す。無想天に生じたると、
及び無心の二定と、睡眠と悶絶とをば除く。（七・一〇、Ⅲ・五一四）

まず、第八頌です。

「**次の第三の能変は、差別なること六種有り。**」『唯識三十頌』の冒頭には、言葉を立てる依り所として識の所変があるといわれ、その識の所変は相分・見分を意味するのでした。相分・見分を現すものとして能変、つまり識そのもの（識の自体）があるのですが、それは三種（異熟・思量・了別境識）あると示されていたわけです（本書四四頁参照）。その第三の能変には、六つの異なる識があります。

「**境を了するをもって性とも相とも為す。**」それらは、対象を自覚的に知覚する（了別する）ものであります。ここを分別するといってしまうと、感覚の世界に分別はあるのかということになりますので、自覚されたかたちで対象を感覚しあるいは知覚するといっておきましょう。そういうことを六識の本質ともし、また実際のはたらき方ともします。末那識・阿頼耶識の世界は自覚できない世界です。五感の世界と第六意識の世界は自覚できる世界です。

「**善と不善と倶非となり。**」この六識は、三つの性質でいいますと、善・不善・倶非です。つまり六識は善の性質になることもあるし、悪の性質になることもあるし、善でも悪でもない、つまり無記のあり方になることもあるということです。

続いて、第九頌以降第十四頌までは、相応する心所有法についての説明です。

「**此れが心所は遍行と、別境と善と煩悩と、随煩悩と不定となり。**」六識には、あらゆる心所がいっしょになってはたらきます。すべての心所が相応しうる可能性があるのです。ただ、たとえば善の心所が心王といっしょになってはたらいている場合、その心王に煩悩・随煩悩の心所は起きません。全部が相応するといっても、全部が一時に同時に相応するということではないのです。善のときは善の心所が相応して、その場合、煩悩・随煩悩の心所は相応しません。悪のときは煩悩や随煩悩の心所が相応して、善の心所は相応しないということになります。全部が同時にいっしょにということはないのですが、種種の場合を考え合わせれば、あらゆる五十一の心所と相応しえるのです。

しかしこれも第六意識のみのことです。実は五感の世界、前五識には、五十一の心所のすべてが相応しうるとは考えられていません。このことには論師によって、さまざまな説があるのですが、護法の場合は、三十四の心所が相応するとしています。けれども第六意識にはすべてが相応する可能性があるということで、ここに遍行・別境・善・煩悩・随煩悩・不定の心所が相応するといわれているのです。

受の心所は遍行の心所なので、どの識とも必ず相応するわけですが、この受には苦受・楽受・捨受（非苦非楽受）がありえます。その場合、阿頼耶識や末那識には、苦でも楽でもない受だけが相応するということでした。六識については、どうなのでしょう。

「**皆な三の受と相応す。**」意識はもちろん、五感の識も含めて、あらゆる受が相応しえるのです。ここをもう少し詳しく説明しますと、憂受と喜受という受も立てられまして、この二つを立てると五つの受になるわけですが、五つの受で受を語るときは、苦受・楽受は五感、憂受・喜受は第六意識に相応します。もちろん捨受（非二受）はどちらにも相応します。

いずれにしてもこうして、六識とりわけ第六意識には、すべての心所有法が相応しえるのでした。

「**初の遍行というは触等なり。**」すでに阿頼耶識を説明する箇所で、遍行の心所（触・作意・受・

想・思）をあげましたから、等というのみであとは省略したわけです。

「**次の別境というは、謂く、欲と、勝解と念と定と慧となり。所縁の事いい不同なるをもってなり。**」次に、五つの別境の心所があります。これらをなぜ別境というのかといいますと、各心所の対象が別々なので、別の対象ということで、別境の心所という名であると説明したわけです。

「**善というは、謂く、信と慚と愧と、無貪等の三根と、**」最後の「無貪等の三根」とは、貪・瞋・癡の三毒のないこと。無貪・無瞋・無癡の心所であって、これは善の心所です。善の心所であるということは、未来に楽の結果をもたらす力のあるものです。その善の心所には、他に、「**勤と安と不放逸と、行捨と及び不害と**」があります。

「**煩悩というは、謂く、貪と瞋と、癡と慢と疑と悪見とぞ。**」これについては前に拝読しました。末那識は、その中の四つだけと相応することを見たと思います。つまり疑いや怒りは末那識に相応しないのでした。

「**随煩悩というは、**」随煩悩というのは根本煩悩から流れ出た、具体的な場で個別にはたらいているようなものです。同じ瞋の心所でも、恨みとしてはたらく、嫉妬としてはたらくなど、そういうものを個別にあげているのが随煩悩です。

「**謂く、忿と、恨と覆と悩と嫉と慳と、誑と諂と害と憍と、無慚と及び無愧と、掉挙と惛沈と、不信と并びに懈怠と、放逸と及び失念と、散乱と不正知となり。**」ここまでが随煩悩で、二十あります。

「**不定というは、謂く、悔・眠と、尋・伺とぞ。二に各二つあり。**」不定の心所には、悔と眠と、尋と伺の四つの心所があります。

以上第九頌から第十四頌までにあげられた心所有法の内容につきましては、このあと、詳しく見ていくつもりです。

さらに、第十五・十六頌において、六識の、その生起の仕方が説明されています。

「**根本識に依止す。五識は縁に随いて現じ、**」阿頼耶識に依って、第六意識も五感の識も現われてくるということです。特に五感の識は、縁に随って現われます。何か口に食べ物を入れない限り、味覚の舌識は生じません。眼識は常に現われているようですが、光がなければはたらかないとか、やはりさまざまな縁があって成立しています。五感の世界は縁に応じて現われてくる。縁がなければ五感の世界は起きないときもあるわけです。古代インドであれば、おそらく太陽が沈めば、火を燃やしているあたり以外、暗くて何も見えなかったでしょう。眼識が起きない時間も、今よりは長くあったことでしょう。そういう意味で、縁に随って起きてくるものだというわけです。

「**或ときには倶なり、或ときには倶にあらず。濤波の水に依るが如し。**」これら五識の、五つ全部がいっしょに起きることもあれば、たとえば眼識と耳識だけが起きている、といったときもあるわけです。このことは、海などにおいて、縁に随ってさまざまなあり方で波が起きてくる、ちょうどそれと同じようだといっているわけです。

「**意識は常に現起す。**」五感に比べますと、意識は常に起きています。太陽が沈んでも眠るまでは、意識ははたらいています。今日では電気がありますから、朝起きてから夜寝るまでずっと眼識などもはたらいているかもしれませんが、昔の人の感覚からすると、五感に比べ意識の方は常にはたらいているのが基本である、という感じだったのでしょう。

「無想天に生じたると、及び無心の二定と、睡眠と悶絶とをば除く。」意識は起きているのがふつうなのですが、無想天という意識が起きない特別な天界もあるようで、外道の人は、そこを涅槃と間違えるといわれています。過去世に無想定という禅定を修することによって、そこに生まれたら当分の間、意識は起きないといわれています。無心の二定は、その無想天に生まれることをもたらすような無想定という禅定と、それから聖者が修すると言われる深い滅尽定とです。この二つの定を修行しているときは、意識は起きない。さらにほんとうに眠ってしまった場合は意識ははたらきません。だから睡眠の場合も、意識は起きません。それから気絶したときにも意識は起きない。こういう克明な分析をしているわけです。

以上が六識の『唯識三十頌』における説明の一通りのものでして、このように、『唯識三十頌』においては、第六意識と五感の前五識とが、いっしょに説かれているわけです。

五感と意識の違い

ここで五感と意識について、もう少し考えてみます。第三の能変ということで前五識と第六意識とがまとめて説かれていたのですが、実際には、五感の世界と意識の世界はかなり性格が違います。今、起きているときについての違いが少し述べられていましたが、それだけではなくて、むしろ本質的に違う面があるかと思います。

六識は六根・六境に対応しているわけです。六識は六根に基づいて、それぞれの対象（六境）を認識しています。その中、眼識の対象は色境です。それは、『倶舎論』では色とかたちです。大乗では、かたちを知覚するのは意識が判断することであって、眼識の対象ではないのです。眼識は色しか対象としないと考えられています。耳識は声境、ただし声といっても音のことです。鼻識は香り、舌識は味、身識は感触、意識の対象は法境ということで、この法にはありとあらゆるものが含まれます。具体的な言葉の対象も含まれますし、存在しないものも含まれるでしょう。兎角・亀毛といって、兎の角とか亀の毛というのはありえないものです。五感の世界では、そのように存在しないものはとうてい認識できませんが、意識はそうした実在しないものも考えうるわけです。そういうものも意識の対象です。

それから、五感は現在のものしか対象にしません。眼識が過去の色を見るとか未来の色を見るとか、そういうことは考えられないことです。意識は過去のことを考えたり思い出したり、未来のことを計画したり、三世を対象にしうるわけです。意識はありとあらゆるものを対象にするのです。

このように、六根・六境・六識という対応関係があるわけですが、なぜ境（色境・声境・香境等）の語を用いて、色識・声識・香識等としなかったのでしょうか。それは、仏（自在位）になれば、諸根互用となって、眼識は眼根によりつつも色だけではなくて、音や香りなど、五境全部を認識することができるようになります。眼識において色を見ることもできるし、音も聞くことができる、匂いを嗅ぐこともできる、そういうことが可能になるといわれています。そうしますと、そのときに色識というような名だと、色以外の対象も認識できるのになぜ色識と呼ぶのか、ということになります。そこで、根によって名前がついているのだといいます。

五感はすべてに共通の特徴をもっています。眼・耳・鼻・舌・身という五根によっているわけですが、その五根は物質的なものと考えられています。これは『倶舎論』以来、眼に見えない微細な物質が感覚器官の当体と考えられてきたわけで、唯識になりますと阿頼耶識の相分に五根を含む身体が維持されると考えて、その五根は「五位百法」の中でも色法（物質的なもの全体）の中に含まれています。そのように前五識は、色法の感覚器官に基づいていることで、共通です。また五感はすべて色法としての五境を対象としています。そして、この五識はすべて、現在のみを対象にしています。

感覚の世界は無分別です。眼で色を見ているときに、どのように色を見ているでしょうか。これは青いとか黄色いとか、眼識自身が判断しているでしょうか。眼識はただ色を見ているだけなのです。青なら青、黄なら黄を見ているのみで、これは青いとかこれは黄色いとか判断するのは、意識の世界です。五感の世界は無分別で直観的な感覚の世界になります。それは直接経験として、疑いようもない世界です。その世界を現量といいます。現量とは、直接的な経験の只中で、疑いようのない世界のことです。

これら五感は、必ずしも生起しない場合があります。要するに間があくこともあります。我々の生活では少なくとも眼識は意識とほとんど同じぐらい起きているように思いますが、こういう思想が組み立てられた古代には、眼識は起きないけれども意識だけははたらいているという状況も多く経験したことでしょう。ともかく、どの五感も間断があるという特徴をもっているわけです。

五識は必ず意識とともに起きます。意識がなくて眼識だけがはたらくとか、耳識だけがはたらくとか、そういうことは考えられていません。眼識がはたらいているときには、常に意識が同時にはたらいている。同時にはたらいていることによって、それを明瞭に感覚することもできる。そういう仕組みが考えられているわけです。五感は直観的な世界ですから、本当をいえば、善でも悪でもない世界のはずです。しかし同時に起きている意識が善に向かうか悪へ向かうかによって、五感の世界も色づけられていきます。こうして、三性（善・悪・無記）ともなりうるのです。こうして、五感の世界にも善・悪・無記の性質がないわけではありません。

受は遍行の心所ですから、五感にも常に相応しているのですが、前五識は本来、無分別ですから、苦でも楽でもない受が相応するのみと考えられるかもしれません。しかし感覚そのものの中に快・不快、好ましい・退けたい、といった思いはおのずから、分別以前に生じるのでしょう。それで苦受・楽受もまた相応しえます。

『唯識三十頌』は字数の制限もありますから、とにかく第三の能変は一切の心所と相応する、ということで書かれてありましたが、しかし特に前五識だけを取り上げれば、全部の心所が相応するとは考えられていません。善になったり悪になったりするということで、善の心所もともなう、あるいは煩悩の心所もある程度ともなうのですが、たとえば根本煩悩は六つ（貪・瞋・癡・慢・疑・悪見）ありました。その中、疑うはたらきは感覚にないのはもちろん、悪見というのも、ある見解として一つの知的な世界ですから、感覚の世界には相応しません。慢も自分と他者を比べる中で自分を保全しようというはたらきですから、そういうものは感覚には相応しません。結局、六つの根本煩悩のうちでは、三つ（貪・瞋・癡）しか前五識と相応しません。そのような分析がされています。前五識といっしょになってはたらく心所有法は、遍行・別境・善・煩悩（貪・瞋・癡）・随煩悩（大随惑・中随惑）

の心所です。先ほど随煩悩についてざっと拝読しましたが、忿から惛までを小随惑といいまして、これは意識とだけはたらき、しかも個別に起きてくる、そのように分析されているものです。無慚と無愧が中随惑であり、これは悪心には必ず起きているというものです。掉挙・惛沈・不信・懈怠・放逸・失念・散乱・不正知を大随惑といいまして、末那識のような有覆無記の場合も含めてはたらきます。この大随惑と中随惑とは、五感の世界にいっしょにはたらきうるということです。

五感のうちの鼻識と舌識は、欲界にしか起きません。眼識・耳識・身識は色界の初禅までしかありません。色界というのですから感覚のある世界と思うのですが、事実上、五識は色界初禅で消えて、あとは禅定の世界になっていくようです。

以上は五感についてでした。これに対し意識の特質はどのようでしょうか。五識は無分別という特徴がありましたが、それに対して意識は三世のものや実在しないものを含めて一切のものを対象とし、分別もします。五感は現在の対象だけを感覚するのに対して、意識は三世の一切を対象にします。意識そのものに直観的な無分別のはたらきをする場合もないわけではありません。しかし分別の場合もしばしばあるわけです。なお、意識は色法の五根ではなくて、意根によります。

現量は直接的な経験・認識、比量は論理的な正しい判断・正しい推理でした。さらに非量は間違った認識です。意識は誤った判断もすれば正しい判断もします。直観的であることもありえますから、現量・比量・非量のすべてがありえます。

我々がたとえば、特に物というものを把握することは、どのように行なわれると考えられるでしょうか。物の認識は感覚に関わると思うのですが、感覚の世界は現在しか認識していません。現在というのは時々刻々と微妙に変化しています。しかも感覚そのものは、これが何であるという判断はしていません。さらには、眼識は眼識、耳識は耳識というように、五感は本来分かれています。それらは個別に、絶えず現在にはたらいては流れています。そういうなかで、物というものの認識は、どのようにして起きるのでしょうか。唯識では、眼識における色（相分）とそれを見るもの（見分）、耳識における音（相分）とそれを聞くもの（見分）等々、それら相分・見分の流れに対して言語を適用することによって、それら五感を束ねて固定化し、何か一つの物というものを認識しているのだと考えています。直接的に我々に与えられているのは、そのつど、現在にはたらいている微妙に変化していく五感です。その世界が直接与えられているのであって、その世界に対して分別のある意識が自覚的に言葉を適用していく中で、物の認識が起きてくる。そこに執著の対象も生まれてくる、と考えられます。

ということですから、五感と意識とはかなり機能が違うわけです。『唯識三十頌』では、これらをまとめて説きますが、本当はかなり異なったものです。そのことも覚えておくべきでしょう。唯識の心の分析を見ていきますと、感覚と意識に関しても、明瞭に分析しています。その分析の中で、常住な実体を認定してしまうからくりも解明されていくことになります。本当は現在のみで、過去も未来も存在しないのです。

別境の心所有法について

さて、『唯識三十頌』に戻ります。第九頌から、あらためて拝読してまいりましょう。

「**此れが心所は遍行と、別境と善と煩悩と、随煩悩と不定となり。**」心所有法はさらに六つのグループに分かれるわけですが、六識、特に意識はその全部と相応します。

このあと、受については、苦・楽・非苦非楽（捨）のいずれとも相応する可能性があることが言われ、さらに「**初の遍行というは触等なり。**」とありました。この遍行の心所については、前に阿頼耶識の説明のところで、すでに見ておきました（本書九〇頁以下参照）。

「**次の別境というは謂く、欲と、勝解と念と定と慧となり。**」別境の心所には、五つの法（ダルマ）があるわけです。「**所縁の事いい不同なるをもってなり。**」それぞれの心所が対象とするものが異なっている、それぞれ特別の対象をもっている、ということで別境とよばれるのです。この別境の心所について、以下、『成唯識論』の説くところを見てまいりましょう。

> **次の別境とは、謂く、欲より慧に至るまで、所縁の境の事いい多分不同なるをもってなり。六位の中に於て、初めに次いで説くが故に。**
>
> **云何なるをか欲と為す。所楽の境の於に希望するをもって性と為し、勤が依たるをもって業と為す。……有義は、所楽というは謂く、欲観の境ぞ。一切の事の於に、観察せんと欲するには希望すること有るが故に。**（五・三〇、Ⅲ・二二六）
>
> **云何なるか勝解という。決定の境の於に印持するをもって性と為し、引転すべからざるをもって業と為す。謂く、邪・正等の教と理と証との力をもって、所取の境の於に審決し印持す。此れ**

に由りて異縁まで引転すること能わず。（五・三一～三二、Ⅲ・二三二）

云何なるをか念と為る。曾習の境の於に、心を明記して忘れざらしむるをもって性と為し、定の依たるをもって業と為す。謂く、数曾受けし所の境を憶持して忘失せざらしめて、能く定を引くが故に。（五・三二、Ⅲ・二三五）

云何なるをか定と為る。所観の境の於に心を専注して散ぜざらしむるをもって性と為し、智が依たるをもって業と為す。謂く、徳（得）と失と倶非との境を観ずるが中に、定に由りて心を専注にして散ぜざらしむ。斯れに依りて便ち決択の智生ずること有り。心専注という言は、住せんと欲する所に即便ち能く住すということを顕す。（五・三二～三三、Ⅲ・二三七）

云何なるをか慧と為る。所観の境の於に簡択するをもって性と為し、疑を断ずるをもって業と為す。謂く、徳（得）と失と倶非との境を観ずるが中に、慧の推求するに由りて決定を得るが故に。（五・三四、Ⅲ・二四一）

「次の別境とは、謂く、欲より慧に至るまで、所縁の境の事いい多分不同なるをもってなり。」欲より慧に至るまでが別境の心所です。それらの対象とするものは、実は五つ全部が違うわけではなくて、定と慧とは同じ観察の対象を対象とするので、対象は別ではないのです。しかし欲と勝解と念と定・慧との対象は違っているので、その多くの違い（多分不同）に拠って、別境というのです。「六位の中に於て、初めに次いで説くが故に。」心所有法に遍行ないし不定の六つのグループがある中、遍行に次いで説くから、「次の」別境といっているのです。

その中、欲という心所はどういうものか。「**所楽の境の於に希望するをもって性と為し、勤が依たるをもって業と為す。……有義は、所楽というは謂く、欲観の境ぞ。一切の事の於に、観察せんと欲するには希望すること有るが故に。**」願われるべき対象、何か見たい、聞きたい、と願う対象に対して「希望」する。それを本質とするものです。そして特によいものを欲求する場合は、努力精進のよりどころとなるはたらきをします。観察したいと思う対象なら、良いものであれ悪いものであれ一切を、「所楽」つまり願われる境に読んでいく。これは護法の分析です。要は、何か見たい、聞きたい、知りたい、という気持ちが、欲という心所なのです。なお、心所有法の説明は、常に「性」と「業」とからの説明となっていますが、「性」はそのものの本質・本性で、「業」はそのはたらきということです。

勝解というのは、「**決定の境の於に印持するをもって性と為し、引転すべからざるをもって業と為す。謂く、邪・正等の教と理と証との力をもって、所取の境の於に審決し印持す。此れに由りて異縁まで引転すること能わず**」。間違いのない対象に対して、確定して了解する心のはたらきです。このはたらきがあると、人が何をいっても意見を変えないことになります。では、間違いのない対象にどういうものがあるのか。それには、良いものも悪いものも含まれます。正しい教え、あるいは論理だけではなくて、間違った教えの場合もあるわけです。本当からすると間違っているのだけれども、何か本当のように丸めこまれ、それを真理だと思いこんでしまう。あるいは間違った修行における体験から、こうだと思い込む。そのように、勝解の対象は邪も正もいずれの場合もありえます。そういう言葉の世界、論理の世界に基づいて、対象に対して、はっきりと確定して心に保つ。それが勝解という心所です。勝解があると、異なる考えや異なる見方に面してもそちらの方に変わることがありません。正しい真理のみに対して印持するという場合は善の心所になると思うのですが、これは善でなく別境の心所ですから、善とも規定されえないし煩悩とも言い切れない。とにかく確信して思いこむ心のはたらきです。

念とは、「**曾習の境の於に、心を明記して忘れざらしむるをもって性と為し、定の依たるをもって業と為す。謂く、数曾受けし所の境を憶持して忘失せざらしめて、能く定を引くが故に。**」以前に経験した対象に対して、心にはっきりと記憶して忘れさせないようにする心で、記憶の心です。念の心があると定の依り所となっていきます。記憶することができる、ということは集中している状況です。それは禅定に直結していくということなのでしょう。

定とは、「**所観の境の於に心を専注して散ぜざらしむるをもって性と為し、智が依たるをもって業と為す。謂く、徳（得）と失と倶非との境を観するが中に、定に由りて心を専注にして散ぜざらしむ。これに依りて便ち決択の智生ずること有り。心専注という言は、住せんと欲する所に即便ち能く住すということを顕す**」。観察の対象に対してもっぱら心を注ぐことです。その場合、ただ一つの対象に対してというと問題がありまして、ともかくある観察の対象に対して深く関わる心、それが定の本質です。そういう集中した心があればこそ、智慧というものが生まれます。むかしから禅定より智慧を出だすといい、仏教の中では禅定なき智慧は考えられていません。『阿含経』や部派の文献でも禅定と智慧は、修行の車の両輪であるとしばしば説かれています。『天台小止観』などには、智慧なき禅定は愚と名づけ、禅定なき智慧は狂と名づくとさえ言われています。心を統一して、その中で考えることにしないと、おかしなことになってしまいます。必ず禅定と智慧というものが必要になってきます。禅定に入ることによって対象に対して心を散乱させないようにすることができる。それではっきりと見極めていく智慧が生まれる。定は、対象に深く関わるということを表しているのであって、ただ一つの対象だけに心を注ぎ続けるというのでもありません。定に入っての観察においては、対象が移っていく場合も必ずしもないわけではない。たとえば声聞の四諦十六行相の観察もあるわけです。ですから、対象が変わるということもありえますが、その場合、一つ一つに対して深く心を注ぐ。それが定の心です。

慧とは、「**所観の境の於に簡択するをもって性と為し、疑を断ずるをもって業と為す。謂く、徳(得)と失と倶非との境を観ずるが中に、慧の推求するに由りて決定を得るが故に。**」観察の対象に対して判断するのが、慧の心所です。慧はアビダルマの定義としては「簡択（けんちゃく）」という、分析的な智が基本になっています。ただ無分別智といわれるような智慧の場合は、必ずしも簡択に限定されることもないでしょう。しかし別境の心所としての慧の定義は、簡択になります。したがって疑いを断つというはたらきがあります。智慧のはたらきによって、善い悪いの判断をすることができるわけです。

別境の心所は過去のものにはたらく場合は念の心所が起きるし、欲求の対象には欲の心所が起きる。非常にはっきりした結論をもったような対象に対しては勝解が起きるし、それぞれ対象は違っています。また、これらはみな、善・悪・無記のいずれにも通じる可能性があります。けれども常にはたらいているわけではありません。遍行の心所は常にはたらいていますが、別境の心所は特定の対象に対してのみはたらきます。そこで遍行でもないし、かといって善や煩悩等でもないということで、特に別境の心所として、五つあげられているわけです。

善の定義について

次に、善の心所の説明に入っていきます。善の心所について、『唯識三十頌』には、次のようにありました。

善というは、謂く、信と慚と愧と、無貪等の三根と、勤と安と不放逸と、行捨と及び不害とぞ。（六・一、Ⅲ・二五七）

善の心は、私たちにとって一番重要な心かもしれません。善は行為の世界における、最高の価値あるものでしょう。一般に善というものの大きな特質は、それを行なうことによって、その人に徳が実現することではないかと思われます。もう一つは、自他の正しい関係を築いていく、その基になるのが善です。ですから、善は古来、道徳や倫理の世界で論じられたわけです。

仏教で説く善の本質について、『唯識三十頌』のこの箇所には説かれていないのですが、『成唯識論』の巻五には、「**能く此世と他世に順益するに為て、故名づけて善と為す**」（五・一九）とあります。その行為を行なえば、その人自身の本来のいのちにとって益するものがある。ただし、その行為の結果は、この世において現われてくるのみでなく、この世とともにかの世にも現われるようなものでなければならないというのです。過去世をこの世とみればかの世は現在世です。あるいは現在世をこの世とみれば未来世がかの世で、現在世のみならず未来世においても順益するものがあるのが、善です。

逆に悪（不善）というものについては、**「能く此世と他世に違損するに為て、故不善と名づく」**（同前）となります。ある行為をすると、この世において本来のいのちを損ねていくだけでなく、そればかりか未来世にわたっても望ましくない方向に影響力をもってしまうものが、悪です。仏教の世界の中での善・悪は、どこまでも修行に関わっていわれるもので、修行のプロセスを推進していく方向にはたらくものが善であり、逆に生死輪廻に沈没する方向へはたらいていくのが悪であります。基本的に、このような定義があるのです。

ちなみに、深浦正文先生の『唯識学研究』下巻では、「二世にわたって自他を順益するもの」が善であるとあります。また、「二世にわたって自他を違損するもの」が悪であるとあります（同書一五八頁）。どちらにも、「自他を」という言葉が入っています。ある行為をすれば、現在世だけではなく未来世にわたって、自分だけでなく他者をも利益するものが善であり、現在世だけでなく未来世にわたって、自分だけでなく他者をも損ねていくものが悪であるというのです。『成唯識論』には「自他を」という言葉は書かれていません。深浦先生はどうして「自他を」という言葉を入れたのか。私はおそらく、唐の智周（法相宗第三祖）の『成唯識論演秘』（『演秘』）の説によってのことだったのだろうと考えています。そこには、次のような問答があるのです。

六波羅蜜は善だと考えられるわけですが、善であれば現在の世に益するものがあるはずです。けれども六波羅蜜を修行すると、その修行している現在に苦しみばかりがあります。例えば、布施をすれば、自分の財産が尽きてしまう。結局、食べ物が得られずに飢え、着るものも得られずに冬には寒くてしょうがない。さらに智慧を修行するには、「血を流し心を裂く」苦しみがあるとあります。そのように六波羅蜜を修行すれば苦しみばかりで、どうしてそれが現世に順益するといえるのか。こう、問いをたてているのです。

それに対する答えは、それらの修行は苦しみかもしれないけれども、善・悪・無記という基準からみればやはり善であって、その善なるものはとにかくその人を利益しているものなのだといいます。身体的・精神的な苦しみはあるかもしれませんが、その苦しみの中で、実は本来のいのちの世界に導いていることが実現しているのです。さらにまた、次のようにも答えます。「又た他処に於て、而も益損すること有り。唯だ自に約するのみにはあらず」。自分は苦しいかもしれないけれども、他者が喜ぶではないか。この世とかの世において順益するというその順益の中には、他者を利益するということを含んでいるのだ、自分だけのことではないぞ、というのです。もちろん、悪の場合は、他者を違損することが起きてしまうでしょう。おそらく『演秘』のこの箇所をふまえて、深浦先生は、自分だけではない、他者をも順益するまたは違損するということで、「自他を」との語を入れて説明されたのではないか、と思うのです。

考えてみれば、自分にとってだけでなく、やはり他者のためになることが追求されてこそ、善になるのではないかと思います。『成唯識論』そのものの善・悪の説明には、「自他」という言葉はないのですが、深浦先生がいろいろと深く研究されて「二世にわたって自他を順益するもの」が善である、「二世にわたって自他を違損するもの」が悪である、と述べられるのは大変、素晴らしい定義であると受け止めています。

さて、そういう善の心として、どういうものがあるのでしょうか。先ほど『唯識三十頌』を拝読しましたように、十一の心所があげられているわけです。この善の心所について、『成唯識論』の説くところを見てまいります。

已に遍行と別境との二の位を説きつ。善の位の心所の、其の相云何ぞ。頌に曰く、
善というは、謂く、信と慚と愧と、無貪等の三根と、
勤と安と不放逸と、行捨と及び不害とぞ。
論に曰く、唯だ善にして心と倶なり、善の心所と名づく。謂く、信と慚との等きいい、定めて十一有り。（六・一、Ⅲ・二五七）

「**已に遍行と別境との二の位を説きつ。善の位の心所の、其の相云何ぞ。**」遍行の心所、別境の心所についてはそれぞれ説明しました。善のグループの心所はどういうものでありましょうか。これは、問いの形を借りて、次の『唯識三十頌』の第十一頌が謳われた心を明かすものであるわけです。

「**善というは、謂く、信と慚と愧と、無貪等の三根と、勤と安と不放逸と、行捨と及び不害とぞ。**」この頌に、善の心が、それら十一の心所に分析されて示されています。

「**論に曰く、唯だ善にして心と倶なり、善の心所と名づく。**」これら十一の心は、性質として、善以外のものでもないものです。例えば、眼識や耳識とかの心王といわれるものは、自分自身が善であるわけではありません。その心王に善の心所が相応してはたらくと、全体として善という性質を帯びます。煩悩や随煩悩が相応してはたらくと、全体、悪という性質になります。心王は、自分自身は善でも悪でもないわけです。しかし善の心所は、純粋に善の性質のみを持つものです。

「謂く、信と慚との等きいい、定めて十一有り。」唯識の伝統としては、古来、善については、信・慚・愧等、十一の心所があるとみているわけです。この中、信ずる心は、いうまでもなく仏道の初心といいますか、仏道に入っていく一番きっかけになる心です。仏教一般において、信というものの理解もさまざまにあるでしょうが、大乗仏教の正統的な信の捉え方が、この唯識の説明に見られます。以下、信の心所についてです。

信の心所有法について

云何なるをか信と為る。実と徳と能との於に、深く忍じ楽じ欲して、心を浄ならしむるをもって性と為す。不信を対治し善を楽うをもって業と為す。

然も信の差別なること、略して三種あり。一には実有を信ずる。謂く、諸法の実の事と理との中に於て、深く信忍するが故に。二には有徳を信ずる。三宝の真浄の徳の中に於て、深く信楽するが故に。三には有能を信ずる。謂く、一切の世と出世との善の於に、深く力有りて能く得し能

く成ぜんと信じて、希望を起こすが故に。斯れに由りて彼れを信ぜざりぬる心を対治して、世・出世の善を証し修せんと愛楽す。（六・一〜二、Ⅲ・二五九）

「**云何なるをか信と為る。実と徳と能との於に、深く忍じ楽じ欲して、**」実に対して忍ずる。徳に対して楽ずる。能に対して欲する。そういう対応関係があります。このことについては、あとに説明されていきます。「**心を浄ならしむるをもって性と為す。**」心を清らかにする。それが信の本性です。「**不信を対治し善を楽うをもって業と為す。**」信があれば、不信という煩悩を退治して、善を願う、つまり自分が執著から解放されていく道を願うようになっていきます。

「**然も信の差別なること、略して三種あり。**」一口に信といっても、それは三つの観点から分析して見ていくことができます。

「**一には実有を信ずる。**」「実・徳・能」というのは、ドラヴィヤ（dravya 実体）・グナ（guṇa 属性）・カルマン（karman 作用）のことでして、今の三つはインドの論書でよく使われた言葉です。『大乗起信論』にいう、体・相・用も、このことです。それは、一般には、実体・属性・作用という哲学的な概念に相当しますが、仏教ですから、「実」は実体にはならないはずです。

「**謂く、諸法の実の事と理との中に於て、深く信忍するが故に。**」ここで、「実」というのは諸法の事と理だと説明しているわけです。事（有為法）は現象世界を構成している諸法です。理（無為法）は真如法性ですが、しばしば「諸々の理と事」という表現もみられますので、この理の中には有為法の本性としての真如・法性だけでなくて、一切法は空であるという道理、諸行は無常であるという道理、あるいは善を為せば楽という結果がある、悪を為せば苦しみの結果がある、そういう、行為の世界の道理なども含めてよいのでしょう。結局、有為法・無為法あわせて、仏教の教えに説かれている世界の内実を深く認識することであります。もっと簡単にいえば仏教の教えに説かれているところを深く理解することです。これは知性の世界における信のはたらきと考えることができます。

「**二には有徳を信ずる。三宝の真浄の徳の中に於て、深く信楽するが故に。**」仏・法・僧の三つの宝の中にある清らかなものに対して深く信楽する。この「楽」は願うということですから、要は仏教の世界に深い憧れをもつことといえるでしょう。なお、法は真理ないしそれを表わす教え、僧はサンガ（僧伽）のことで、つまり教団のことです。

「**三には有能を信ずる。謂く、一切の世と出世との善の於に、深く力有りて能く得し能く成ぜんと信じて、希望を起こすが故に。**」「世の善」、つまり世間における善は、覚りの智慧を開く前の諸の修行のこと。いったん覚りの智慧を開いてもさらにそのもとに修行する世界が、「出世の善」、出世間の善です。それら仏教の説き示すあらゆる修行に、人を解脱させていく能力があるということを信じていくことといえましょう。

「**斯れに由りて彼れを信ぜざりぬる心を対治して、世・出世の善を証し修せんと愛楽す。**」その「能」への信によって仏教を信じなかった心を退治して、仏教に理解をもち憧れをもつばかりか、仏道修行の道を実際に歩んでいく。修行をして覚りを開きたい、仏を実現したいということで、世間の善を修し、さらには出世間の善、つまり覚った後も修行を続けていく。

以上の、いわば知（信解）・情（信楽）・意（信欲）のすべてで、信というものになります。人間の心のありかたを、非常に詳しく分析していると思います。

以下、さらにこの信の本性は何なのかについて、問答の中に明かしていきます。

忍というは謂く、勝解ぞ。此れ即ち信が因なり。楽・欲というは謂く、欲ぞ。即ち是れ信が果なり。確に此の信を陳れば、自相是れ何れぞ。

豈に適に言わずや、心を浄ならしむるをもって性と為すと。

此れ猶お未だ彼の心浄という言を了せず。若し浄即ち心なりといわば、応に心所に非ざるべし。

若し心を浄ならしむといわば、慚等と何んぞ別なる。心と倶なる浄法ぞといわば、難と為んこと亦た然なり。

此れは性、澄清にして能く心等を浄ならしむ。心いい勝れたるを以ての故に心浄という名を立つ。水清の珠の能く濁水を清むるが如し。慚等は善なりと雖も、浄をもって相と為すに非ず。

此れは浄ならしむるをもって相と為す。彼れに濫する失無し。

又た諸の染法は各別に相有り。唯だし不信のみ有りて、自相渾濁し、復た能く余の心・心所をも渾濁す。極めて穢物の、自も穢し他をも穢すが如し。信は正しく彼れに翻ぜり、故に浄をもって相と為す。（六・二、Ⅲ・二六三）

以上の信についての説明に対し、小乗や外道からの反問があります。「**忍というは謂く、勝解ぞ。此れ即ち信が因なり。**」信忍するということは、その忍ずるということは、信の心所ではなくて勝解の心所のはたらきなのではないのか。しかもそれは、信が成立するための因となるものではないか。「**楽・欲というは謂く、欲ぞ。即ち是れ信が果なり。**」願うことや欲することは、欲の心所にほかならない。それは信の結果にほかならないではないか。「**確に此の信を陳れば、自相是れ何れぞ。**」信の因でもない、信の果でもない、本当の信そのものをずばり述べるとすれば、それは一体何ですか、という質問です。それに対して、唯識側は、次のように答えます。

「**豈に適に言わずや、心を浄ならしむるをもって性と為すと。**」忍は因で楽・欲は果であると、『成唯識論』でも一応は認めているようです。そのうえで、信そのものは何かというと、心を清めること、それが信の本質であるとするのです。『成唯識論』は、信をその因と果によって説明したのですが、分析してみれば、その因も果も、信そのものとはいえない部分もあります。では、信そのものは何か、といわれれば、「心を浄ならしむ」、この一点が信の本質であるというのです。ただし日本法相唯識の伝統の中で、『成唯識論』に出るこの「心浄」を「心を浄ならしむ」と読むのは、前後全体を考えてそのように読むのが適切だということで、こう読んでいるわけです。しかし漢文としては、「心浄」とあるだけですから、それは本来どう読むものなのか。漢文（中国語）としてはさまざまな解釈がありうることです。そこで、相手側は、さらに次のように質問してきます。

「**此れ猶お未だ彼の心浄という言を了せず。**」信の本質は「心浄」であるといっても、その意味合いはまだはっきりしません。「**若し浄即ち心なりといわば、応に心所に非ざるべし。**」心は心王を意味するわけで、「心浄」は「心即浄」の意味だとすると、清らかな心王という意味合いになってしまい、善の心所としての信にはならない、というわけです。「**若し心を浄ならしむといわば、慚等と何んぞ**

別なる。」慚は恥じる心です。もし、「心浄」が「心を浄ならしめる」の意だとすると、慚・愧も心を浄めるのではないのか。だとすれば、この読み方の場合、信独自の特質にはならないのではないか。「**心と俱なる浄法ぞといわば、難と為んこと亦た然なり。**」「心浄」とは、「心王とともなる浄法である」と読まれるべきだと解釈するなら、慚や愧も浄らかな法だといえるのではないか。だからこの場合も、信の心所の独自の定義とはいえないのではないか。この質問に対しては、次のように答えます。「**此れは性、澄清にして能く心等を浄ならしむ。心いい勝れたるを以ての故に心浄という名を立つ。**」信という心所は、その心自身が澄んだ浄らかな本性をもっている。それと同時に、心王や他の心所のすべてをも浄らかにしていく。本来そういうことなのだが、ここで心王・心所を全部いうのはまどろっこしいし、心王のほうが心所よりも優れているということで、心（王）だけをあげて「心浄」といったのみ、というのです。「**水清の珠の能く濁水を清むるが如し。**」「水清の珠」は水晶でしょうか、その宝石を濁った水に投じると、濁った水が清まる。それと同じように自分自身が浄らかであり、かつそれが他にも影響を与えていく。そういうものが信の心所の本質であります。

「**慚等は善なりと雖も、浄をもって相と為すに非ず。此れは浄ならしむるをもって相と為す。彼れに濫する失無し。**」慚や愧なども善心ではあるけれども、それ自身が浄らかというわけではありません。しかし信は自ら浄く、そして他を浄めていく。それが信の特質です。ですから、慚や愧などとまぎれる過失はありません。

「**又た諸の染法は各別に相有り。唯だし不信のみ有りて、自相渾濁し、復た能く余の心・心所をも渾濁す。**」諸の染法、つまり悪および有覆無記でありうる煩悩・随煩悩の心所は、それぞれ独自の特質・作用をもっているわけです。その場合、自分自身が濁っていて、そして他の心王・心所をも濁らせていくという独自の相をもつものが不信であります。「**極めて穢物の、自も穢し他をも穢すが如し。**」非常に汚いものは、自分自身が汚いし、そして他をも汚していくのと同じようなものです。「**信は正しく彼れに翻ぜり、故に浄をもって相と為す。**」信は欲なのか勝解なのか。けっしてその両者ではありません。「心浄」という点で、信は独自のダルマなのです。

慚・愧の心所有法について

次に、慚と愧とを見ましょう。

云何なるをか慚と為る。自と法との力に依りて、賢と善とを崇重するをもって性と為し、無慚を対治し、悪行を止息するをもって業と為す。謂く、自と法とを尊し貴する増上に依りて、賢と善とを崇し重し、過悪を羞恥し、無慚を対治して諸の悪行を息む。

云何なるをか愧と為る。世間の力に依りて暴・悪を軽拒するをもって性と為し、無愧を対治し、悪行を止息するをもって業と為す。謂く、世間に訶し厭わるる増上に依りて、暴・悪を軽拒し、過罪を羞恥し、無愧を対治して諸の悪業を息む。（六・二一〜三、Ⅲ・二六七）

「**云何なるをか慚と為る。**」慚の心所はどういうものなのか。

「**自と法との力に依りて、賢と善とを崇重するをもって性と為し、無慚を対治し、悪行を止息するをもって業と為す。**」自分と教え（法）に対して反省し、賢と善を尊重するのが、慚だといいます。「賢」は、三賢の位にある人を直接には意味しますが、さらに聖位（十地の修行の段階に入った者）の人をも意味しているといいます。ですから、結局のところ、ここでの「賢」は、仏道修行を歩んでいく人々、つまり善を実践している人々のことです。「善」は具体的には諸の修行の徳目です。それは覚りを開く前の修行であれ、覚りを開いた後の修行であれ、そういうものを尊重することが慚の本質です。これがありますと、反省する心をもたないあり方を退治して悪行をやめていくはたらきをします。

『倶舎論』では、慚は自らに恥じる、愧は他者に恥じる、と説いています。しかし自他の中で成立するものは相対的なものであり、相手があってはじめてありうる仮有のものになってしまい、それ自身のダルマとしての存在を持つものにはならなくなります。そこで自・他に対してという視点を残しつつ、慚の方は賢・善を崇重するものということになったのです。

「**謂く、自と法とを尊し貴する増上に依りて、賢と善とを崇し重し、過悪を羞恥し、無慚を対治して諸の悪行を息む。**」自分自身を尊び、教えを尊び、その尊ぶ力によって悪をなさないようにする。自分自身を尊ぶとは、たとえば出家の者でしたら、自分は出家した身だ、どうして悪をなしえよう、と自分をふりかえって、その出家の身にふさわしく生きようと思うことです。みなさんが出家の方ではないにしても、もし仏道を歩んでいこうと思ったとすれば、仏道にかかわる自分なのにどうして悪行を犯すことができようか、と思うことです。こうしたことが、自分を尊ぶことなのです。同時に、教えも尊重して、実際に仏道を歩み修行している人々、あるいは諸の修行そのものを尊重していくのです。そのことによって過悪（過失としての悪）を恥じて、恥知らずなあり方（無慚）を退治していく。そして諸々の悪行をやめていく。慚は、そういう心です。ですから慚は、次の愧とともに、仏道修行のうえで、非常に重要な心なのです。

「云何なるをか愧と為る。世間の力に依りて暴・悪を軽拒するをもって性と為し、無愧を対治し、悪行を止息するをもって業と為す。」世間の力（モラル・法律、他者からの非難）によって悪行をおこなわない。これは、他に恥じることにあたるわけです。「暴」は前の「賢」の反対に相当するわけで、修行をしない人々といいますか、もっといえば悪行を行なう人々です。「悪」は煩悩や随煩悩の世界です。結局、悪行を行なう人々や悪そのものに対して近づかない（軽）、さらには拒絶する、それが愧の本質です。無慚も無愧も、実は随煩悩の中にあるダルマですが、その無愧を退治していくわけです。その愧の心をもてば、悪い行ないをやめていくことになるのです。

「謂く、世間に訶し厭わるる増上に依りて、」世間において人々から非難される、あるいは世間において後ろ指を指され、うとんじまれるようなことに自分がなるのは嫌であるという気持ちによって、**「暴・悪を軽拒し、過罪を羞恥し、無愧を対治して諸の悪業を息む。」**悪人や悪そのものに近づかず、あるいは拒絶して、無愧の心所を対治し、諸の悪行をしないようにさせていきます。

唯識では、慚と愧はそれぞれ独自のダルマである、という立場で論じています。ところがそれについていろいろな解釈があり、反論があるものですから、このあと、それら他の部派の解釈に対して、きちっと慚は慚、愧は愧、それぞれ独自のダルマがあるという議論をしています。

無貪・無瞋・無癡の心所有法について

次に、無貪・無瞋・無癡についてです。


無貪等とは、無瞋と（無）癡とを等す。此の三つを根と名づくることは、善を生ずるに勝れたるが故に。三不善根を近く対治するが故なり。

云何なるか無貪なる。有と有具との於に著すること無きをもって性と為し、貪著を対治し善を作すをもって業と為す。

云何なるか無瞋なる。苦と苦具との於に恚ること無きをもって性と為し、瞋恚を対治し善を作すをもって業と為す。

云何なるか無癡なる。諸の理と事との於に明に解するをもって性と為し、愚癡を対治し善を作すをもって業と為す。（六・四、Ⅲ・二七四）

「無貪等とは、無瞋と（無）癡とを等す。」「無貪等」の「等」は、無瞋と無癡を省略したものです。「此の三つを根と名づくることは、善を生ずるに勝れたるが故に。」根っこがあればこそ木も成長します。こういう無貪・無瞋・無癡が根本になって、他のあらゆる善を成長させていく。そのはたらきが勝れているということで、無貪・無瞋・無癡について「善根」という語で表すのです。また、「三不

善根を近く対治するが故なり。」三不善根は貪・瞋・癡（根本煩悩）の三毒です。無貪は貪を、無瞋は瞋を、無癡は癡（無明）を退治します。三不善根をそれぞれ直接、退治するから三善根なのです。

「云何なるか無貪なる。有と有具との於に著すること無きをもって性と為し、貪著を対治し善を作すをもって業と為す。」どういうものが無貪でしょうか。「有」というのは三有（欲界・色界・無色界）の業果としての生存のことで、生死輪廻している世界です。三界の中に生まれた自分と、それから自分の生存を助ける一切のものに貪著する。あるいは「有具」は因だといわれます。因を貪る、というのはどういうことなのか。この三有の因には業なども入ってきます。生死輪廻している我々には、その業等に執著するということもあるようなのですが、ともかく貪とは、要するに自己と物に執著することでしょう。前に末那識を見たときに、煩悩の心所を一つ一つ説明しました。しかしここは善の無貪ですから、それが無いわけです。貪りがないからといって、まったく消極的になるというわけではありません。本来の自己を求めるということは、迷いの生存としての自我に執著することではありえず、執著から離れることとは、その本来の自己を追求することと矛盾しないのです。仏道においては、自我や物への執著から解放されたところに実現する本来のいのちを求めていく。逆に貪りは、迷いの生存に執著する。たとえば、我々は浄土にいけるといわれても、実際はあまりうれしくない、本当は永遠にこの世にいたい、という気持ちがどうしてもあります。その現実のあり方は、自覚していないかもしれないけれども、実は煩悩に縛られて自由が効かず、本当のいのちを発揮できない状態にある。それを愛し続けるのではなくて、そこから解放されていく道を求めていく。そのときには、三界の有と有具に対する貪著を離れるということが実現することになります。そういう意味で、無貪はネガティブな意味での執著を離れることにとどまるものではないと思うのです。

「**云何なるか無瞋なる。苦と苦具との於に恚ること無きをもって性と為し、瞋恚を対治し善を作すをもって業と為す。**」瞋は苦と苦具に対して怒ることです。苦しみそのもの、そして苦しみの原因となるもの、それに対して怒るのが瞋です。その怒ることがないのが無瞋という心の本性です。しかしこの無瞋は、ただ瞋が無いだけということでもありません。これは、慈悲の慈の心ともいわれるものです。慈は、与楽（他者に楽を与える）と説明されます。それに無瞋は善の心所ですから、順益するという、善としてのポジティブなはたらきをもつダルマであるはずです。しかも善の心が起きている場合は、必ず無貪・無瞋も起きています。

「**云何なるか無癡なる。諸の理と事との於に明に解するをもって性と為し、愚癡を対治し善を作すをもって業と為す。**」基本的に、理は無為法、事は有為法です。無為法というのは、真如・法性のことです。しかし「諸の」とありまして、それが理にもかかると考えれば、諸行無常とか諸法無我とか、あるいは善因楽果や悪因苦果とか、いろいろな道理を含めて諸の理だと受けとめられるでしょう。現実世界を構成しているさまざまな事象やそれらを貫く理について、明らかに了解する。それが無癡という心の本性です。無癡がありますと、愚癡（無明）を退治して、善をなしていくはたらきがあるのです。

このあと、無明は慧の心所の一つのあり方にすぎないのではないか、という問いがなされます。たとえば、悪見というのは慧の心所が悪しくはたらいたものであって、悪見の本体は慧だということもあります。とすれば、無癡は慧が善いあり方ではたらいたものなのではないか、というのです。これに対し『成唯識論』は、無癡は無癡で、慧とは区別されて独自のダルマとして存在していると強調しています。慧の心所は「簡択」といいまして、選び分けるものであり、これは善、これは悪というように分けていくはたらきです。無癡は現象を現象のまま、道理を道理のままに、正しく了解するものなのでしょう。

勤の心所有法について

次に、勤の心所です。

勤というは謂く、精進ぞ。善・悪品の修し・断ぜらるる事の中に於て、勇悍なるをもって性と為し、懈怠を対治し善を満ずるをもって業と為す。勇というは精進なりということを表して、諸の染法を簡ぶ。悍というは精純を表して浄無記を簡ぶ。即ち精進をば唯だ善性のみに摂むということを顕す。此れが相の差別なること、略して五種有り。所謂る、被甲と加行と無下と無退と無足とぞ。即ち経に説く所の、有勢と有勤と有勇と堅猛と不捨善軛となり。次の如く応に知るべし。（六・五～六、Ⅲ・二八〇）

「勤というは謂く、精進ぞ。善・悪品の修し・断ぜらるる事の中に於て、勇悍なるをもって性と為

し、」勤は、精進のことにほかなりません。善を修行し、悪を断ずることに対して、勇敢であることが精進の本質です。そういうわけですから、ただ何であれ（悪のことであれ）努力さえすれば、それが精進だというのではありません。あくまでも仏道修行においての正しい努力のことです。唯識は、徹底して仏道修行の世界における心のはたらきようを見つめているわけです。

「**懈怠を対治し善を満ずるをもって業と為す。**」「善」を修するだけではなくて、満ずるのですから、この精進の心があればこそ、修行が完成することにつながるのです。

「**勇というは精進なりということを表して、諸の染法を簡ぶ。**」勇悍の「勇」は、煩悩や随煩悩の染法とは異なることを表しています。染法とは、不善（悪）と有覆無記とのすべてということになります。

「**悍というは精純を表して浄無記を簡ぶ。**」勇悍の「悍」は、善として純一無雑なるものであり、それは浄無記、いい換えれば無覆無記ではないことを表しています。

「**即ち精進をば唯だ善性のみに摂むということを顕す。**」つまり精進は、悪でも無記でもない、それも無覆の無記でもない、ひたすら善のものであるということを、その「勇悍」という言葉が表しているというのです。ここでも精進が、世間・日常の欲望に基づく努力ではないことを語っているでしょう。

「**此れが相の差別なること、略して五種有り。**」精進の内容には、まとめると五つのありようがあります。

「**所謂る、被甲と加行と無下と無退と無足とぞ。**」鎧を着る、いっそう努力する、自分を卑下しない、退転しない、満足しない。とりあえず、こう言っておきましょう。どうしてこれら五つの相があるかというと、経典にそう説かれていて、それに対応してこれら五つの相が説かれているのです。

「即ち経に説く所の、有勢と有勤と有勇と堅猛と不捨善軛となり。次の如く応に知るべし。」この最後の「次の如く応に知るべし」というのは、次第の如く、つまりその順序のように知るべきである、ということとです。精進の相の違いに、五種ある。被甲・加行……でした。それは経典に説く、有勢・有勤……という、その順序のように理解してください、という意味です。

「被甲」というのは、鎧兜を着る、一種身構えながら頑張ってやるという決意を固めて進んでいく。鎧兜を着て敵陣に進んでいくように最初は努力していく。この被甲は、経にいわれていた、「有勢」ということと対応しています。

「加行」はこれまでに加えてさらに努力を加える。どの段階でも一層努力するということは常にあるわけですが、そういう段階に入っていく。それは経の「有勤」と対応します。

「無下」は、自分を軽んじない、自分にも決して他者と変わらない力がある。そういうことを信じて、自分に与えられた無限の能力があることを信じて進んでいく。それは経の「有勇」、勇ましい気持ちをもって努力することと対応します。

そのように努力をしていくと、もはや退転することがない。それは経に説くところの、堅く猛々しいという「堅猛」が相当します。

そして多少の成果を得たとしても、少しも満足せずに、さらにどこまでも努力していく。道元禅師も「道は無窮なり」といわれていますが、満足することがない（「無足」）努力は、経の「不捨善軛」、善の軛を捨てず、に対応します。軛というのはくびきです。牛にくびきをかけて、外れた方向へ進んでいかないようにする。それと同じように仏道に対してもそれを踏み外さないように、もっぱら修行の世界を進んでいく方向性を自分に与える。善の修行を自分のくびきにして、修行している中に善がくびきとなって離れられないようになる。精進努力をしていれば、善の道をいくしかないような状況になってしまうというわけです。

『成唯識論』は慈恩大師窺基の『成唯識論述記』（『述記』）を傍らにしないとなかなか読めないものだといわれています。その『述記』を参照しますと、「被甲」とは、鎧兜を着て敵陣に入る。それは威勢があるようで「有勢」ということになります。「加行」は、ますます堅い決意でもって努力していく、と考えればよいと思います。「無下」は、自分を卑下することなく、さらにするどさを増していく。怯むことも恐れることもなくして努力していく。そこで「有勇」と名づくのです。

「無退」は、苦に遭うとも屈せずして其の志を堅猛にして進んでいく。忍辱の心もたずさえながら、どんなに苦しい状況にあってもそれに負けずに、入り口から奥の世界へ入っていく。初心の修行から入っていって、厭になることもなく満足することもなく、さらに前の修行へ進んでいく。「無足」は、経典では「不捨善軛」といわれていました。一つの修行を終えて満足することなく次の修行へ進んでいく。『述記』の説明は、「善法も亦た爾なり。修行者に軛して善品を超えず、涅槃の宮に往く」になっております。これは、善法に関しても同様である。くびきをかけて、善の修行以外にはそれないようにさせて、涅槃まで到達させるのだ、ということなのでしょう。そして、さらに努力していく。

こうして一口に努力といっても、五つの段階が分析できる、という克明な説明になっているわけです。ここに出る経が何経なのかは、漢訳等では一切明示されていません。ただラモット先生は、それは『阿含経』にあると指摘されているようです（長尾雅人『摂大乗論――和訳と注解』下、講談社、昭和六二年、一四五頁参照）。

この五つのすがたは、修行の道程全体にも、あるいはその中の個々の段階にも、あると見ることができます。例えば、無分別智を起こして十地の修行にはいっていくわけですが、十地のある一つの段階を修行するについて、最初は覚悟を決めながら進んでいく。徐々に努力も必要としないぐらいに順調にいって、しかも成果に満足することなく次に進んでいく。精進の五つのすがたを、一つの段階の修行の中にみることもできるわけです。それと同時に十住・十行・十回向・十地という全体に対して、これら五つの次第をみることもできるわけです。

軽安等の心所有法について

次に軽安に進みます。

安というは謂く、軽安ぞ。麁重を遠離し、身・心を調暢して堪任するをもって性と為し、惛沈を対治し、依を転ずるをもって業と為す。謂く、此れが能く定を障うる法を伏し除して、所依止を転じて安適ならしむるが故に。（六・六、Ⅲ・二八四）

「安というは謂く、軽安ぞ。」軽いというのは、身心が重くないということです。ですから、修行もできるのです。何かおっくうである、かったるい、ということになりますと、修行もできません。安は安楽であり、伸びやかである、という心所です。この心があることによって、身心がそういう状態になるということでしょう。

「**麁重を遠離し、身・心を調暢して堪任するをもって性と為し、惛沈を対治し、依を転ずるをもって業と為す。**」「麁重」という言葉は、『成唯識論』の後半に「二障（煩悩障・所知障）の種子」として説かれています（九・二〇）。我執・法執の煩悩の、阿頼耶識に熏習された種子のことです。しかしここでは、全体としておっくうで身心が重いという状態のことと受け止めればよいでしょう。その「麁重」を遥かに離れて、身も心も軽やかにさせて、修行に耐えさせる。そういう状態にさせるのが、軽安という心所の本性であります。これがありますと「惛沈」を退治します。「惛沈」というのは随煩悩の一つです。軽安の心所がはたらくことによって、その惛沈のあり方を抑えていく。

この軽安の心がはたらくときですが、実はそれは坐禅をしているときなのでありまして、坐禅によって軽安の心が発生して、心の統一を妨げるさまざまな心を退治していく。適切な坐禅を妨げるような、さまざまな心を退治していくはたらきがあるのです。依というのは、身体です。この軽安の心がおこると身体は安楽に転じます。

「**謂く、此れが能く定を障うる法を伏し除いて、所依止を転じて安適ならしむるが故に。**」軽安の心がありますと、禅定を妨げる法は起こりません。起こらないばかりか、その原因となる種子をも除いてしまう。特に覚りの智慧を開いた後に修行する禅定の中で、軽安の心が起きてくると、それらの種子を退治していくことになります。心を統一していくことをますます進めて、身心を心地よい安楽なありように変えていくはたらきがあるのです。道元禅師も「坐禅は安楽の法門である」と述べています。

次に、不放逸です。

不放逸とは、精進と三根との、所断・修の於に防し修するをもって性と為し、放逸を対治し、一切の世・出世間の善事を成満するをもって業と為す。（六・六、Ⅲ・二八四）

「**不放逸とは、精進と三根との、**」善のダルマはいくつかあるわけですが、不放逸は、それとしての独自のダルマがあるわけではありません。実法としてあるのではなくて、「精進と無貪・無瞋・無癡の三根」の、あわせて四つのダルマがはたらくときに、それに対して不放逸というダルマをたてるのみです。ゆえにこれは仮法です。しかし仮といっても、その独自のはたらきは分析できるわけです。「**所断・修の於に防し修するをもって性と為し、放逸を対治し、一切の世・出世間の善事を成満するをもって業と為す。**」「所断」、断ぜられるべきものとは悪（不善）で、「所修」、修せられるべきものとは善です。要するに悪は防ぎ、善については修する。精進と三善根がそのことにむかうときに、それを不放逸の心と捉えます。それがあると、「放逸」（したいほうだいする）の心を退治します。「放逸」は随煩悩の一つです。その随煩悩のダルマを退治して、慈悲に基づいたさまざまな行為（六波羅蜜・四無量心など）も含めて、一切の世間・出世間の善の行ないを完成させる。不放逸があることによって修行を完成させていくはたらきがあるのです。「世間の善事」とは、一つの覚りの智慧を実現する以前の修行、十住・十行・十回向・十地・仏の四十一位の修行の中で、十地の前の修行のことです。「出世間の善事」とは、十地以降の覚りの智慧に基づく修行のことです。不放逸は、それら一切の修行のすべてを完成させていく原動力になるものなのです。

これは実法として考えてはどうかとか、さまざまな議論があるわけですが、『成唯識論』では、精進と三善根の四つの善の心所有法の上に立てるのみです。

次に、行捨です。

云何なるか行捨（ぎょうしゃ）ぞ。精進と三根との、心を平等に正直に無功用（むくゆう）に任せしむるをもって性と為し、掉挙（じょうこ）を対治し静に住せしむるをもって業と為す。（六・七、Ⅲ・二八八）

「**云何なるか行捨ぞ。精進と三根との、心を平等に正直に無功用に任せしむるをもって性と為し、**」

捨というのは、平静な気持ちを保つことです。本当に嬉しいことがあってもはしゃぎすぎない、悲しいことがあっても落ち込まない。そのように平静な気持ちを保つことは、仏道修行のうえで非常に重要なことなのです。なぜ捨のまえに行がついているのか。受の心所に苦受・楽受・悲苦悲楽受の三受があります。苦しみを感受し、楽を感受する以外に、苦も楽も感受しない受もある。それを捨受という場合があります。その受蘊の捨受と区別して、今の捨は、五蘊の色・受・想・行・識でいうと行蘊の中に含まれる捨であるので、行捨というのです。これも、「精進と無貪・無瞋・無癡の三根」とのうえに立てられた、仮法です。精進と三根がいっしょになってはたらいているときに、心を平等にさせる、正直にさせる、無功用に住させる、それが捨の本性です。「平等」は平静をたもつ。「正直」はことさらに平静に保とうとしなくても平静な気持ちが続くこと。それが進みますと、どのような事態にあっても恐れることなく、どんな事態にあっても平静を保っていくことができる。それが「無功用に住する」ということです。

『述記』には「平等・正直とは、対法に云く」云々とあります。対法というのは、『対法論』、つまり『大乗阿毘達磨雑集論』（無著の『大乗阿毘達磨集論』に注釈を加えたもの。安慧糅玄奘訳）のことで、そこに次のように述べられています（大正三一巻六九七頁下参照）。「捨、心と倶なるに由りて、沈沈没等（の不平等性）を離るるは、初の心平等なり。」この心所が心王と相応することによって、沈みこむことから離れる。その場合、おそらく沈みこむことだけではなくて、はしゃぐことからも離れることになるでしょう。そこが「平等」です。「加行を遠離するは、次の心正直なり。」加行というのは善いことだと思うのですが、しかし、ここではむしろ遠離するとあります。要は、ことさらに心を平静に保つようなさらなる努力を離れて、それでも平静でいられる。それが「正直」であります。「染に於て怯無ければ、後の無功用なり。」努力しなくても心が平静に保たれるような人格が完成する。そういう状況になりますと煩悩や悪の誘いにあっても、ひるむことなく、ゆるぎません。そこに「無功用」があります。なお、「無功用に住せしむる」の「住せしむる」は、あるいは平等に住せしむる、正直に住せしむる、無功用に住せしむると、その全部にかけて読むほうがよいのかもしれません。

「**掉挙を対治し静に住せしむるをもって業と為す。**」捨の心がありますと、随煩悩の掉挙の心所（さわがしく心が起きてくる）を退治して、心を静かにさせるはたらきがあるというのです。

次に、不害です。

云何なるか不害ぞ。諸の有情に於て、損悩を為さず無瞋なるを性と為し、能く害を対治し悲愍するをもって業と為す。謂く、即ち無瞋が有情の所に於て、損悩を為さざるを仮りて不害と名づく。無瞋は物の命を断ずる瞋に翻対せり。不害は正しく物を損悩する害に違せり。無瞋は楽を与う。不害は苦を抜く。是れを此の二が麁相の差別と謂う。（六・八、Ⅲ・二九〇）

「**云何なるか不害ぞ。諸の有情に於て、損悩を為さず無瞋なるを性と為し、能く害を対治し悲愍するをもって業と為す。**」不害はあらゆる人々に対して、損ね悩ますことをしない、傷つけることをしない、そういう怒りのない心、無瞋を本性とします。無瞋は根本煩悩の一つですが、不害はその一つのあり方（分位差別）なので、やはりこれも仮の心所ということになります。この不害があると、相手を攻撃する心を退治して、人々に心から同情していく。相手が嬉しければ自分も嬉しい。しかし相手が悲しければ自分も悲しいと、どこまでも他者と心を一つにしていくようにさせるはたらきを持ちます。

「**謂く、即ち無瞋が有情の所に於て、損悩を為さざるを仮りて不害と名づく。**」無瞋という善のダルマが人々に対して損悩することがない。そういうはたらきとなって現われたときに、その無瞋の心に対して不害という名前を与えます。それにしても、無瞋と不害はどのように区別されるかというと、「**無瞋は物の命を断ずる瞋に翻対せり。不害は正しく物を損悩する害に違せり。**」無瞋は人々（物）

のいのちを断ずるような、そういう瞋の心の反対にあるものです。瞋は、殺人さえ考えるような心とされているわけです。これに対し、どこまでも相手のいのちを尊重していくことが無瞋です。一方、不害は、相手の存在を認めているのだけれども傷つけたりしてしまうような害の心の反対の心で、人々を損ね悩ますことがないというほどの心です。

「**無瞋は楽を与う。不害は苦を抜く。是れを此の二が麁相の差別と謂う。**」無瞋は人に楽を与えます。これを別の言葉でいうと慈悲の慈にあたることになります。それに対して不害は人の苦を抜く。これは、慈悲の悲にあたるものです。与楽と抜苦、こういう区別で無瞋（慈）と不害（悲）の違いをみることができます。

以上が善の心所（信・慚・愧・無貪・無瞋・無癡・精進・軽安・不放逸・行捨・不害）です。こういう心を起こしていく方向にあれば「二世にわたって自己も他者をも利益していく」ことにつながっていきます。特に無瞋や不害は、直接他者に抜苦与楽をもたらしていくわけです。

随煩悩の心所有法について

次に、煩悩（根本煩悩）の心所があるわけですが、それらについては、末那識と相応する心所の説明のときにすでに解説しました（本書一二八～一三六頁参照）。そこで、これからその次の随煩悩の説明を見てまいります。随煩悩は『唯識三十頌』の第十二頌の後半から第十四頌の前半までに説かれています。この随煩悩は全部で二十あり、その全部をあげるために二つ分の頌を使っているわけです。再掲しますと、次のようです。

随煩悩というは、謂く、忿と、恨と覆と悩と嫉と慳と、
誑と諂と害と憍と、無慚と及び無愧と、
掉挙と惛沈と、不信と并びに懈怠と、
放逸と及び失念と、散乱と不正知となり。（六・二二四、Ⅲ・四一一）

なお、これらの随煩悩は、小随煩悩・中随煩悩・大随煩悩（小随惑・中随惑・大随惑）と分けられます。忿と恨と覆と悩と嫉と慳と誑と諂と害と憍は、小随煩悩、無慚と無愧は、中随煩悩、掉挙と惛沈と不信と懈怠と放逸と失念と散乱と不正知が、大随煩悩です。この小・中・大の意味等は、『成唯識論』に次のようにあります。

論に曰く、唯だ是れは煩悩の分位の差別なり、等流性なるが故に、随煩悩と名づく。此の二十種は、類別なること三有り。謂く、忿等の十は、各別に起こるが故に、小随煩悩と名づく。無慚等の二は、不善のみに遍ぜるが故に、中随煩悩と名づく。掉挙等の八は、染心に遍ぜるが故に、大随煩悩と名づく。（六・二二四〜二二五、Ⅲ・四一一）

「**論に曰く、唯だ是れは煩悩の分位の差別なり、**」なぜ随煩悩というのか。根本煩悩に随うものだという意味で随煩悩なのですが、その随うには二種の説明があります。一つは分位差別。これはある一つのものを異なった角度から見たもののことです。同じ怒りなら怒りでも、それを別の角度から見たときは嫉妬としてみえるとか、恨みとしてみえるとか、それが分位差別ということです。そういう、根本煩悩が、ある角度からの見え方、現われ方において捉えられた、分位差別としての随煩悩があります。それは小随煩悩といわれるものが相当します。それと大随煩悩の中の放逸・失念・不正知の三つは、ある実法のダルマ（複数もありうる）を別の観点からみたもの、分位差別のものです。つまりこれらは仮法になるのです。

「**等流性なるが故に、随煩悩と名づく。**」ここでの等流というのは、等しく流れ出たという意味ではなく、同じ類のものというほどの意味です。こちらの随煩悩は、分位差別としての随煩悩と違って、独自のダルマとして現象世界を構成している実法です。もちろん、縁起・無自性・空なるものではあるのですが、現実世界を構成している実質をなしているものとみなすのです。したがってこれらは、根本煩悩と同時にはたらく場合もあります。それは中随煩悩と、大随煩悩の中のさきほど説明した三つを除いたものが相当します。

随煩悩は、心王に随うという意味で随煩悩だという理解もありえるのですが、そうではなくて、根本煩悩に随う煩悩だから随煩悩なのであり、ただその随うということの内容は、一つは根本煩悩をある視点において捉えたものということ、それからもう一つはそれと同じ類のものということになるわけです。

できます。

「**此の二十種は、類別なること三有り。**」二十ある随煩悩は、三つのグループに分けて考えることができます。

「**謂く、忿等の十は、各別に起こるが故に、小随煩悩と名づく。**」忿等の十（忿・恨・覆・悩・嫉・慳・誑・諂・害・憍）の随煩悩は、それぞれ別々に起こる可能性があります。それらを小随煩悩と名づけます。しかもこれらは第六意識とのみしか相応しません。五感の識（前五識）と相応することもありませんし、末那識と相応することもないわけです。もちろん阿頼耶識は、遍行の心所としか相応しませんから、煩悩・随煩悩いずれも相応するはずもありません。小随煩悩はただ意識とのみ相応し、そして別々に起きてくる可能性があります。

「**無慚等の二は、不善のみに遍ぜるが故に、中随煩悩と名づく。**」無慚と無愧とは、不善すなわち悪の性質になった場合は必ず起きています。それを中随煩悩といいます。

「**掉挙等の八は、染心に遍ぜるが故に、大随煩悩と名づく。**」染心というのは、悪とはもう一つ区別されまして、悪の心と有覆無記の心とのすべてをいうものです。有覆無記は、未来に苦をもたらす力はないのですが、覚りの智慧が起こるのを妨げたり、心を汚したりする作用はあります。その代表的なものが、末那識でした。掉挙等の八つ（掉挙・惛沈・不信・懈怠・放逸・失念・散乱・不正知）は、意識等の悪心だけでなく、末那識とも必ず相応しています。それを大随煩悩といいます。これらの大随煩悩は、個々に起きることはなく、必ずすべていっしょに起きるものです。

以上に、まず随煩悩の基本的な説明がなされました。このあと、個々の随煩悩の説明があります。随煩悩は、小随煩悩・中随煩悩・大随煩悩と、三つのグループに分けられるのでしたが、初めは小随煩悩からです。

小随煩悩の心所有法について

云何なるをか忿と為る。現前の不饒益の境に対するに依りて憤発するをもって性と為し、能く不忿を障え、杖を執るをもって業と為す。謂く、忿を懐ける者は多く暴く悪しき身表業を発するが故に。（六・二二五、Ⅲ・四一三）

「**云何なるをか忿と為る。現前の不饒益の境に対するに依りて憤発するをもって性と為し、**」どういうものが、忿という心なのでしょうか。忿の本質というのは、自分にとって好ましくない対象に現に対することによって、憤りを発することです。嫌なことに出会うことによって、怒りを発する、そういう心が忿です。

「**能く不忿を障え、杖を執るをもって業と為す。**」不忿というのは怒らない心ですが、それは善の心所である無瞋の一つでもあります。無瞋は怒りがない心ですが、単に怒りがないだけではなく、それはむしろポジティブな善の心所でした。その善の心を妨害して、身体的な暴力をふるうほどにまで達してしまう、そういうことを起こさせるようなはたらきを持つものが忿である、という説明です。

「**謂く、忿を懐ける者は多く暴く悪しき身表業を発するが故に。**」怒りを心にもつ人は、しばしば物理的に暴力をふるうような行為をしてしまうからです。根本煩悩の瞋の心がそういうかたちで現れた場合に、忿という随煩悩とよぶわけです。

云何なるをか恨と為る。忿を先と為るに由りて、悪を懐きて捨せず、怨を結ぶをもって性と為し、能く不恨を障え、熱悩するをもって業と為す。謂く、恨を結べる者は、含忍すること能わずして、恒に熱悩するが故に。（六・二二五、Ⅲ・四一四）

「**云何なるをか恨と為る。忿を先と為るに由りて、悪を懐きて捨せず、怨を結ぶをもって性と為し、**」どういうものが、恨という心なのでしょうか。恨みという心所は、怒りを発したということを原因として、相手に対して憎悪をいだくようになって、いつまでも憎しみつづけ、怒る気持ちがおさまらないありかたです。根本煩悩の瞋がそういうかたちで現れたときに、それを恨という随煩悩とよぶのです。ここの「悪」は増悪の悪でして、善悪の悪ではありません。

「**能く不恨を障え、熱悩するをもって業と為す。**」恨まないという善き心を抑えて、熱く悩ませてしまう。実際に身体が熱くなるようなくらいに悩むのでしょう。煩悩は道徳的な悪というよりも、苦しみや痛みをもたらすものにほかならないのでした。

「**謂く、恨を結べる者は、含忍すること能わずして、恒に熱悩するが故に。**」恨みを結んだ人は、堪え忍ぶことができなくなって、ただただ苦しみ悩むほかないからだといいます。

云何なるをか覆と為る。自の作れる罪の於に、利誉を失わんかと恐れて隠蔵するをもって性と為し、能く不覆を障え、悔悩するをもって業と為す。謂く、罪を覆える者は、後に必ず悔悩して安隠にあらざるが故に。（六・二二五、Ⅲ・四一五）

「**云何なるをか覆と為る。自の作れる罪の於に、利誉を失わんかと恐れて隠蔵するをもって性と為し、**」どういうものが、覆という心なのでしょうか。自分が犯した罪を、財産や名誉を失うのではないかと恐れて、隠してしまう。これが覆の心の本性です。人から「あなたは悪いことをしたでしょう」と指摘された時に、「いえ、していません」としらばっくれ、何も悪いことをしていないと、知らない顔をする。それが覆ってしまうという心です。

「**能く不覆を障え、悔悩するをもって業と為す。**」この心があると、覆わないという善き心を邪魔して、後悔し悩むことになります。

「**罪を覆える者は、後に必ず悔悩して安隠にあらざるが故に。**」何か悪いことをしたにもかかわらず、そのことを認めずに白状しなかった場合には、必ず悔い悩むことになり、そして心が穏やかでなくなってしまうからというのです。

云何なるをか悩と為る。忿と恨とを先と為て、追触暴熱して佷戻するをもって性と為し、能く不悩を障え、蛆螫するをもって業と為す。謂く、往の悪を追い現の違縁に触れて、心便ち佷み戻りて、多く囂暴凶鄙の麁言を発して他を蛆螫するが故に。（六・二二六、Ⅲ・四一六）

「云何なるをか悩と為る。忿と恨とを先と為て、追触暴熱して很戻するをもって性と為し、」どういうものが、悩という心なのでしょうか。過去の恨みの対象を思いだしたり、あるいは現にそういう対象に触れることによって、熱くなって、ひがみ、ひねくれ、ねじける。これが悩の本性です。つまり、懊悩するということでしょう。

「能く不悩を障え、蛆螫するをもって業と為す。」いじけたり、ひがんだりしない善き心のあり方を邪魔して、相手の急所を攻撃してしまう。蛆はさそりなどがはさむこと、螫は毒虫が刺すことです。いつまでも嫌だったことをうじうじ思っているうちに、相手が自分で嫌だと思っている点を攻撃する、ということにまでつながるのです。

「謂く、往の悪を追い現の違縁に触れて、心便ち很み戻りて、多く囂暴凶鄙の麁言を発して他を蛆螫するが故に。」過去の憎悪の事を追憶し、あるいは今現在の自分にとって好ましくない縁に触れて、心がいじけねじまがって、さわがしくあらあらしく野蛮な下品な言葉を発して、相手を攻撃してしまうからです。悩の心を持つと、いわば、口撃に至るということが指摘されています。

> **云何なるをか嫉（しつ）と為る。自の名利を殉（もと）めて他の栄（よう）に耐えずして、妬忌（とき）するをもって性と為し、能く不嫉を障え、憂慼（うしゃく）するをもって業と為す。謂く、嫉妬の者は、他の栄を見聞（けんもん）せば、深く憂慼を懐いて安隠ならざるが故に。**（六・二二六、Ⅲ・四一七）

「**云何なるをか嫉と為る。自の名利を殉めて他の栄に耐えずして、妬忌するをもって性と為し、**」どういうものが、嫉という心なのでしょうか。自分の名誉や利益を求める心が前提にあって、他者が栄えていくことに耐えられない。妬ましく思い、むしろ遠ざけようとする。それが嫉妬の本性です。

「**能く不嫉を障え、憂慼するをもって業と為す。**」嫉妬しない善き心を邪魔し、憂いて気がはれない、という状態に導いていくはたらきがあります。

「**謂く、嫉妬の者は、他の栄を見聞せば、深く憂慼を懐いて安隠ならざるが故に。**」嫉妬を抱くものは、他人が良い地位に昇っていくなどを見聞きすることに耐えられない。それを見たり聞いたりすると憂鬱の心をいだいてしまう。そして心が穏やかでない状態になってしまうからです。

> **云何なるをか慳と為る。財と法とに耽著して、恵捨すること能わずして秘吝するをもって性と為し、能く不慳を障え、鄙畜するをもって業と為す。謂く、慳吝の者は心に多く鄙渋し、財と法とを蓄え積みて、捨すること能わざるが故に。**（六・二六、Ⅲ・四一七）

「**云何なるをか慳と為る。財と法とに耽著して、恵捨すること能わずして秘吝するをもって性と為し、**」どういうものが、慳という心なのでしょうか。財産や教えに耽るように執著して、相手に恵み与えることができない。そして隠し持って相手に見せない、というのがその本性です。つまり慳とは、もの惜しみの心、けちの心ということになります。

「**能く不慳を障え、鄙畜するをもって業と為す。**」物惜しみしないという善き心を邪魔して、卑しく溜めこんでしまうことになっていくのです。

「**謂く、慳吝の者は心に多く鄙渋し、財と法とを蓄え積みて、捨すること能わざるが故に。**」けちで物惜しみの人は、気前よくできずひどく渋って、自分のものだといってしがみついている。相手に分かち合うことができなくて、財産や教えを自分に溜めこんで、それを手放すことができなくなるからです。

> **云何なるをか誑と為る。利誉を獲んが為に、矯しく徳有りと現じて、詭り詐くをもって性と為し、能く不誑を障え、邪に命るをもって業と為す。謂く、矯誑の者は、心に異の謀りごとを懐きて、多く不実邪命の事を現ずるが故に。**（六・二六～七、Ⅲ・四一八）

「**云何なるをか誑と為る。利誉を獲んが為に、矯しく徳有りと現じて、詭り詐くをもって性と為し、**」どういうものが、誑という心なのでしょうか。誑は人を騙すという心です。利益や名誉を得ようとして、本来の自分をたわめ、本当の自分とは違うあり方に見せかける。本当は徳がないのに、いかにも徳があるかのようにすがたを見せる。そうして相手を偽り欺く、これが誑という心の本性です。

「**能く不誑を障え、邪に命るをもって業と為す。**」不実の心でない本来の善き心を邪魔して、より多くの布施や供養にありつき生活していくという、よこしまな生活を送ることになるといいます。邪命の命は、生活のことです。

「**謂く、矯誑の者は、心に異の謀りごとを懐きて、多く不実邪命の事を現ずるが故に。**」自分の本来のすがたをたわめて人を誑かす。そういう人は心の中に相手を騙してやろうという謀りごとを抱いていて、真実でない、まちがった生活をしていくことになるからです。

云何なるをか諂と為る。他を網んが為の故に、矯しく異なる儀を設けて、険り曲れるをもって性と為し、能く不諂と教誨とを障えるをもって業と為す。謂く、諂曲の者は、他を網かけ帽んが為に、曲げて時の宜に順いて矯しく方便を設けて、他の意を取り、或は己が失を蔵さんが為に、師友の正しき教誨に任せざるが故に。（六・二七、Ⅲ・四一八）

「**云何なるをか諂と為る。他を網んが為の故に、矯しく異なる儀を設けて、険り曲れるをもって性と為し、**」どういうものが、諂という心なのでしょうか。相手を籠絡するために事実を曲げて、本来ではないあり方を設けて、ああでもない、こうでもないと事実と異なることをやたらという。これが諂の本性です。

「**能く不諂と教誨とを障えるをもって業と為す。**」自分の罪を隠すために相手を丸め込もうというようなことのない善き心を邪魔して、素直に相手からの指摘を受け入れるのを邪魔します。

「**謂く、諂曲の者は、他を網かけ帽んが為に、曲げて時の宜に順いて矯しく方便を設けて、他の意を取り、或は己が失を蔵さんが為に、師友の正しき教誨に任せざるが故に。**」諂の心をもつ曲ったものは、相手を丸め込むために、本当は悪いことをしたのにもかかわらずそれを曲げてしまって、その場その場で適宜、謀りごとを設けて相手の機嫌をとる。それと同時に自分がなした罪は隠してしまおうとするので、先輩の正しい指摘を素直に受け入れることができないからです。

云何なるをか害と為る。諸の有情の於に心に悲愍すること無うして、損悩するをもって性と為し、能く不害を障え、逼悩するをもって業と為す。謂く、害有る者は、他を逼悩するが故に。（六・二七、Ⅲ・四一九）

「**云何なるをか害と為る。諸の有情の於に心に悲愍すること無うして、損悩するをもって性と為し、**」どういうものが、害という心なのでしょうか。諸々の人々等に対して、同情し相手を思いやる心がなく、相手を損ね悩ませるのが害の本性です。

「**能く不害を障え、逼悩するをもって業と為す。**」不害の善き心を邪魔して、相手をもっぱら悩ますことになるのだといいます。「謂く、」以下も同じことを言っています。

云何なるをか憍と為る。自の盛なる事の於に、深く染著を生じて酔傲するをもって性と為し、能く不憍を障え、染が依たるをもって業と為す。謂く、憍酔の者は、一切の雑染の法を生長するが故に。（六・二七、Ⅲ・四二〇）

「**云何なるをか憍と為る。自の盛なる事の於に、深く染著を生じて酔傲するをもって性と為し、**」どういうものが、憍という心なのでしょうか。どんなことであれ、自分の優れていると思うことに対して酔いおごって、うぬぼれる気持ちになる。それが憍の心の本性です。

「能く不憍を障え、染が依たるをもって業と為す。」これがありますと、うぬぼれたりしない善き心を邪魔し、染、つまり雑染ともいわれる、「煩悩・業およびその結果としての生死の一切」、すなわち「惑・業・苦」の一切の依り所となっていきます。

「謂く、憍酔の者は、一切の雑染の法を生長するが故に。」自分にうぬぼれているものは、一切の雑染法を育てていくことになるからです。

以上、ここまでが小随煩悩です。忿（憤り）・恨（恨み）・覆（しらばっくれる）・悩（懊悩し言葉で相手を攻撃する）・嫉（嫉妬）・慳（物惜しみ）・誑（誑かす）・諂（相手を丸め込む）・害（攻撃する）・憍（自惚れる）の十の心です。これら小随煩悩は、第六意識とのみ相応し、また、その時々の縁に応じて個別に起きてくるものとして分析されています。

中随煩悩の心所有法について

次に、中随煩悩の、無慚と無愧です。

云何なるをか無慚という。自と法とを顧ずして、賢と善とを軽拒するをもって性と為し、能く慚を障礙し、悪行を生長するをもって業と為す。謂く、自と法との於に顧る所無き者は、賢と善とを軽拒し、過悪を恥じず、慚を障えて諸の悪行を生長するが故に。（六・二七～八、Ⅲ・四二

（二）

「云何なるをか無慚という。自と法とを顧ずして、賢と善とを軽拒するをもって性と為し、」どういうものを、無慚というのでしょうか。自分は本来、人間として生きるべき存在であったということを顧みることなく、また教えも顧みずして、修行している人（賢）や修行そのもの（善）を無視して遠ざけ否定してしまう。これが無慚の心の本性です。無慚は自分に恥じない心というのが伝統的な説明だったのですが、唯識では無慚は実法であると考えるので、そのために独自の性質を持たせなければなりません。そこで、賢・善を尊重しないで遠ざけ否定する、というように見るのです。その賢とは、要するに、修行している人ということです。

「能く慚を障礙し、悪行を生長するをもって業と為す。」無慚があることによって、慚の心を邪魔して、悪行をますます行なわせていくことになる。それが無慚のはたらきです。

「謂く、自と法との於に顧る所無き者は、賢と善とを軽拒し、過悪を恥じず、慚を障えて諸の悪行を生長するが故に。」自分と教えとを顧みることがない人は、修行している人や修行そのものを否定したり遠ざけたりして、間違った悪い行ないを恥じることがない。そして善の心所としての慚を妨げて、その結果、諸々の悪の行ないをさせていくことになるからというのです。

云何なるをか無愧（むき）という。世間に顧ずして暴と悪（あく）とを崇重（すうじゅう）するをもって性と為し、能く愧を障礙し、悪行を生長するをもって業と為す。謂く、世間の於に顧る所無き者は、暴と悪とを崇重し、

過罪を恥じず、愧を障えて諸の悪行を生長するが故に。（六・二八、Ⅲ・四二一）

「**云何なるをか無愧という。世間に顧みずして暴と悪とを崇重するをもって性と為し、**」どういうものを、無愧というのでしょうか。世間の評判を顧みることなく、人々から疎まれることなど考えることもなく、悪をおかす人や悪そのものを尊んでいく。これが無愧の本性です。ここの暴とは、悪を行なう人のことになります。

「**能く愧を障礙し、悪行を生長するをもって業と為す。**」それは愧の心を障礙して、悪行をどんどんさせていくことになるのです。

「**謂く、世間の於に顧る所無き者は、暴と悪とを崇重し、過罪を恥じず、愧を障えて諸の悪行を生長するが故に。**」世間に対して考慮できない人は、悪人に近づき、悪をなすことも恥じず、愧の心を邪魔してもろもろの悪行をひたすら犯していくことになるからとあります。

以上の、無慚と無愧の二つが中随惑といわれるものです。中随惑は、悪の心が起きている場合には、必ずともに起きています。

大随煩悩の心所有法について

次に、大随煩悩です。

云何なるをか掉挙という。心をして境の於に寂静にあらざらしむるをもって性と為し、能く行捨と奢摩他とを障うるをもって業と為す。（六・二九、Ⅲ・四二三）

「**云何なるをか掉挙という。心をして境の於に寂静にあらざらしむるをもって性と為し、**」この掉挙と次の惛沈とは、主に観法を行なっている時の心理状態についていうものです。どういうものが、掉挙という心なのでしょうか。対象に対して、心を静かにさせない。心を統一して対象に向かうことができないような状態にさせるものが、掉挙という心です。

「**能く行捨と奢摩他とを障うるをもって業と為す。**」掉挙の心があると、平静な気持ちや、心を静め統一させることを妨げていきます。奢摩他は、止観の止のことです。

云何なるをか惛沈という。心を境の於に無堪任にならしむるをもって性と為し、能く軽安と毘鉢舎那とを障うるをもって業と為す。（六・二九～三〇、Ⅲ・四二六）

「**云何なるをか惛沈という。心を境の於に無堪任にならしむるをもって性と為し、**」どういうものが、惛沈という心なのでしょうか。これも観法の時を念頭に置いています。心がどうしても沈んでしまう。心を、対象に対して、観察することができないような状況にさせてしまう。それが惛沈の本性です。

「**能く軽安と毘鉢舎那とを障えるをもって業と為す。**」この心がありますと、身心ともに軽やかである状態をもたらす心（軽安）と観察する心とを、邪魔するはたらきがあります。毘鉢舎那は、止観の観のことです。

この掉挙・惛沈以下、大随惑（大随煩悩）の説明になっていくわけですが、大随惑は悪のときにはもちろん、有覆無記の場合（末那識の世界が代表的）でも必ず起きているといいます。したがって、惛沈と掉挙は、同時に起きていることになります。悪心のとき、中随惑の無慚・無愧が同時に起きているのはよくわかります。しかし惛沈と掉挙は、一方では心を騒がせ、一方では心を静めさせるものでした。染心のとき、この二つがしかも同時にあるというのは、ちょっとわかりにくい気もします。しかしどちらもあって、おのおの、心の統一と、観察とをできなくさせているということなのでしょう。惛沈と掉挙がともにはたらくことにおいて、適切な修行の心の状態にはさせないようです。

云何なるをか不信という。実と徳と能との於に忍じ楽し欲せず、心を穢すをもって性と為し、能く浄信を障え、惰が依たるをもって業と為す。謂く、不信の者は懈怠多きが故に。不信の三の相は、信に翻じて応に知るべし。然も諸の染法は、各、別相有り。唯だ此の不信のみ自相渾濁なり。復た能く心・心所をも渾濁す。極めて穢物の、自らも穢れ他をも穢すが如し。是の故に、此れは心を穢せしむるをもって性と為すと説けり。（六・三〇～三一、Ⅲ・四二九）

「云何なるをか不信という。実と徳と能との於に忍じ楽し欲せず、心を穢すをもって性と為し、」前に見た善の心所の最初に、信がでていました。それに対して、不信は信じないという大随煩悩の一つであるわけです。どういうものが、不信という心なのでしょうか。これは善の心所である信と、ちょうど反対のものです。信の心所では、実・徳・能に対して、忍じ・楽し・欲するという説明でした。実に対して忍ずる、徳に対して楽する、能に対して欲する、と対応します。実は実有であり、少し説明すると有為法・無為法のすべてのことで、そこを諸々の事と理といわれていました。不信はまず、現象世界の個々のすべてと、あるいは、それを貫く本性、すなわち空性ないし種々の道理に対して、信解しない、認めないことです。仏教の教えに説かれた世界のありようを了解することができないことです。さらに、仏・法・僧の三宝の徳に対して、楽う気持ちをもたない。そして、能に対して欲しないのですが、この能というのは、仏教の説くさまざまな修行のことで、それらに本来の自己を自己実現させていく力があることを能といっています。仏教の修行には、本来のいのちを実現させていく力があり、そのことを了解して、実際にそれを実践しようと思う。それが能に対する欲です。しかし不信のときは以上のことが、一切ないのです。諸々の現象やそれを貫く真理を了解することもなく、仏教の三宝を願うこともなく、修行を実践しようとすることもない。そうなりますと、心を汚すことになります。これが不信という心の本性です。

「能く浄信を障え、惰が依たるをもって業と為す。謂く、不信の者は懈怠多きが故に。」 信をもてない人は怠けてばかりいるからです。

「不信の三の相は、信に翻じて応に知るべし。」 すでに述べましたが、不信は、信の反対と考えればよいものです。

「然も諸の染法は、各、別相有り。唯だ此の不信のみ自相渾濁なり。復た能く心・心所をも渾濁す。極めて穢物の、自らも穢れ他をも穢すが如し。是の故に、此れは心を穢せしむるをもって性と為すと

説けり。」煩悩・随煩悩はそれぞれ独自の特質をもっておりますが、その中、不信のみが濁って汚れているのです。渾濁しているとあります。それ自身が汚れており、それだけでなく心王・心所すべてを汚していく。それは非常に汚れているものが、自分も汚し同時に他をも汚していくのと似ています。そこで不信の心も、その本性を「心を穢せしむ」というところにみるのです。

> **云何なるをか懈怠という。善・悪品の修し断ずる事の中に於て、懶惰なるをもって性と為し、能く精進を障え、染を増するをもって業と為す。謂く、懈怠の者は染を滋長するが故に。諸の染の事の於に策勤するをば、亦た懈怠と名づく。善法を退するが故に。**（六・三二、Ⅲ・四三〇）

「**云何なるをか懈怠という。善・悪品の修し断ずる事の中に於て、懶惰なるをもって性と為し、**」どういうものが、懈怠という心なのでしょうか。仏道に入れば、当然、善品については修し、悪品については断じていく。その善を修し悪を断ずるということに対して、あまり取り組まずに、何もしないでいる。おっくうがって何もしないのが懈怠です。

「**能く精進を障え、染を増するをもって業と為す。**」この懈怠の心がありますと、よく精進して努力していく心を邪魔して、煩悩に基づく行為を増長させていきます。

「**謂く、懈怠の者は染を滋長するが故に。諸の染の事の於に策勤するをば、亦た懈怠と名づく。善法を退するが故に。**」怠けているものは、悪に関わるような煩悩・随煩悩の世界に入ってしまい、一切の染法（惑・業・苦）を増していくからです。なお、悪行等に一所懸命取り組んでいる場合、これも懈怠です。それは、善から遠ざかっていて、善に努力していないからです。

云何なるをか放逸という。染・浄品の於に、防し修すること能わずして、縦蕩なるをもって性と為し、不放逸を障え、悪を増し善を損するが所依たるをもって業と為す。（六・三一、Ⅲ・四三二）

「**云何なるをか放逸という。染・浄品の於に、防し修すること能わずして、縦蕩なるをもって性と為し、**」どういうものが、放逸という心なのでしょうか。染は、悪と有覆無記とをあわせていうわけですが、ほぼ悪と考えればよいと思います。いわば悪を防ぎ善を修することができない。やりたいことだけをして、いつまでもそれをし続けてやまないようなことが放逸です。

「**不放逸を障え、悪を増し善を損するが所依たるをもって業と為す。**」これがありますと不放逸の善の心を邪魔して、悪を増していき、善を損ねていくその依り所となるはたらきがあります。これは実法ではなくて、仮法です。懈怠と貪・瞋・癡の、四つの煩悩がそのようにはたらいたときに、放逸という名前を立てるのです。

云何なるをか失念という。諸の所縁の於に明に記すること能わざるをもって性と為し、能く正念を障え、散乱が所依たるをもって業と為す。謂く、失念の者は心散乱なるが故に。（六・三二、Ⅲ・四三二）

「云何なるをか失念という。諸の所縁の於に明に記すること能わざるをもって性と為し、能く正念を障え、散乱が所依たるをもって業と為す。」どういうものが、失念という心なのでしょうか。いろいろな対象に対して、明らかに記憶することができないことが失念です。これがあると、正しく憶念することを邪魔して、心が散らばってしまうその要因になることになります。逆にいえば、集中力があれば記憶は比較的簡単にできるわけですが、物忘れがひどいのは、いつも心が浮ついているからです。それは修行をする上で好ましくないことなのです。

「謂く、失念の者は心散乱なるが故に。」失念の者は、心が散乱しているのだからとあります。

云何なるをか散乱という。諸の所縁の於に、心を流蕩(るとう)ならしむるをもって性と為し、能く正定を障え、悪慧が所依たるをもって業と為す。謂く、散乱の者は悪慧を発するが故に。（六・三二、Ⅲ・四三二）

「云何なるをか散乱という。諸の所縁の於に、心を流蕩ならしむるをもって性と為し、能く正定を障え、悪慧が所依たるをもって業と為す。」どういうものが、散乱という心なのでしょうか。心を、次から次へとさまざまな対象をおっかけていくようにするのが散乱です。これがありますと正しい禅定を邪魔します。禅定があればこそ正しい智慧が生まれるのです。定なき慧はありえません。心を統一してはじめて本来の智慧が生まれるのですが、そのことを妨げ、むしろ間違った判断・了解をもたらします。

「**謂く、散乱の者は悪慧を発するが故に。**」心が散乱していると、悪しき判断（慧）を発することになるからだといいます。なお、掉挙と散乱の違いについて、このあと、「**彼れ（掉挙）は解を易えしめ、此れ（散乱）は縁を易えしむ**」（六・三三二）とあります。掉挙は一境に対し多くの心が現われ、散乱は一心がしかも多くの対象に移りゆくのです。

云何なるをか不正知という。所観の境の於に謬解するをもって性と為し、能く正知を障え、毀犯するをもって業と為す。謂く、不正知の者は毀犯する所多きが故に。（六・三三三、Ⅲ・四三五）

「**云何なるをか不正知という。所観の境の於に謬解するをもって性と為し、能く正知を障え、毀犯するをもって業と為す。**」どういうものが、不正知という心なのでしょうか。観ぜられるべき対象に対して、誤って理解する。それが不正知の本性です。所観のとありますが、要は知らなければならない事柄を間違って知ることのようです。

「**謂く、不正知の者は毀犯する所多きが故に。**」正しく物事を知らない者は、しばしば戒律を犯してしまうなどするからだとあります。

以上、随煩悩のすべてをひととおり拝読いたしました。とりわけ初めの十の小随煩悩のところに、我々が日常、常に出会うような悪の心が描かれていたのではないかと思います。これを離れることはなかなかにむずかしいわけですが、その時には、そもそも善の心は何であったのかということを思い出せば、多少は煩悩の心も和らぐのではないでしょうか。

不定の心所有法について――悔・眠

心所有法の最後に、不定の心所が、『唯識三十頌』の第十四頌の後半に説かれています。

不定というは、謂く、悔・眠と、尋・伺とぞ。二に各二つあり。（七・一、Ⅲ・四五五）

これら四つの心所が、不定というグループの中に入れられているわけです。これらに対する、『成唯識論』の説明が、巻七の最初にあります。

論に曰く、悔と眠と尋と伺とは、善・染等に於て皆な不定なるが故に、触等の定めて心に遍ずるが如きに非ざるが故に、欲等の定めて地に遍ずるが如きに非ざるが故に、不定という名を立つ。（七・一、Ⅲ・四五五）

「**論に曰く、悔と眠と尋と伺とは、善・染等に於て皆な不定なるが故に、**」この四つの心所は、善・悪・無記の三性において、善であるか悪であるか、あるいは無記であるか、そのことが定まりません。

なかには善の心のようにはたらく場合もあるし、不善等としてはたらく場合もあります。善ということで定まっているわけでもないし、悪ということで定まっているわけでもありません。

「**触等の定めて心に遍ずるが如きに非ざるが故に、**」触というのは、遍行の心所です。触等の等の中には、遍行の他の四つの心所（作意・受・想・思）が含まれるわけです。これらはどの識（心王）ともどんな場合でも必ず相応しますが、不定の心所は、前五識、阿頼耶識、末那識とは相応しません。どんな心王ともつねにはたらくというわけでもない。ですから遍行でもないというわけです。

「**欲等の定めて地に遍ずるが如きに非ざるが故に、不定という名を立つ。**」欲等（欲・勝解・念・定・慧）というのは、別境の心所です。それぞれ、はたらくときの対象が特定されています。念という記憶の心は、過去の事柄に対してのみはたらきます。それぞれ、特別の境にはたらくということで別境なのですが、別境の心所は三界のどの段階でも起きることがあります。それに対して、悔・眠・尋・伺は、三界のどの段階にも起こるとはいえないのです。「地に遍ずる」というのは、三界九地といいまして、我々の迷いの世界を欲界・色界・無色界の三界に分けます。よく六道輪廻ということがいわれますが、その六道（地獄・餓鬼・畜生・修羅・人間・天上）のすべては欲界にあります（人間は欲界に住んでいる）。欲界に、すでに天上もあり、六欲天という天があります。欲界よりもさらに上の色界・無色界は、すべて天上、つまり神々の世界です。色界は四つ（初禅天・第二禅天・第三禅天・第四禅天）の地に分けます。無色界も四つ（空無辺処・識無辺処・無所有処・非想非非想処）の地に分けます。一方、欲界は一つの地と見なします。そこで、すべて合わせると九つの地になるわけです。以上を三界九地といいます。別境の心所はその九地のどの段階にも相応してはたらく可能性があります（「地に遍ずる」）。ところが悔・眠・尋・伺というのは、そこまではたらきません。このへんは別境とも違うので、別境の仲間に入れるわけにはいかないのです。

もちろん善・煩悩・随煩悩ともいえないし、かといって遍行・別境の心所でもないので、どのグループにも定まらないということで、不定というグループに分けているのです。

> **悔というは、謂く、悪作ぞ。所作の業を悪んで追悔するをもって性と為し、止を障うるをもって業と為す。此れは即ち果の於に因の名を仮立せり。先ず所作の業を悪みて、後に方に追悔するが故に。先に作さざりしを悔するをも亦た、悪作に摂む。追悔して言うが如し、我が先に是の如き事業を作さざりしは、是れ我が悪作ぞ、という。**（七・一、Ⅲ・四五六）

「**悔というは、謂く、悪作ぞ。**」『倶舎論』では悪作と読んだようです。しかし悪を作したことを後悔するということになりますと、これは善に限られてしまい、善の心所になってしまうのです。ところが大乗唯識では、後悔するような心のあり方は、必ずしも善とは限らず、いろいろな可能性がありうると考えます。そこで作したことを悪む心だというように解釈しまして、これを悪作と読みます。

「**所作の業を悪んで追悔するをもって性と為し、止を障うるをもって業と為す。**」作した行為を憎んで、その過去の行為を追いかけて後悔する。これが悔という心所の本性です。この悔がありますと、心の統一された状態を邪魔していくはたらきがあるといいます。仏道修行は止観に集約されます。その仏道修行がうまくいかなくなっていく、ということにつながるわけです。

「此れは即ち果の於に因の名を仮立せり。」後悔するという結果に対して、その因の名を仮に立てたときに、悔は悪作であると言われることになります。

「先ず所作の業を悪みて、後に方に追悔するが故に。」まず、最初に自分のしたことを否定的に考え、そのあとあれこれと過去のことを思いながら悔いるから、悪作と後悔とは因果の関係にあるのです。

「先に作さざりしを悔するをも亦た、悪作に摂む。」前にしなかったことについて、どうしてしなかったのであろうか、と自分の中で責める。こういう心も悪作の一つであります。

「追悔して言うが如し、我が先に是の如き事業を作さざりしは、是れ我が悪作（あくさ）ぞ、という。」自分がそのような行ないをしなかったことは間違ったことであった。しなかったこと自体が悪かった、ということで、ここでは「あくさ」と読むのでしょう。しなかったのは間違っていたといって後悔する。これも後悔ですから悔の心所なのです。

後悔があまりにもこうじますと心の平和の状態を妨げることになります。ただそれは、煩悩・随煩悩ともいいきれません。反省して今度はちゃんとしよう、と考えるかもしれず、ゆえに善につながる場合もあるわけです。その後悔が、善・不善どちらともいえない場合がある。したがって不定ということになるわけです。

眠（みん）というは、謂く、睡眠ぞ。自在にあらず、味略（まいりゃく）にならしむるをもって性と為し、観を障うるをもって業と為す。謂く、睡眠の位には、身を自在にあらざらしむ。心を極めて闇劣（おんれつ）ならしむ。一門のみ転ずるが故に。味というは定に在るを簡ぶ。略というは寤（さめ）たる時を別（わ）く。令（し）というは、睡

眠は体用無きに非ずということを顕す。無心の位をいえること有るは、此の名を仮立せるなり。余の如く、蓋纏（がいてん）なるをもって、心と相応すべきが故に。（七・一〜二、Ⅲ・四五八）

「**眠というは、謂く、睡眠ぞ。**」眠の心所は睡眠のことです。しかしぐっすり眠ってしまうと、意識等の心は生じていないわけですから、そこに心所はありません。この眠とは、眠らせるはたらきのようなものです。

「**自在にあらず、味略になら令むるをもって性と為し、観を障うるをもって業と為す。**」自在にあらず、というのは特に身体に関してだといいます。味略は心に関してです。覚めているときは、五感もはたらき、心もさまざまに考えたりします。眠くなってきますと単純なはたらきしかできなくなります。目はつむり耳も遠ざかり意識も薄れていく。身体の自由がきかず、心もぼやっとする。そうさせるものが眠の心の本性であります。こうなりますと、あること（観法の対象）をはっきりと観察していくことができなくなります。

「**謂く、睡眠の位には、身を自在にあらざらしむ。心を極めて闇劣ならしむ。一門のみ転ずるが故に。**」体を自在に動かすことができないようにさせてしまう。心を暗くさせ、はたらかないようにさせていく。ただ単調な意識だけが多少はたらいている、というような状態にさせるからです。さらに眠ってしまえば、意識も消えてしまいます。

「**味というは定に在るを簡ぶ。**」禅定の状態に入り、心を統一していくと、うまくいけばはっきりと覚醒して了了たる心境になっていきます。暗くなるというのは、それとはまったく異なる状態になるということです。

「略というは寤る時を別く。」日常さめているときは、意識だけでもさまざまな心作用がおきて複雑にはたらいていますが、そういうものが簡略化され、単調になる。その日常と異なる状態を、略という言葉で示すのです。

「令というは、睡眠は体用無きに非ずということを顕す。」睡眠の心所というものが実際にあって、それがある作用をもってはたらくということを、令という語は表わしているのです。

「無心の位をいえること有るは、此の名を仮立せるなり。」第六意識が起きない状況を、無心の位といいます。その無心の位の一つに、睡眠があると言われます。しかしそれは、ぐっすり眠って意識もはたらかなくなった状態に対して、仮に睡眠という言葉を立てているにすぎないというのが、唯識の考え方です。無心の位を睡眠というのは、仮立にすぎない。本当の睡眠は、眠の心所のことで、眠らせるはたらきの方だという主張です。

「余の如く、蓋纏なるをもって、心と相応すべきが故に。」蓋というのは煩悩です。纏も煩悩の異なる名前です。とくに蓋の場合は、五蓋（貪欲蓋・瞋恚蓋・睡眠蓋・掉悔蓋・疑蓋）がいわれ、纏の場合は八纏（無慚・無愧・嫉・慳・悔・眠・掉挙・惛沈）がいわれまして、時と場合によって睡眠を煩悩の心所と同様にみる場合があるのです。煩悩・随煩悩は心所有法で、独自のダルマとしてあるものです。睡眠もそのように時に蓋・纏といわれる以上は、心と相応すべき独自のダルマとしてあるべきものとなります。ただ、『唯識三十頌』では、むしろ不定に配分してありました。要するに眠は、心を眠らせていくはたらきの心として、実質的なダルマにほかならない（仮法ではない）というのです。

不定の心所有法について――尋・伺

尋というは、謂く、尋求（じんぐ）するぞ。心を怱遽（そうこ）にして意言の境の於に麁（あら）く転ぜしむるをもって性と為す。

伺というは、謂く、伺察するぞ。心を怱遽にして意言の境の於に細（こまか）く転ぜしむるをもって性と為す。

此の二は倶に安・不安に住する身・心の分位が所依たるを以て業と為す。（七・二一～三、Ⅲ・四六五）

「**尋というは、謂く、尋求するぞ。心を怱遽にして意言の境の於に麁く転ぜしむるをもって性と為す。**」尋は、尋ね求める心です。意言というのは、言葉に発しないで、心の中で言葉の表現を探すといいますか、考えるようなことです。それに、いわばおおざっぱにむかわせる心が、尋の心所です。「**伺というは、謂く、伺察するぞ。心を怱遽にして意言の境の於に細く転ぜしむるをもって性と為す。**」伺は、伺い推察する心です。同じように心の中での言語表現を細かく詳しく探していくはたらきです。こうした、心の中で言語表現をあらくあるいは詳しく探求していくのが、それぞれの心所の本性です。これらも悪になるか善になるか定まっていない、ということで不定の心所になります。

「此の二は倶に安・不安に住する身・心の分位が所依たるを以て業と為す。」この二つの心は、身心を安静にする、あるいは騒がしくする、その依り所になるといいます。言葉の表現を探していく尋・伺には、身心のあり方を落ちつかせるか、騒がせるか、どちらかにもっていくようなはたらきがあるとのことです。

この尋・伺は、悔と眠と同じように独自の体をもつものではありません。他の心所のはたらきの上に仮に立てられたものということになります。

以上が悔・眠・尋・伺です。『唯識三十頌』は「二に各二つあり」と説いています。このことの意味については、後の論師たちによってさまざまな解釈がなされたようでありますが、『成唯識論』の正しい立場ということになりますと、次のようです。

> **応に言うべし、二とは二種の二を顕す。一には謂く、悔と眠とぞ。二には謂く、尋と伺とぞ。此の二の二種は種類各別なり。一の二という言は、二の二種を顕す。此れに各（おのおの）二有り。謂く、染と不染とぞ。**（七・二二、Ⅲ・四六九）

「応に言うべし、二とは二種の二を顕す。一には謂く、悔と眠とぞ。二には謂く、尋と伺とぞ。此の二の二種は種類各別なり。」初めの二というのは、悔・眠を一つのグループ、尋・伺を一つのグループとみて、その二つのグループという意味です。悔と眠は少し似かよっていて、独自の体のあるものです。尋・伺は言葉をさがす点では、同じもので、しかもともに仮立のものです。だから二つのグループに分けてみることができるわけです。

「**二の二という言は、二の二種を顕す。**」『唯識三十頌』にあった「**二に各二つあり**」という、その最初の二（二の二）は、悔と眠という二つ、尋と伺という二つ、その二つずつの二種を意味しているのです。

「**此れに各二有り。謂く、染と不染とぞ。**」これらはいずれも、悪（および有覆無記）の性質をもってはたらくときもあれば、善の性質をもってはたらくときもある。それがあとの二が意味する二つの内容であります。善の性質あるいは悪等の性質と定まっていない、ということを、染と不染の「二つ有り」という言葉で表しているというのです。

五位百法と唯識ということ

『唯識三十頌』では、六識の説明のところに、およそすべて心所の名前をあげていたわけですが、以上までで、その一つ一つの心所の内容についての『成唯識論』の説明をひととおりみたわけです。いかに唯識説が心を細かに分析しているかが理解できたのではないでしょうか。いつも申しますが、唯識は一方で「五位百法」を述べています。五つの位というのは、心王・心所・色法・心不相応法・無為法です。無為法以外の四つは有為法です。それら五位の百法を説いて、しかし一方で唯識ともいうわけです。識とは本来、心王のことですから、唯識という語の意味は、本当からいえばただ心王のみということになるはずです。しかし「五位百法」と「唯識」の関係は、たびたび申し上げているかと思いますが、無為法は真如法性で、これは有為法の本質・本性ですから、有為法を離れないことになります。心不相応法は色法・心王・心所のうえに仮りに立てられたもので、現象世界を実質的に構成しているダルマとは考えられていません。それは心王・心所・色法に帰せられることになります。色法は心王・心所の相分に見出されるべきものです。一つの心の中に相分・見分、さらには自証分・証自証分と分析されるわけですが、心の中の対象面（相分）に色法は見出されるべきものなのです。

残るは心王・心所有法なのですが、その心所は、『成唯識論』の立場では、基本的に独自のダルマとして現象世界を構成しているものです（一部には仮法もありますが）。心王とともに現象世界を構成している独自のダルマとして、実質的に存在するものの意味をもっているのです。唯識の識には、その心王・心所のすべてが意味されているのでした。しかし唯識のある立場からは、心所というのは心王が現わしだしたものだ、という見方もないわけではありません。そのことに関して、いままでのあらゆる心所有法の説明の後の箇所で、次のように説かれています。

応に心に離れて別の自性有りと説くべし。心いい勝れたるを以ての故に、唯識等と説けり。心所は心に依るぞ。勢力（せいりき）をもって生ずるが故に、彼れに似て現ずと説けり。彼れ即ち心には非ず。又た識といい心という言には、亦た心所をも摂めたり。恒に相応するが故に。唯識という言、及び現じて彼れに似たりということ、皆な失（とが）有ること無し。

此れは世俗に依りていう。若し勝義に依りていわば、心所と心とは、離しても非ず、即しても非ず。諸識を相望（そうもう）しても応に知るべし、亦た然なり。是れを大乗の真・俗の妙理と謂う。（七・九、

Ⅲ・五一二）

「応に心に離れて別の自性有りと説くべし。」心所有法というのは、心王とは別に（「心に離れて」）ダルマとして存在するものであると見るべきである。唯識の立場からすれば、心王・心所の諸法が縁に応じて組み合わさっては生滅をくりかえして相続されていくなかに、世界と自己が存在するのです。心王・心所の諸法があるのみであって、常住の自我もなければ、常住の物もありません。そこをしていえば、事の流れがあるだけ、ということなのですが、その事の流れを心王・心所の諸のダルマの相続という仕方で描いていく。心所はそういう意味では、非常に重要な意味合いをもっているわけです。『成唯識論』としては、そのように心所は心王に離れて別の自性があって、独自のダルマです。ところが唯識という語の意味は、ある意味ではただ心王のみであって、心所を視野にいれていない言葉として受けとめられるわけです。ではどうして心王・心所があるのに、ただ心王のみを意味するはずの唯識という言葉を使うのか、ということが問題になるわけです。

「心いい勝れたるを以ての故に、唯識等と説けり。」心所はあくまでも心王に付随して起きてくるものです。心王に主導権があるのです。そこで、心王のほうが優れているということで、心王を意味する識の語のみを用いたという説明です。唯心というときも、その心が心王だとして、同様に考えられます。

「心所は心に依るぞ。勢力をもって生ずるが故に、彼れに似て現ずと説けり。彼れ即ち心には非ず。」心所は、心王に依存して存在するものです。というのも、心王が生まれることによって心所も生まれてくるからです。心王＝識については、たとえば相分・見分に似て現れるということがいわれます。識の自体分から相・見二分が現れることを、識体が相分・見分に似て現じるといったりしますが、それだけではなくて、実は心王が心所に似る、識が心所として現じるというような表現が、『大乗荘厳経論』の中に述べられているのです。この問題については、その後の唯識でも解釈が分かれることになりますが、『成唯識論』等の立場においては、心王の力によって心所が生まれることについて、「彼に似て現ずる」という表現がなされたのだ、といって解釈しているわけです。ですから、心王が心所として現れたわけではけっしてない。心所は心王から生まれるものではないということです。

「**又た識といい心という言には、亦た心所をも摂めたり。恒に相応するが故に。**」また、唯識とか唯心というときの識と心には、実は心所も含まれているのだという解釈も示します。心王にはいつも心所が相応しているからです。実際、少なくとも遍行の心所は必ず心王に相応しているわけです。もちろん縁に応じて、他の別境等の心所とも相応するわけです。そのように、心王には必ず心所が伴われていますので、識（心王）という語に、すでにおのずから心所も含まれているのだというのです。

「**唯識という言、及び現じて彼れに似たりということ、皆な失有ること無し。**」こうして、心王・心所があるのだけれども、唯識と説くことにも別に問題はありませんし、『大乗荘厳経論』で識が心所に似て現ずるというようないいかたをしていることにも別に問題はない。それらは問題なく解釈できる。こうして、あくまでも心王・心所は独自のダルマとして存在し、それらが縁起の中で生起してくるということになります。

「**此れは世俗に依りていう。**」ただし、そのように心王・心所はそれぞれ分かれて存在しているというのは、世俗の立場でいうものであります。

「**若し勝義に依りていわば、心所と心とは、離しても非ず、即しても非ず。**」勝義と世俗にもいろいろな段階がありまして、特に唯識では細かく重層的にみていきます。たとえば言葉どおりに物があるというような一般の日常世間の見方（世俗）は反省して、その構成要素の諸法があると見る（勝義）。これも一つの反省を経た立場ですが、さらにそれ（世俗）を超えた覚りの智慧の立場（勝義）に立ちますと、そこでは一・異を断定的にいう立場も超えることになります。そこでは別ともいわないし同じともいいません。

「**諸識を相望しても応に知るべし、亦た然なり。是れを大乗の真・俗の妙理と謂う。**」唯識では、八識が別々にあると教えられます。しかしこれも世俗の立場（理世俗）でいうことであって、本当の覚りの智慧に基づけば、絶対にそうだと断定することもないわけです。唯識は道理を追究する立場の中で、さまざまに分析して言葉を立てていますが、だからといってそれにしがみつくというのでは、真理そのものからは遠ざかることになりかねません。真実そのもの、それは言葉の世界を超えたところにある。そのことも心得ておかなければなりません。唯識を学んで、たとえば阿頼耶識があると思い込むというようなことは、唯識の目的としているところではないのです。我々はいかに自我にしがみつき物にしがみついているか、そのしがみついているものがいかに虚妄であるか、ということを説明するための一つの理論体系として、八識が説かれたり心所が説かれたりしているわけであって、本当の覚りの世界に到達すれば、それら説かれたものが絶対の真理だというわけでもありません。言語表現のレベルと言語を超えたところにある真実そのもののレベル。その区別もまた十分に心得てください、というような意味でこれを妙なる道理だと述べています。

五識が起きる時について

さて、以下、『唯識三十頌』の六識の説明の、最後の箇所を拝読いたします。それは、第十五頌・第十六頌でした。再掲しますと、次のようです。

根本識に依止す。五識は縁に随いて現じ、
或るときには倶なり、或るときには倶にあらず。濤波の水に依るが如し。
意識は常に現起す。無想天に生じたると、
及び無心の二定と、睡眠と悶絶とをば除く。（七・一〇、Ⅲ・五一四）

「**根本識に依止す。**」六識全体が根本識を依り所にしています。この根本識とは、いうまでもなく阿頼耶識のことです。そこに種子が貯蔵されていて、縁に応じて種子が現行を生む。五感の識、第六意識がはたらく。ですから、六識は阿頼耶識の種子を依り所としています。と同時に、たとえば眼識が色を見るとき、その場合には、眼識が眼根という根に依って成立することも考えられているわけです。阿頼耶識の相分に有根身と器世間と種子が保持されていることになっていましたから、阿頼耶識の相分の眼根に基づいて眼識は起きるわけです。また、眼識の所縁の色は、その阿頼耶識の相分の器世間を対象として見たものです。眼識は眼識自身の中に相分を浮べて色を見るのですが、それは眼識の外の阿頼耶識の相分の器世間を依り所（疎所縁縁）としたものでもあるわけです。そうしますと、種子によるだけではなくて、現行した阿頼耶識の相分を依り所として眼識は成立することにもなります。ですから六識は、種子としての依り所と五境や五根としての依り所を含めて、阿頼耶識に依るのです。

五根を維持していく方面を考えたときに、第八識を阿陀那識と呼ぶ場合があります。五根を維持していて、それに基づいて眼識が生まれる、このことを重視していった場合に、根本識を別の言葉でいうと、阿陀那識になります。

「**五識は縁に随いて現じ、**」五感の識は、縁がととのえば起きるのであって、縁がなければ起きません。例えば、食べ物を食べていなければ舌識は起きることはありません。縁によって、いくつかの識が同時に起こることもあれば、単独の場合もありえます。それは、水にどのような風が吹くかによって、波の具合が異なるようなものです。『唯識三十頌』が示すこのことについて、『成唯識論』には、次のように説明しています。

随縁現という言は、常に起こるものに非ずということを顕す。縁というは、謂く、作意と根と境との等きの縁ぞ。謂く、五識身は、内には本識に依り、外には作意と五根と境との等きの衆の縁の和合するに随いて方に現前することを得。此れに由りて或るときには倶なり、或るときには倶に起こらず。外縁の合することは、頓・漸有るが故に。水の濤波の、縁に随いて多・少なるが如し。此れ等の法と喩とを広く説くことは経の如し。（七・一〇、Ⅲ・五一六）

「随縁現という言は、常に起こるものに非ずということを顕す。縁というは、謂く、作意と根と境との等きの縁ぞ。」縁にしたがって起きるということは、いつもいつも起きているものではないということを示すものです。その縁として、作意の心所と根と境等がなければ、五感の識は起きません。作意は、種子を警覚するものでした。

「謂く、五識身は、内には本識に依り、外には作意と五根と境との等きの衆の縁の和合するに随いて方に現前することを得。」前五識は、阿頼耶識にある自分の種子に依り、さらに作意の心所や根や境等のさまざまな縁がうまく組合わさったときに起きてくるものです。今でこそ電気はいくらでも使い放題ですから、起きてから寝るまで眼識は起きています。しかし昔、電気もなかった時代には、眼識は夜は起きなかったでしょう。でも、意識は起きている状態はありえたと思います。ですから眼識といえども、やはりいつも起きているとは限らず、縁によるものなのです。「五識身」の身とは、集まりの意味を表しています。

「此れに由りて或るときには倶なり、或るときには倶に起こらず。外縁の合することは、頓・漸有るが故に。水の濤波の、縁に随いて多・少なるが如し。」それは風によって水に波が起きるようです。風という縁があると波が起きるわけですが、それも風次第で多くの波が起きることもあれば、少しの波しか起きない場合もあります。縁次第で、前五識は一緒に起きたり起きなかったりすることになります。

「此れ等の法と喩とを広く説くことは経の如し。」この事柄自体と喩えについては、『解深密経（げじんみっきょう）』という経典に詳しく説かれています。

以上のように、五識は縁次第で起きたり起きなかったり、ということになるわけです。

意識が起きない時について――無想天と無心の二定

一方、意識についてはどのようでしょうか。『唯識三十頌』には、「**意識は常に現起す。無想天に生じたると、及び無心の二定と、睡眠と悶絶とをば除く**」とありました。意識というものは、五感の前五識とは異なって、基本的にいつも起きているものです。しかし、起きない場合もあり、そのことについて、ここには五つの場合があげられています。まず、無想天は、色界第四禅天の第三広果天の中にある天です。そこに生まれたら長い間、意識が起きないといわれます。無心の二定というのは、無想定と滅尽定です。第四番目は睡眠です。不定の心所の睡眠ではなくて、本当に眠ってしまったという睡眠です。それから第五は悶絶です。無想天の世界、無想定という禅定の世界、滅尽定という禅定の世界、そして睡眠と悶絶。この五つのケースは意識が起きない、しかしそれ以外は、意識は絶えず起きているものだという分析をしているのです。

以下、このことについて、『成唯識論』は次のように説明しています。

無想天とは、謂く、彼の定を修して、麁想を厭う力をもって彼の天の中に生まれて、不恒行の心と及び心所とに違う。想を滅するをもって首と為す、無想天と名づく。故に六転識いい、彼こ

に於て皆な断じぬ。（七・一一、Ⅲ・五二一）

「**無想天とは、謂く、彼の定を修して、**」無想定を修すると、その結果として無想天に生まれるというのです。無想定は、意識にともなう想の心所を滅しよう、という動機のもとに修行される禅定です。「**麁想を厭う力をもって彼の天の中に生まれて、**」禅定の中で、心をさわがす想の心所を滅しようとして禅定を修する。その力をもって無想天という天に生まれて、「**不恒行の心と及び心所とに違う。**」不恒行というのは、必ずしも常に起きているものではないということで、事実上、六識を意味します。阿頼耶識・末那識は絶えずはたらいているものです。それ以外の六識を、ここでは不恒行といっています。六識及びそれと相応する心所に違う、というのは、それらを滅するということです。それが無想天の世界です。

「**想を滅するをもって首と為す、無想天と名づく。故に六転識いい、彼こに於て皆な断じぬ。**」想を滅する、ということを最初の動機として修行した結果なので、無想天と名づけるのです。六識は無想天の世界ではすべて断ぜられてしまっています。しかし無想定という禅定を修行した業の力がなくなってしまえば、その無想天から落ちてまた生死輪廻する、あるいはさらに修行をしていく。ともかくそこから落ちた場合は、また意識が起きてくることはあるわけです。

及び無心の二定とは、謂く、無想と滅尽との定なり。倶に六識無きが故に、無心と名づく。

無想定とは、謂く、有る異生（いしょう）の、遍浄までの貪をば伏して、未だ上の染をば伏せずして、出離想

の作意を先と為るに由りて、不恒行の心・心所を滅せしめて、想を滅するをもって首と為す、無想という名を立つ。身を安和ならしむるが故に、亦た定と名づく。（七・一二～一三、Ⅲ・五三〇）

「**及び無心の二定とは、謂く、無想と滅尽との定なり。**」「無心の」という語は、実は二定だけではなくて、のちの睡眠と悶絶とのすべてにかかります。前の無想天にはどうして無心のといわなかったのかというと、それは無心ということがはっきりしているからです。その中、無心の二つの禅定というのは、無想定と滅尽定の二つです。

「**無想定とは、謂く、有る異生の、遍浄までの貪をば伏して、未だ上の染をば伏せずして、**」「異生」は、凡夫のことで、無想定は覚りの智慧を開いていない修行者が修行する禅定です。「遍浄」は色界第三禅天の中の最上にある天（遍浄天）のことです。色界の第三禅天までの貪りの煩悩は抑えてしまった。けれどもそれ以上の天の自覚しにくい微細な煩悩については、まだ抑えることができずにいる状態の中で修するような禅定だというのです。

「**出離想の作意を先と為るに由りて、不恒行の心・心所を滅せしめて、想を滅するをもって首と為す、無想という名を立つ。**」想の心所を抑えて、解脱・涅槃に入ろうという動機、関心をもって禅定を修行して、六識の心王・心所を滅せしめてしまう。もっぱら想の心所を滅することを動機として、修行された禅定である、ということで無想定という名前を立てるのです。

「**身を安和ならしむるが故に、亦た定と名づく。**」禅定に入ると落ちついて和やかになります。道元禅師も、「坐禅は安楽の法門なり」と言われました。特に無想定では、六識を滅していますからふつうの心はないわけで、身体だけを安楽にさせるのです。

滅尽定とは、謂く、有る無学或いは有学の聖の、無所有までの貪を已に伏し或いは離れて、上の貪は不定なるいい、止息想の作意を先と為るに由りて、不恒行と恒行の染汚との心・心所を滅せしめて、滅尽という名を立つ。身を安和にならしむるが故に、亦た定と名づく。偏えに受と想とを厭いしに由りて、亦た彼れを滅する定と名づく。(七・一四、Ⅲ・五三八)

「**滅尽定とは、謂く、有る無学或いは有学の聖の、**」無学といえば、もう学ぶべきものが無い、修行が完成した人です。有学の聖者は覚りの智慧を開いた後もさらに修行をしている人です。大乗でいえば十地の最初の段階に入って無分別智を起こして、その後さらに修行している人。滅尽定は、そういう聖者が修行する禅定です。

「**無所有までの貪を已に伏し或いは離れて、上の貪は不定なるいい、**」無所有というのは、無色界を四つ（空無辺処・識無辺処・無所有処・非想非非想処）に分けた、その下から三番目の世界のことです。無色界の下から三番目の段階までの貪りを離れたが、非想非非想処に現われてくる煩悩については、離れたとも離れないともいえない。まだ定まっていません。もうすでに覚りを開いてさらに修行をしていて、無所有処の段階までの煩悩を退治した人が、

「**止息想の作意を先と為るに由りて、不恒行と恒行の染汚との心・心所を滅せしめて、滅尽という**

名を立つ。」想を止滅しようという動機をもって禅定を修して、六識の世界（不恒行）と第七末那識の世界（恒行の染汚）との両方を滅するので、この禅定を滅尽定という名で呼びます。覚った人が深い禅定に入ると、意識だけではなくて、末那識をも滅することができるといいます。ですから、その際には、阿頼耶識だけがはたらいている状態になるのでしょう。それに対して、滅尽定という名前を立てます。ここでも、意識は起きないということになるわけです。

「身を安和にならしむるが故に、亦た定と名づく。偏えに受と想とを厭いしに由りて、亦た彼れを滅する定と名づく。」やはり、身体が安楽・平和になるので、ここは禅定の世界というべきものです。なお、受と想をひとえに滅しようという思いから修するものでもあり、滅受想定ともいいます。

意識が起きない時について——睡眠と悶絶

無心の睡眠と悶絶とは、謂く、有る極重の睡眠と悶絶とには、前の六識を皆な現行せざらしむ。疲極等の縁に引かれたる身の位に、前の六識に違せるが故に、極重の睡眠と名づく。此の睡眠の時には、彼の体無しとも雖も、而も彼に由り、彼に似る。故に仮りて彼の名を説く。風・熱等の縁に引かれたる身の位に、亦た六識に違せり。故に極重の悶絶と名づく。或いは此れは倶に是れ触処の少分なり。

斯の五の位を除いては、意識恒に起こる。（七・一六〜一七、Ⅲ・五六四）

「**無心の睡眠と悶絶とは、謂く、有る極重の睡眠と悶絶とには、前の六識を皆な現行せざらしむ。**」ぐっすり眠ってしまう。気を失ってしまう。そういうときには六識は起きません。

「**疲極等の縁に引かれるたる身の位に、前の六識に違せるが故に、極重の睡眠と名づく。**」疲れて眠ってしまったとか、その他さまざまな縁によってぐっすり眠ってしまった場合、そこにおいては六識がまったく起きません。それを極重の睡眠と名づけます。

「**此の睡眠の時には、彼の体無しとも雖も、而も彼に由り、彼に似る。故に仮りて彼の名を説く。**」このときには、睡眠という心があるわけではありません。ただ不定の心所の睡眠によって実現し、さらにそれに似ている、ということで、そのぐっすり眠ってしまった状態に対しても、睡眠という言葉をかりて名づけているのです。

「**風・熱等の縁に引かれたる身の位に、亦た六識に違せり。故に極重の悶絶と名づく。**」高熱を出すなどの重い病に陥ったときとか、いろいろな縁によって気絶してしまった場合にも、六識は起きません。五識は当然のことながら、意識も起きません。それを極重の悶絶と名づけます。

「**或いは此れは倶に是れ触処の少分なり。**」触処というのは、十二処の中の触処、つまり身識の対象と考えられます。実はこの触には、疲とか悶とか、さまざまなものがいわれているのです。もっとも、これらの触は、身識の直接の対象ではなく、仮法として意識の対象です。ただ悶絶には身識も意識もないわけで、どういう意味で触処がそこにあるといえるのか。この無心の悶絶というのは、触処の中に説かれる悶の結果だというのでしょう。ここはあくまでも具体的な感触の指摘できる悶というわけではなくて、無心の中での本当に悶絶してしまったという悶のことを述べているのです。睡眠も疲の触処の結果であり、事情は同様です。

「**斯の五の位を除いては、意識恒に起こる。**」以上の、無想天・無想定・滅尽定・睡眠・悶絶という五つの位を除いては、意識は常に起きています。

ところで、死ぬときや生まれるときにも、意識はないのではないか、という議論があります。あるいはまた、まだ身心が残っていてしかも涅槃に入った場合（有余依涅槃）は、身心の活動があるわけですが、その後、身心を滅して無余依涅槃に入ったら、そこでも意識は起きないでしょう。ただし、ここでは意識が起きなくなっても、その状況を脱すればまた意識は起きてくるような、そういう場合について述べているので、無余依涅槃については、この五つの場合に入っておりません。無余依涅槃に入ったらもう、意識は永遠に起きないことになります。大乗に転向すれば別かもしれませんが、基本的には心身を滅してしまいますから、もはや意識は起きることはありません。しかしここでいっているのは、定から日常に戻るとか、気絶から覚めるとか、そうするとまた意識が起きてくるわけで、そういう再び意識が起きてくる場合に関して述べているので、ここでは上述の五つしかあげていないのです。その際、死ぬとき、生まれるとき、というのは悶絶で考えます。別にその位を立てるのではなくて、悶絶の中で生死を考えればよいとされます。ですからこの五つで間違いないのです。

ここまでで、『唯識三十頌』における六識についての箇所の、『成唯識論』の解説をほぼ拝読したことになります。これに付随して、さらに八識は別か一つか、というような問題も記されています。

『倶舎論』の五位七十五法の立場では、心王は一つでした。ところが唯識では、心王は八つあり、八識別体説です。耳識が起きていると同時に眼識が起きていたり、眼識が起きていると同時に意識が起きていたりすることがある以上、識は一つとはいえないというのです。その他の事由もあって、識を一つとは見ず、八識別体と見るのですが、しかしこれも心王・心所の一・異の見方と同じで、道理世俗の立場では別体と見ますが、覚りの立場としては必ずしもそう固定的に見ない、ということも説かれています。

七　一切唯識の論証

『唯識三十頌』第十七頌の読み方

さて、次に『唯識三十頌』の第十七頌から第十九頌までの、一切が唯識であることの論証にかかる箇所に入ってまいります。まず第十七頌ですが、実はそのサンスクリット原文は、次のように読めます。

この識転変は分別である。それによって分別されたものはない。
それゆえ、この一切は唯だ識のみのものである。

「この識転変は分別である。」識の変化（転変）は、時間的に前後で変化していくというよりも、識の中で相分・見分が現われて、そこで感覚・知覚等が成立することなのでした。そこに分別ということがあるわけです。「この識転変は分別である」とある以上、そういう転変の解釈はむしろ正しい気がします。「それによって分別されたものはない。」この「それによって」とは分別によってということだと思うのですが、この読み方についてはいくつかあります。分別によって分別されたものはないというとき、まず八識の認識活動全体の中で、実体として分別されたものはない、と読むこともできるでしょう。一方、識の相分を分別されたものに読んだ場合には、それは識としてはあるわけで、けれども常住のもの、実体としてはない。そういう意味で、分別された相分は実体としてはないといっているとも解釈できます。なお、「それによって」とは、もしかしたら、八識の相分・見分の活動（分別）に基づいて、の意なのかもしれません。

「それゆえ、この一切は唯だ識のみのものである。」こうして、一切は唯だ識のみであると結論します。以上が第十七頌のごく基本的な意味です。

それに対して、玄奘訳『唯識三十頌』、そして日本での伝統的な読み方は、

是の諸の識いい転変して、分別たり、所分別たり。
此れに由りて彼れは皆な無し。故に一切唯だ識のみなり。（七・二〇、Ⅳ・一）

というものなのです。この第十七頌の訳および読み方は、唯識の教義を背景にした独特の読み方になっております。実は今までも、『唯識三十頌』のサンスクリットをなんらか変えて訳していたり、本

来の意味と多少違うかたちで読んでいたことはありました。特に第一頌後半の「識の所変」「能変」というのは、唯識の世界観からこう読む必要があるという解釈を持ち込んだ独自の訳になっています。本来はその所変も能変も、同じヴィジュニャーナ・パリナーマという言葉のみなのです。このように訳をしかも訓点を付して読むことのなかで、かえって無著・世親の本来の考え方がより鮮明に正しく明らかになるということはあり得ることです。『唯識三十頌』を独特な仕方で訳したり読んだりしても、必ずしも全面的に非難されるべきとも限りません。日本法相宗の伝統の中では、こういう読み方をするなかで、本来の唯識の考え方(『瑜伽師地論』―『摂大乗論』)をより明瞭に表現しているわけです。

相分・見分以外になし――三分説によって

この第十七頌の読み方に関して、『成唯識論』ではどのように解説していくのでしょうか。次にそれを拝読してみたいと思います。

已に広く三能変の相を自所変の二分が所依と為すということをば分別しつ。云何ぞ応に、識が所変に依りて仮りて我・法と説く、別に実に有るには非ず、斯れに由りて一切唯だ識のみ有り、ということを知るべきや。頌に曰く、

是の諸の識いい転変して、分別たり、所分別たり。
此れに由りて彼れは皆な無し。故に一切唯だ識のみなり。

論に曰く。是の諸識とは、謂く、前に説く所の三能変の識と及び彼の心所とぞ。皆な能く変じて見・相二分に似(の)れり、転変という名を立つ。所変の見分を説いて分別と名づく。能く相を取るが故に。所変の相分を所分別と名づく。見に取らるるが故に。此の正理に由りて、彼の実の我・法は、識が所変に離れては皆な定めて有るに非ず。能・所取に離れては、別の物無きが故に。実物の、二の相に離れたること有るに非ざるが故に。

是の故に一切の有為・無為は、若し実にもあれ若し仮にもあれ、皆な識に離れず。唯という言は、識に離れたる実物を遮せんが為(ため)なり。識に離れざりぬ心所法の等きにはあらず。（七・二〇～二一、Ⅳ・一）

「已に広く三能変の相を自所変の二分が所依と為すということをば分別しつ。」三能変の相というのは八識の識そのもの（自体分）のことで、それぞれ識の相分・見分の依り所となっているものです。相分・見分は用、自証分＝自体分は体であるともいわれます。以上に、相分・見分の依り所ともなる八識の世界について詳しく説明し終えました、というのが「分別しつ」ということです。

「云何ぞ応に、識が所変に依りて仮りて我・法と説く、別に実に有るには非ず、斯れに由りて一切唯だ識のみ有り、ということを知るべきや。」八識の相分・見分（所変）を依り所として言葉を立てることによって、主体的存在（我）や客体的存在（法）のさまざまなものがあるといってしまう。しかし、それらは真にあるものではありえません。したがって一切はただ識のみということになります。このことについては、この『唯識三十頌』の初めの一頌半に根本命題として述べられていたわけですが、いったいこのことについてどのように知るべきであろうか、そのことを再び説明してください、という意味合いの問いに答えるべく、置かれたのが第十七頌ですよというのです。

「**頌に曰く、是の諸の識いい転変して、分別たり、所分別たり。此れに由りて彼れは皆な無し。故に一切唯だ識のみなり。**」これは第十七頌そのものですが、この読み方は『成唯識論』独特の、三分説を基にしたものです。

「**論に曰く。是の諸識とは、謂く、前に説く所の三能変の識と及び彼の心所とぞ。**」今まで説いてきた三能変（八識）だけではなくて、それと相応する心所も「諸の識」という言葉の中に含まれています。このことについてはしばしばいわれたことです。唯だ心王・心所のみ、それが本来の唯識の意味なのでした。

「**皆な能く変じて見・相二分に似れり、転変という名を立つ。**」八識の心王と、それらに相応する心所もすべて転変して、そこに相分・見分が現ずる。時間的に、まず自体分があって、そこから相分・見分が現われるというわけでもないと思いますが、識の構造として自体分が転じて、相分・見分として現われるといいます。

「**所変の見分を説いて分別と名づく。**」識において現われた見分を、この頌で「分別」という言葉で呼んでいるのだといいます。「**能く相を取るが故に。**」対象を取るものだから、「分別」という言葉で表します。

「所変の相分を所分別と名づく。見に取らるるが故に。」対象面として現われたものを「所分別」と名づけます。なぜ所分別というかというと、見分の対象となるからです。この場合の「分別」・「所分別」というのは、八識全体に通ずる言葉ですが、五感の世界には、実体視、常住のものがあるという執著はないと思います。「分別」・「所分別」というのは、基本的な識の活動の世界の中でのみいうことであって、我々が迷いの中で何か執著すること・執著されたもの、という意味での分別・所分別に限られません。八識すべての見分・相分を、今は「分別」・「所分別」という言葉で表しています。心は外界のものを認識するのではなくて、自らの中に対象面を現わし出して、それを見ているのです。

「此の正理に由りて、彼の実の我・法は、識が所変に離れては皆な定めて有るに非ず。」この正しい道理によって、自分とか物とかとして実体視されたものは、外界の対象ではなくて、見たり聞いたりする私たちの経験したものに基づいて、あると思っているのみであることが分かります。経験したものは外界のものではなくて、心の中のものです。それを離れて、あると考えられたものはあり得ません。八識の相分・見分の流れのなかに世界があって、それを離れて、私たちにあると考えられた常住のものが別にあるわけではないはずです。ここでは、頌の「これによりて」を「此の正理によりて」と解しています。

「能・所取に離れては、別の物無きが故に。」色を見る、音を聞く。その現象として絶えず変化していく世界と別に、実体的な物があるとはいいえない。私たちはたとえば机があると思ってしまうのですが、眼識にとらえられた色等、それらに基づいて机という言葉を立てて、机という物がある、と考えてしまう。しかし、五感でとらえられた世界は絶えず微妙に変化しているはずです。そこに基づいてそういうものがあると考えられているにすぎないのであって、その視覚・聴覚等の感覚と無関係の変わらない本体あるものは存在しないはずです。

「**実物の、二の相に離れたること有るに非ざるが故に。**」変わらない本体あるものが、相分・見分を離れてあるわけではないのです。

以上、この箇所は識しかない、唯識であるということの、一つの論証になっているのですが、これだけ聞いて、物はないと本当にいえるのでしょうか。それでもやはり識の外に外界の存在があるのではないか、というように考える人もいるかもしれません。ただ『成唯識論』の巻一・巻二では、常住なる本体はありうるのか、という分析もしておりまして、そういうものがあると仮定すると、さまざまな矛盾におちいってしまう、ということも論証しております。そのこともふまえて、もはや外界の実体等はありえないというのです。

「**是の故に一切の有為・無為は、若し実にもあれ若し仮にもあれ、皆な識に離れず。**」無為法は変化のない存在ということで、唯識の場合は真如法性になります。「実」というのは、ここでは常住なる実法として誤って認められているもののことです。「仮」というのは現象の限り、あるにすぎないものです。唯識は現象の限りあるにすぎないのですが、そういう意味では、ここで仮のほうが本来あるもので、実のほうは誤ってあると考えられたものになるわけです。

「**唯という言は、識に離れたる実物を遮せんが為なり。**」識のみといっているのは、八識の相分・見分を離れた、外界に実在すると考えられたような常住なる本体あるもの（我・法）は存在しないということ、その否定が一番大きな意味です。ただ心王（識）のみということを述べようとしているのではなくて、常住の存在はないという、それを唯という言葉で表しているのです。

「識に離れざりぬ心所法の等きにはあらず。」それは心王を離れない心所を否定したものではありません。心王・心所の中に相分として現われる色法、あるいは仮立される不相応法、心王・心所等の本質、本性としての真如法性までも否定するのではなくて、ひとえに変わらないものとして執著された自我や物を否定しているのが唯ということの意味です。

以上は三分説で識を考える場合に基づいて第十七頌を解釈したものです。

相分・見分以外になし——二分説によって

次には識に二分しか立てない場合の解釈を説明します。三分説は世親の後の陳那以降に自覚的にいわれたことです。世親自身は三分説を明瞭に意識していなかったかもしれません。世親の意に、今の三分説に基づく解釈が適合するかは問題かもしれません。しかし、世界のとらえ方の核心は異なっていないと思います。それは『瑜伽師地論』や『摂大乗論』という大きな伝統に沿った解釈になっているのです。ただ直接的に世親の立場そのものに適合するかどうかは、問題であるかもしれません。そういう意味では、次の難陀の二分説による解釈の方が、より作者の世親に近かったのかもしれません。

或は転変とは、謂く、諸の内識の転じて、我・法の外境の相に似て現ずるぞ。此の能転変を即ち分別と名づく。虚妄分別をもって自性と為るが故に。謂く、即ち三界の心と及び心所とぞ。此の

所執の境を、所分別と名づく。即ち妄執する所の実の我・法の性ぞ。此の分別いい、外境に似れる仮の我・法の相を変ずるに由りて、彼の所分別の実の我・法の性は決定して皆な無し。前に教・理を引きて已に広く破してしが故に。是の故に一切皆な唯だ識のみ有り。虚妄分別は有りということ極成せるが故に。唯というは、既に識に離れざりぬ法をば遮せず。故に真空の等きも亦た是れ性有り。（七・二一、Ⅳ・四）

「**或は転変とは、謂く、諸の内識の転じて、我・法の外境の相に似て現ずるぞ。**」やはりこの転変は、時間的な前後の中の変化ではなくて、識の中に相分が現われることです。自我であり、物であるかのような相分が現われることと説明されています。そこに相分・見分を指摘できます（二分説）。この場合、識そのもの（自体）は見分に見るのです。

「**此の能転変を即ち分別と名づく。**」相を現ずるものを分別と名づけます。ただ、この分別という言葉の中に八識の活動の全体が含められているわけです。八識の相分がそこに現われて、それを見ている、その全体が分別という言葉の中に込められているわけで、単なる主観的なはたらきのみ（見分のみ）ではありません。分別という言葉の中に、二分説に基づく八識の相・見二分が含まれているという解釈になるのです。

「**虚妄分別をもって自性と為るが故に。**」なぜ八識を分別と呼ぶのでしょうか。八識は虚妄分別が本質であるからです。この虚妄分別とは、必ずしもすべてが執著したり、ないものをあると思ったりする迷いばかりではなくて、本来ないところに影像を現わし出して、それを見ているということ自体が虚妄分別なのです。八識の活動の世界そのものを虚妄分別と呼んでいるのです。もちろん、八識の活動の全体の中で自我が執著されたり、実法が執著されたり、ということも含んで、その全体が虚妄分別なのです。

「**謂く、即ち三界の心と及び心所とぞ。**」迷いの心の活動のすべては虚妄分別です。そのすべての中には迷い実体視し執著するということも含まれるし、ただ、色が現われている、音が聞こえているという、そういう無分別の感覚の世界も含んで、三界の心・心所の活動全体を虚妄分別と呼ぶのです。

「**此の所執の境を、所分別と名づく。**」その虚妄分別全体の中で、特に実我・実法として執著されたもの、それが所分別という言葉で表されているのだとしています。先ほどは、所分別は相分ということで解釈されていたのですが、ここでは執著されて常住なものとして考えられたものが、所分別だというのです。第十七頌のサンスクリットでも、それによって分別されたものはないという簡潔な表現でしたが、そのようにとれる可能性は十分にあります。虚妄分別そのものは八識の相分・見分の活動の全体なのですが、その中で実我・実法として分別されたもの、それをここでは所分別という言葉で表していると解釈しています。

「**即ち妄執する所の実の我・法の性ぞ。**」ないのにあると誤って執著された自我や実法のことです。「**此の分別いい、外境に似れる仮の我・法の相を変ずるに由りて、**」八識の虚妄分別がその中にあたかも外界であるような相分を現わし出すことによって、「**彼の所分別の実の我・法の性**」が認定されてしまうのです。しかしそれらは「**決定して皆な無し**」で、実体視されたものは、ありえない。あるのは識のなかに現われた相分等の流れのみです。

「**前に教・理を引きて已に広く破してしが故に。**」実我・実法がないということは、仏教の教え、道理からして、すでに証明しました。これは巻一・二のあたりで論証されています。常住の変わらないもの（実体的存在）を想定すれば、世界は成り立たないということにならざるを得ません。

「**是の故に一切皆な唯だ識のみ有り。**」実我・実法はなく、あるのは識のみです。「**虚妄分別は有りということ極成せるが故に。**」八識および心の世界については、唯識以外の立場の人も認めることではあるからです。

「**唯というは、既に識に離れざりぬ法をば遮せず。**」唯というのは、識に離れないものについてまでも否定したわけではありません。心王のみというのではなくて、心王と関わっている現象世界等をすべて否定したわけではないのです。

「**故に真空の等きも亦た是れ性有り。**」真如・法性（真空）すなわち無為法もそうですし、それだけでなく、心王に対する心所有法等も否定されるということではありません。

以上で三分説による第十七頌の解釈と二分説による第十七頌の解釈とが示されたのですが、要するに我々が見たり聞いたりしているものは、心の中で現われてくるもので、それは一瞬一瞬変化しながら流れている。私たちがあると思っている、変わらない本体をもつ存在は、それらを離れて考えられるはずはなく、しかし本来は変化しつつ流れていく世界以外にはない。したがって一切は流れのみ、事のみなのであり、それを唯識というかたちで表現するのです。

斯れに由りて、増と減との二の辺を遠離して、唯識の義成じて、中道に契会せり。（七・二一、

「**断れに由りて、**」以上の、ただ識のみはある。しかし実我・実法はないという、そういう事実から、「**増と減との二の辺を遠離して、唯識の義成じて、中道に契会せり。**」増は、ないものをあるとみなしてしまうこと。机という本体はないのにあるとみなしてしまう。減は、あるのにないと否定してしまうこと。空という教えを聞いて一方的に無と解釈してしまうようなことです。それらは誤解であるわけです。一方的に有るという理解も、一方的に無いという理解も、離れていく。その両極端の間違った見解を離れて、ただ識のみという立場が成立して、そして中道(根本的な真理)にぴったりとかなうのであります。

九難義 第一 唯識所因難——教証1

これで第十七頌の解説が終わったわけですが、このあと、この頌との関連で、九つの問難を想定してそれに答えていく、「九難義」という箇所に入ってまいります。以下、この箇所をつぶさに拝読してまいりたいと思います。

その第一は、「唯識所因難」と呼ばれています。唯識ということが成立する証拠にどういうものがあるのかとの問いです。

何の教・理に由りてか唯識の義成ずる。豈に已に説くにあらずや。説きてしと雖も未だ了せず。他の義を破するをもって已れが義便ち成ずるものには非ず。応に更に確（まこと）に此れを成ずる教・理を陳すべし。契経に説くが如し。三界は唯心のみ、という。又た説く。所縁は唯識が所現のみなり、という。又た説く。諸法は皆な心に離れず、という。又た説く。有情は心に随いて垢・浄なり、という。
（七・二一〜二二、Ⅳ・六）

「**何の教・理に由りてか唯識の義成ずる。**」仏教には真理の基準が三つあります。すなわち、現量・比量・聖教量です。現量は直接経験を意味します。たとえば、音が聞こえている、色が見えている、という事実そのものは、動かしようのない真実です。比量は論理的な正しさです。ただし、論理というのは、世間の論理だけなのか、覚りの世界に発する独自の論理があるのか、ということは考えるべき問題だと思います。聖教量はお経に説かれていることです。仏説であれば、真理だと考えられているのです。しかし、実際は多くの経典があって、矛盾するようなことも説かれていますから、結局、解釈が必要になることもあります。陳那（じんな）（ディグナーガ）は、お経の世界は言葉の世界で、言葉の世界の正しさは論理的な正しさに帰するのであるから、現量と比量だけでよい、と主張したといわれています。陳那の識に関する三分説等も採り入れている『成唯識論』ですが、しかし一方では陳那とは違って聖教量をも大切にしていまして、まずどういう経典（仏説）に唯識が説かれており（教）、また論理的にもどのように唯識ということがいえるのか（理）を明らかにしようとしているわけです。「**豈に已に説くにあらずや。**」これまで唯識ということを説いてきたではないですか、まだお解かりではないのですかと、少しぶっきらぼうな答えです。

「**説きてしと雖も未だ了せず。他の義を破するをもって已れが義便ち成ずるものには非ず。**」いやどうもまだ了解できない。相手側の立場を論破したからといって、自分の立場が成立するわけではありませんよ。常住不変の自我や物がない、と述べたからといって、本当に唯識だということが確定したとはいえませんぞ、というのです。

「**応に更に確に此れを成ずる教・理を陳すべし。**」さらに唯識だという証拠を、教えと論理とにおいて明確に述べてください。こうして、まず初めに、唯識の成立根拠を明示するよう求めています。

以下、その答えです、初めに教証についてです。

「**契経に説くが如し。三界は唯心のみ、という。**」まず、「三界唯心」という言葉をお経に見ることができます。この句は、『華厳経』の「十地品」の中に説かれています。ただ実際の漢訳では「三界虚妄、但是心作」と、虚妄が入ったかたちです。これに対し、「三界唯心」に近い表現は、『十地経論』に見ることができます。もっとも、『十地経』の梵語原文でも、「およそ三界に属するものはすべて心のみである」という言葉だけで、「虚妄」という言葉はそこに見ることができません。おそらく玄奘三蔵は、その原典から「三界唯心」と訳したのであって、それはおかしくも何ともないのです。『摂大乗論』や『唯識二十論』でも、「三界は唯心のみ」というかたちで引用されていまして、「虚妄」という言葉はでてきません。なお、禅のほうではよく「三界唯一心、心外無別法」と説かれます。この「心外無別法」という句は、『十地経』にはみることができません。この言葉は密教関係の文献、『大日経疏』の中に「三界唯心、心外更無一法而可得」というかたちで見出されます。おそらくこれから「三界唯一心、心外無別法」の句は作られたといわれています。

「**又た説く。所縁は唯識が所現のみなり、という。**」また、それぞれの識の対象は、ただその識自身によって現わされたのみのものだ、とあります。これは、『解深密経』の句です。

「**又た説く。諸法は皆な心に離れず、という。**」また、一切の存在は心を離れない。そういう言葉があるといいます。これは『楞伽経』に出るものです。『楞伽経』は大乗仏教の雑記帳ともいわれるものですが、経典自ら、「五法・三性・八識・二無我」を説くとしばしばいっています。したがって、唯識を説く経典の一つといえます。特徴的なのは、阿頼耶識と如来蔵を同一のものとしてみなすことです。この『楞伽経』は、『大乗起信論』にも大きな影響を与えたと思われます。「諸法は皆な心に離れず」の一つの例として、『楞伽経』に、たとえば次の句が見られます。「大慧、復た沙門・婆羅門有り、一切法は皆な自性無く、空中の雲の如く、旋火輪の如く、乾闥婆城の如く、幻の如く、焔の如く、水中月の如く、夢所見の如く、自心を離れず、無始来、虚妄に見るに由るが故に取りて以て外と為す、と観ず。」(『七巻楞伽』巻一。大正一六巻五九四頁上)

「**又た説く。有情は心に随いて垢・浄なり、という。**」また、人々は心に随って、汚れもすれば清らかにもなる。ということは、心次第ということで、これも唯識・唯心の一つの教証であるといえるのでしょう。これは、『維摩経』の句です。なお『維摩経』が、「心浄国土浄」(心が浄ければ、その者が住む国土も浄い)と説くことは有名です。唯心浄土の考え方がそこにはあります。

又た説く。四智を成就せる菩薩いい、能く随いて唯識のみにして境は無しと悟入す。一には、相違の識が相を（観察）する智。謂く、一処に於て鬼と人と天との等きいい、業の差別なるに随いて見る所各異なり。境いい若し実に有らば、此れいい云何んぞ成ぜん。二には、無を所縁とする識を（観察）する智。謂く、過未と夢の、境と像との等き、実有に非ざる境を縁ずるときに、識は現に可得なり。彼の境は既に無なり。余もまた応に爾るべし。三には、自ら応に無倒になんぬべきと（観察）する智。謂く、愚夫の智いい若し実境を得るものならば、彼れのみ応に自然に無顛倒に成んぬべし。功用に由らずして、応に解脱を得つべし。四には、三の智に随いて転ずる智。一には、自在者の智に随いて転ぜるを（観察）する智。謂く、已に心の自在を証得せる者いい、欲に随いて地等を転変して皆な成ず。境いい若し実有ならば、如何んが変ずべき。二には、観察者の智に随いて転ぜるを（観察）する智。謂く、勝定を得て法観を修する者いい、随いて一の境を観ずるときに、衆の相現前す。境いい若し是れ真ならば、寧んぞ心に随いて転ぜん。三には、無分別智に随いて転ぜるを（観察）する智。謂く、実を証する無分別智を起こすときには、一切の境相皆な現前せず。境いい若し是れ実ならば、何ぞ現ぜざる容き。（七・二二一～二二三、Ⅳ・一一〇）

「**又た説く。四智を成就せる菩薩いい、能く随いて唯識のみにして境は無しと悟入す。**」四つの観察の智慧を成就した菩薩は、実体視されたアートマンとダルマが存在しないことを覚り、唯だ識のみがあるということに、能く・随いて悟入します。ここを伝統的な教学の中では、「能く」悟入すは智慧そのものを成就したところ。「随いて」悟入すは、分別の中で知的に了解するにとどまる段階と理解します。中国語（漢文）としてこのような区別を意識しながら訳したかどうか、それはわかりませんが、唯識教学の全体の中で読んだときには、その意味合いを区別して読むことができるというわけです。以下に四つの観察の智の内容が続きますが、このことを説いているのは、『大乗阿毘達磨経』という経典で、『摂大乗論』に引用されたりしていて知られる経典です。

では、四つの観察の智とは、どういうものでしょうか。

「**一には、相違の識が相を**（**観察**）**する智。**」第一は、それぞれの認識の対象が異なっていることを観察していく智慧です。それは、どういうことかといいますと、

「**謂く、一処に於て鬼と人と天との等きいい、業の差別なるに随いて見る所各異なり。**」同じところにいるのだけれども、それぞれの業の違いによって、見るところは異なっているということがあります。このことは「一水四見」の喩えによって有名です。人間は水が流れていると見る川を、餓鬼は膿血の河と見、神々は宝石に飾られた世界と見、魚は自分の住み処として見るなど、それぞれ違う世界に生まれたものたちは、違ったものを見るということです。それは、業の違いによると考えられます。

「**境いい若し実に有らば、此れいい云何んぞ成ぜん。**」もし、対象が外界の実在として実際に存在す

るのであれば、どうして見るところが違うということが起こってくるのでしょうか。業の差別によって見るところが違うということは、それぞれの心において現われたものを見ているのにすぎないということです。それゆえ唯識だという論法になるのです。

しかし、仮りに川があったとして、それを異なって見るということになりますと、確かに見ているものは心の中に現われたもので、異なっているかもしれませんが、その外に何か共通の一つの川がある、という話になってしまいます。ですから、外界に一つの物があるという立場と紛れてしまう可能性があります。それでは外界実在論を超えることができないような論証になりかねません。そこで『成唯識論』は注意深く、決して同じものを異なって見る「一水四見」や「一境四心」とはいいません。同じところにいながら違うものを見る、「一処四境」といういい方をしています。阿頼耶識は、五根と器世間と種子を相分とします。地獄に生まれたものには、地獄の世界の器世間が阿頼耶識の相分に現われている。神々に生まれれば、阿頼耶識に神々の世界の器世間が現われてくる。とすれば、同じところにいながら、そもそも阿頼耶識の器世間そのものが違っていて、そこで見るものも違ってくることになります。これで唯識にもなるということで、「一処四境」という論法をとっているのです。この、見るものによって対象が違っている様子を観察する智慧を成就すれば、唯識ということを深く理解することになるというのです。

「二には、**無を所縁とする識を**（**観察**）**する智。**」無いものを対象にしながらの認識というものがあります。外の対象がない以上、その認識は心の中に対象を現わしてそれを見ているとしか考えられません。ある認識の構造がそういうものである以上、他の認識もまた、すべて同じく識のみのものであるはずだ、とうけとめていく観察です。

「**謂く、過未と夢の、境と像との等き、実有に非ざる境を縁ずるときに、識は現に可得なり。**」過去というものは存在しません。大乗仏教の場合は過去や未来は存在しないという立場です。説一切有部は、過去・未来のダルマが存在していると主張します（三世実有・法体恒有）。過去を認識したり未来を認識したりすることがある以上、過去や未来も存在しているはずであるとして、過去や未来の存在を肯定したのです。しかし大乗仏教では、明瞭に、過去や未来の存在はないものとしています。また、夢の世界は眼を閉じて、外のものを認識しているのではないにもかかわらず、世界がそこに現われているわけですから、何も外に対象を縁じないで、しかも認識が成立しているという事態です。こうしたものはすべて実有ではない「境」を縁じているのです。逆にいえば外界を縁じていないにもかかわらず、感覚や知覚の「像」は成立しているのです。

「**彼の境は既に無なり。余もまた応に爾るべし。**」外界なくして認識が成立する以上は、およそ認識とはすべてこういう構造をもっていると考えてよいはずだというのです。

「**三には、自ら応に無倒になんぬべきと**（観察）**する智。**」凡夫もおのずから無顛倒になってしまうということを観察するものです。

「**謂く、愚夫の智いい若し実境を得るものならば、彼れのみ応に自然に無顚倒に成んぬべし。功用に由らずして、応に解脱を得つべし。**」外界に物が実在していて、凡夫はそれをそのとおり認識しているのであれば、まさに凡夫だけが修行をしなくても、おのずから真実を覚っていることになってしまいます。しかし、仏は修行して覚って、その覚りの智慧から見れば、我々凡夫は、自我を認め物を認める中で、さかさまの見方をしているのでした。唯識ではないとすると、凡夫は無顛倒で、仏が間違った見方をしていることになってしまいますが、それはおかしなことです。

「**四には、三の智に随いて転ずる智。**」三つの心のはたらきに随って、いろいろな現われかたがあります。それを観察する智です。この第四の智の中には、三通りの観察が含まれています。

「**一には、自在者の智に随いて転ぜるを**（**観察**）**する智。**」自在者というのは、八地以上の菩薩です。唯識では修行のプロセスが十住・十行・十回向・十地・仏という四十一の段階をふむことになっていました。十地の最初で無分別智という覚りの智慧を開きますが、そのときに自己の問題のすべてが解決するわけではありません。無始以来の迷い、分別が阿頼耶識の中に染みついているわけで、いったん覚りの智慧を開いてもさらに修行を進め、阿頼耶識の世界を浄化していくと、ついに心のはたらきのすべてが智慧に変わります。その存在が仏なのです。それで十地の修行を行なっていきます。その八地以上になりますと、自我に対する執著が完全に現われないといいます。また、はからいなくしておのずから利他行にはたらくことが実現する段階だといわれます。この八地以上の菩薩を、自在者といっているわけです。

「**謂く、已に心の自在を証得せる者いい、欲に随いて地等を転変して皆な成ず。**」八地以上の、心の自在を得た菩薩は、自分の思いのとおり、土塊を金銀に変えるなどのことができるといいます。

「**境いい若し実有ならば、如何んが変ずべき。**」もし外界の世界が実在そのものであるとするならば、どうして土を金に変えることができるでしょうか。外界といわれるものも、唯識の思想によれば、物質の本体を持つ実在ではありません。唯識からいえば、それは阿頼耶識の相分なのです。

「二には、**観察者の智に随いて転ぜるを（観察）する智。謂く、勝定を得て法観を修する者いい、随いて一の境を観ずるときに、衆の相現前す。**」修行して禅定に入り、ある観察を行なっている者にとって、ある場合には一つの対象を観察していても、その一つの対象に対して多くの事柄が現前することがあるといいます。

「**境いい若し是れ真ならば、寧んぞ心に随いて転ぜん。**」もし観察の対象が外界の実在であるのであれば、それに多くのものが現われてくるはずはありません。

「**三には、無分別智に随いて転ぜるを（観察）する智。**」今度は、無分別智の中では、何も対象が現われないという事実を観察するのです。

「**謂く、実を証する無分別智を起こすときには、一切の境相皆な現前せず。境いい若し是れ実ならば、何ぞ現ぜざる容き。**」真理を証する無分別智を起こしたときには、一切の境相が現われません。究極の智慧そのものが実現したときには、真如・法性を対象的にではなくて、一体化したなかでそれを自覚するのであり、その世界のなかでは、あらゆる限定された相を超えています。しかしもし外界に実在があるのであれば、覚りの智慧が起きたとき、その外界の実在がそこに現われるはずである。どうして現われないことがありえようか。しかし実際には無分別智には何も現われないということからしても、外界の実在はないといわざるを得ません。

こうして、以上の四つの観察のなかで、我々が見たり聞いたりしているものは、心が現わしたにすぎない、ということを了解していくのです。この箇所には、多分に唯識の論理が描かれていて、ある意味では理証にもつながるものがあるわけですが、教証と理証の区別のなかでは、あくまでも教証の一つとして、『大乗阿毘達磨経』の句が引かれていたわけです。

又た伽他(かだ)に説く。
心と意と識との所縁は、皆な自性に離るるに非ず。
故に我れ一切は唯だ識のみ有りて余は無しと説く、という。
此れ等の聖教(しょうぎょう)の誠証(じょうしょう)、非一なり。（七・二三、Ⅳ・一四）

この句は、『厚厳経』の句だといわれます。『厚厳経』は中国に訳されていませんが、『密厳経』という経典がありまして、『成唯識論』にしばしば『厚厳経』の句として引用されるものは『密厳経』に見出されます。あるいはそれは、『密厳経』と同じものかもしれません。

「**心と意と識との所縁は、皆な自性に離るるに非ず。**」この心・意・識というのは、同じものをさす異なる言葉（同義異語）としてみられる場合もありますが、唯識では、しばしば心は第八識、意は第七末那識、識は六識とみなします。ですから、心と意と識との所縁とは、八識の所縁と変わりないことになります。八識の対象は、その識自身を離れたものではありません。

「**故に我れ一切は唯だ識のみ有りて余は無しと説く、という。**」それで、識だけがあって、常住不変の実体的な存在は無い、と仏は説く、というのです。

「**此れ等の聖教の誠証、非一なり。**」こうした仏説の確かな証拠というものは、決して一つだけにはとどまりません。他にいくつもある、と言おうとしているほどです。というわけで、仏の教えからして、唯識ということは間違いないところだ、と示しました。

九難義　第一　唯識所因難――理証

次に理証の説明に入っていきます。ここは四つの証明に分かれます。まずその第一です。

極成の眼等の識は、五が随一なるが故に、余の如く、親しく自に離れたる色等を縁ぜざるべし。余識も、識なるが故に、眼識等の如く、亦た親しく自に離れたる諸法を縁ぜざるべし。此れが親所縁は定めて此れに離るるに非ざるべし。二が随一なるが故に。彼の能縁の如く、所縁の法なるが故に。相応法の如く、決定して心と及び心所とに離れざるべし。此れ等の正理の誠証、非一なり。故に唯識の於に応に深く信受すべし。（七・二二三、Ⅳ・一一四）

「**極成の眼等の識は、五が随一なるが故に、余の如く、親しく自に離れたる色等を縁ぜざるべし。**」

「極成の」というのは、自分も認め相手方も認めているものという意味です。小乗仏教でも五感の識については認めています。末那識・阿頼耶識については小乗仏教は認めていませんが、五感の識については認めているわけですから問題ないでしょう、ということです。この五感の各識は、自分の相分を縁じるのみで、自分の外の色法を縁ずることはないはずだといいます。眼識は色だけを見、音や匂いや感触などを感覚することはできません。もし直接に識外の色法を感覚するのであれば、同じ外界の音の聞くとか香を感じるとかいうこともできるはずです。しかし、眼識は色しか見ない、耳識は音しか聞かない、ということは、自分の心の中に現じた対象（相分）を見ているだけで、その外のものを直接見ていることにはならないはずだというのです。これは四分説の説明の最初の箇所（なぜ相分がなくてはならないか）に出てきたものと同じ論理だと思います（本書八〇～八一頁参照）。対象が限定されている五感を考えた場合、識内に現われたものを見ているとしかいいようがなく、識を超えた外の世界まで見るということはできないということです。

「余識も、識なるが故に、眼識等の如く、亦た親しく自に離れたる諸法を縁ぜざるべし。」これは第二の論証です。今度は余識で必ずしも極成ではない。つまり相手方が必ずしも認めるわけではないものも入ってきます。第六意識は極成といってよいのでしょうが、唯識側は意識だけではなくて、末那識・阿頼耶識をも考えているわけです。その五感の識以外の第六意識・第七末那識・第八阿頼耶識も識である以上、眼識等と同じように自分の識の外の存在を対象とすることはないはずだ。識である以上は、意識であれ末那識であれ阿頼耶識であれ、自分の識の中に相分を浮べて、認識していることにならざるをえない。認識しているものは自分の中の対象であって、外のものを直接認識しているわけではない、というのです。

「此れが親所縁は定めて此れに離るるに非ざるべし。二が随一なるが故に。彼の能縁の如く、」最後は「如く」と読んでいますので、本来ならその下へとつながっていくのですが、論証としては「彼の能縁の如く」までが第三の論証であります。識の相分というものは、識そのものを離れるはずはない。三分説ですと識の所変として、相分・見分が考えられる。自体分が転じて相分・見分が現われます。

ですから、その相分は識そのものに離れたものではないはずです。それは所変の相分・見分の一つでありますｏ相分・見分がどうして識を離れたものではないか、というと見分が識を離れないのと同じように、同じ識体から現われた相分も識を離れるはずはありません。『成唯識論』では、識の内部を相分・見分・自証分・証自証分と四つに分けて考えていました。詳しくは四分になるのですが、三分でいえば証自証分は自証分に含まれ（相分・見分・自証分）、この自証分がさらに見分に含まれて相分・見分の二分でいう場合もあります。見分と自証分はほとんど一体のものといえます。見分が識を離れない、ということは明白なことでありまして、その見分とともに識のなかに現われる相分が、識を離れたものではないのは明白である、という意味合いにあります。

「所縁の法なるが故に。相応法の如く、決定して心と及び心所とに離れざるべし。」これが、第四の論証です。これは、さきにも言われた自識の所縁は、その心王・心所有法を離れないはずである。なぜなら所縁だからである。所縁がその能縁としての心王・心所有法を離れないのは、ちょうど「相応法」のようなものである、というのです。

しかし、この「相応法の如く」とあるこの一句が、何を意味しているのか、『述記』は「相応法の体は所縁の性なるが故に」といって説明しています。相応法つまり心王・心所の体は、所縁つまり相分の性であるから、自識の所縁は、その心王・心所を離れないはずである。このようなことかなと考えられます。しかし、どうもそれでよいのか、よくわかりません。それで、ちょっといろいろ見たのですが、『国訳大蔵経』の中に『成唯識論』の国訳（訓読）があります。これは島地大等先生が訳者だということです。その『国訳大蔵経』のこの箇所に、興味深い注を見ることができました。

まず、この第四の論証において、証明すべき命題の主語は、第三の論証の場合と同じだから省略されているという解説がしばしばなされていますが、それは自識の所縁ということになります。したがって、島地大等先生によれば、推論式の三支作法の順序に直すと、「自識の所縁は決定して、我が能縁の心及び心所を離れざるべし。是れ所縁法なるを以ての故に。相応法の如し」、ということになるとされます。しかもこの自識の所縁については、「六識の親所縁」だとあります。さらに、「しかして喩に相応法とあるは、他心智所縁の心心所法をいう」というのです。他者の心を知る智が対象とするところの心心所法、つまり他者の心王・心所のことというわけです。「曰く、他心智所縁の心心所法は、是れ所縁法なれば決定して能縁の他心智の心心所に離れざるが如く」、他者の心を縁じても、それは自分の心王・心所の中に現われて、それを見るということにならざるをえません。直接、他者の心を知るということになりますと、他者の心がそのまま自分の心になってしまうということにもなります。ですから、他者の心を知るといっても直接知るのではありません。あくまでも自分の心の中に、そのなんらかの影像をうかべて、それを見るはずです。

「自識所縁もまた是れ所縁法なれば決定して能縁の心心所に離れざるべしと成立するなり。」他者の心でさえそういうことですから、自己の心のあらゆる認識対象というものは、すべて能縁の心心所を離れないはずだというのでしょう。このように、島地大等先生は、相応法を他心智の所縁としての相応法（心・心所）である、という註釈をしています。この解説が正しいかどうかについては、今の私にはもう一つ見極めかねるところもありますが、一つの重要な参考資料になるのではないかと思います。

インド論理学では、論理的証明に三支作法という推論式を用います。これは、陳那が完成したものですが、宗・因・喩というものです。宗は、論証すべき命題、因はその正しい理由、喩は、その理由の正しさの補強ないし証明です。正しさの証明を、現実にすべてそうなっているという事例すなわち喩によって果たすのです。『成唯識論』のこの箇所に説かれていた四つの理証を、三支作法の推論式に整えると、次のようなかたちになります。

一、極成の眼等の識は、親しく自に離れたる色等を縁ぜざるべし。五が随一なるが故に。余の如し。
二、余識も亦た、親しく自に離れたる諸法を縁ぜざるべし。識なるが故に。眼識等の如し。
三、此れが親所縁は、定めて此れに離るるに非ざるべし。二（相分・見分）が随一なるが故に。彼の能縁の如し。
四、（一切の自識の所縁は）決定して心と及び心所とに離れざるべし。所縁の法なるが故に。相応法の如し。

こうして、結局、認識対象は認識のなかにあるものだという論理的な証明をしたわけです。

「**此等の正理の誠証、非一なり。**」正しい論理に基づく確かな証明は、以上のように、決して一つではありません。

「**故に唯識の於に応に深く信受すべし。**」教証もあり理証もある。それも一つだけではありません。そうでありますから、唯識ということを深く信じ、またそれを深く了解すべきです、というのです。

九難義　第一　唯識所因難――まとめ

ここから、この「唯識所因難」のまとめに入っていきます。


我と法とは有に非ず。空と識とは無に非ず。有を離れ、無を離れたり。故に中道に契えり。慈尊、此れに依りて二頌を説いて言く、
虚妄分別は有り。此れが於には二つ都て無なり。

此れが中には唯だ空のみ有り。彼れが於にも亦た此れ有り。

故に一切の法は、空にも非ず不空にも非ずと説けり。

有と無と及び有との故に、是れ則ち中道に契えり、という。

此の頌は且く染の依他に依りて説けり。理実をもっていわば亦た浄分の依他にも有り。（七・二三～二四、Ⅳ・一七）

「**我と法とは有に非ず。空と識とは無に非ず。有を離れ、無を離れたり。故に中道に契えり。**」ふつう、有ると考えられているアートマンとかダルマとかは、ほんとうに有るわけではない。我々が意識の中で実体視して、執著しているもの、そういうものは存在するわけではありません。しかし、空（空性）と識（八識および心所の相分・見分の流れ）はないわけではありません。こうして、一方的に有るというわけでもないし、まったく何も無いというわけでもありません。現象の限りはあるけれど、常住の本体あるものとしては存在していない。唯識の教えにおいては、そのことが明らかになるのです。そのことによって有を離れ、無を離れ、中道の真理そのものにぴたりと契うことができるのです。

「**慈尊、此れに依りて二頌を説いて言く、**」慈尊というのは弥勒菩薩のことです。この唯識の考え方に基づいて、次のような二つの詩を説かれています。それは『弁中辺論』に説かれているものです。

「**虚妄分別は有り。**」虚妄分別とは、迷いの中で実体視する執著のはたらきのように思われがちですが、虚妄分別という言葉で、八識（および心所。以下、同）のはたらきのすべてを意味します。前には、「虚妄分別は三界の心王・心所である」という定義も示されていました。要するに虚妄分別は八識すべての活動ということなのです。そのなかで眼識はただ色を見ているだけ、耳識はただ音を聞いているだけであり、いわば無分別的です。実体的に執著するのは八識の中、主に意識や末那識であるわけですが、しかし、そういうありのままの感覚や実体視のはたらきなど、すべてを含めて、八識の全体の活動を虚妄分別と呼んでいるのです。

「**此れが於には二つ都て無なり。**」この二つというのは、実体視された所取（認識されるもの・客体）・能取（認識するもの・主体）のことで、その実体として誤認されたものは無いと述べているわけです。これは識の相分・見分のレベルではなくて、さらにそれが実体視されたもののことです。相分・見分は識そのものですから、その現象の限りの存在を否定することはできません。しかしそこに変わらない本体あるものが有るとして認めてしまえば、それは錯覚のうちに考えられただけのものですから、そういうものは無いと否定したわけです。

「**此れが中には唯だ空のみ有り。**」八識の活動のなかには、ただ空が有るのみだ。ここで有るとされる空というのは、むしろ空性のことです。ある事物にそのものとしての常住の本体がないというあり方のことです。このあり方そのものは、あらゆる現象にいきわたっている真理です。空性というのは現象の本性であり、変わらない真理であります。

「**彼れが於にも亦た此れ有り。**」その空性のなかに、変化していく八識の活動があります。八識は空性そのものであり、空性のなかに八識はあるのです。

「**故に一切の法は、空にも非ず不空にも非ずと説けり。**」一切法は決して無だというわけでもない。かといって実在するものというわけでもない。変化しつつ流れていく現象世界があるのみですから、無いと言いきれるものでも、有ると言いきれるものでもないのです。

「**有と無と及び有との故に、是れ則ち中道に契えり、という。**」八識の流れの世界はある。しかし、実体視されたものはない。こういう的確な世界の分析のなかで、一方的に有るとする立場も離れ、一方的に無いとする見解も離れる。その理解こそが中道に契ったものです。有でもない無でもないという、究極の真理に契ったあり方ということになるのです。初めの有は八識（現象・虚妄分別・依他起性）、次の無は誤って実体視されたもの（実体視された所取能取・遍計所執性）でしょう。ここの最後の有は、空性（真如・円成実性）の有と取れますが、さらに八識即空性・空性即八識そのことと読む読み方もあります。

「**此の頌は且く染の依他に依りて説けり。**」以上は、煩悩を離れずに、実際に自我や物に執著しているあり方のなかでの八識に関して説かれたことです。「**理実をもっていわば亦た浄分の依他にも有り。**」実際のところ、識の活動が智慧に変わって、智慧としてはたらいている場合でも同じことがいえます。現象はあるけれど、そこに実体的な存在はありません。空ということを本性としていればこそ、あらゆるものを見たり聞いたりする智慧のはたらきも成立します。そういう意味では同じ道理なのです。

以上が九難義第一の「唯識所因難」の全体でした。

九難義　第二　世事乖宗難と『唯識二十論』の所説

次は、第二の「世事乖宗難（せじかいしゅうなん）」です。これは、世間の事実は、唯識という主張＝宗に乖（そむ）いているのではないか、という問難です。

若し唯だ内識のみにして外境に似て起こるといわば、寧（な）んぞ世間の情と非情との物を見るに、処と時と身と用との定・不定に転ずる、という。夢の境等の如し、という。応に此の疑（うたがい）を釈すべし。（七・二四、Ⅳ・一九）

「**若し唯だ内識のみにして外境に似て起こるといわば、**」唯識では、ただ識のみがあって、しかし、それが外界の物であるかのように現われて、色を見たり音を聞いたりしている、と主張しているが、もしそうであるとするなら、

「寧んぞ世間の情と非情との物を見るに、処と時と身と用との定・不定に転ずる、という。」どうして場所や時間が定まっていたり、あるいは、人々（身）の認識や物の作用は定まらずに起きてくるのか。と、一応読むことになっているのですが、その意味は、まず、私たちの日常の認識に関して、場所や時間は一定しています。一方、多くの人々が同じ場所にいるとして、その認識対象に関して、それぞれの個人は同じものを見ますし、有る人に何か異なる固有の対象が現われるということもありません。また現実には物等に実用があるのに、夢等においては実用はありません。こうしたことすべてが、唯識というのでは説明できないではないか、という問難です。

実はこのことは『唯識二十論』の議論を基にしており、それを参照することによってこの議論の内容がもっとよく分かります。『唯識二十論』には、次のような議論がでてきます。

即ち此の義（唯識の義）に於て、有るが難を設けて言く、頌に曰く、
若し識のみにして実境無くんば、則ち処と時との決定せると、
相続の決定せざると、作用とは、応に成ずべからず。（第一頌）
論に曰く、此れは何の義を説くや。
若し実有の色等の外法を離れて、色等の識生ずるも、色等を縁ぜずんば、何に因りてか、此の識、有る処には生ずることを得て、一切処には非ざるや。
何が故ぞ、此の処に、有る時には識起こりて、一切時には非ざるや。
同一の処と時とに、多の相続有り、何ぞ決定して随いて一の識のみ生ぜざる。眩翳の人は、髪蝿

等を見るも、眩翳無きものに此の識生ずること有るには非ざるが如し。復た、何の因有りてか、諸の眩翳ある者の所見の髪等は髪等の用無く、夢中に得たる所の飲食と刀杖と毒薬と衣と等は飲等の用無く、尋香城は城等の用無く、余の髪等の物は其の用無きに非ざるや。

若し実に同じく色等の外境無く、唯だ内識のみ有りて、外境に似て生ずといわば、定の処と定の時と不定の相続と有作用の物とは、皆な応に成ずべからず。（以上、質問）

皆な成ぜざるに非ず。頌に曰く、

処と時との定なることは夢の如し。身の不定なることは鬼の、

同じく膿河等を見るが如し。夢にて損ずるに用有るが如し。（第二頌）

論に曰く、夢の如しとは、意の説かく、夢に所見の如しとなり。謂く、夢の中には実の境無しと雖も、而も或は有る処には村・園・男・女等の物有りと見て、一切処には非ず。即ち是の処に於て、或る時には彼の村・園等有りと見て、一切時には非ざるが如し。此れに由りて、識に離れたる実境は無しと雖も、而も処と時との定なること、成ずるを得ざるに非ず。

鬼の如しの言を説くは、餓鬼の如しと顕すなり。河中に膿満つるが故に、膿河と名づく。酥瓶とは、其の中に酥満つるを説くが如し。謂く、餓鬼の同業の異熟の多身は、共に集まりて皆な膿河を見て、此の中に於て定めて唯だ一のみ見るには非ざるが如し。等の言は、或は糞等を見ると、及び有情の刀杖を執持して、遮悍し守護して食することを得しめずと見るを顕示す。此れに由り

て識に離れたる実境無しと雖も、而も多相続の不定の義は成ず。又た夢中の境は実無しと雖も、而も精血を損失する等の用有るが如し。此に由りて識に離れたる実境無しと雖も、而も虚妄の作用有るの義成ず。（以上、解答）（大正三一巻七四頁下）

「即ち此の義に於て、有るが難を設けて言く、頌に曰く、」「此の義」というのは、三界唯心ということ、唯識ということです。このただ識のみということについて、ある人が難を設けていう。その問難が、「若し識のみにして実境無くんば、則ち処と時との決定せると、相続の決定せざると、作用とは、応に成ずべからず」という一つの詩にまとめられているわけです。

その解説（論に曰く、以下）を読んでまいりましょう。「若し実有の色等の外法を離れて、色等の識生ずるも、色等を縁ぜずんば、何に因りてか、」外界の実在なしに色を見たり音を聞いたりする実際の感覚が成立するというが、外界の存在を対象として縁ずることがないとするならば、どうして以下のことが説明できるのか。

「此の識、有る処には生ずることを得て、一切処には非ざるや。」例えば、富士山を見るとします。富士山を見るのは、山梨県のどこそこ、静岡県のどこそこ、そこに行くことにより初めて見ることができるわけです。しかし、唯識で、心の中に対象を現わし出すというのであれば、どこにいようが富士山が見えてもいいわけです。ところが富士山を見るには、ある特定の場所に行かなければ見ることはできません。

「何が故ぞ、此の処に、有る時には識起こりて、一切時には非ざるや。」また、富士山が見える場所に行った時には、富士山を見ることができますが、そうでない時は、見ることができません。あるいはそこにいたとしても、日中の時にしか見えませんし、曇ったりしてガスが覆った時には見えません。しかし、唯識で、対象を心が現わし出すというのであれば、いつでも富士山を見ることができるはずです。決まった時にだけ富士山を見ることができるということは、外界の実在があるからではないか。これが『成唯識論』にいう、前の「寧んぞ……処と時と……定……に転ずる」という質問の内容になるわけです。やはり、そういうことがある以上、外界の実在は有ると認めなければならないのではないか、と迫るのです。

「同一の処と時とに、多の相続有り、何ぞ決定して随いて一の識のみ生ぜざる。」同じ場所、同じ時間に、多の相続ありという、この相続とは、個々の人ということです。要するに、同じ場所・同じ時に、多くの人々がいて、ということです。多くの人々が同じ場所・同じ時刻にいたとしたら、みんな同じものを見ることになります。しかし、外界の実在がなく、ただ識のみで世界を現わし出しているのであれば、個々の心がそれぞれ現わし出す対象を見ておかしくないはずです。同じ物を見るということではなくて、個々人に応じて（随いて）特定の対象を見るということがありえるはずです。ところが、同じ時に同じ場所にいれば、実際はある人の見る対象はその人固有のものに特定されないで、みんな共通の物を見るわけです。その個人ごとに特定されない、というところが、不定に（つまり共通に）転ずるということです。ある人にその人独自の特定の対象が見られないということは、唯識ではなく、やはり外界の実在があるからではないのかと問うているわけです。

「眩翳の人は、髪蠅等を見るも、眩翳無きものに此の識生ずること有るには非ざるが如し。」眼病を病んだ人には、本当は無い髪の毛が見えたり、ありもしない蝿が飛んでいるように見えたりしてしまいます。しかし、他の人々に、このようなことはありません。したがって、眼病を病んでいるという特定の人には、特定の対象が見えるわけで、唯識だとするなら、そのようにその人特有の対象を見ることもあるはずです。しかし、同じ場所・同じ時にはみんな同じ対象を見て、他の人には見えない対象をある特定の人が見るということは、まずありません。これは外界の実在があることを考えざるをえない、ということになるわけです。

「復た、何の因有りてか、諸の眩翳ある者の所見の髪等は髪等の用無く、夢中に得たる所の飲食と刀杖と毒薬と衣と等は飲等の用無く、尋香城は城等の用無く、余の髪等の物は其の用無きに非ざるや。」また、そのように眼病の人が髪の毛を見ているとしても、実際にその髪の毛があるわけではありません。その髪の毛をさわったりすることはできません。あるいは夢の中で飲食をしても、ほんとうにものを食べたというようなことがあるわけではありません。「尋香城」というのは、蜃気楼で見える城のことです。それには実際の城としての作用はありません。現実に日常生活のなかで触れるもの等（余の髪等の物）には実用があり、一方、幻覚の中で見るものには実際の作用はありません。現実に作用がある、ということは外界の実在があるからではないか。唯識で、世界は心が現わし出したのみとはいえないであろう、というのです。

「若し実に同じく色等の外境無く、唯だ内識のみ有りて、外境に似て生ずといわば、定の処と定の時と不定の相続と有作用の物とは、皆な応に成ずべからず。」外界の実在がなくて、唯だ識のみというなら、認識するものは場所や時間が定まっている、多くの人々が同じ場所にいるとき、ある人の認識するものがその人だけのものに特定されない、あるいは、日常の世界では現実に作用がある、という以上のことはすべて成立しないことになるはずだ。

以上が、外界実在論者の問難です。この問難に対して、世親菩薩は答えます。

「皆な成ぜざるに非ず。」すべて、成立しないわけではない。つまり、ただ識のみでもすべて成立する、と反論するのです。その理由を、「頌に曰く、処と時との定なることは夢の如し。身の不定なることは鬼の、同じく膿河等を見るが如し。夢にて損ずるに用有るが如し」と、こういう詩で答えたわけです。以下は、この詩の解説です。

「論に曰く、夢の如しとは、意の説かく、夢に所見の如しとなり。」まず、「夢の如し」の句で述べようとしていることは、夢に見たところのようであるということです。「謂く、夢の中には実の境無しと雖も、」夢はまぶたを閉じて見ているわけですから、外界の実在を対象にしていることはありえません。夢の中での認識に外界の対象はないわけです。「而も或は有る処には村・園・男・女等の物有りと見て、一切処には非ず、」しかも夢の中で見るものが、特定の場所にあることは十分にありえることです。夢の中でも、ある家が特定の場所にあって、そこに行って、出て、また行く、ということもありうることでしょう。ですから、夢においても、あるものが一定の場所にあることはありうるというのです。

「即ち是の処に於て、或る時には彼の村・園等有りと見て、一切時には非ざるが如し。」また夢の中でも、常に見るのではなくて、特定の時に特定のものを見る、それを見る時間が決まっているようなあり方は、やはりありうることです。夢の中でも、あるものをどこにでもいつもいつも見るわけではない、というわけです。

「此れに由りて、識に離れたる実境は無しと雖も、而も処と時との定なること、成ずるを得ざるに非ず。」以上によって、外界が存在しなくても、見るものの時間や場所が一定しているということは、ありえないことではありません。そうである以上、日常、見るものの場所や時が定まっているからといって、外界の実在がなければならないことにはならないというのです。

「鬼の如しの言を説くは、餓鬼の如しと顕すなり。」前の詩に「鬼の如し」とあったのは、餓鬼のようだということを表しています。「河中に膿満つるが故に、膿河と名づく。」河に膿があふれているのを、膿河といいます。「酥瓶とは、其の中に酥満つるを説くが如し。」瓶の中に、酥が満ちているのを酥瓶というのと同様です。この酥というのは、やや流動的なバターのようなものらしいです。「謂く、餓鬼の同業の異熟の多身は、共に集まりて皆な膿河を見て、此の中に於て定めて唯だ一のみ見るには非ざるが如し。」餓鬼に生まれるという共通の業をもって、餓鬼として生まれたその多くの餓鬼たちは、ともに集まったときに、一様に膿の河を見ます。およそある餓鬼がその餓鬼のみに特定のなにかあるものを見るということではありません。そのように餓鬼が等しく膿の河を見るというのは、あくまでも共通の業の力によってその河を見ているのであって、外界の実在をそのまま見ているわけではありません。こうして、共通の業をもって生まれてくるものたちが、同じ場所にいるときに、共通のものを見ること（逆に言えば見るものが個々の餓鬼にとって特定されないこと）は十分にありうるのです。「或は糞等を見ると」以下は、餓鬼が共通に見るものの他の例を挙げたものです。

「此れに由りて識に離れたる実境無しと雖も、而も多相続の不定の義は成ず。」唯識で、世界は心が現わし出すのみであるならば、共通にならずに、個別に特定されたものを見てもおかしくはないのではないか、という問いでしたが、それに対して、共通の業を背負って生まれた場合、外界の実在がなくとも共通のものを見るということが現にあって、何もおかしいことはない、というわけです。

「又た夢中の境は実無しと雖も、而も精血を損失する等の用有るが如し。」また、夢の中では実際の対象はないけれども、精を漏らすとか汗をかくとかいう用があるではないかと反論します。これは作用も夢の中でのものでなければ、話がおかしくなるように思うのですが、しばしばこれが答えとして用いられています。

「此れに由りて識に離れたる実境無しと雖も、而も虚妄の作用有るの義成ず。」この例からして、外界の実在が無くても、実境がないままに作用を起こすということもあるではないか、というわけです。

以上は、『唯識二十論』の初めの詩の箇所に見られる議論の内容ですが、今の『成唯識論』の九難義の第二、「世事乖宗難」は、この議論を下敷きにしているのです。以上をふまえて、『成唯識論』の議論を読んでいくことにしましょう。もう一度、掲げてみます。

若し唯だ内識のみにして外境に似て起こるといわば、寧んぞ世間の情と非情との物を見るに、処と時と身と用との定・不定に転ずる、という。
夢の境等の如し、という。応に此の疑を釈すべし。（七・二四、Ⅳ・一九）

「若し唯だ内識のみにして外境に似て起こるといわば、寧んぞ世間の情と非情との物を見るに、処と時と身と用との定・不定に転ずる、という。」唯識だとすると、どうして世間の生きものおよび物等を見るに、処と時は定まって転じ、身と用とは定まらずして転ずるのか、という質問です。ここの身とは、『唯識二十論』で相続と呼ばれていたもの、個体のことです。それだけでなく、作用が不定に転ずるということは、『唯識二十論』の問難の頌（第一頌）ではいわれていませんでした。そこでは不定ということは、あくまでも相続（身）の問題に限られていました。しかし、伝統的に、ここはこのように読んでいます。

「夢の境等の如し、という。応に此の疑を釈すべし。」これは、かの『唯識二十論』第二頌の、「処と時との定なることは夢の如し。身の不定なることは鬼の、同じく膿河等を見るが如し。夢にて損ずるに用有るが如し」という解答の頌の、最初をあげたものでしょう。「等」に、そのあとの他の部分を含めたわけです。そこで以上のすべてに答えていますから、それを見て疑問を解いてください、というのです。その内容につきましては、すでに詳しく見てまいりましたので、これ以上、説明は省きます。もう一度、『唯識二十論』の議論をご参照ください。

九難義　第三　聖教相違難

次に第三の「聖教（しょうぎょう）相違難」に入ります。「聖教相違難」というのは、唯識という主張は、聖教と矛盾するのではないかという問難です。

何に縁りてか世尊の十二処と説きたもうや。識が所変に依りてなり。別に実に有るには非ず。我の空に入れしめんと為て、六二の法を説きたまえり。断見を遮せんとして、続有情を説くが如し。法の空に入れしめんと為て、復た唯だ識のみと説きたまえり。外法も亦た有に非ずということを知らしめんとの故なり。（七・二四、Ⅳ・二一）

「**何に縁りてか世尊の十二処と説きたもうや。**」眼根・耳根・鼻根・舌根・身根・意根の六根と、色境・声境・香境・味境・触境・法境の六境とを合わせて十二処といいます。十二処の中には、物質的な五根・五境が含まれています。世尊がそういうものを説かれた以上は、それに対応したものが実在しているはずだ、唯識とはいえないのではないか、という質問です。

「**識が所変に依りてなり。**」釈尊が十二処を説かれたのは、識に現われたものによって説いているのです。三分説によれば、識の中に相分・見分が現われる、その相分・見分を拠り所として説かれたのだということです。例えば、前五識の相分に色・音・香等の五境があります。また阿頼耶識の相分に器世間と有根身とがあって、その根・境を基にして、眼識なら眼識の相分の中に色を見ます。結局、五根・五境の色法はともに、識の相分の中にあることになります。その相分にある色法等によるなどして、十二処を説いたのだというのです。「**別に実に有るには非ず。**」けっして独自の実体として、色法等があるわけではありません。では、これらの十二処を説いたのはどういうわけかといいますと、

「我の空に入れしめんと為て、六二の法を説きたまえり。」それは、常住の我の存在の無を明かすためです。**「断見を遮せんとして、続有情を説くが如し。」**自分が死んだ後にはすべて無くなってしまう（断見）、と考える人がいます。それに対して、死後も自分はつづいていく（常見）、と考える人がいます。仏教は常見・断見、どちらも否定するのです。自分が死んだ後は、自分が無くなってしまうという見解は間違った見解である。無いということが間違いであるというより、そこに自分を対象化して、それについて有無をいっていることが問題なのだと思います。その誤った見解を否定するために、死後にも相続されていく有情がいる、と釈尊がいわれます。これは一つの目的を持った表現でありす。隠された意図（密意）をふまえた説法なのです。この「続有情」というのは、中有の存在のことです。死後も五蘊が相続していく。唯識ですと、阿頼耶識において個体は相続されていくわけですが、死後、次の世に業にしたがってどこかに生まれる間、その中有にも個体が相続していく、ということを釈尊が説かれたというのです。それは中有の存在が実在するという意味で説いているのではなくて、現象として相続しているということになると思いますが、ともかく釈尊が中有の存在がいると述べているのは、断見を否定するために述べられたもので、ある意図をもって説法されたものなのです。十二処の説も、そのようにある意図をもった説だというわけです。

「法の空に入れしめんと為て、復た唯だ識のみと説きたまえり。外法も亦た有にあらずということを知らしめんとの故なり。」また、唯識を説くのは、アートマン（我）だけではなくて、法（物）の世界についても常住の実体はない、ということを明かそうとしてのことです。我々は自分だけでなく物にも執著して、自由が利かず、生き生きとした主体を実現できないままにいます。物に関わり執著して、それに引きずり回されています。そこから解放するために、物も空であるということを、唯識という説明において明かします。ですが唯識ということが究極の真実である、ということでもありません。例えば、唯識を学んで、阿頼耶識があると思ってその見解にしがみつくことは、逆に一つの執著をなしてしまいます。唯識を学んで自我の空、物の空ということを了解して、そのことを深く洞察し、自利・利他のはたらきをおのずからなしていくような智慧を実現するために、修行に入る。その修行が進んだ段階では、唯識であるという対象的な了解をも超えて、無分別智が実現したときに、はじめて世界の本来のすがたも洞察されてくる。ですから、唯識も超えなければ、唯識そのことに合致しないことになるわけです。そういう意味では、唯識の教えもある方便かもしれません。十二処の説も、同様に一つの方便の説でもあるのです。

ここの「九難義」は『唯識二十論』と関係が深くて、この第三の「聖教相違難」につきましても、『唯識二十論』の第七頌以下が関係しますが、その第七頌に出る「化生の有情」とは、中有の存在です。中有の存在は卵から生まれたわけでもないし、胎児として生まれたわけでもありません。これは化生なのです。ご関心のある方は、ご参照なさってください。

九難義　第四　唯識成空難

次に、第四の「唯識成空難」(じょうくう)です。一切が空であるなら、唯識もまた空になって、識そのものが存在しないということになってしまうのではないのか、という問難です。

此の唯識性も豈に亦た空にあらずや。

爾にはあらず。

如何ぞ。

所執に非ざるが故に。謂く、識変に依りて妄って執する実法いい、理、得べからず、説いて法空と為す。離言の正智が所証の唯識性無きが故に、説いて法空と為すには非ず。此の識若し無くんば、便ち俗諦無くなんぬ。俗諦無きが故に、真諦も亦た無くなんぬ。真と俗とは相依りて建立するが故に。二諦を撥無するは是れ悪取空なり。諸仏説いて不可治者と為す。応に知るべし、諸法は空と不空と有り。此れに由りて慈尊、前の二頌を説きたまえり。（七・一二四、Ⅳ・一一三）

「**此の唯識性も豈に亦た空にあらずや。**」唯識は一切法は空だと説いています。その場合の空が、無に近いニュアンスで受けとめられているのでしょう。一切は空だというなら、唯識の識もまた成り立たないのではないか。こういう意味合いの質問をしているわけです。ここの「唯識性」とは、真如・法性のことではなく、識の体（自体分）のことだといいます。

「**爾にはあらず。**」唯識側は、いやそうではない、と反論します。それに対して、相手側は、「**如何ぞ。**」と、さらに問い詰めます。一切は空だと述べているのに、どうしてそういえるのか、そのことをきちんと説明してほしいというわけです。

「**所執に非ざるが故に。**」それは、八識そのものは、否定されるべき執著されたものではないからです。ですから、識の世界は無ではなく、唯識ということが成り立たないわけではありません。「**謂く、識変に依りて妄って執する実法いい、理、得べからず、説いて法空と為す。**」識の所変の相分・見分を拠り所として、その基盤の上に誤って実体として執著されたものは、主に意識が錯覚のうちに認めたにすぎないものであり、道理としてあるはずのないものです。それについて説いて法空となすのです。一切法空だというときの空によって否定すべきものは、所執のもののみについてだというわけです。

「**離言の正智が所証の唯識性無きが故に、説いて法空と為すには非ず。**」無分別智を起こすと、次に後得智という分析的な智慧が生まれて、この後得智によって縁起のなかの空である現象としての八識も的確に見届けられることになります。我々は唯識を教えの中で学んで理解はできますが、本当の意味で空なる世界であると証することは、むずかしいことです。無分別智によって世界の根源を覚った後に、縁起の世界もまさに縁起の世界であると理解されてくるといいます。ここの唯識性というのは、いかにも真如・法性のようですが、これも八識そのもの（自体分）のことです。というわけで、無分別智ないし後得智によって了解されるただ識のみの世界が無いから、一切法空だといっているわけではありません。

「**此の識若し無くんば、便ち俗諦無くなんぬ。**」大体、この識のみの現実世界がそれなりに存在するから、机は机、黒板は黒板と呼ぶこともできるのです。唯識である現象世界そのものが、一定の秩序をもって現われてくることがないわけでもない。そこに世俗の真理がないわけではないのです。しかし、八識もないということになれば、世俗の真理もないことになります。

「**俗諦無きが故に、真諦も亦た無くなんぬ。**」世間的な真理がなくなれば、究極の真理もまたなくなってしまいます。「**真と俗とは相依りて建立するが故に。**」究極の真理というのは、世俗の真理に対していわれるものであって、世俗の真理がなくなれば究極の真理もいわれなくなってしまうわけです。「**二諦を撥無するは是れ悪取空なり。**」現実世界もなければ真理もない、何もない、というような了解は、誤って理解された空です。「**諸仏説いて不可治者と為す。**」空という言葉に、一切はないと思ってニヒリズムに陥ってしまうような者は、治療のしようのない人です。それならまだしも、何かに執著しているほうがましだとさえいわれます。

「**応に知るべし、諸法は空と不空と有り。**」常住の本体あるものとして執著されたもの、これは空です。けれども、識の限りのもの、それは不空です。「**此れに由りて慈尊、前の二頌を説きたまえり。**」遍計所執性は無だけれども、依他起性は無いわけではない。このことに基づいて、弥勒菩薩（慈尊）は前にも見た『弁中辺論』の中道を説く詩（本書二六四頁）を説かれたのであります。

なお、ここの議論も『唯識二十論』の第九頌のあたりに見られるものです。

九難義　第五　色相非心難

次に、第五番目の「色相非心難」です。物として認識されるものは、心ではないはずだ、という問難です。

若し諸の色処は亦た識をもって体と為すといわば、何に縁りてぞ乃ち色相に似て顕現し、一類に堅住にして相続して転ずる。

名言熏習の勢力をもって起こるが故に。染浄の法が与めに依処為るが故に。謂く、此れいい若し無くんば、応に顛倒無くなんぬべし。便ち雑染も無く、亦た浄法も無くなんぬ。是の故に、諸識いい亦た色に似て現ぜり。有る頌に言うが如し、

乱相と及び乱体とを、応に色識、
及与び非色識と為すと許すべし。若し無くんば、余も亦た無かるべし、という。（七・二四～二五、Ⅳ・二五）

「**若し諸の色処は亦た識をもって体と為すといわば、**」唯識ということになると、物質的なものを意味する色法も、識を体とするということになります。たとえば五感の対象の色・声等は、識の相分であると説かれるわけです。

「**何に縁りてぞ乃ち色相に似て顕現し、一類に堅住にして相続して転ずる。**」識であるもの、心にすぎないものが、どうしてそのものとして存在すると思われる物質的な物のように現われてくるのか。仏教では、色法は、変壊・質礙と定義されます。特に質礙というのは、一種の抵抗性があることをいうものです。識はどうして、いかにもそういうような、あるいろとかたちをもった物のように現われて、しかも、その同じものとしてずっとあり続けるようなかたちで現われてくるのか。心であれば変化もあるだろうし、抵抗性はないはずではないのか、というわけです。その答えには、二つ理由が述べられます。

「**名言熏習の勢力をもって起こるが故に。**」たとえば私たちの眼識等の相分には色等が現われ、しかもほぼ変化することなく現われ続けたりします。それは無始以来、主に意識が物を分別してきて、そういう分別は感覚の世界（眼識等）の種子をもその分別に沿って熏習させて、その結果、それらの種子が今に現行しているから、それぞれの物があるかのように現われてくるといいます。外界に実在があって、それを見ているから変わらないものがあるというのではなくて、過去世に物を認識してきたことが、感覚の世界に影響を与え、そのような物があるかのように感覚の対象が立ち現われてくるというのです。例えば、赤ちゃんが生まれて間もない時に、私たちが世界を見るのと同じように見えているでしょうか。おそらく最初は、渾沌とした世界を見ているだけだと思います。赤ちゃんがまわりの人から言葉を教えられ、意識レベルでまわりの人の分別・言葉を学習していくなかで、世界が分節されて認識されてくることでしょう。そういうことを例に考えれば、言葉を用いて世界を分けて認識したその過去の経験があることによって、感覚の世界もそれに沿ったかたちで現われてきて、それぞれの物があるかのように見えてくるということも、十分に考えられるのではないかと思われます。

「**染浄の法が与めに依処為るが故に。**」もう一つの理由ですが、染・浄の染は、無明煩悩によって染められた迷いの世界です。浄はいわば覚りの世界です。実際に覚りというものがある以上、我々は迷っているのでなければならず、それには、我々の認識どおりに物があるのではないのでなければなりません。それには、物があるのではなく、識が物のように現じているという事態がどうしても要請されます。こうして、迷いの拠り所がなければならず、ゆえに識があたかも物のように同じく現われつづけるのでなければならないというのです。その迷いの拠り所があるがゆえに、覚りということも成り立つことになります。

「**謂く、此れいい若し無くんば、応に顚倒無くなんぬべし。便ち雑染も無く、亦た浄法も無くなんぬ。是の故に、諸識いい亦た色に似て現ぜり。**」外界に実在があって、それがあると認識しているのであれば、迷いということはありません。迷いがなければ覚りもないわけですが、覚った人が現実に存在し、その覚りの眼から見れば、我々は迷っているとしかいいようがありません。迷っているのであれば、物があると思っていることは真実ではないはずです。しかし、何もないところに物があると認めるわけにはいきません。ですから、物としてはないのだけれども、その物であるかのように現われている世界がどうしてもなければなりません。それがあるがゆえに、それに基づいて間違って物を認識してしまうのです。迷いという事実がある以上は、常住の本体ある物としては存在しないけれども、現象の限りにおいて物らしきものがありえている、という世界が確保されざるをえません。つまり、識が色法として変わらずに現じるという事態がなければならないということになります。

迷いがなければ雑染もなくなります。雑染というのは、煩悩雑染・業雑染・生雑染といわれるものです。根本に無明があって、現象の限りしか存在しない世界を実体視し執著して、さまざまな煩悩が生まれてきます。無明・煩悩をもとに行為を行ないますので、そこに業が発生します。行為を行なえば、それにふさわしい結果が死後にもたらされ、またしても苦しみの存在に生まれることになります。根本的にないものをあると認めてしまう。あるいは、あるものをないと認めてしまう。そういう根本の迷いがあるから、生死輪廻して、苦しみから逃れられないのです。

しかし、もともと転倒した迷いがなければ、生死輪廻に苦しむということもなく、したがって修行して覚りを開くこともいらないわけです。凡夫の生活のなかで、無意識のうちに変わらないものがあるということを認めてしまうことは、間違いでなければならず、そのためには実体なくして現われている物らしきもの、映像のみの限りのものがあって、しかも時々刻々変化しながら相続されている。そういう世界が確保されなければならないことになります。唯識の立場からすれば、物というのは同一感覚の連続的生起のうえに、仮に常住の本体あるものとして錯覚されたものなのです。

「有る頌に言うが如し、乱相と及び乱体とを、応に色識及与び非色識と為すと許すべし。若し無くんば、余も亦た無かるべし、という。」 この詩は、『大乗荘厳経論』や『摂大乗論』に見られるものです。乱相の相（nimitta）というのは、すがたというよりも因という意味合いの言葉です。乱は、妄想・分別等と同じと思われますが、一方、『成唯識論』では、この詩の色識と非色識に、相分と見分を読むのだといいます。五感の世界は現量の世界で無分別ですから、五感の世界のただ中に乱とか虚妄という認識があるのか、少し疑問も残ります。乱相は五識、乱体は意識、色識は五感の識（五識）、非色識は意識と考えれば理解しやすいのではないかと思うのですが、法相宗の伝統的には相分（色識）があって見分（非色識）がある、そこに乱のかぎりでの認識があると見ています。これは外界があるのではないにもかかわらず、影像を認識することのなかで感覚が成立しているという、その地平に乱という言葉を使ったと見るべきなのでしょう。ともかく、そのような色法として現じる識がなければ、つまり識が色法として現じることがなければ、迷いというものが成立せず、したがって覚りも成り立たなくなってしまう、というのです。

九難義　第六　現量為宗難

第六番目の問難に進んでまいります。六番目は「現量為宗難」です。現量とは、直接認識のことです。現量で感覚対象を直接的に認識している以上、その対象が存在するのは間違いない根本真実のはずだ、という問難です。

色等の外境をば、分明(ふんみょう)に現に証す。現量の所得なり。寧(な)んぞ撥して無と為(す)るや。現量に証する時には、執して外とは為さず。後の意いい分別して妄(あやま)って外という想を生ず。故に現量の境は是れ自の相分なり。識が所変なる故に亦た説いて有と為す。意識が所執の外の実の色等は、妄って有と計(け)せるが故に、彼れを説いて無と為す。又た色等の境は色に非ざれども色に似(の)れり。外(げ)にも非ざれども外に似れり。夢の所縁の如く、執して是れ実なり、外の色なりと為すべからず。（七・二五、Ⅳ・二一七）

「**色等の外境をば、分明に現に証す。現量の所得なり。寧んぞ撥して無と為るや。**」感覚において、物質的な外界の対象というものを、明らかに認識しているのに、どうして物はないと否定してしまうのか、と問うています。

「**現量に証する時には、執して外とは為さず。**」感覚の世界は、現量であって、つまり直覚的な世界であって、内とか外という分別はまだ生じていない、と答えます。眼識が青を見ているときに、これは青いという判断を眼識がするわけではありません。ただ青を見ているだけです。ですから、五感の世界は無分別の世界です。感覚の世界を少し考えてみれば、このことは了解できると思います。視覚が過去の色を見るとか、未来の色を見るとかいうことは考えられません。まさに現在の色を見ているだけですし、そのことからしても、一切の分別はないと考えられます。そこでは、内・外という判断もいまだないはずです。

「後の意いい分別して妄って外という想を生ず。」色が見えたり音が聞こえたりする。その無分別で、内・外がまだ分かれない視覚・聴覚等五感の流れに対して、意識が分別して、外のものであるとか、客観であるとか判断します。それは実に、感覚以後の、意識の分別によるものなのです。

「故に現量の境は是れ自の相分なり。識が所変なる故に亦た説いて有と為す。」したがって、直接認識の対象は、けっして識の外のものなのではなく、その識自身のなかの相分そのものです。識において現われたものである以上、現象の限りあるといえるものです。

「意識が所執の外の実の色等は、妄って有と計せるが故に、彼れを説いて無と為す。」感覚の流れとして存在している世界において、主観の外側にあるものと考えられてしまったものは、あくまでも意識が勝手に考えたにすぎないものです。意識が執著するところの外のものとして考えられた色等は、誤って考えられたものであるにすぎず、したがってそれは本当は存在しないものです。三性説でいうと、依他起性の世界は有ですが、そのうえに誤って変わらない本体あるものとして考えられてしまった遍計所執性はないのです。現量で認識しているからといって、必ずしも外界の実在があるわけではありません。むしろ外界の実在とは、意識があとから構想したにすぎないものであって、本来的にはそのつどそのつどの無分別にして主客未分の感覚の流れしかないのです。そうした世界が、眼識・耳識等（の相分・見分等）で表現されるべきものということになるわけです。

「又た色等の境は色に非ざれども色に似れり。外にも非ざれども外に似れり。」眼識・耳識等の相分に現われてくるものは、本当の物質というものではない。識の相分だけれども、いかにも感覚の対象としての物であるかのように現われます。また、外のものではないけれども、自分に対する外の世界のようなしかたで現われてきます。

「夢の所縁の如く、執して是れ実なり、外の色なりと為すべからず。」夢の対象は、けっして外界の実在ではありません。心の中に現われた世界でしかありません。それは実在するものとはいえません。それと同じように眼識・耳識等に現われてくる感覚の世界に対して、外界の物質であると執著して考えてはいけません。あくまでも五感の中に描き出された相分の流れがあるのみなのです。

九難義　第七　夢覚相違難

第七番目は「夢覚相違難」、夢を見ている時とふだんのさめている時とでは、やはり違うではないか、夢と同じだとするなら、そのこと（心の中の対象を感覚・知覚していること）がわかってよいのではないか、という問難です。

若し覚する時の色は皆な、夢の境の如く、識に離れずといわば、夢め従り覚めて、彼れは唯だ心のみと知るが如くあるべし。何が故ぞ、覚の時に、自の色の境の於に、唯識のみと知らざりぬ。夢の未だ覚めざるときには、自ら知ること能わず。要ず覚めぬる時に至りて方に能く追うて覚すが如く、覚時の境色も応に知るべし、また爾なり。未だ真覚にあらざる位には、自ら知ること能わず。真覚に至りぬる時に、亦た能く追うて覚す。未だ真覚を得ざるときには、恒に夢の中に処せり。故に仏、説いて、生死の長夜と為したまえり。斯れに由りて未だ色の境は唯識のみと了せず。（七・二二五〜二二六、Ⅳ・三三〇）

「**若し覚する時の色は皆な、夢の境の如く、識に離れずといわば、夢め従り覚めて、彼れは唯だ心のみと知るが如くあるべし。何が故ぞ、覚の時に、自の色の境の於に、唯識のみと知らざりぬ。**」唯識では、ふだんの時の感覚の対象も、夢で見る時の対象と同じように、識そのものである。外界の実在を見ているわけではない。そう主張するけれども、夢を見ていた場合は、夢から覚めたら、夢を見ていただけであったことがわかる。それと同じように、日常ふだん覚めている時でも心の中に現われ出たものだけを見ているのであれば、どうしてその覚めている時に見ている五感の対象について、ただ心が現わし出したにすぎないと理解できないのか。夢のものは夢だとわかるように、覚めている時に見ているものが心の中に現われ出ただけのものであるとするならば、そのことに気がつくはずだというのです。しかし、たしかに日常では、心の中に現われ出たものを見ているだけだとは、考えもしません。ということは、やはり夢の世界と現実の世界は違うのではないか、と問うています。日常の世界では外界の世界があって、それを見ているから心の所現とは思わないのであり、やはり夢とは違う構造になっているのではないか、との問いでもあるでしょう。唯識は、この問いに、次のように答えます。

「**夢の未だ覚めざるときには、自ら知ること能わず。要ず覚めぬる時に至りて方に能く追うて覚すが如く、覚時の境色も応に知るべし、また爾なり。未だ真覚にあらざる位には、自ら知ること能わず。真覚に至りぬる時に、亦た能く追うて覚す。**」夢から覚めない時には、夢の中で意識が現わし出したにすぎない、実在の世界を見ているわけではない、ということはわかりません。夢を見ている時には、これは夢だとはわからないものです。しかし覚めれば、夢を見ていた時のことを追想して、夢を見ていたにすぎなかったと自覚します。同様に、日常ふだん見ている物質的な物についても、それと同じであると答えます。つまり、覚りの智慧を開かない前の段階では、日常の世界は心が現わし出した、ということがわからないのです。覚りを開いた時に、迷っていた時のことを思い出して、あの頃は迷っていたから理解できなかった。真実は、識の中に五感の対象が現われているのみにすぎなかった。外界に何か常住の実在があるわけではない、と知ります。そのように、このことは、覚りを開いた時に初めて理解できるのです。日常にあっては、本当は唯識なのだけれども、そのことには気がつかない。夢から覚めて夢だとわかるように、迷いから覚めてそれは迷いだとわかるわけです。

「**未だ真覚を得ざるときには、恒に夢の中に処せり。故に仏、説いて、生死の長夜と為したまえり。**」覚りを開かないうちは、夢の中にいるのと同じようです。我々が生死を繰り返しながら、輪廻して苦しんでいく。それは長い長い夜のなかで、延々と夢を見ているようなものだというのです。

「斯れに由りて未だ色の境は唯識のみと了せず。」ですから、日常ふだん、夢を見ていない時であっても、世界は識のみだと気づくことができないのであります。

九難義　第八　外取他心難

第八番目は、「外取他心難」です。他者という、外の存在を認識するということもあるのではないか。心の外の存在を認識するということは、外界を認めるということではないか、という問難です。

外の色は実に無きをもって、内識が境に非ざるべし。他心は実に有り、寧んぞ自の所縁に非ざるや。

誰か他心は自識が境に非ずと説く。但だ彼れは是れ親所縁なりと説かず。謂く、識が生ずる時には、実の作用無し。手等の親しく外物（げもつ）を執り、日（にち）等の光を舒（の）べて親しく外境を照らすが如くには非ず。但だ鏡等の如く、外境に似て現ずるを、他心を了すと名づく。親しく能く了するものには非ず。親しく了する所とは、謂く、自の所変ぞ。故に契経に言く、少（すこし）の法としても能く余の法を取ることは有ること無し。但だ識が生ずる時に、彼れに似（の）る相の現ずるを、彼の物を取ると名づく、という。他心を縁ずといいつるが如く、色等もまた爾なり。（七・二六、Ⅳ・三二）

「**外の色は実に無きをもって、内識が境に非ざるべし。**」ここに至って相手側は、外界の実在としての物質的な世界はないかもしれない、と認めています。八識の外に独立した外界の物質的な実在というようなものがあって、それを認識するのではないという、そのことについては、上述の問答によって、ひとまず認めたわけです。

「他心は実に有り、寧んぞ自の所縁に非ざるや。誰か他心は自識が境に非ずと説く。」しかし、他者という存在はあるでしょう。他者がある以上、他者の心の活動もあるはずだ。どうしてその他者の心を認識しないことがあろうか。この問いに対して唯識は、次のように答えます。いったい、誰が他者の心は自分の心の対象ではないといったのか。相手側は、唯識といえば、自己の心の世界のみを認識するのみで、他者の心は認識できないということになると考えたのでしょう。しかし唯識のほうでは、他者の心を認識できないとは、誰もいっていないと反論します。

「但だ彼れは是れ親所縁なりと説かず。謂く、識が生ずる時には、実の作用無し。」ただ、唯識側としては、それを直接的に知るということはいっていません。そもそも識というものは、はたらくものでもないのです。縁起の中で生じては刹那のうちに滅する、それが相続されている、というのが、唯識の本来の見方です。種子から現行して相分・見分が現じて、そのなかに色を見たり音を聞いたりする。そのことが刹那刹那、生滅を繰り返しながら相続されていくのみです。

「手等の親しく外物を執り、日等の光を舒べて親しく外境を照らすが如くには非ず。」何かを感覚・知覚するというときに、何か主観があって、それが外の物の方へ延びていってつかみとる、というような仕方で感覚・知覚するわけでもないし、こちら側に心があって、光を発して対象を照らし出して認識する、ということでもありません。前者は正量部の考え方、後者はヴァイシェーシカ学派の考え方といいます。

「但だ鏡等の如く、外境に似て現ずるを、他心を了すと名づく。親しく能く了するものには非ず、親しく了する所とは、謂く、自の所変ぞ。」鏡の中には物の映像が写ります。その映像（影像）は物そのものではないわけです。そのように、他心を直接つかまえるとか照らし出すということではなくて、他心はあくまでも他心です。その、なんらかの影像が、自分自身の心の中に現われるのです。そのとき識は相分を帯びて現行するのですが、それは一瞬の刹那のうちに滅します。それが相続されていくなかに、感覚や知覚が成立しているというのです。そういうかたちで他者の心を認識することがありうるのです。親しく縁ずるのではないけれども、他者の心を対象としつつ、しかし知るのは自分の心の中に現われたものを見るだけなのです。

「故に契経に言く、少の法としても能く余の法を取ることは有ること無し。但だ識が生ずる時に、彼れに似る相の現ずるを、彼の物を取ると名づく、という。」どんなものでも、有るものが他のものを取る、ということはないといいます。識自身の中に他者を基にした影像が現われて、感覚・知覚されるのだというのです。これは『解深密経』の句です。

「他心を縁ずといいつるが如く、色等もまた爾なり。」他心を縁ずる場合と同じように、色を見たり、音を聞いたりすることも同じことです。眼識は外の阿頼耶識の器世間を拠り所としながら、器世間を直接見るのではなくて、自分自身の識の中に影像をうかべてそれを見ます。つまり、他心を見ると同じく、色等を見る（感覚する）のも同じだということを述べているわけです。

九難義　第九　異境非唯難

九難義の最後になりまして、第九番目は「異境非唯難」です。他者という自心の外の存在を認める以上、唯識にはならないのではないか、という問難です。

既に異の境有り、何ぞ唯識と名づくる。奇なる哉。固く執して触るる処ごとに疑を生ずらく、豈に唯識の教いい但だ一りが識のみと説かんや。

爾らずんば、如何ぞ。

汝、応に諦に聴くべし。若し唯だ一りが識のみならば、寧んぞ十方の凡聖と尊卑と因果との等き別なること有るや。誰か、誰が為に説く。何なる法を、何んが求めん。故に唯識という言は、深き意趣有り。（七・二六、Ⅳ・三五）

「既に異の境有り、何ぞ唯識と名づくる。」他心を知ることを認め、ということは他者の存在を認める以上、どうして唯識といえるのか。そう、重ねて問うています。

「奇なる哉。固く執して触るる処ごとに疑を生ずらく、豈に唯識の教いい但だ一りが識のみと説かんや。」おかしなことだ。あなた方は、外界があるということに固く執著して、唯識という主張に触れるごとに疑いを生ずるが、どうして唯識はただ一人の識のみということを説くと決めつけるのか。

「爾らずんば、如何ぞ。」唯識というのは、個人の八識があるのみ、ということではないのか。そうでないというなら、どういうことか。

「汝、応に諦に聴くべし。若し唯だ一りが識のみならば、寧んぞ十方の凡聖と尊卑と因果との等き別なること有るや。誰か、誰が為に説く。何なる法を、何んが求めん。」あなたがたは、明瞭に了解すべきである。もし、世界中に一人の八識があるのみだとするならば、どうして十方に凡夫と聖人、尊い方と卑しい方、修行途中の者と修行を完成した者等がいて、人々のさまざまな区別があるといわれているのでしょうか。一人の識のみしかないのであれば、誰が、誰の為に教えを説くということがあるでしょうか。しかし実際には、さまざまな説法がなされ、経典が説かれています。一人しかいないのであれば法を説く必要もありません。法が説かれないのであれば、どのようにして法を求めればよいのでしょうか。修行をして菩提・涅槃を成就するということを、どのように求めればよいのでしょう。しかし、実際には修行者も多くいて、それぞれの能力に応じて、それぞれの教えにしたがいながら、それぞれの目標を目指して修行をしています。そうである以上、唯識といっても、一人の識のみがあるということにはなりません。

「故に唯識という言は、深き意趣有り。」ですから、ただ識のみということには、深い意味があるのです。唯識というのは、一人の八識のみがあるということではなく、どの人も一人一人が八識で、それらがあるのみということですから、他者がいても唯識ということとは矛盾しません。ある人の八識の外の存在があるとしても、その外の存在そのものが八識ですから、別に唯識で矛盾はないわけです。

唯識の識とは何か

次には、さらに唯識というときの、識の意味が明らかにされています。それはまた、唯識の識と「五位百法」との関係が明かされることでもあります。

識という言は、総じて一切の有情に各、八識と、六位の心所と、所変の相見と、分位の差別と、及び彼の空理に顕さるる真如と有りということを顕す。識の自相なるが故に、識と相応するが故に、二が所変なるが故に、三が分位なるが故に、四が実性なるが故に。是の如く諸法は皆な識に離れず、総じて識という名を立つ。唯という言は、但だ愚夫の所執の定めて諸識に離れて実に色等有りということを遮す。

若し是の如く唯識の教の意を知るひといい、便ち能く無倒に善く資糧を備え、速かに法空に入し、無上覚を証し、含識の生死に輪廻するを救抜す。全に無と撥する悪取空の者の教理に違背せるいい、能く是の事を成ずべきものには非ず。故に定めて応に一切唯識のみなりと信ずべし。（七・二六〜二七、Ⅳ・三六）

「識という言は、総じて一切の有情に各、八識と、六位の心所と、所変の相見と、分位の差別と、及び彼の空理に顕さるる真如と有りということを顕す。」実は唯識ということは、ただ八識のみがあるということではなくて、どんな人々にも八識と、六位（遍行・別境・善・煩悩・随煩悩・不定）の心所と、それらの心王・心所有法の相分・見分と、またそれらの相分に見出されるべきものである色法と、そして「分位の差別」という、相分・見分の流れのうえに仮に立てられたものである心不相応法と、および真如とが有るのみ、ということを意味しているものなのだといいます。五感の相分の色や音等、あるいは阿頼耶識の相分の器世間や有根身が色法になりますから、結局、心王・心所の相分のなかに色法があることになります。不相応法には言語（名・句・文）とか寿命とかがあったわけですが、唯識ではそれらを実のダルマとはせず、仮のダルマであると考えます。「彼の空理」というのは人・法二無我の理です。常住の本体ある自我というものもないし、常住の本体ある物というものもない。その二空という道理によって説明される真如、あるいは、二空の真理によって体証される真如、それは無為法のことであり、現象世界の本性としての空性のことです。唯識という言葉は、これらがあるのみということを意味しているのです。

「**識の自相なるが故に、識と相応するが故に、二が所変なるが故に、三が分位なるが故に、四が実性なるが故に。**」なぜそれらが、識の語において含意されるのでしょうか。まず、八識の心王は、識そのもの（自相）です。心所は識と相応しているので、識と深い関係にあります。色も、識（心王）および識に相応する心所の所変の相分です。心不相応法は、色法・心王・心所の流れの上に、仮りに立てられたものです。真如は、それら四つの有為法（心王・心所有法・色法・心不相応法）すべての本性です。こうして、これらはみな、識と別物ではありません。ですから、これらも識の語によって意味されうるのです。

「是の如く諸法は皆な識に離れず、総じて識という名を立つ。」唯識とは、ただ心王である識のみということではなくて、ただ識に離れない諸法があるのみという意味です。五位百法のなかの、心王のダルマのみであるの意で唯識といっているのではなくて、心王・心所有法・色法・心不相応法・真如（無為法）のすべてが、その識という言葉のなかに含まれているのです。唯識とはそういう意味なのです。それで、一方では唯識と述べ、一方では五位百法を展開する、この両方も矛盾しないわけです。ただ、実質的には、心王・心所のみとなることは、これまで述べてきたようです（本書二二五～二二六頁、二四三～二四四頁）。

「唯という言は、但だ愚夫の所執の定めて諸識に離れて実に色等有りというを遮す。」唯には、それ以外の他はないという、否定の意味があります。八識の相分・見分の流れとは別に、凡夫は、常住の本体あるものや、生まれてから今に至るまで変わらない自分などを、認め執著しています。しかし、たとえばその変わらない自分とは何でしょうか。その内容を吟味すれば、生まれてから今に至るまでだけではなくて、永遠に常住の自我にもほかならないものです。凡夫はそういうものがあると思い、それにしがみついて四苦八苦しているわけです。八識の活動とは別に、何か変わらないものとして有ると考えられたもの、その意味での我と法を、境の言葉で言います。しかしそれらはないのです。それを否定して、ただ識のみがあるといっているのです。その、識のみがあるというときの識の内容は、こうして、五位百法の全体を含んでいるのです。

このように唯識の教えをよく了解するならば、何も実在しないということではなくて、常住の変わらない本体はないけれども、個々の人々はみんな八識等としてのいのちがあるわけで、かけがえのないそれぞれのいのちを生きている事実があるわけです。他者は唯識の限りにおいて現に存在しているわけで、他者との関係のなかで自己のいのちも成立しています。

「**若し是の如く唯識の教の意を知るひといい、便ち能く無倒に善く資糧を備え、速かに法空に入し、無上覚を証し、含識の生死に輪廻するを救抜す。**」そういうことも含めて、唯識の教えの意をよく了解したならば、自己と世界について逆さまな見方をしないですみます。ありのままに事実を了解することができます。そうして、教えに説かれた本来の自己を実現すべく、修行していくことになるわけです。この修行の初歩の段階では、長い修行の道中の基礎体力（資糧）を身につけていくことになります。そこでは、大乗のさまざまな徳目を修行していくなかで、執著から次第に解放され、本来のいのちを実現していくのです。

修行が進むと、ついに法空を覚り、さらに修行をして最終的には仏になります。つまり、自利・利他円満の存在になるのです。自分のいのちも大切にし、他者のいのちをも大切にしていく。そのはたらきを十全に実現した存在になるということです。そうしますと、有情が生死に輪廻して、苦しんでいるのを救いとることに生き抜きます。このように、唯識の教えを学ぶからこそ、本来のいのちの主体を実現することができるのです。

どのような存在にも、常住の変わらない本体あるものはない。しかし現象のかぎりは有る。唯識のかぎりは、有ると見ることができます。一切法空だという教えに、何もないのかとニヒリズムにおちいってしまっては、他者を救っていくことを実現することはできません。他者も存在しないということになっては、究極のニヒリズムになってしまいます。唯識という教えのなかで、一切法空のなかに八識に離れないすべてが、それぞれとして生きている。そのことも深く了解するが故に、こうした自利・利他の主体が実現してくるのです。般若中観の後に、どうして唯識が説かれなければならなかったのか。それはニヒリズムにおちいってはいけない、決して不治の病におちいってはならない、ということで、そのことを対治するためにも唯識の教えが説かれたのでした。

「全に無と撥する悪取空の者の教理に違背せるいい、能く是の事を成ずべきものには非ず。故に定めて応に一切唯識のみなりと信ずべし。」何もないと思って、すべてを否定してしまい、仏の教え、真理に背いてしまうものは、この他者の救済ということを実現することはできません。そういうわけでありますから、必ずや世界は、ただ識のみだと信ずべきであります。

外界なしの感覚・知覚はいかに可能か——第十八頌

次に、第十八頌を拝読いたします。第十八頌は外界の存在がないにもかかわらず、どうして感覚・知覚が成立するのか、という問題を扱っています。

若し唯だ識のみ有りて都て外縁無しといわば、何に由りてか而も種種の分別を生ずる。頌に曰く、

一切種識の、是の如く是の如く変ずるに由り、
展転する力を以ての故に、彼彼の分別生ず。

論に曰く、一切種識というは、謂く、本識中の能く自果を生ずる功能の差別ぞ。此れいい等流と

異熟と士用と増上との果を生ずるが故に、一切種と名づく。離繫を除くことは、種より生ずるに非ざるが故なり。彼れ可証なりと雖も、而も種が果に非ず。要ず現起の道をもって結を断じて得るが故に。展転の義は有るとも、此この所説に非ず。此こには能く分別を生ずる種を説くが故に。
（七・二七〜二八、Ⅳ・三七）

「**若し唯だ識のみ有りて都て外縁無しといわば、何に由りてか而も種種の分別を生ずる。**」ただ識のみにして外界の存在がないとするなら、どうして感覚・知覚等がありえるのか。この分別（虚妄分別）というのは、三界の心王・心所の全体、すなわち八識とそれらに相応する心所有法とのすべてを意味するものです。このような場合の分別は、対象的・二元対立的判断のみを意味するのではありません。識（心王）のみでなく相応する心所も含めて、知覚したり感覚したりすることのすべてなのですが、いったいそれらは外界等の存在なくしてどうして可能なのか。第十八頌には、それに対する答えが説かれるのだというわけです。

「**一切種識の、是の如く是の如く変ずるに由り、展転する力を以ての故に、彼彼の分別生ず。**」

サンスクリットの第十八頌に照らしますと、だいぶ異なる読み方のようにも思います。本来のサンスクリットでは、「（阿頼耶）識は種子を持つ。展転の力によって（その種子の）転変が進んでいく。それによってさまざまな分別が生じる」とあります。『成唯識論』はここで、唯識における縁起の世界のあり方を詳細に読み込んでまいります。

「**論に曰く。一切種識というは、謂く、本識中の能く自果を生ずる功能の差別ぞ。**」一切種識とあるので、それはつい阿頼耶識かと思ってしまうのですが、そうではなくて「功能差別」のことを意味しているのだぞと示しています。功能差別というのは本来、特別な功能、特別な力という意味でして、要は種子を意味します。阿頼耶識のなかに含まれている、自分自身の果を生じる種子です。ここの種識という語は、種子を持つ識のことではなくて、むしろ識のなかの種子を意味しているのだというのです。

「此れいい等流と異熟と士用と増上との果を生ずるが故に、一切種と名づく。」四種類の果（等流果・異熟果・士用果・増上果）を分けて、それら一切を生ずるような、あらゆる意味合いの因となるものであるから一切種という、という註釈をしています。これはアビダルマの世界の、六因・四縁・五果の説を背景にして読まないと、理解できないでしょう。やはり『成唯識論』は、『倶舎論』を詳しく学んでおけばよくわかる。確かに「唯識三年、倶舎八年」といわれるような性格を持ったものであるわけです。

六因・四縁・五果について

仏教思想の根本は縁起であるといわれています。ただしその縁起にも、いろいろな思想がいわれます。説一切有部では、五位七十五法を立てるのでした。それらの（特に有為法の）ダルマ（の用）が縁起をなすことにおいて、自己が一定期間相続する、あるいは、世界が成立している、と説明をしました。その縁起はどういう仕方であるのかについて、六因・四縁・五果を分析したわけです。この説一切有部の六因・四縁・五果が、仏教の縁起を考えるときの基本になってきます。ちなみに唯識は、どちらかといえば四縁を中心に考えます。四縁については、この第十八頌の説明のあとに説かれていますので、のちに詳しくお話することができると思いますが、今、簡単にお話ししますと、次のようです。

四縁とは、因縁・等無間縁・所縁縁・増上縁のことです。その中、因縁は、要するに縁というよりも因のことです。有部でいえば、あとで見るような六因（能作因・倶有因・同類因・相応因・遍行因・異熟因）のうち能作因を除くすべてが、これにあたるでしょう。しかし唯識のなかで説明しますと、種子が現行を生むというその種子と、現行が種子を阿頼耶識に熏習するというその現行とが因です。種子と現行の間でのみ、因果を考えるのです。もう一つは、阿頼耶識が次の刹那の阿頼耶識に種子をバトンタッチする、その種子生種子の前のほうの種子も因です。唯識では、阿頼耶識に基づく独特の縁起説のなかで、因というものをかなり限定して見ています。この限定された唯識の因は、いわば同類因・等流果の関係の同類因になります。

等無間縁は、すべては刹那滅で、生まれては刹那のうちに滅し、また生まれては刹那のうちに滅して、それが相続していると世界をみているわけです。そのなかで前の心が滅することによって、次の心が起きてくる道を開いてくれる。滅することが縁になるというのが等無間縁です。

所縁縁は、対象としての縁です。対象があるから心が起きてきます。

等無間縁・所縁縁以外の、因に間接的に関与するあらゆるものが増上縁です。ほとんどすべてのものが、増上縁に含まれてきます。増上縁には、因が果を結ぶことにポジティブに関わるもの（与力）、因が果を結ぶことを妨げないもの（不障）、の二種類があります。妨げないことによって因果関係を助けるというか、かかわらないことにおいてかかわるというか、それさえをも含む幅広いものが増上縁というものです。なお、等無間縁も所縁縁も、増上縁の一つですが、特に別に挙げられているものです。

六因についても、今、詳しく説明するのは避けますが、多少、有部の説について説明しますと、まず倶有因は、空間的な同時的な因果関係の因です。AがBを支えると同時に、BがAを支えて、AB両方が成り立っているような関係、同時的な因果関係をなしているときに、その果に対する因を倶有因といいます。また、その果は士用果といいます。

同類因は、同じものをひき出してくる因となるもの。例えば、眼識というダルマがあります。眼識というダルマが未来の眼識をひき出してくる。それぞれのダルマが自分自身のダルマをひき出してくる、その因になるものです。この果は等流果です。なお、その関係は必ず異時とされています。

相応因は、倶有因の一部であります。心王・心所が相応して同時に働いているというときに、心王・心所が相応する関係のなかで同時的因果関係を見る場合に相応因・士用果の関係があるとします。

遍行因は、いわば根本煩悩が同類の種々の煩悩をひき出してくる、というもので、これは同類因と同じく、その果は等流果ということになります。

異熟因は、業の世界において因となるものです。善または悪の性質が、未来に地獄に生まれるとか天上に生まれるとかいうことに作用します。その関係を異熟因・異熟果というわけです。因は善ないし悪で、無記（善でも悪でもない）なるものは業をつくりません。善は、楽の結果をもたらす。悪は、苦しみの結果をもたらす。ところが苦・楽の結果そのものは、善でも悪でもないと考えられております。悪の因が悪の結果をひき出してしまえば、その悪がまた次の悪をひき出すわけですから、いつまでたっても悪から逃れることはできません。悪は、因なのですが、結果は無記になる。その無記において善を選ぶか悪を選ぶかの自由が与えられます。そこで解脱に導かれることも可能になることになります。その因是善悪・果是無記ということが、異熟、異なって熟するということです。

能作因は、事実上、縁のことです。四縁のなかに因縁という因が含まれているように、六因のなかの能作因は、実は縁なのです。それで能作因は、増上縁の果ともされる増上果を生み出すことになります。例えば、朝顔の種を蒔きます。芽がでて立派な朝顔が咲きます。朝顔が咲くには、種だけでなく、水や土が必要になります。種は因、水や土は縁になるわけです。この場合、水や土が花そのものの因にはなりません。しかし花が立派に咲いた、その美しいすがたに対して、水等は縁（もしくは能作因）になるわけです。同じ一つの事柄のなかに、直接的な因果関係もあれば、さらにそこに縁が作用して縁と果の関係もあり、そのようにさまざまな関係が六因・四縁・五果のなかに分析されています。

五果のなかには、上述の等流果・士用果・異熟果・増上果のほかに、もう一つ離繋果（りけか）というものがあります。この果は、涅槃のことです。ところが五位七十五法の体系のなかで、涅槃は無為法のダルマです。無為法は常住の世界ですから、そもそも縁起のものではありえず、どの因縁にも対応しません。そういう説一切有部の六因・四縁・五果があって、たしかに大乗唯識もそういう見方をとりいれているわけです。

唯識で種子というと、まずは因として考えられるのですが、その作用はけっこう広く考えられます。一般に因となるものは名言種子で、これはいわば同類因・等流果の因として考えられるものですが、それ以外にも種子には四果（五果の中、離繫果を除く）すべてに関係しているものがあるとさえいえます。それでここに、一切種（識）という言い方がなされたというのです。

一切種識のはたらき

以上をふまえ、もう一度、「**此れいい等流と異熟と士用と増上との果を生ずるが故に、一切種と名づく**」から、拝読いたしましょう。等流果を生ずるのは、名言種子そのものです。異熟果を生むのは、業種子です。なお、この業種子というのは、名言種子の善性・悪性を別立てしているもので、名言種子と異なる体をもつものではありません。士用果というのは、同時的な因果関係の果でした。はたして種子に同時的な因果関係の因の意義があるのか、不審に思われるかもしれません。どんな場合でも心王と必ず相応するという遍行の心所に、作意の心所というものがあります。作意は他の心所等の種子を警覚して現行させるものでした。それは、作意の心所の種子がそれぞれの心所等の種子を縁に応じて警覚するからです。種子と現行も同時ですが、作意の種子が他の心所の種子に関わるのも、同時的に関わっているわけです。同一時に種子が他の種子に作用する。これは倶有因・士用果という関係になります。そこで種子に士用果を生むということもあるのです。

さらに種子が増上縁になって増上果を生むということですが、これは意根に関してと考えられます。

眼識・耳識・鼻識等は、五根において成立するように、識には根というものが必要です。ですから、前五識だけではなく、第六意識・末那識・阿頼耶識も意根というものを必要にします。この意根は感覚器官と同じ意味での根であるかについては微妙ですが、ともかく第六識以下にも必ず同時にはたらくもの（倶有依）があります。阿頼耶識は必ず末那識と同時にはたらくことになります。そこで末那識が増上縁になり、末那識がいわば阿頼耶識にとっての意根になります。その末那識を生んでいるのが末那識の種子ですから、その種子が同時の阿頼耶識の現行の増上縁になる。こうして、阿頼耶識が持っている末那識の種子が阿頼耶識自体に対して増上縁になる、という見方があるようです。ふつうは種子といえばただ現行を生むものだと考えられるのですが、それだけではなくて、異熟果も生めば士用果も生めば増上果をも生む。あらゆる功能の力を発揮するものと見ることができるわけです。

「**離繫を除くことは、種より生ずるに非ざるが故なり。**」五果の中、等流果・異熟果・士用果・増上果はあげられたのですが、離繫果は除かれました。離繫果というのは、涅槃の世界で、説一切有部では三つの無為法の一つとして考えられていたものでした。唯識では、涅槃は有為法の本質・本性で、やはり無為法です。それは縁起とは関わらない世界なのです。

「**彼れ可証なりと雖も、而も種が果に非ず。**」涅槃を証することは可能です。実際に修行の果てに涅槃を実現するわけですが、しかしそれは種子が生み出したものではありません。

「**要ず現起の道をもって結を断じて得るが故に。**」道とあるのは、覚りの智慧のことです。実際に起きた智慧によって煩悩を断じることによって、初めて涅槃を得ます。我執・法執に基づくあらゆる煩悩が阿頼耶識の中に蓄えられている。そういうものを浄化して断じていく。その時に覚りの智慧の中で涅槃を体得するのです。煩悩を断じることにより智慧によって覚る、そこに確かに離繫果というものが実現します。しかし離繫果そのものが何かの原因によって成立するものではありません。涅槃とも等しい空性そのものは、迷っていようが迷っていまいが、根本的な真実として変わらずに存在するものです。自我や物に執著していても根本は空性そのものです。すでに成立し完成し存在している世界です。ただそれに気がつかないわけでありまして、煩悩を断ずることによって、それに気がつくのです。その意味では、覚りの智慧を実現することによって、離繫果を生ずるということはいいえます。

「**展転の義は有るとも、此この所説に非ず。此こには能く分別を生ずる種を説くが故に。**」覚りの智慧は種子から生まれます。その智慧が実現して涅槃が証されます。覚りの智慧の種子が現行して、そこで涅槃が証される。そういう意味では、種子から涅槃が生まれる、といえないわけではありません。展転というのは、「次第に」という意味と、「互いに」という意味合いがあります。智慧の種子は智慧そのものを生み、その智慧が涅槃を体証する。したがって智慧の種子が涅槃を実現すると、順を追っていっていえないわけでもありません。しかしながら、ここで一切種識と述べている種に、そのことまで含めていうわけにはいきません。というのも、ここでは分別に関わるものが主題になっていますので、涅槃を証する智慧の種子は含まれていないというわけです。

此れは識をもって体と為す、故に識という名を立てたり。種は本識に離れて別の性無きが故に。種識という二の言は、種識に非ざるを簡ぶ。識にして種に非ぬと、種にして識に非ぬと有るが故に。又た種識という言は、識の中の種を顕す。種を持する識には非ず。後に当に説くべきが故に。

此の識の中の種いい余の縁に助けらるるが故に、即便ち是の如く是の如く転変す。謂く、生の位従り転じて熟の時に至る。変ぜらるる種いい多なりということを顕さんとして、重ねて如是と言えり。謂く、一切種に三熏習と共・不共との等きの識種を摂むること尽くせるが故に。（七・二八、Ⅳ・四二）

「**此れは識をもって体と為す、故に識という名を立てたり。**」今度は、「種識」の語についてですが、種子は阿頼耶識を本体とする。そこで識という名をあげているのです。

「**種は本識を離れて別の性無きが故に。**」種子は阿頼耶識とは別に本性を持つものではないので、識を本体とする。だから識という名もそこにいわれている、というのです。

「**種識という二の言は、種識に非ざるを簡ぶ。識にして種に非ぬと、種にして識に非ぬと有るが故に。**」「種識」というこの言葉は、種識でないものを否定しています。種識でないものとは「種でありかつ識であるもの」ではないものということです。単なる種のもの、単なる識のものは、種識ではありません。そういうものを排除するために、あえて種識と述べたのです。阿頼耶識以外の識は種子を持っていなかったりしますし、ふつうの植物の種などは、阿頼耶識の種子とはまた違います。それらは種にして識でないもの等に含まれてきます。ここでは、阿頼耶識の種子であることをはっきりさせるために、「種識」といったのです。

「**又た種識という言は、識の中の種を顕す。種を持する識には非ず。後に当に説くべきが故に。**」あるいは種識は、識の中の種子を表わしているのです。種識は阿頼耶識をいっているのではありません。

このことを、重ねて述べています。この第十八頌の説明に関わる阿頼耶識そのものについては、むしろ頌の第三句、「展転力云々」の説明の箇所に含まれています。

「此の識の中の種いい余の縁に助けらるるが故に、即便ち是の如く是の如く転変す。」阿頼耶識の中の種子は、他のさまざまな縁に助けられて転変していきます。

「謂く、生の位従り転じて熟の時に至る。」これがここでの「転変する」の意味のようであります。なぜ生の位といったのか、現行より熏習されて、種子として生まれたという意味なのでしょうか。ただし『述記』には、「先に未だ熟さざるをば生と名づく」とあります。その位から種子生種子で相続されていって、やがて縁が整うと現行することになるわけです。さまざまな縁が整うことによって、現行する機が熟した時、次の刹那には現行を生むという状態、そういう位までできたというのが転変だというのです。例えば、覚りの智慧の種子は、無漏種子です。それを有しつつ、われわれは迷いのなかで修行していくわけですが、その修行は有漏の修行です（有漏善）。その善の修行が阿頼耶識に熏習されていくなかで、それが十分に整った時に、無漏の覚りの智慧の種子が現行します。現行する一歩手前までくる、というのが「熟した位」です。覚りの智慧の種子だけではなくて、一般の感覚・知覚等の種子に関しても、基本的に同じことがいえるわけです。ここの転変は、「転易変熟」の意であるというわけです。

「変ぜらるる種いい多なりということを顕さんとして、重ねて如是と言えり。」現行する種子にはたくさんのものがある。それは、ある一刹那においてさまざまな種子が現行するという意味でしょうか。ともかく、多くの種子が現行の時機を迎える。その多いことを如是、如是の言葉によって表しているというのです。

「**謂く、一切種に三熏習と共・不共との等きの識種を摂むること尽くせるが故に。**」まず、三熏習とは、名言熏習・我執熏習・有支熏習の三つをいいます。これは『摂大乗論』で言われたものです。また、熏習される種子のなかには、共相・不共相というものがあります。共相というのは、共通のもののことで、たとえば環境世界（器世間）というのは、人間なら人間に生まれたもの同士には共通のものであって、それは共相の種子から生まれるといいます。一方、身体（扶塵根）は人間の身体としては共通でもやはり一人一人違っているわけですから、身体が現われていることについては共相の中の不共相の種子から生まれていることになります。なお、肉眼には見えない本当の根（勝義根）は、不共のなかの共とされています。これらの種子のすべてを含むものとして、一切種というわけです。

展転力ということ

以下、第十八頌の第三句以下の、「**展転する力を以ての故に、彼彼の分別生ず**」の説明になります。阿頼耶識の中の種子が、時間の経過のなかで、さまざまな縁によってもはや現行するという状況にいたることを、「変ずる」（転変する）と述べていました。しかし、種子が眼識を生み出せばそれで色を見ることができるかといいますと、実は眼識が色を見るには、阿頼耶識の相分に維持されている眼根に基づくとか、同じ相分に維持されている器世間を依り所（外の所縁縁）にしなければなりません。種子生現行ということにはさらに他のさまざまな現行の縁が加わることによって、色を見るということとが成立します。

その、さまざまな縁がさらにかかわることに関して、第三句に、「展転する力を以ての故に」と述べられているわけです。「展転」というのは、「互いに」と、「次第に」という二つの意味で使われる言葉ですが、ここでは互いにということで、相応する心所も含めて八識が互いに力を発揮しあう、それが種子から生じた識等にかかわることによって、色を見たり音を聞いたりの分別が生まれるのです。こうして外界の存在がなくても、種子があって、さらにさまざまな縁が関わることによって、見たり聞いたり考えたりは成立しうるわけです。

種子は直接的な因です。展転する力というのは、八識が相互にはたらきあっているということですが、これは因に対する縁です。この因と縁があることによって果があるという、まさに縁起の世界がここにあります。縁起のなかで、さまざまな心の活動は成立するのです。その「展転力」等について、以下、次のような解説があります。


展転力（ちんでんりき）とは、謂く、八の現識と及び彼の相応と相・見分との等きぞ。彼れいい皆な互いに相い助くる力有るが故なり。即ち現識の等きを総じて分別と名づく。虚妄分別をもって自性と為るが故に。分別の類多し、故に彼彼と言えり。

此の頌の意（こころ）の説かく、外縁は無しと雖も、本識の中に一切種の転変する差別有るに由り、及び現行の八種の識等の展転する力を以ての故に、彼彼の分別而も亦た生ずることを得。何ぞ外縁を仮りて方（まさ）に分別を起こすといわんとぞ。諸の浄法の起こることも、応に知るべし、亦た然なり。浄

種と現行とを縁と為して生ずるが故に。（七・二八〜二九、Ⅳ・四二）

「**展転力とは、謂く、八の現識と及び彼の相応と相・見分との等きぞ。**」八識及びそれに相応する心所の相分・見分が「展転力」ということで表されている内容です。等というのは、その他も含むわけですが、色法・心不相応法・無為法が等のなかに含まれます。しかし結局は、それらは心王・心所に帰せられるわけです。心王・心所の相分に色法があり、心不相応法は色心のうえに仮立されたものであり、無為法は心王・心所の有為法の本性だからです。

眼識が色を見るにあたっては、阿頼耶識の相分の五根・器世間や、意識も関わってきます。その意識には末那識が関わっています。末那識は阿頼耶識の見分を対象として、自分の相分に常住の自我をうかべています。このように、八識の多くは現行の地平において、相互に力を発揮しあっている、それが「展転力」になるわけです。

「**彼れいい皆な互いに相い助くる力有るが故なり。**」八つの心王・心所は互いに助ける力があります。そのことがあるが故に、色を見たり音を聞いたりすることがあるのです。

「**即ち現識の等きを総じて分別と名づく。虚妄分別をもって自性と為るが故に。**」現行した識および心所のすべてを、ここで分別と名づけています。この場合は、対象的判断という分別のみをいっているのではなくて、たとえば感覚は無分別ですが、そういうものも含めて分別という言葉で表しているのです。

それは、八識等の活動はすべて虚妄分別を自己の本性としているといえるからであります。八識全体の中で、物や自我を認めてしまう、その全体を捉えて虚妄分別とみるか、あるいは、外界の存在がないところに、映像を現わし出して見ているという、すでにそのレベルで虚妄分別とみるのでしょう。本来からいえば眼識は青を見ているときは、これは青いとか赤でないとか、そういう判断はありません。実際には無分別の世界です。しかしそれには必ず意識や末那識が関わっています。全体としては虚妄分別といわざるをえないのかもしれません。唯識では、虚妄分別という言葉を「三界の心王・心所である」、と述べています。これはテクニカルタームとしての規定です。

「**分別の類多し、故に彼彼と言えり。**」さまざまな分別があるから、「彼彼の」と説明しているのです。

「**此の頌の意の説かく、外縁は無しと雖も、本識の中に一切種の転変する差別有るに由り、及び現行の八種の識等の展転する力を以ての故に、彼彼の分別而も亦た生ずることを得。何ぞ外縁を仮りて方に分別を起こすといわんとぞ。**」転変する差別というのは、要するに、種子がもう現行するという状況をむかえているということです。現行すると同時に、他の識と互いに助け合うことで、さまざまな分別が成立するのです。これで色を見たり音を聞いたり考えたり、ということは十分に説明できるのです。どうして外界の実在をかりて認識が成立するということを述べる必要があるのか、というわけです。

「**諸の浄法の起こることも、応に知るべし、亦た然なり。**」これは智慧のはたらきです。智慧のはたらきもある智の無漏種子が現行する。同時に現行している他の智等がかかわることによって、智慧のはたらきが成立するのです。種子と、現行の諸縁があって具体的な心のはたらきがある。これは有漏の分別を生ずる場合でも、智慧の世界でも、変わりません。「**浄種と現行とを縁と為して生ずるが故に。**」煩悩の漏れのない浄らかな種子に、現行の縁が関わって、智慧のはたらきが成立するからです。

以上、ただ識のみで世界を説明しうる、ということをあらためて説明していると同時に、世界は根本的に縁起というあり方のなかにあるということも、このように説明したのでした。それは『成唯識論』独特の説明です。『安慧釈』を読むと、展転力は種子生現行・現行熏種子の相互の力と考えています。それ以上、唯識における縁起説について、深く解説してはおりません。しかし『成唯識論』は、ここに、唯識がみる縁起の深い道理が込められていると読みまして、さらに縁起ということについての見方を展開していくのです。

唯識の五果説

唯識では縁起を考えるとき、四縁・五果を分析します。倶舎の六因はさほど説きません。十因・十五依処に基づく十因ということも述べますから、しいていえば十因・四縁・五果を説くともいえるのですが、中でももっぱら四縁を中心に考えます。これについて、『成唯識論』の説明を拝読する前に、先に五果について簡単にふれておきましょう。というのも、前に「**論に曰く、一切種識というは、謂く、本識中の能く自果を生ずる功能の差別ぞ。此れいい等流と異熟と士用と増上との果を生ずるが故に、一切種と名づく。離繋を除くことは、種より生ずるに非ざるが故なり**」とあって、ここに五果が説かれていたからです。この五果について、唯識は唯識で独特の解釈をします。それは巻八、六頁以下（Ⅳ・一六五以下）にでてきます。

「**一には、異熟。謂く、有漏の善と及び不善との法に招かれたる、自相続の異熟生の無記ぞ。**」第一は異熟果で、善悪の業によって生まれた無記の結果です。これは阿頼耶識が主に考えられるわけですが、六識の世界にも異熟果のものがないわけではありません。そのすべてを含んで「異熟生」といっています。要は業の結果ということでありまして、『倶舎論』とほぼ同じ内容です。

「**二には、等流。謂く、善等を習して引かれたる同類と、或いは先の業に似て後の果の随転するとぞ。**」第二は等流果です。異熟果は善因楽果・悪因苦果の果ですが、これは善因善果・悪因悪果の因果のなかでの果です。具体的にいいますと、種子生現行・現行熏種子・種子生種子の、その三つの果のみを、等流果とよびます。ここで異なる時間における因果関係は種子生種子のみであります。ところが、『倶舎論』の等流果というのは、ダルマ相互の因果関係です。あるダルマの作用があって未来に同じダルマの作用をひきだしてくる、その現行の世界における異時の因果関係を同類因・等流果といいます。そういう意味では唯識と少し違うわけです。なお、今の本文の後半に言われているものは、仮のもので、本当の等流果ではありません。

「**三には、離繫。謂く、無漏道の、障を断じて証する所の、善の無為法ぞ。**」第三は離繫果です。無漏道というのは、無漏の覚りの智慧の修習です。それが煩悩障・所知障を断じます。その結果、証したところの涅槃のことです。それは唯識説では、真如・法性といっても差し支えないものです。これは無為法ですから、因果関係に関わらない。種子から生まれるものではない、ということで、さきほど種子の生むものからは除外されていたわけです。ただ智（有為法）によって証されるのみです。

第四の士用果の本来の意味は、人間が作用したことによる果であります。ただ『倶舎論』では、ほぼ同時的因果関係における果を士用果と述べていました。ところが、唯識ですと種子生現行・現行熏種子は同時です。ではその果を士用果というのか、というとそうはいいません。ですから唯識の場合、同時的な因果関係における果であっても、必ずしもそのすべてが士用果とはなりません。

「**四には、士用。謂く、諸の作者の、諸の作具を仮りて弁ずる所の事業ぞ。**」文字通り、ある人がある道具によって何かを作ったとか、何かを実現したとか、その果が士用果であります。さきほど種子のはたらきのなかに士用果がでてきまして、種子にとっての士用果とは何かというときに、もっぱら説明されるのは、作意という遍行の心所の種子が他の種子を警覚する、そのされたものという説明がありました。心王・心所の相応の同時の因果関係における果も、やはり士用果でしょう。

「**五には、増上。謂く、前の四を除いて余の所得の果ぞ。**」第五は増上果で、今までの四つの果以外の他のあらゆる果は増上果です。増上縁に対して増上果といわれるわけですが、因が果を生むにあたって、それを何らか助けたり、あるいは妨げないという場合さえ増上縁だといわれ、それに基づく果は増上果です。

唯識の四縁説

以上が、五果の説明でした。次に四縁の説明を拝読します。

所説の種と現とを縁として分別を生ずといわば、云何ぞ応に此の縁と生との相を知るべき。縁に且く四有り。

一には因縁。謂く、有為法の親しく自果を弁ずるぞ。此れが体に二有り。一には種子、二には現行なり。種子とは、謂く、本識の中の、善と染と無記と、諸の界と地との等きが功能差別ぞ。能く次後の自類の功能を引き、及び同時の自類の現果を起こす。此れは唯だ彼れに望めてのみ是れ因縁の性なり。現行とは、謂く、七転識と、及び彼の相応と、所変の相・見と、性と界と地との等きぞ。仏果の善と極劣の無記とを除いて、余は本識に熏じて自類の種を生ず。此れは唯だ彼れに望めてのみ是れ因縁の性なり。（七・二九、Ⅳ・四三）

「**所説の種と現とを縁として分別を生ずといわば、云何ぞ応に此の縁と生との相を知るべき。**」いま説かれたところの種子と現識を縁として、分別が生ずるというならば、一体どのように縁と、生ずるということとの相を知るべきでしょうか。要するに縁起の因・縁・果をどう考えるべきか、という問を設けて、それに答えていくわけです。果については先に見ましたが、以下には四縁の説明がなされています。

「**縁に且く四有り。**」縁というのは、ふつうは間接的な条件のことになります。しかし四縁というときには、実はそのなかには因縁があり、因も含まれている、というかたちになります。これは『倶舎論』でも同じことであります。

「一には因縁。謂く、有為法の親しく自果を弁ずるぞ。」四縁の第一は、因縁です。有為法で直接的に自分の果を生み出すものが因である、というわけです。『倶舎論』は六因を分析したのですが、唯識はそうは考えません。

「此れが体に二有り。一には種子、二には現行なり。」有為法のなかで直接的に自分自身を生み出すものには、二つあります。すなわち、種子と現行の二つです。

「種子とは、謂く、本識の中の、善と染と無記と、諸の界と地との等きが功能差別ぞ。」種子は阿頼耶識のなかにある、現行を生む因となるもので、善・悪・無記と区別され、あるいは欲界や色界・無色界の三界のしかも九地によって異なる、そのそれぞれの現行を生み出すような特別なはたらきが種子です。

「能く次後の自類の功能を引き、」すべては刹那滅なのですが、とくに阿頼耶識の世界は、無始より無終に一瞬の隙間もなく、相続されている。そのなかで前刹那の阿頼耶識の種子は、次の刹那の阿頼耶識に送りこまれる。その種子生種子の前のほうの種子が因となって、後の種子が果になる。そこに因をみることができる。これも同類の自果を生むわけです。

「及び同時の自類の現果を起こす。」同時の自分自身の現行の果を生み出す。その種子生現行における種子も因になります。

「此れは唯だ彼れに望めてのみ是れ因縁の性なり。」種子生種子の後の種子に対して、および種子生現行の現行に対してのみ、前の種子が因となります。『倶舎論』は六因を説いたわけですが、唯識の立場ではそのいわば同類因・等流果の同類因にあたるもののみを因といいます。ただ『倶舎論』の同類因・等流果は、現行の法が、他の自類の未来の現行の法に及ぼす、そこに因果関係をみるわけで、それとは異なっているわけです。

「**現行とは、謂く、七転識と、及び彼の相応と、所変の相・見と、性と界と地との等きぞ。**」ここで因となる現行というのは、阿頼耶識を除きまして、七識と相応する心所と、その相分・見分です。相分は相分の種子を阿頼耶識に熏習します。見分は見分だけではなくて、自証分、証自証分を含めてということになるのですが（後三分同一種子）、見分は見分の種子を阿頼耶識に熏習します。しかも、それは善・悪等の三性や三界九地に規定されている、そういうものが因となる現行のものです。

「**仏果の善と極劣の無記とを除いて、**」仏になれば完全なる善になります。そういう意味では不変であり、そこでは熏習はなくなるといわれております。また、阿頼耶識や、あるいは七転識でもきわめて弱い無記なるものは熏習しません。

「**余は本識に熏じて自類の種を生ず。此れは唯だ彼れに望めてのみ是れ因縁の性なり。**」その特別な場合を除いて、他の七転識は、阿頼耶識に熏習して自分自身の種子を生じます。このとき、その種子に対して、現行は因となります。しかし現行が他の現行に対して、因となるということはいいません。あくまでも種子生現行、種子生種子の種子、現行熏種子の現行だけが因といえるものであります。これは刹那滅で、過去も無であり未来も無である。現在しかないという明瞭な立場に立つことから、現行が異時の他の現行に作用すること、因果関係をもつことは、とうていいえないからです。そういうところから『倶舎論』とは異なった因の考えかたになっているわけです。

二には等無間縁。謂く、八の現識と及び彼の心所との前の聚いい、後のに於て自類の無間に等しくして開導して彼れを定めて生ぜしむるぞ。（七・三〇、Ⅳ・四九）

「二には等無間縁。謂く、八の現識と及び彼の心所との前の聚いい、後のに於て自類の無間に等しくして開導して彼れを定めて生ぜしむるぞ。」次のは等無間縁です。八識とそれに相応する心所のひとまとまり（複合体）、特にいずれかの心王とそれに相応する心所とのひとまとまりを、聚と言っています。等無間縁は、前刹那のそのいずれかの集まりが次の刹那のその心王とともなるものに対しての縁となること、ということになります。ふつうはすぐあとの刹那に対して、ということでしょう。細かくいうと、しばらく起きない場合は、この起きない間を超えて次の自類が起きる場合に対して、ということになります。それが無間の意味になります。直後のものに等しくて、滅することにより、次のその心王及びそれに相応する心所が生まれてくる道を開き、それを現行せしめる、その意味で縁となるものが等無間縁です。

等無間縁は同時ではなくて、前刹那の心王・心所の集まりが滅することが、次の刹那の心王・心所の集まりに対して縁になっていくという、異時の関係のものです。これは心王・心所についてのみということでありまして、種子等についてはいいません。そしてあくまでも眼識は眼識に対して、であり、眼識が耳識に対してとか、意識が眼識に対してとかいうことはありません。というのも、八識の心王が別々のダルマであり、しかもそれらの複数が同時に成立しうることを説明するためには、こういうかたちにならざるをえないのです。もし、意識が眼識の等無間縁になるということになりますと、意識がなくならないと眼識が起きないことになってしまうという不都合があります。『倶舎論』ですと心王のダルマは一つです。心王が一つで眼根に依るときは、眼識になり、耳根に依るときは耳識になります。そういうかたちですから、そこでは六識が互いに等無間縁になるのです。

特に所縁縁について

三には所縁縁。謂く、若し有法の是れ己が相を帯(たい)せる心と、或は相応とが所慮・所託たるぞ。此れが体に二有り。一には親、二には疎なり。若し能縁と体相離(そうり)せずして、是れ見分等が内(ない)の所慮託たるか、応に知るべし、彼れは是れ親所縁縁なり。若し能縁と体相離せりと雖も、質(ぜつ)と為(な)りて能く内の所慮託を起こすは、応に知るべし、彼れは是れ疎所縁縁なり。親所縁縁は能縁に皆な有り。内の所慮託に離れては必ず生ぜざるが故に。疎所縁縁は能縁に或は有り。外の所慮託に離れて亦た生ずることを得るが故に。（七・三二一～三二二、Ⅳ・六七）

「**三には所縁縁。謂く、若し有法の是れ己が相を帯せる心と、或は相応とが所慮・所託たるぞ。**」次に、所縁縁です。有法というのは、錯覚のうちにとらえられたものではなくて、現実世界を実質的に構成しているダルマという意味合いになります。自分のなかに対象像をもつ心王・心所の、その感覚や知覚の対象となる、実際にあるものが、所縁縁です。

「**此れが体に二有り。一には親、二には疎なり。**」これには二種類あります。一つには親所縁縁です。眼識であれば、眼識の相分に色を浮かべてそれを見ているときの、その相分が親しい対象ということになります。二つには疎所縁縁です。少し遠い対象といいますか、眼識が色を見るにあたっては、阿頼耶識の器世間を依り所にして自分のなかに色を浮かべます。阿頼耶識の器世間は不可知で、どういう色・形をしているかわからないのですが、それを対象にして、眼識なら眼識のなかに色の相分を浮かべてそれを見ます。その場合の、眼識の外の対象を疎所縁縁といいます。一口に認識の対象といっても、このような二つの種類に区別されるのです。

「**若し能縁と体相離せずして、是れ見分等が内の所慮託たるか、応に知るべし、彼れは是れ親所縁縁なり。**」心王・心所のなかの内なる対象として、見分等の対象になっているものであるとするならば、これが親しい対象としての縁であります。

「**若し能縁と体相離せりと雖も、質と為りて能く内の所慮託を起こすは、応に知るべし、彼れは是れ疎所縁縁なり。**」能縁とは離れているのだけれども、しかもそれが依り所となって、その能縁の識のなかにその識自身の対象を生み出すもとになるものは、その識にとっての疎い対象になります。眼識が色を見るというときに、阿頼耶識の器世間を依り所としながら自分の相分に色を浮かべる、その場合の阿頼耶識の器世間が疎所縁縁になります。

「**親所縁縁は能縁に皆な有り。**」親しい対象（相分）は、どの識にも必ずあります。意識が丸い三角、ウサギの角、といったものを考えても、そこに相分はあるわけです。唯一、無分別智というときには見分のみ、ということになるのかもしれませんが、後得智にせよ、ありとあらゆる場合に相分というものは必ずあるのです。

「内の所慮託に離れては必ず生せざるが故に。」内なる対象というものがなければ識は成立しません。必ずそれがあってはじめて識は成立するのです。ですから、種子だけあってもだめで、所縁縁というものもなければなりません。

「疎所縁縁は能縁に或は有り。外の所慮託に離れて亦た生ずることを得るが故に。」直接的な対象に対して、間接的な対象というものは、ある場合もあればない場合もあります。そういうものがなくても認識が成立する場合があるからです。丸い三角を意識が考える場合に、その外の依り所はありえないわけです。意識自身の相分しかないことになります。ですから、疎所縁縁が必ずあるとはいえません。なお、親所縁縁と疎所縁縁にパラレルな言葉として、影像相分と本質ということがいわれます。本質と疎所縁縁は同じかというと、八識及び心王・心所のなかで間接的な所縁になるものを本質ともいい、疎所縁縁ともいいます。ところが、他者の八識等を所縁とする場合もあります。そういう場合は、本質とはいわないで疎所縁縁といいます。疎所縁縁は両方に使える広い意味をもつ言葉で、本質は自の八識のなかでのもののみを呼ぶ、といわれたりします。

第八の心品には、有義は、唯だ親所縁縁のみ有り。業と因との力に随い任運に変ずるが故にという。有義は、亦た定めて疎所縁縁も有り。要ず他の変に杖して質として自ら方に変ずるが故にという。（七・三二二、Ⅳ・七二）

「**第八の心品には、**」阿頼耶識に親所縁縁があるのは間違いありません。阿頼耶識の相分というのは、器世間と有根身と種子です。問題は、その疎所縁縁もあるのかどうかです。

「**有義は、唯だ親所縁縁のみ有り。**」第一師は、疎所縁縁はないという考えかたです。ただ親所縁縁のみで、疎所縁縁は一切ないとします。

「**有義は、亦た定めて疎所縁縁も有り。**」第二の論師は、必ず疎所縁縁をもっていると主張します。阿頼耶識は、他者の阿頼耶識が現わし出したもの（器世間・有根身・種子）をすべて拠り所としながら、自分の阿頼耶識のなかにその影像相分を現わし出すというのです。他者が阿頼耶識のなかに器世間・有根身・種子を現し出し、そのすべてを疎所縁縁として自分の阿頼耶識のなかに器世間等を現し出すというわけです。しかし以上の二つを、『成唯識論』は採りません。

有義は、二の説、倶（とも）に理に応ぜず。自他の身と土とを互いに受用すべし。他の所変をば自の質と為（す）るが故に。自種をば他に於て受用する理無し。他いい此れを変為すということ、理に応ぜざるが故に。諸の有情は種いい皆な等しきものにしも非ざるが故に。応に説くべし、此の品の疎所縁縁は、一切の位の中に有・無不定なりと。（七・三三、Ⅳ・七一）

第三師の説、これが『成唯識論』の正義になります。

「**有義は、二の説、倶に理に応ぜず。**」阿頼耶識が、まったく疎所縁縁をもたないというのもおかしいし、いつも必ずすべて疎所縁縁としているのもおかしいというのです。

「自他の身と土とを互いに受用すべし。他の所変をば自の質と為るが故に。」例えば、Bさんが現わし出している器世間を依り所としながら、AさんはAさんの阿頼耶識のなかに自分の器世間を現わし出します。それはBさんだけではなく、あらゆる他者の現わし出している器世間を本質としながら、自分自身のなかに器世間を現わし出す。こういう構造になっているのです。この器世間については、なんとか理解できる気がするのですが、Bさんの阿頼耶識がBさんという身体、根を持てる身体を阿頼耶識のなかに現わし出している。それを依り所としながら、AさんはAさんの阿頼耶識のなかにBさんの身体まで現わし出しているのでしょうか。どうもそのようにしか読むことができません。自分の阿頼耶識の相分というのは、器世間と有根身と種子だと理解していたのですが、ここを読みますと、「自他の身と土を受用すべし」とありますから、他者の身体も現わし出しているということになります。自分自身の身体が中心になるのでしょうが、実は他者の身体も自分自身の阿頼耶識の相分のなかに現わし出している、という話になるのかと思います。ただ、それはいわば目に見える身体のレベル(ただし阿頼耶識の世界そのものは不可知)だと思います。根というのは対象をとり入れて、認識を発生せしめるはたらきです。それが究極の根です。それは目に見えないものだといわれています。他者のそういうものまでをも自分の阿頼耶識のなかに現わし出しているということには、なかなかならないのではないかと推測するのですが、ともかく正しい立場では、他者の阿頼耶識のなかに現れているものを疎所縁縁としつつ、自分の阿頼耶識のなかに親所縁縁を現わし出す。それには器世間だけではなく、身体も入ってくるということのようなのです。ということは、自己という存在は、実は自身の中に他者を含んでいるのだということです。実に深い自己のとらえかたではないでしょうか。

「自種をば他に於て受用する理無し。他いい此れを変為すということ、理に応ぜざるが故に。諸の有情は種いい皆な等しきものにしも非ざるが故に。」阿頼耶識のもう一つの相分には種子がありました。種子は個人の経験の記録です。こういうものまで他者が受用するということはありえません。他者のいのちの記録までも自己が対象にすることはありません。自分の相分のなかに種子が現れる。しかし、他者の種子を疎所縁縁として、それを自分の阿頼耶識に生み出す、ということはありえません。他者の種子は所縁にはならないのです。

「応に説くべし、此の品の疎所縁縁は、一切の位の中に有・無不定なりと。」そのように阿頼耶識の相分の器世間等には疎所縁縁がありえても、種子には疎所縁縁はありえません。あるいはまた、器世間も身体も、いわゆる色法といわれるものです。それら色法は、欲界等にはあります。けれども、無色界などにはありません。とすると、阿頼耶識には、いつもいつも必ず疎所縁縁がある、とはいいきれないわけです。それで、必ずあるとはいいきれない。やがてなくなる場合もある、という立場が正しいということになります。

このように唯識は、所縁というものについても、細かく議論しているわけです。唯識ということを貫徹するためには、ここまで細かい議論をしておく必要があるのでしょう。阿頼耶識の相分のなかには器世間と有根身とがある、その有根身とは、基本的に自己の身体が中心だと思うのですが、どうもここを読みますと、他者の身体もその相分に現れているようです。

増上縁について

四には増上縁。謂く、若し有法が勝れたる勢用有りて、能く余の法に於て或は順じ或は違せるぞ。前の三の縁も亦た是れ増上なりと雖も、而も今第四のみは彼れを除いて余を取る。諸縁の差別の相を顕わさんが為の故なり。此の順・違の用は、四の処において転ず。生じ住し成じ得する四の事、別なるが故に。然も増上の用は事に随いて多なりと雖も、而も勝れて顕わなる者、唯二十二のみなり。応に知るべし、即ち是れ二十二根なり。……（七・三四、Ⅳ・七五）

「四には増上縁。謂く、若し有法が勝れたる勢用有りて、能く余の法に於て或は順じ或は違せるぞ。」次に四縁の最後の増上縁です。勝手に意識が考えているものは作用をもたないわけでありまして、実際に現象世界を構成している心王・心所のダルマのうち、ある法が、勝れたる力をもっていて、他の法に対して、どんなかたちであれかかわるのが増上縁だという説明になっています。深浦正文先生は「与力」（なんらか関与する）と「不障」（さまたげないのみ）という説明をされていますが、本文を読みますと「違せるぞ」とありますので、『成唯識論』では、それを妨げるものも増上縁だとされているのではないかと思われます。逆縁のようなものでしょうか。

「前の三の縁も亦た是れ増上なりと雖も、而も今第四のみは彼れを除いて余を取る。」本来、因縁にせよ等無間縁にせよ所縁縁にせよ、みんな増上縁だといえば増上縁であります。しかし今は、三つの縁を除いた他のものがすべて増上縁です。

「**諸縁の差別の相を顕わさんが為の故なり。**」因縁はもとより、所縁縁とか等無間縁も顕著な性格をもっているので、それを表わすために別に立てたのです。

「**此の順・違の用は、四の処において転ず。生じ住し成じ得する四の事、別なるが故に。**」順ずる、もしくは違する、というはたらきは、次の異なる四つのところに関わるものであります。生まれる、維持される、何かを実現する、身につける。これが、四つのところです。とにかくあらゆる現象に何らかのかたちで関わるものは増上縁なのです。ここでは関わらない、という形で関わるということも増上縁だという説明はないのですが、仏教の伝統のなかでは、それも増上縁だということでしょう。

「**然も増上の用は事に随いて多なりと雖も、而も勝れて顕わなる者、唯二十二のみなり。応に知るべし、即ち是れ二十二根なり。**」以下、増上縁を特に二十二根というかたちで説明していきます。それはもはや省略します。

また、この四縁の説明のあとに、十因・十五依処のことが説かれています（巻八、一頁以下）が、これも省略いたします。そのあとに、前にふれた五果が説かれるのでした。

以上が、第十八頌をめぐる議論でした。

以上、唯識が説く縁起の因・縁・果のありようを学ぶことができました。その中、第八阿頼耶識は疎所縁縁として互いに身土を受用する。自然界を互いに受用するだけではなくて、他者の存在そのものも互いに受用している、とありました。それが我々の自己という存在の構造だと説かれていたのをみることができました。とすれば、自己はかけがえのない主体であると同時に、あらゆる他者をその内容に有している存在である、ということになるかと思うのです。密教にいうマンダラの原構造が、ここにあるように思われます。

生死輪廻と唯識

次に第十九頌に入ります。第十九頌は、ただ識のみで生死輪廻は説明できるのか、という問題を議論する箇所になります。

はたして生死輪廻はあるのでしょうか。私の先師・秋月龍珉老師は、死後はないと明言しておりました。禅の立場に立てば、「今」しかないのですから、その今に立ちつくすとき、そこに生死はないと言えます。唯識も本当は同じでありまして、生死輪廻や縁起を説きますが、本来、過去・未来は存在せず、実は現在しかないわけです。その現在に立ちつくすときには、生死輪廻はないといえる局面がでてくるはずです。しかしたとえば、道元禅師は、三時業、深信因果等を説き、善を行なえば解脱の方向へ進んでいく、悪を行なえば苦しみの世界に堕ちていくことになる。この因果は必ず信じなければならないと説いて、死後の世界を想定した、行為における因果をさかんに強調しています。

あるいは最近では、臨死（ニアデス）体験の研究もさかんです。ひところ、臓器移植の問題、生命倫理の問題がさかんにいわれたときには、キュブラー・ロスやレイモンド・ムーディといった研究者たちの、臨死体験についての調査・研究の報告が大変、話題になりました。キュブラー・ロスは、死ねば光に出会う。その光は慈愛に満ちた光である。死はけっして惨めなものではなくて、サナギが蝶になってははばたくようなものである。自分は死後の世界を信じているのではない、知っているのだ、などと述べております。そういう方面から考えると、生死輪廻もあながち否定はできないのかもしれません。私は死んだことがありませんから、死後のことはわかりませんが。

ただ仏教では、生死輪廻を説いてきたことは事実です。釈尊は、行為論者と呼ばれました。当時の六師外道といわれる人々はほぼ、善いことをしても果報はなく、悪いことをしても果報はない、何をしても意味はないという考え方をもっていたといわれます。そういう人々の中にあって、釈尊は善を行なえばそれにふさわしい結果があり、悪を行なえばそれにふさわしい結果がある、という立場に立ったのでした。釈尊がどのような説法をしたのか、本当のところはわかりませんが、仏教はほぼその初めから、輪廻という問題を追究してきたと思います。自分の死後が幸福か不幸か、ということだけが行為の基準であるとすると、いささか寂しいわけで、むしろ他者との関係でいかなる行為をすべきかが決まってくるものでしょう。けっして死後の世界がなければ倫理が成り立たない、ということではないと思うのですが、死後の世界があるということを基にして、倫理に相当するものが説かれたという事実はあるわけです。

生死輪廻するということは、自分が過去になした行為の結果を自分に受けるということです。自業自得ということです。その自業自得が、一方では無我であるのに、どのように成り立つのか。この問題に関しては最終的に唯識において、意識下にある阿頼耶識が、無始より無終に相続することを基盤として、そこに過去の行為の情報が貯蔵され、それをもとにそれにふさわしい結果が現われてくるというしかたで解決された、という経緯があるわけです。そのようなわけで、一般的には、仏教では生死輪廻を認めて、その上で教理を作りあげていると言えます。

生死輪廻について仏教の説くところを、いくつかご紹介しましょう。釈尊は、死後の有無を問われたとき、それについて答えなかったといいます。ただしこのことをよく調べると、実は特に「如来の死後」について、答えなかったということのようです。

根本煩悩の貪・瞋・癡・慢・疑・悪見の、悪見を開けば五つあり、そのなかに辺執見（へんじっけん）がありました。この辺執見は極端を執著する見解ということですが、中でも特に死後があるかないかの見解をもつのは間違っているということです。ただ死後といっても、特に我見で執著された対象について、それが死後に有る・無いのどちらか一方的に見ることが問題なのです。二元対立の分別の問題もありますが、それ以前に自我を対象的に考えて見るところに、すでに問題があるのだと思います。

四有の説

また、生死輪廻の説明には、二つの説があると思います。一つは四有（しう）の説、もう一つは十二縁起の説です。四有の有とは五蘊のことです。生有→本有→死有→中有（ちゅうう）→生有→という四つのあり方を経めぐっていくというのが四有の説です。生有は、生まれた瞬間、一刹那の存在を意味します。本有というのは、生まれて以来、死ぬまでの一生涯のことです。死有は、死ぬときですが、これも一刹那だと考えられています。その死の一刹那を過ぎたのちには、中有という世界に入ります。中有は次の世に生まれるまでの間の存在です。

死ぬということに関しては、いろいろと説かれております。死ぬ際に、断末摩（断末魔ではない）の苦しみを受けることがあるといいます。断末摩は末摩が断ぜられるという意味でして、末摩はサンスクリットのマルマン（marman）の音写です。マルマンとは、ツボみたいなもので、体中に四、五百あって、それが死ぬにあたって断割される苦しみを受ける。これが断末摩の苦しみだということです。あるいは悪業の人は頭より、善業の人は足より冷却が始まって、心臓に至り死を迎えるともいいます。

キュブラー・ロスをはじめとするほとんどの研究者は、死ぬときには光に出会うと述べていますが、やはり『倶舎論』にも死ぬときには光に出会うと説かれています。キュブラー・ロスは、それは慈愛に満ちた光だといっています。本当にそう感じるのかもしれません。文化の違いによって、それをイエスと見たり阿弥陀様と見たり、それは生前にうけた熏習によって違ってくるのかもしれませんが、ただ仏教の場合は、光に出会ったからといって救われるとはいえません。死んで一刹那を過ぎれば、それまでの業の総和によって、次の世にどこに生まれるか、そのことはもう決まっているのです。光に出会っても、仏教の場合は、サナギが蝶になってはばたくようともいいきれません。過去世の業によって、次に地獄・餓鬼・畜生等に堕ちる人もいるわけです。

中有では、その次に生まれるところの生き物の身体に似た身体をもって存在しているといわれています。これは微細な身体で、人間の肉眼では見ることはできません。けれども中有の世界の中で、例えば、人間は畜生の身体を見ることができるとか、天上は人間の身体を見ることができるとか、上位のものは下位のものの身体を見ることができるとのことです。またそれは、物理的な抵抗にはさえぎられず、どこかに行きたいと思えばすぐさまそこへ行けるのです。このことについても、キュブラー・ロスは同じようなことをいっております。

中有においては、七日目ごとに、縁が整うと次の世に生まれるといわれます。遅くとも四十九日経ったら、必ず次の世に生まれることになります。このように仏教では、死後の世界も見てきたように詳しく説いているわけです。

その輪廻は、六道輪廻・六趣輪廻（地獄・餓鬼・畜生・修羅・人間・天上）といわれます。よく三界火宅ともいわれますが、今の六道はすべてその三界の中にあります。四有の推移のなかで、その輪廻を続けていくというのです。

十二縁起説

一方、釈尊は覚りを完成したときに、一週間、解脱の楽しみを味わった後に観察に入り、十二縁起という、人間が苦しまざるをえない仕組みを解明したといわれています。実際の釈尊は、十二項目という整ったかたちで観察したのではなかったに違いありません。それは後世にまとめられた説なのでしょうが、十二縁起で説こうとしていることは、覚りの智慧と密接に関連したものであることは、おそらく間違いないでしょう。

十二縁起の説によると、人間はとにかく誰もが無明をかかえています。真実を知りえないでいる、根源的に暗いあり方です。どういうものが無明なのかは、無明の中にいるうちはわかりません。覚れば無明であったとわかることもできますが、私たちはなかなか無明を知ることはできません。その無明を背景にさまざまな行為をおこなう。そのことによって識が生まれ、識によって名色が生まれます。以下、次のような縁起の関係が説かれました。

無明→行→識→名色→六処→触→受→愛→取→有→生→老死

こうして、十二縁起説は、生死輪廻が続いていくその仕組みを解明したものと考えられているわけです。

この十二縁起の各項目がそれぞれ何を意味しているのかについては、仏教の諸学派の解釈によって、必ずしも同じではありませんでした。律蔵で説かれている場合の十二縁起と、説一切有部で説く十二縁起とも、実はその内容が違うのかもしれません。

ともあれ、『倶舎論』の十二縁起説を説明しますと、まず「無明」は根源的無知です。「行」は業のことで、行為とその未来への影響力です。行為とその影響力を合せて業という言葉でよぶわけです。業を造った結果、「識」になります。これは次の世に生まれた瞬間を表わします。このときは精神的要素が勝っているから、識で表わすのです。「名色」の色は五蘊の色です。一方、名は、色でない四つの蘊（受・想・行・識）のことなのです。そこで、名と色とで五蘊になります。「六処」は、眼・

耳・鼻・舌・身・意の六根のことです。胎児において六根が現われてきた段階が六処です。ということは、母体に受生して、その胎児に六根が現われる前の段階の個体（胎児）を、名色という語で表わすということになります。「触」は、母体から出て、心と世界が接触するときです。ここを、根・境・識の三を和合させる触の心所で代表させて表わすのです。実際は、二、三歳までぐらいの間を、触の語で表わします。「受」は、苦・楽・捨の感受の心所です。好き嫌いの感情が目立ってくる段階です。具体的には、十二、三歳までを意味するといわれています。「愛」は、貪愛の心がさかんになること。愛著・執著が目立ってくる段階をいうものです。これは青年期になるかと思います。「取」は、その貪愛がさらにはげしくなった段階です。地位や権力や名誉などにも、激しく執著することになります。壮年期以後でしょうか。「有」は、愛と取が結局、業を造るわけですが、その業を造ることによって、未来のどこかに生まれることが約束されてしまったことを示しています。その結果、「生」となって、未来に生まれる初念（最初の瞬間）の位を表わし、「老死」はその生以後、死ぬまでが意味されることになります。

　こうして生死輪廻してやまないという、これが『倶舎論』の十二縁起の解釈です。過去世の業が原因となって現在世があり、現在世で愛・取を起こしてまた業を造ることによって、未来世がある。十二縁起全体の中で、過去・現在・未来の間に二重の因果関係をよむ。その二重を両重といいまして、これを「三世両重の因果説」といいならわしているわけです。

『成唯識論』では、唯識の立場による十二縁起の解釈が説明されていきます。この第十九頌の説明には四段がありますが、その三段目に唯識の十二縁起の解説がでてきます。それは『倶舎論』の三世両重説とはまったく異なるもので、十二支の中の、初めの無明と行を、業ないし業種子と見ます。識から受までの五つは、未来のどこかに生まれる、その直接の原因となる名言種子であると見ます。さらに愛と取が、業種子と名言種子を潤すはたらきをします。名言種子が種だとしますと、業種子は土です。土の中に種が埋められ発芽する。このときそこに水をかければ、種が発芽するのを大いに促進します。その生死輪廻を促進するはたらき（潤生（にんじょう）という）を、愛と取が行なうというのです。それにはとりわけ臨終時における自我や世界に対する執著が、大きな力を発揮します。業種子と名言種子が愛と取によって潤されて発芽寸前となったものを有であらわして、その結果、次の世に生まれ、老い死んでいくのです。ここには、過去から現在へ、あるいは、現在から未来へという一重の因果しかありません。そこでこの十二縁起説は、「二世一重の因果説」といわれます。

いずれにせよ十二縁起説は、衆生が生死輪廻して苦しむ根本の原因は、実に無明にあることをつきとめているものです。したがって逆に、無明さえ滅せば、行はなくなる。行がなくなれば、識もなくなる。こういう次第で、生・老死はやむことになるわけです。私たちがもっとも問題にしなければならないものは無明である、ということをつきとめたところに、十二縁起説の一番の大きな意味合いがあると思います。無明があるから行がある、行があるから識がある。……このように観察していくのを順観といいます。無明がなければ行がなく、行がなければ識がない。……このように観察していくのを逆観といいます。その順逆合わせて、十二縁起は意味があるのです。生死輪廻の仕組みを説くだけではなくて、逆に生死輪廻がどうすればやむかという道筋もまた、このなかに示されているのです。

無明のなかに生きている私たちは、何が無明かはわかりません。しかし覚りを開かれた釈尊にはそれは明瞭であって、ゆえに無明を滅するためにはどうすればよいのかもわかっていた。そこで、私たちに八正道や六波羅蜜という道を用意してくださったわけです。

『唯識三十頌』第十九頌

さて、以上をふまえ、『唯識三十頌』の第十九頌を拝読してまいりましょう。

内識のみ有りというと雖も、而も外縁無くんば、何に由りてか有情の生死相続するや。頌に曰く、
諸の業の習気と、二取の習気と倶なるに由りて、
前の異熟既に尽きぬれば、復た余の異熟を生ず。（八・一一、Ⅳ・一九三）

「**内識のみ有りというと雖も、而も外縁無くんば、何に由りてか有情の生死相続するや。**」ただ識のみがあるといっても、外界の実在がないとするならば、どのようにして生きとし生けるものの生死相続のことを説明できるのか。生死輪廻は自分の個体が続いていくというだけではなくて、人間なら人間の世界に生まれる。畜生なら畜生の世界に生まれる。その世界というものは物質的な環境世界です。そういうものはやはり実在するのではないか。外界の世界があるからこそ生死輪廻も成り立つのではないのか。ただ識のみで外界の存在がないとして、どうして有情の生死相続は成り立つのか。こうした問いに答えるのが、第十九頌であります。

「諸の業の習気と、二取の習気と倶なるに由りて、前の異熟既に尽きぬれば、復た余の異熟を生ず。」

人間や畜生等々に生まれることを、唯識で説明するとどうなるのか。唯識の説明によれば、今、人間として生きているということは、阿頼耶識の相分に、人間としての身体と、人間界の器世間とが維持されているということです。もちろんそこは不可知で、どういうものかはわかりません。私たちが見ている身体や世界は、眼識を通して見たものとか、身識を通して感触を得ているものとか、そこで自覚しているものであって、阿頼耶識にある身体そのもの、物質的な環境世界そのものがどういう色・かたちをしているかはわかりません。しかしともかく過去世の業によって、個体と環境世界がそこに現われ、維持され、相続されている。

それが、死ねば中有の世界の個体と器世間が、いっときその阿頼耶識の相分に現われるのでしょうが、次の世にたとえば畜生に生まれるということになりますと、新たに阿頼耶識の相分に畜生としての身体と畜生の世界の器世間とが現われます。それも不可知であるので、どういうかたちかはわかりません。しかしそれが、業によって一定期間、寿命の間、維持される。これが、畜生に生まれるということの、唯識による説明になります。

阿頼耶識の相分に身体と器世間とが現われるのは、阿頼耶識自身の相分のその種子が現行するということです。その際、地獄の身体とその器世間の種子を現行させるか、人間の身体とその器世間の種子を現行させるか、その決め手になるのが業であります。善業か悪業かによって、どの世界の個体と環境とを現行させるかが決まるのです。

第十九頌の中、「二取の習気」とあるのが、基本的には阿頼耶識自身の相分・見分の名言種子を意味します。実は業の結果というのは、そのようにどこかに生まれるということだけではなく、たとえば、せっかちとかのんびりとか、そういう先天的な性格というようなものも業で決められているのかもしれません。その性格は、意識等に現われるでしょう。とすれば、業果というものは阿頼耶識だけではなく、意識レベルのものもあるわけで、その六識自身の種子も、二取の習気です。その異熟果の因となる二取習気に、諸の業の習気がいっしょになって、前の異熟すなわち業果が尽きれば、中有ののちに、次の異熟すなわち業果が現われてくるわけです。こうして、外界がなくとも、生死輪廻は十分、説明できるとするのです。

第十九頌の第一段の説明——業と異熟果

この頌の大体の意味は、そのようなものですが、この頌に対して、以下、四段に分けて、詳しい解説がなされていきます。まず最初の段の解釈です。

論に曰く、諸業というは謂く、福と非福と不動とぞ。即ち有漏の善と不善との思業なり。業が眷属をも、亦た業という名を立つ。同じく引と満との異熟果を招くが故なり。（八・一一、Ⅳ・一九四）

「論に曰く。諸業というは謂く、福と非福と不動とぞ。」まず、「諸業」の語の説明で、諸業には、福業・非福業・不動業があります。以下、深浦正文先生の『唯識学研究』下巻を基にしながら、説明させていただきますと、この福業・非福業・不動業とは、次のようです（同書四八〇頁参照）。

福業　欲界善趣の総報および五趣中の善の別報を引く業。可愛の果を招いて利益を受けるのでこういう。欲界の善業。

非福業　欲界悪趣の総報および五趣中の悪の別報を引く業。非可愛の果を招いて損減を受けるのでこういう。罪業。

不動業　上二界（色界・無色界）の総別二報を引く業。定地（上二界）は、散動することがない。

人間に生まれるとか畜生に生まれるとか、その業果としての阿頼耶識を、総報と呼びます。前にもいいましたように、人間に生まれるとは、阿頼耶識の相分に人間の身体と環境世界が現われて、一定期間、相続するということです。別報は、第六意識および前五識に、過去世の業の結果が現われるものをいいます。

異熟とは、要は業の結果のことです。業自体は善・悪の性質をもっているのですが、業の結果そのものは無記であり、善・悪の性質をもちません。たとえば、今、人間として生まれているとき、阿頼耶識のなかに人間の個体と人間界の器世間とが現じて維持されている。その世界そのものは無記であります。このように業の世界では、因は善・悪であるが、果は無記なのであって、ここに異なって熟するということがある。それで業の結果を異熟というのです。

異熟には、真異熟と異熟生の二種類があります。真異熟とは、有情総報の果体たる第八識を指します。要するにこれは阿頼耶識の世界です。それに対して、異熟生とは、第八識より生じた六識の異熟果です。六識の世界において、過去世の業の結果として成立するものがあるというのです。それは深浦先生によれば、「貴賤・苦楽・賢愚・美醜」などであり、これを総報に対して別報と呼び、真異熟に対して異熟生と呼ぶのです。真異熟を感ずる業を引業といい、異熟生を感ずる業を満業といいます（前掲書二五二頁、四八一頁参照）。

前六識の異熟果は、「貴賤・苦楽・賢愚・美醜」というようなものだとあるのですが、はたして貴賤や美醜が六識の世界にあるかどうか、私には疑問が残ります。ただ、どうもひょうきんな人もいればくそ真面目な人もいるとか、そういう先天的な性格があることはあります。そういうものを別報という、六識における業果であると受けとめれば、少しは理解できる気もします。

「福業」について、細かいこともありますが簡単に説明しますと、来世に人間や神々（欲界の天）に生まれさせるような業だと受けとめればよいと思います。「非福業」は、地獄・餓鬼・畜生に生まれさせるような業というわけです。修羅に生まれさせる業も、これでしょう。福業は好ましい結果をもたらし、非福業は好ましくない結果をもたらすことになるわけです。「不動業」は、色界以上の天上に生まれることをもたらす業です。色界四禅天等の禅定の世界は、心の対象が一点に定まっていて動じないこととも関連して、不動業というようです。

そこで、第十九頌にいわれていた諸業には、人間や欲界の神々に生まれさせる業、地獄・餓鬼・畜生に生まれさせる業、さらには色界・無色界に生まれさせる業、こうしたものがあるということです。「**即ち有漏の善と不善との思業なり。**」要するに善業・悪業なのですが、さらに有漏のとあります。有漏・無漏について確認をしておきますが、深浦先生によりますと、概略、「漏とは漏世の義で、煩悩を指していう。煩悩は有情の六根よりして常に漏世し、有情を生死に留住し流転せしめるものであるから、そこで漏という。有漏の漏について、大乗は倶の義とし、煩悩と倶生倶滅し、互いに増益することと解する。この有漏の根本は、染汚の末那つまり第七識である」等とあります（前掲書二三六〜二三七頁）。つまり、意識レベルで善いことをしても、末那識が我執をはたらいていると、有漏になるのです。たとえその末那識をかかえていても、意識において釈尊の教えを聞いたり、修行をしたり善を積んだりすることは十分可能です。しかし、その善は有漏の善であって、覚りの智慧そのものではないのです。しかし有漏の善が積み重ねられることによって、末那識も転換し、我執の根源も開かれて、覚りの智慧も実現してくる。ですから、有漏善であっても、意識レベルで善を行なうことは、きわめて大切なことなのです。

六識において、善の心所が相応している場合、煩悩の心所は相応しません。けれども、煩悩と相応している第七識が常にあって、それが六識といつもともにありますから、善心もまた有漏とならざるを得ないことになります。有漏にはなるのですが、その末那識の煩悩を対治していくためにこそ、意識レベルで善を修することが重要であるというのが唯識の立場です。意識レベルで善を志向して、修行を積み重ねて有漏の善の熏習が蓄積された結果、意識も末那識も智慧に変わります。末那識は平等性智になります。その智慧のもとにはたらく場合は、無漏ということになります。ただひとまず覚りの智慧を開いても、いつもいつも覚りの智慧が現じているとは限りません。仏になるまでは、時間的に有漏と無漏とが混在する期間が存在することになります。

そのように、仏教でも善と不善、つまり善・悪ということがいわれていまして、それは世間の倫理道徳の善・悪と必ずしも同じではありません。仏教の善とは、「**能く此世と他世に順益するに為て、故名づけて善と為す**」ものです。その人のいのちの本来の願いに順じて、この世だけでなく来世にまで利益してくれるものが善であります。人間や神々の世界に生まれさせ、さらには覚を実現させていく方向にはたらくものが善です。それに対して、不善は「**能く此世と他世に違損するに為て、故不善と名づく**」ものです。その人のいのちの本来の願いに違うて、この世だけでなく来世にまで損ねてしまうものが不善です。『成唯識論』には、こういう定義があるのです（五・一九参照）。無記は、その善とも悪ともいえないものと考えればよいでしょう。

有漏の善と不善によって、不善が勝れば非福業になる可能性があります。善が勝れば福業や不動業になる可能性があるわけです。不善なるものを具体的にいえば、煩悩・随煩悩の心所有法に見ることができます。逆に善の性質をもつものとしては、善の心所有法がありますし、さらに修行のなかにその基本を見ることができます。

「思業」というのは、思の心所有法が根本となる業のことです。特に第六意識と相応してはたらく思の心所が業の根本です。意識的に何を目指すか。それがもっとも未来へ影響を与えていくということを考えているわけです。末那識は有覆無記、阿頼耶識は無覆無記でした。いずれも無記ですから、この二つの識は、業を造ることはないわけです。業を造るとしたら、六識の世界です。本当は五感の世界は無分別で、たとえば眼識が色を見ている時はただ色を見ているだけで、青い・赤いとか濃い・薄いとかという判断はしません。善・悪を行じるのは意識が中心なのですが、その意識の善・悪性に導かれて、六識も善・悪の性質をもつのです。これら六識の善・悪性のすべてが、業を形成していきます。深浦先生は、「その前六の中、前五識は単独に発業することなく、必ず第六識に随って発業するから、随転発業といわれ、第六識はまさしく発業する主位にあるものゆえ、正発業といわれる。よって業の体は、第六識相応の思数といわねばならぬのである」と説明されています（前掲書四七七～四七八頁）。思数の数というのは心所の昔の訳語で、思数は思の心所という意味です。つまり、第六意識に相応する意志の心が、業の本体と見なされるのです。そうであるとともに、思の心所以外の業をつくる仲間たちも、同様に業と名づけます。意志に基づいて貪・瞋・癡等をおこすとか、信や精進等の心をおこす、ということはありえるわけです。その善の心は善の性質をおびているし、煩悩・随煩悩は悪の性質をおびている。そういうものが業を造っていくのです。中心は自覚的な意志ですが、それだけではなくて、煩悩や善の心も含めて、それらの善性・悪性のすべてが、未来にどこに生まれるかを決定していく業を形成していくということになります。

「**同じく引と満との異熟果を招くが故なり。**」引は、総報を引くもの。次の世の生きものとしての果を、阿頼耶識に現じていくものです。満は別報を満たすということで、特に六識のなかにみられる業の結果の一々を満たしていくものです。思の心所だけでなく、他の善・悪にかかわる心所等によって熏習されたものも、すべてが等しく、総報・別報の異熟果（真異熟と異熟生）を実現していくから、思業だけでなく、すべての仲間を業と呼ぶというのです。

もっとも、これらの現行は、唯識の世界観ですと刹那のうちに滅してしまいますから、業をになうことはできません。業というのは、意志がはたらいて煩悩をおこすとか修行しようとするとか、そのことによって形成されるべきものですが、現実にはたらいた心そのものは刹那滅ですから、消えてしまうわけです。けれども、それが阿頼耶識に熏習されます。その熏習されたもの、習気（じっけ）が、業そのものになるわけです。

業とその習気

此れは起こる纔（ひたた）無間に即ち滅して、義として能く当の異熟果を招くべきこと無しと雖も、而も本識に自を起こすべき功能（くうのう）を熏じてき。即ち此の功能を説いて習気と為す。是れ業が気分なり。熏習に成ぜられたり。曾（ぞう）と現との業を簡ばんとして、故（かれ）習気と名づく。是の如く習気いい展転（ちんでん）し相続して、成熟する時に至りて異熟果を招く。此れは当果の勝れたる増上縁を顕す。（八・一一、Ⅳ・一九七）

業を作る行為そのものは、大乗仏教のコスモロジーのなかでは、過去に入れば消滅します。未来も存在せず、あるのは現在だけであるというのが基本的な考えです。現在に行為をなしても、その行為そのものはやがて消滅してしまうわけです。そこで、次のように説かれます。

「**此れは起こる纔無間に即ち滅して、義として能く当の異熟果を招くべきこと無しと雖も、**」行為そのものは、起こるやいなや間をおかずに滅してしまって、実際には未来の業の結果を招くことはありえないのだけれども、

「**而も本識に自を起こすべき功能を熏じてき。**」行為そのものは滅するのだけれども、善であれば楽を招く、悪であれば苦を招く、という意味での自分の果を起こすべき潜在的なはたらきを阿頼耶識に熏習するのです。

「**即ち此の功能を説いて習気と為す。是れ業が気分なり。熏習に成ぜられたり。**」阿頼耶識に蓄えられた、未来の苦しみ・楽しみを引き出してくるようなはたらきを、習気と呼びます。熏習によって成ぜられた業の気分だから、習気と呼ぶのです。業が潜在的に留められたものということで、気分といっているのでしょう。この習気を別の言葉でいうと、種子ともいいます。

「**曾と現との業を簡ばんとして、故習気と名づく。**」唯識において、生死輪廻を説明するのに、なぜ習気をいうのでしょうか。曾の業は過去の業ということで、説一切有部の業の考え方を意味します。説一切有部では、過去・現在・未来は存在していると考えます。未来に無数のダルマがあって、縁によってその中のあるダルマが引き出されて現在に作用し、ただちに過去に落ちていく。しかし、それらは過去のダルマとして存在し続けるのだといいます。そのようなダルマの縁起はあるが、常住で単一でしかも主体であるような自我は存在しない。そう説一切有部は説きました。過去のダルマが残って存在しているわけですから、それらが業として未来に影響力を及ぼすという考え方となります。しかし唯識は、過去は存在しないという立場を主張します。習気は、この立場を表現しているわけです。

もう一つの現の業というのは、唯物論的な立場をとる外道の考え方で、行為の果報は現世に受けるというものです。この外道の考え方では、死後は存在しないのです。しかし唯識では習気を立てることによって、阿頼耶識が相続していく中に、死後にも業が伝えられていくわけです。もしも次の来世にどこかに受生するということに力を発揮せずに、そのまま蓄えられているものは、ずっと先まで伝えられていくことになります。そういう意味で、現世のみに果を受けるという業の見方も否定します。そのように、過去に存在するものが業を起こすとか、現在だけで業の報いがあるとかいう説を否定するものとして、習気という言葉ないし概念を使っているのだというのです。

「**是の如く習気いい展転し相続して、成熟する時に至りて異熟果を招く。**」刹那刹那生滅しつつ一瞬の隙間もなく相続している阿頼耶識の世界のなかで、行為がなされると直ちに阿頼耶識にその印象が留められて、それが現在から現在へ伝えられていく。そして、縁が調うとその業が力を発揮して次にどこかに生まれていく。次の世界に生まれるということは、前に申したように、阿頼耶識のなかに次の世界の生きものの身体とその環境世界が現われて一定期間維持されていくということですが、その異熟果を招くのです。そういうかたちで、善の行為、悪の行為が死後にまで影響を与えていく。来世に力を発揮しなければ、その次の来世に力を発揮するかもしれない。もしそこで発揮しなければ、その次の次の世に力を発揮するかもしれない。百生の間でもその力は消えることありません。善・悪の行為の持つ力というものは、力を発揮しなければ未来永劫に伝えられていきます。こういうことが唯識のなかでは考えられているのです。

「**此れは当果の勝れたる増上縁を顕す。**」業というのは、主に阿頼耶識の相分にどの世界の生きものの身体とその環境世界を引き出すかに関わるのであって、その身体や環境世界そのものの直接の原因となるわけではありません。阿頼耶識の相分・見分そのものの種子ではないわけです。たとえば次の世に畜生に生まれた。ということは阿頼耶識のなかに畜生の身体と畜生の器世間が現われている。それは阿頼耶識自身の相分にその種子が現行したものであって、その因縁は阿頼耶識自身の種子です。ですから、業の習気つまり業種子は直接の因縁ではありません。むしろその因縁の現行に間接的に関わっているわけです。そこが、増上縁と言われています。

以上が諸業の習気に関する説明でした。

二取の種子と業の種子

相・見と、名・色と、心及び心所と、本・末と、彼の取とをば皆な二取に摂む。彼れに熏発せられて親しく能く彼れを生ず、本識の上の功能を二取の習気と名づく。此れは来世の異熟果の心と及び彼の相応との諸の因縁種を顕す。倶というは謂く、業種と二取の種と倶なるをもって、是れ疎と親との縁として互いに相い助くる義なり。業は生を招くこと顕わなり。故に頌に先ず説けり。（八・一一～一二、Ⅳ・一九八）

「相・見と、名・色と、心及び心所と、本・末と、彼の取とをば皆な二取に摂む。」相・見は、八識の相分・見分のことです。一つの識のなかに対象面と主観面がある、その両者のことです。八識の心王・心所は、別の角度からみれば五蘊（名色。名は非色の四蘊）ということにもなります。そして、さらに別の言葉でいえば、本・末になります。本・末は、阿頼耶識と七転識（末那識・意識・前五識のこと）のことです。ここには、相・見等の四つを立てていますが、結局、すべて同じことをいっているわけでして、いずれも結局は、八識の相分・見分のことです。意識などは、この八識の相分・見分の流れを対象にして、主に言葉を立てることによって固定化して、常住の物を認識したりする。この八識の相分・見分の総体のなかにある相分・見分のすべてを、二取におさめるのです。ですからこの解釈における二取の意味に、直接的には執著などの意味はありません。

「彼れに熏発せられて親しく能く彼れを生ず、本識の上の功能を二取の習気と名づく。」相分・見分に熏習されて未来にまたそれと同じ相分・見分を生み出すようなはたらきを、二取の習気と名づけるのであります。要するに、八識の相分・見分の直接の種子です。

「此れは来世の異熟果の心と及び彼の相応との諸の因縁種を顕す。」第十九頌でいわれている二取の習気というのは、業の結果としての心王及び心所有法の親因縁のことです。業果としては、阿頼耶識にどの世界の有根身と器世間とが現われるか、というのが一番の基盤ですが、それを基にしながら業の結果としての気質・性格など、六識に現じるいろいろな果を含めての、その因縁種もあるわけです。二取習気は、そのすべてを意味していることになります。

「倶というは謂く、業種と二取の種と倶なるをもって、是れ疎と親との縁として互いに相い助くる義なり。」その業種子と二取種子がいっしょになることによって、助け合って、次の命を生んでいくことになります。阿頼耶識自身は無始より無終に続いているのですから、それは根本的に基盤としてあるのです。そこにおいて、どの世界の身体と環境世界が現われてくるか、それは、業種子の縁（疎）と二取種子すなわち名言種子の因（親）とが、ともに助け合う中で実現してくるわけです。やはり因と縁とがあって、果があるのです。

「**業は生を招くこと顕わなり。故に頌に先ず説けり。**」阿頼耶識の有根身と器世間の種子は無覆無記で、自ら現行することはできません。業がそこに関わって業が主導して、地獄・餓鬼等、六趣のいずれかを現行させていきます。そういう意味では、業が次生を招くことは顕著です。そこで、第十九頌においては、諸業の習気を先に出し、二取の習気を後にしたのだといいます。

輪廻相続と唯識

前の異熟とは、謂く、前前の生の業が異熟果ぞ。余の異熟とは、謂く、後後の生の業が異熟果ぞ。二取の種は果を受くるに窮（きわ）まること無しと雖も、而も業の習気は果を受くるに尽くること有り。異熟果は、性別にもあり、招くこと難きこともあり、等流と増上とは、性同にもあり、感じ易きこともあるに由りてなり。余生（よしょう）を感ずる業等の種熟しぬるに由りて、前の異熟果を受用すること尽きぬる時に、復た別に能く余の異熟果を生ず。斯れに由りて生死に輪転（りんでん）すること窮まり無し。何ぞ外縁を仮りて方に相続することを得ん。此の頌の意の説かく、業と二取とに由りて生死に輪廻す。皆な識に離れず。心心所法を彼の性と為（す）るが故に。（八・一二一、Ⅳ・二〇〇）

「前の異熟とは、謂く、前前の生の業が異熟果ぞ。余の異熟とは、謂く、後後の生の業が異熟果ぞ。」

ここからが第十九頌の後半の説明になります。そのなか、「前の異熟」とは、前々からの世の生のなかで行為をなしてきた積み重ねに基づいて成立している業果であるとも読めます。これは「前前の生」を「業」にかけて読むときの理解です。ただこの世の行為だけが、次の世を決定するのではなくて、これまでに起こしてきた行為の業のなか、まだ業としての力を発揮していなかったものとともに、次の世の果を生んでいく。そういう意味で、「前前の生の業が異熟果ぞ」、と読むこともできます。しかし、そのように「前前の生」の語を「業」にかけて読むと、「後後の生が業の異熟果ぞ」というのが、後々の未来の果を貯えたあとのことのような話になってしまい、ちょっと分かりにくくなってしまいます。そこで「前前の生」「後後の生」の語を、「異熟果」にかけて読む読み方もあります。「業が異熟果」というのを一つの語として、それに多々あることを読むのがよいように思われます。要するに、阿頼耶識は無始より無終に、刹那滅ながら一瞬の隙間もなく相続している。そこにおいて、業が関わることにより、種々の世界に輪廻していくことになる。その際、あるいのちが終われば、また次の世のいのちが生まれるのです。

「**二取の種は果を受くるに窮まること無しと雖も、**」二取の種子は、果を受けるに窮まることがありません。種子がある以上は、縁があれば現行します。現行すればそれは熏習されて種子となり、その種子は縁があれば直ちに現行する。縁が欠ければ現行しないまま種子生種子で保存され、また縁があれば現行する。そういう意味では窮まりがありません。

「**而も業の習気は果を受くるに尽くること有り。**」しかし業種子は、たとえば、人間として生まれてさまざまな行為を為して、次の世には地獄に堕ちる、という業を積んだとします。その結果、次の世に地獄に生まれたとすると、その地獄に生まれさせる業のはたらきは、それでなくなってしまいます。業は力を発揮すればその役割は終わり、その功能は消えます。

「**異熟果は、性別にもあり、招くこと難きこともあり、**」業がはたらいて異熟果を得るわけですが、業そのものは善・悪のどちらかになります。一方、異熟果という業の結果としては、阿頼耶識の相分の種子が現行したということで、無記であります。そこでは、善・悪と無記の間にずれがあります(性が別)。異熟果そのものの種子は無記であり、自ら起きる力は弱く、どこまでも業種子の力を借りなければなりません。その現行が果たされれば、業は無用となります。

「**等流と増上とは、性同にもあり、感じ易きこともあるに由りてなり。**」これは名言種子です。阿頼耶識の種子は無記の種子でありますが、一般的に名言種子は、善因善果・悪因悪果で、性は同じです。業の世界の因果は、善因楽果・悪因苦果で、その楽果と苦果というのは善でも悪でもない無記です。

「等流と増上とは」ですが、この両者は同じことで、等流は増上のなかの一つであるとみたり、あるいは種子生種子が等流で、種子生現行・現行熏種子が増上であるとみたり、細かい教理的な説明があるのですが、簡単にいえば名言種子は果を感じやすく、なくなることがなくて、窮まりなく伝わっていくものだということです。

「**余生を感ずる業等の種熟しぬるに由りて、前の異熟果を受用すること尽きぬる時に、復た別に能く余の異熟果を生ず。**」次の世のいのちを招く業等の種子が熟したことによって、現世の業果としてのいのちが終わるときには、その業種子と名言種子とが協働して、次の世の業の結果としてのいのちを生み出していきます。

「**断れに由りて生死に輪転すること窮まり無し。何ぞ外縁を仮りて方に相続することを得ん。**」そういうわけで業種子・名言種子で生死輪廻は十分説明できるのです。どうして外界の実在をもちだして、それによって生死輪廻が成立する、という必要がありましょうか。

「**此の頌の意の説かく、業と二取とに由りて生死に輪廻す。皆な識に離れず。**」『唯識三十頌』の第十九頌が述べようとしていることは、行為の善悪性と識のはたらき、あるいは、それらが熏習されたものも含めて、それらによって生死に輪廻していくということです。すべては、その意味で、識を離れないわけです。もちろん、この識という言葉には、心所有法も含まれているでしょう。

「**心心所法を彼の性と為るが故に。**」心王・心所有法が諸業・二取の種子の本体である。したがって唯識だけで生死輪廻を説明することができるのです。

以上が、第十九頌に四段の解説があるなかの、最初の解説です。

第十九頌の第二段の説明――三種習気との関係

次に、第二の解説です。『摂大乗論』には、三つの熏習種子（名言熏習・我見熏習・有支熏習）が説かれています。そのなか有支の有は、三有、つまり三界の生存のことです。支は因のことです。ですから、三界の生存の因となるものを有支といっています。そのように有支とは、欲界・色界・無色界に生まれさせる原因となるもののことで、つまりは業種子ということになります。ここでは、その三種の習気と、第十九頌の諸業の習気と二取習気とが、どういう関係になるのかを解説するわけです。

> **復た次に、生死の相続することは諸の習気に由りてなり。然も諸の習気に、総じて三種有り。一には名言（みょうごん）習気。謂く、有為法の各別の親しき種ぞ。名言に二有り。一には表義名言。即ち能く義を詮する音声（おんじょう）の差別ぞ。二には顕境名言。即ち能く境を了する心心所法ぞ。**（八・一二～一三、Ⅳ・二〇三）

「**復た次に、生死の相続することは諸の習気に由りてなり。然も諸の習気に、総じて三種有り。**」第二に、生死相続は、諸々の習気によって説明される場合があります。その諸々の習気に関して、『摂大乗論』によれば、名言習気・我見習気・有支習気という三種の習気があります。

「**一には名言習気。謂く、有為法の各別の親しき種ぞ。名言に二有り。**」五位百法でいうと心王・心所・色法・心不相応法が有為法でした。しかし、心不相応法は心王・心所・色法のうえに仮立されたものですから、心王・心所・色法に帰せられます。色法は心王・心所の相分に見出されるものですから、心王・心所に帰せられます。結局、有為法の各別に親しき種というのは、心王・心所の相分・見分の種子ということになります。それを名言習気というわけです。しかし、なぜ名言というのでしょうか。そこで以下に、名言には二つの意味合いがあることを説明します。

「**一には表義名言。即ち能く義を詮する音声の差別ぞ。**」まず第一に、表義名言があります。意味を表す特殊な音声が、表義名言です。昔は、言語といえば基本的には音声言語を考えますから、意味を表す特別の音声が言語なのです。音声そのものが言葉であるとは、なかなかいえません。ソプラノで「ア」といっても、バスで「ア」といっても、私たちは「ア」という音素を聞いているわけで、音の高低は聞いているわけではありません。他の母音・子音との区別を聞いているわけで、それが特別な音声、「音声の差別」ということになるわけです。五位百法のなかでは、それらは心不相応法になります。音そのものは、色法の中の声法です。音そのものではないけれども、音を離れない何ものかであって、意味を表すもの、これが一つの名言であります。要は言語のことです。

「**二には顕境名言。即ち能く境を了する心心所法ぞ。**」もう一つは顕境名言です。これは対象を了解する心王・心所のことをいいます。言葉は対象を現わし出すものです。逆に対象を現わし出すものは言葉とみなしうる、ということで心王・心所が対象を認識する、そこに言葉と名づけるというのです。特に見分は対象を現わし出すもので、対象を現わし出す言葉に似ているので、名言というのです。その名言によって現わし出されたもの、すなわち相分も、名言とみなしていきます。そう解釈したときに相分・見分のすべてを名言という言葉で表すことができます。

二には我執習気。謂く、虚妄に我・我所と執するが種ぞ。我執に二有り。一には倶生の我執。即ち修所断の我・我所執ぞ。二には分別の我執。即ち見所断の我・我所執ぞ。二の我執に随いて熏成せらるる種いい、有情等を自他差別にならしむ。

三には有支習気。謂く、三界の異熟を招く業種ぞ。有支に二有り。一には有漏の善。即ち是れ能く可愛の果を招く業ぞ。二には諸の不善。即ち是れ能く非愛の果を招く業ぞ。二の有支に随いて

熏成せらるる種いい、異熟果をして善悪の趣別にならしむ。応に知るべし、我執と有支との習気は、差別の果に於て是れ増上縁なり。（八・一二三、Ⅳ・二〇五）

「**二には我執習気。謂く、虚妄に我・我所と執するが種ぞ。**」ありもしないのに自我があると思い、その自我があるという観念に基づいて執著する。この、我を執著することによって熏習されたものを、我執習気といいます。我見も我執もほぼ同じものです。

「**我執に二有り。一には倶生の我執。**」この我執にも二種あります。倶生というのは、簡単にいえば先天的ということです。これは第六意識にも第七末那識にもあります。末那識の我執はもとより先天的にはたらいているものですが、第六意識レベルでも先天的な我執があるというのです。

「**即ち修所断の我・我所執ぞ。**」「修所断」というのは、唯識の修行のプロセス（十住・十行・十回向・十地・仏）がありまして、十地の最初に無分別智という覚りを開きます。無分別智を起こしたら後得智を起こします。そこですでに覚りの智慧を開くのですが、それまでに自我に執著し、物に執著してきた名残がなお阿頼耶識の中に詰っていて、さらに修行をしてそれらを浄化していかなければなりません。そこで十地の修行をしていくわけです。十地の最初で無分別智を起こしたところを「見道」といい、その後の十地の修行を「修道」といいます。その修道の修行の段階でその種子が断ぜられていくものが、「修所断の我・我所執」です。我・我所執とは、我執と我所執ということで、我所執とは、自分の物だ、という執著のことです。これは末那識にはなくとも、第六意識にはあるでしょう。倶生の我執・我所執は先天的にはたらくもので、微細なものなので、修行が進んだ後のほうで断ぜられることになります。

「**二には分別の我執。即ち見所断の我・我所執ぞ。**」これはいわば後天的なもので、世間でいろいろなことを学んでいくなかで身についたものです。それは意識レベルに見られるものです。これらの種子は十地に上ったところの見道で断ぜられてしまうものです。このように、我執・我所執には、先天的なものと後天的なものの二種類があるのです。

「**二の我執に随いて熏成せらるる種いい、有情等を自他差別にならしむ。**」倶生・分別の両方の我執を起こすことによって、我執を起こせば阿頼耶識にそれが熏習され種子が形成されます。その種子がはたらいて自他を区別する原動力になるのです。我執がなければ自分も他者もまったく同じいのちという立場に立って、物事を考えたり行動したりすることができるようになると思います。

「**三には有支習気。謂く、三界の異熟を招く業種ぞ。**」有は三界の生存、支は因となるもの。善でも悪でもないものは業をつくりません。善であれば楽の結果を招く。悪であれば苦の結果を招く。これが業の世界での因果です。有支習気とは、三界の有（生存）の因となる種子ということで、要は業種子のことです。

「**有支に二有り。一には有漏の善。**」有支に二つあります。一つは有漏の善。これは前にも述べましたが、まだ覚りの智慧を開かない段階で修行をして善を積む。それはまさに善なのですが、末那識には自我への執著が存在している。その場合の善の実践を、有漏の善というわけです。有漏であっても、その善を実際に行じることのなかで、覚りの智慧が実現してくる。善の実践なしには、覚りの智慧は起きないという立場に、唯識は立ちます。

「即ち是れ能く可愛の果を招く業ぞ。」この有漏の善は、好ましい果を招く業になります。六道の中で、人間や天上に生まれさせるものです。

「二には諸の不善。即ち是れ能く非愛の果を招く業ぞ。二の有支に随いて熏成せらるる種いい、異熟果をして善悪の趣別にならしむ。」もう一つは、不善、つまり悪業です。諸の悪業は、好ましくない果を招きます。すなわち、地獄・餓鬼・畜生等に生まれさせるということです。善趣は人・天の善き世界、悪趣は地獄等の苦しみに満ちた世界です。善趣か悪趣か、どちらへ向かわせるかを、業が分けていくのです。

「応に知るべし、我執と有支との習気は、差別の果に於て是れ増上縁なり。」諸業の習気は増上縁になります。それはあくまでもどの世界の身体と器世間を引き出すかに関わるのであって、身体と器世間の因そのものではないからです。我執熏習種子も、我執を起こしたその悪性に関しては、増上縁としてはたらいていくことになります。しかし、意識ないし末那識には見分と相分があって、見分が相分を認識している。その識としての相分・見分そのものは名言種子を熏習して、またそれとして生まれるということもあるわけです。そのように、名言種子の中、特に我執熏習として、その相分・見分の種子を別立てして、三熏習を言っていると見るのがふつうです（次の箇所を参照ください）。しかしながら、ここで我執熏習も増上縁になるといっているのは、我執が悪としてはたらくという、その業にかかわる部分をとらえていっているものでしょう。なお、末那識は有覆無記で、業を造ることはありません。

此の頌に言う所の業習気とは、応に知るべし、即ち是れ有支習気なり。二取習気というは、応に知るべし、即ち是れ我執と名言との二種の習気なり。我・我所を取り、及び名言を取りて、而も熏成せる故に、皆な説いて取と名づく。倶等の余の文は、義、前に釈せるが如し。（八・一三～一四、Ⅳ・二〇八）

「**此の頌に言う所の業習気とは、応に知るべし、即ち是れ有支習気なり。**」そこで、もう一度、整理すると、三つの熏習のなかでは、有支習気が諸業の習気にあたります。

「**二取習気というは、応に知るべし、即ち是れ我執と名言との二種の習気なり。**」ここでは名言習気（種子）のみならず、我執習気も二取習気として説かれているわけです。意識ないし末那識がはたらいているなかで、意識や末那識の相分・見分の種子そのものをとらえたときには二取習気になります。ただし、とりわけ意識が我執を起こすということは、未来の果になんらかの影響をおよぼしていく。そこをとらえると、増上縁として考えていくこともできます。

「**我・我所を取り、及び名言を取りて、而も熏成せる故に、皆な説いて取と名づく。**」第十九頌には、二取習気とあったわけですが、我執習気は我および我所を取る、名言習気は名言ないし対象を取る、そこで二取習気ということがいえるというのです。名言には表義名言だけではなく、顕境名言もあるからです。

「**倶等の余の文は、義、前に釈せるが如し。**」『唯識三十頌』の「……**倶なるに由りて、前の異熟既に尽きぬれば、復た余の異熟を生ず**」という、「倶なるに由りて」以後の句に関しては、さきほどの第一段の説明と同じです。

以上が簡単ですが、第十九頌に関する第二段の解説です。

第十九頌の第三段の説明――十二縁起説との関係

次の第三段の解釈は、唯識の十二縁起の見方によるものです。『唯識三十頌』では、諸業の習気と二取習気、つまり業種子と名言種子によって生死輪廻が進んでいくといっていました。それに照らして十二縁起はどのように解釈できるか、ということが問題になるわけです。まず、十二縁起は惑・業・苦という三つの言葉によって説明されます。

> 復た次に、生死の相続することは、惑と業と苦とに由りてなり。業を発し生を潤ずる煩悩を惑と名づけ、能く後有を感ずる諸業を業と名づけ、業に引生せられたる衆の苦を苦と名づく。惑と業と苦との種を皆な習気と名づく。前の二が習気は、生死の苦の与めに増上縁と為る。助けて苦を生ずるが故に。第三が習気は、生死の苦に望むるに能く因縁と作る。親しく苦を生ずるが故に。頌の三の習気は、応の如く当に知るべし。惑と苦とのみを取と名づくることは、能と所との取なるが故に。取というは是れ著の義なり。業は名を得ず。倶等の余の文は、義、前に釈せるが如し。
>
> （八・一四、Ⅳ・二〇九）

「**復た次に、生死の相続することは、惑と業と苦とに由りてなり。**」生死輪廻が続いていくのは、煩悩（惑）と業とによってです。その業にはけっして悪業だけではなく、善業もありますが、意識レベルで善の行為を行なっていても末那識は煩悩と相応していますから、全体としては煩悩がつきまとうこともあるわけです。無明・煩悩（惑）があり、そうしたものを背景にしながら行為（業）を行なった結果、次の世にどこかの世界に生まれる。六道輪廻（六趣輪廻）でいいますと、地獄・餓鬼・畜生・修羅・人間・天上のどこかに生まれるわけです。その生存を苦といっています。たとえ神々の世界に生まれたとしても、本当の意味で真理を自覚しているとはいえない。まだ迷いの世界でありまして、その天上まで含めて、業の結果としての生存を苦といっているわけです。こうして、生死輪廻することは、惑と業と苦とによってであるということになります。

「**業を発し生を潤ずる煩悩を惑と名づけ、**」次の世に生まれるのは、業種子と名言種子が熟してということなのですが、それらをさらに促進させるはたらきが「生を潤ずる」です。そういうことを果たす煩悩があるというのです。惑・業・苦の惑とは、業を発する煩悩と、それから生死輪廻を促進させる煩悩とをいうのだというわけです。特に臨終時に煩悩を起こすと、生死輪廻を促進させる（潤生する）のだといいます。この潤生のことについては、のちにまた見ます。

「**能く後有を感ずる諸業を業と名づけ、業に引生せられたる衆の苦を苦と名づく。**」業は、未来の特定の世界の生存を招き寄せるはたらきをなすもののことで、その諸々の業を業と名づけます。苦とは、業によって引かれ生まれさせられた諸々の苦しみということなのですが、簡単にいえば、苦は次の世に生まれた生存そのもののことです。

「**惑と業と苦との種を皆な習気と名づく。**」以上の、惑・業・苦の因となる種子をすべて、習気と名づけます。

「**前の二が習気は、生死の苦の与めに増上縁と為る。助けて苦を生ずるが故に。**」惑・業・苦の中の惑と業が前の二です。無明・煩悩の惑に基づいて行為をなす。それが阿頼耶識に熏習されたもの（習気）は、生死輪廻し、苦しみの生存、迷いの生存を得てしまうことに対して、増上縁となるのです。というのは、前にも申しましたように、業は来世の個体と環境世界といった業果に対して、縁としてはたらくからです。煩悩は心所有法というダルマであって、そのダルマそのものの直接の種子をみていくと名言種子を考えなければなりませんが、その煩悩の名言種子が悪の性質をおびていて、その悪性が未来にどこに生まれるかを導いていくという点をみれば、増上縁の意味合いもでてくるわけです。

阿頼耶識に、どこかの身体と環境世界が現われる。それは阿頼耶識自身の種子が現行したもので、その直接の因縁は、阿頼耶識自身の相分・見分の種子です。それは無記の、力の弱い種子だといいます。このとき、どの世界の種子を現行させるかを決定していくのが、行為の善性や悪性です。そこに煩悩は悪として関わっていくわけです。その方面を見たときに、それが増上縁だということになるわけです。惑に基づく業の習気は、阿頼耶識の相分・見分の種子、いわゆる名言種子といわれる直接の因縁を助けて、それを現行せしめることになるので、苦を生じるのを助けることになるわけです。

「**第三が習気は、生死の苦に望むるに能く因縁と作る。親しく苦を生ずるが故に。**」第三の習気というのは、惑と業と苦の中の苦の習気（種子）です。苦の習気とは当然、苦果の因のことです。業の結果（この場合、生死にさまよっている間は、総じて苦果と見る）は阿頼耶識だけには限らず、六識等にもあると説かれていましたが、簡単に考えれば、阿頼耶識の世界が中心で、その相分・見分の種子がその習気です。それは未来のどこかに生まれる生存に対して、直接の原因となっていくものでありますす。三界の迷いの世界の中で、どこかの世界の身体と環境世界を阿頼耶識の相分に現行せしめるという意味で、親しく苦を生ずるが故に、ということになるわけです。

「**頌の三の習気は、応の如く当に知るべし。**」「頌（諸の業の習気と二取の習気と倶なるに由りて）の三の習気」というのは、二取習気を能取・所取と分けて、業習気・能取の習気・所取の習気、と見たもののことです。それらが、以上に説かれた惑・業・苦の習気とどのように対応するかを、しかるべく適切に了解すべきであります。つまり、惑・苦の習気は二取習気、業の習気は業習気となるのです。それはどうしてかというと。

「**惑と苦とのみを取と名づくることは、能と所との取なるが故に。**」煩悩は、いわば自我や物に執着する。それで惑を能取と見ることができるというわけです。苦は未来の生存そのものです。その身体と環境世界は執著されるものです。唯識では八識の相分・見分、およびそれに相応する心所有法も含めて、一個の個体と見るのでした。見方を変えれば、八識の心王と心所とは、五蘊（色・受・想・行・識）としても把握できるわけで、その五蘊は特に五取蘊といわれたりします。五蘊は執著される対象になるからです。そういう意味では、苦は所取になります。その能取・所取の熏習されたものということで、二取習気というと見ることができます。そこで二取習気には、惑・業・苦のうち、惑と苦のみを読みます。それは惑が能取であり、苦が所取であるからであります。

「取というは是れ著の義なり。業は名を得ず。」取とは、執著の意味であります。一方、業に関しては、あくまでも善か悪かがその本質なのであって、執著する・されるということは直接には関係ありません。したがって二取習気に業を読むことにはなりません。

そういうわけで惑・業・苦で生死輪廻を説明する場合でも、業習気と二取習気とを説く第十九頌と矛盾しません。第十九頌で述べていることを、或・業・苦の連鎖の中の生死輪廻として読むことも十分できます。

「倶等の余の文は、義、前に釈せるが如し。」それらの種子が一緒になって、前の生が尽きてしまうと次の生が生まれてくるといった、第十九頌の主に後半の部分の解釈は、前と同様であります。

唯識の十二縁起の解釈――能引支

此の惑と業と苦とに、応に知るべし、総じて十二有支を摂めたり。謂く、無明従り乃し老死に至るぞ。論に広く釈くが如し。然も十二支を略して摂めて四と為す。一には能引支。謂く、無明と行とぞ。能く識等の五果の種を引くが故に。此れが中に無明というは、唯だ能く正しく後世を感ずる善悪の業を発する者のみを取る。即ち彼れが発する所を乃ち名づけて行と為す。此れに由りて一切の順現受業と別助当業とは皆な行支に非ず。（八・一四、Ⅳ・二一一およびⅣ・九〇）〔会本に乱丁あり、注意のこと〕

「此の惑と業と苦とに、応に知るべし、総じて十二有支を摂めたり。」この惑・業・苦の中に、十二縁起の各項目が含まれています。十二縁起の各項目を、有支とも支ともいいます。

「謂く、無明従り乃し老死に至るぞ。論に広く釈くが如し。」十二有支というのは、無明から老死までの十二項目（無明・行・識・名色・六処・触・受・愛・取・有・生・老死）でした。説一切有部の場合は、三世両重の因果説といって、その中に、過去から現在へと、現在から未来への二重の因果を読み込んでいたわけです。しかし唯識ではかなり異なる解釈をします。このことについては、『瑜伽師地論』に詳しく解説されております。

「然も十二支を略して摂めて四と為す。」以下、『成唯識論』の立場での十二縁起の解釈の説明がなされます。その際、十二有支を四つのグループに分けて考えるのです。第一は能引支、第二は所引支、第三は能生支、第四は所生支といいます。

「一には能引支。謂く、無明と行とぞ。」十二支の中の無明と行を能引支というグループとして見ていきます。

「能く識等の五果の種を引くが故に。」唯識では、識・名色・六処・触・受の五支を、実に種子として考えます。未来の業の結果に対する名言種子、直接的な因となるものと見るのです。無明・行は、その識等の五果の種子を引くので、ですから能引支だというのです。つまり業は、来世にどの身体と環境世界を引き出して現行させるか、に関わるわけです。そこで能引支となります。

「此れが中に無明というは、唯だ能く正しく後世を感ずる善悪の業を発する者のみを取る。」無明といってもいろいろな無明があります。末那識と相応している無明は有覆無記で、業には関わりません。同じ無明でも、業に関わるものと関わらないものがあるわけです。あるいは、物を執著すること（法執）に関わる無明も、生死輪廻をもたらすことに関わる無明ではないのです。十二縁起の中でいわれている無明は、業を作ることに関わる無明であるはずで、それは主に第六意識に相応する、我執に関係する無明です。我執に関する無明・煩悩が、生死輪廻をもたらす業を作っていくわけで、この十二縁起においてはそうした無明のみをとります。

「**即ち彼れが発する所を乃ち名づけて行と為す。**」行とは、来世に生まれることに関わる無明・煩悩によって起こされた行為をいうものです。そのように、十二縁起の中の無明や業は、あくまでも次の世に生まれるということに関わるもののみに限られるのです。

「**此れに由りて一切の順現受業と別助当業とは皆な行支に非ず。**」順現受業というのは、行なった行為の報いを現世のうちに受けるような業です。別助当業というのは、未来世において六識レベルの報いだけをもたらすような業です。業も細かく説明されるわけですが、来世にどこそこの身体と環境世界に生まれさせるという業もあれば、そういうことに一切関わらず、来世に六識レベルで業の結果としての何ものかを実現させていくだけの業もあります。しかし、十二縁起で説く業には、そういうものは入りません。

ここで、深浦正文先生の『唯識学研究』下巻のこの箇所の解説を見ておこうと思います（四九六頁以下参照）。十二縁起の最初の無明は、第六意識相応の愚癡無明のことを意味します。無明と一言でいってもいろいろな無明があるわけです。特に業をおこす無明は、分別起の煩悩障であります。意識レベルで、後天的に起こす我執に関わる煩悩です。助発業は倶生起の煩悩障、すなわち先天的に起きてくるような我執に関わる煩悩です。なお、ここでは、総別報業・唯総報業を発するもののみを取り、唯別報業を発するものは取りません。逆にいえば次の世に、阿頼耶識にどういう身体と環境世界を引き出してくるか、それに関わるものしかここでの行（業）はとらない、というのです。行は業のことで、非福・福・不動業の三業になります。非福業は、地獄・餓鬼・畜生に生まれさせるような業。福業は、欲界の人間・天上界に生まれさせるような業です。さらに色界・無色界の天上界に生まれさせるような業を、不動業といいます。その一番根本になるのは、第六意識相応の思の心所です。自覚的に何を目指すか、それがその人の業を造っていくのです。以上の無明・行の二は、唯識の十二縁起の説そのものにおいては、種子・現行の両方に通じます。しかし第十九頌においては、主に業種子を見ていくことになります。この二つを能引支といいます。異熟の果報を生ずべき名言種子を引いて、現行させる助けとなるからです。地獄の身体と環境の種子を引き出すのか、人間の身体と環境の種子を引き出すのか、そのはたらきを行なうということです。これが能引支のグループです。

唯識の十二縁起の解釈――所引支

二には所引支。謂く、本識の内に親しく当来の異熟果に摂めらるる識等の五を生ずべき種ぞ。是れ前の二の支に引発せらるる故なり。此れが中に識の種というは、謂く、本識の因ぞ。後の三が

因を除いて余の因は、皆な是れ名色の種に摂めらる。後の三が因は、名の次第の如く即ち後の三が種なり。或は名色の種に総じて五が因を摂めたり。中に於て勝れたるに随いて余の四種を立てたり。六処と識と総・別も亦た然なり。集論（じゅろん）に識も亦た是れ能引なりと説くことは、識の中の業種を識支と名づけたる故に。異熟識の種は名色に摂めらるる故に。経に識支は能・所引に通ずと説けることは、業種と識種とを倶に識と名づくるが故なり。識は是れ名色の依なりといわんとぞ。名色に摂むといわんとには非ざるが故に。（八・一四〜一五、Ⅳ・九二）

「**二には所引支。謂く、本識の内に親しく当来の異熟果に摂めらるる識等の五を生ずべき種ぞ。**」

「当来の異熟果」というのは、来世に業の結果として得た生存のことです。その来世の業果としての生存を、識・名色・六処・触・受の五が表わすと見ています。この辺は、唯識独特の説です。しかもそれらの直接の因となる阿頼耶識の中の名言種子が、所引支として語られるものです。十二縁起の識等の五支を現行においてではなく、種子において見るのです。

「**是れ前の二の支に引発せらるる故なり。**」無明に基づく業によって、人間界か地獄界か等、生まれる世界が決定されるわけですが、そのいずれかの界の種子が特定されて引き出されるので、所引支ということになるわけです。来世の業果は、次の世の阿頼耶識の相分の身体と器世間が中心になりますが、それは総報といいます。ここでは、それに、六識レベルで業の結果が現われてくるというその別報をも合わせて、「当来の異熟果」といっているようです。それらの直接の因となる名言種子が、識等の五支によって表わされているというのです。

「**此れが中に識の種というは、謂く、本識の因ぞ。**」識支は、識の種子になるわけですが、それは阿頼耶識そのものの種子をいうものです。十二縁起の中の識は、来世の阿頼耶識の種子を表しているというのです。このとき、相分も含むのかどうかですが、私は見分の種子だけをいうのではないかと思います。その理由は、あとに六処がでてくるからです。六処は、五根が中心になりますが、それは阿頼耶識の相分に維持されるものです。その種子は六処として別立てされているわけで、とすれば、識の種子といっても特に見分の種子ではないかと思われるわけです。なお、見分という言葉の中には、自体分＝自証分・証自証分が含まれています。さらに相分の器世間については、名色の色に読むことができるかと思うのです。

「**後の三が因を除いて余の因は、皆な是れ名色の種に摂めらる。**」名色の名というのは、五蘊（色・受・想・行・識）の中の、色を除いた非色の四蘊のこと、つまり、受・想・行・識のことです。そこで、名と色を合わせて五蘊ということになるのです。異熟果には、総報だけではなくて、別報もありますから、阿頼耶識と六処と触・受の心所とを除いて、その他の来世のすべての異熟果の、その名言種子を名色という言葉で包括的に表します。

「**後の三が因は、名の次第の如く即ち後の三が種なり。**」六処は六処（眼・耳・鼻・舌・身・意）の種子であり、触は触という心所の種子であり、受は受という心所の種子であります。とりわけ阿頼耶識には、触も受も相応するわけですし、別報の心王にも相応するでしょう。その心所を意味しております。このように五支の内容を別々に見ていくという見方が一つあります。

「**或は名色の種に総じて五が因を摂めたり。**」一方、もう一つの五支の解釈の仕方として、まず名色の中に当来の異熟果のすべてを読み込みます。名色は五蘊ですから、この五蘊によって身心・器世間の全体を包括することができるわけです。名色ですでに全体を表している。本当は名色だけでよいという解釈です。もちろん、その種子のことをいうものです。

「**中に於て勝れたるに随いて余の四種を立てたり。**」ただしその名色＝五蘊の中で、特にはたらきの目立つものを別立てして、識・六処・触・受と立てたと解します。身体と器世間を維持していくというはたらきにおいて識が勝れているから、これを別立てします。また、根があるからこそ識も成立するわけで、根はそういう勝れたはたらきをなすから、これを別立てします。認識を成立させるのに触の心所は勝れているから、これを別立てします。感受するはたらきには受が勝れているから、これを別立てします。

「**六処と識と総・別も亦た然なり。**」六処といえば六処の意の中に、識の世界が含まれております。意根の中に識が含まれているのですが、あえて識を別立てしたというのも識が勝れているから、六処から別立てしたのであります。ここで総は六処、別は識のことです。

「**集論に識も亦た是れ能引なりと説くことは、識の中の業種を識支と名づけたる故に。異熟識の種は名色に摂めらるる故に。**」世親の実兄の無著の著書の『大乗阿毘達磨集論』（『集論』）には、十二縁起の中の識を能引支に収めています。それは阿頼耶識の中の業種子を識支と見立てて、業種子だから能引支だという説なのです。識支を業種子として見てしまった場合、阿頼耶識自身の名言種子は十二支のどこでよむのでしょうか。それは名色の名で読むのです。名は非色の四蘊で、受・想・行・識のことですから、そこに識があるわけです。

「経に識支は能・所引に通ずと説けることは、業種と識種とを倶に識と名づくるが故なり。識は是れ名色の依なりといわんとぞ。名色に摂むといわんとには非ざるが故に。」これは『縁起経』という経典がありまして、『成唯識論』の説とは少し違い、識支に能引・所引の両方の意義があると説いています。それは、識に業種子と阿頼耶識自身の名言種子の両方を見ていくからです。『集論』は、識を業種子の能引支とし、阿頼耶識の名言種子は名色に読んだのですが、『縁起経』ではそれを能引支でもある識のほうに同時に読んだのです。『縁起経』は、なぜそれを名色で読まないで、識支のほうで読んだのでしょうか。それは、現行のレベルでは、識と名色を分けて見ていくことがありえるからです。阿頼耶識と七転識とは相い依る関係にもなりますが、それは十二縁起の中での、識と名色（の中の識）とが相い依る関係だとも言えます。『縁起経』の場合は、その関係を重視して、識と名色とを区別しなければならないという観点から、名色の中の識に阿頼耶識を読み込むことは避けたのです。

> **識等の五が種は、業に由りて熏発せらるることは、実に同時なりと雖も、而も主・伴と総・別と勝・劣と因・果との相、異なるに依りて、故諸の聖教に、仮りて前後を説けり。或は当来と現起との分位に依りて、次第有るが故に、前後有りと説けり。斯れに由りて識等を亦た現行にもありと説けり。因の時には定めて現行の義無きが故に。復た此れに由りて、生と引と同時なりと説けり。潤と未潤との時は、必ず倶にあらざるが故に。**（八・一五、Ⅳ・九九）

「識等の五が種は、業に由りて熏発せらるることは、実に同時なりと雖も、」十二縁起の説の中では、識等の五支は順番に並んでいるわけです。そういう種子は同時に熏習されるのか、それとも順々に熏習されていくのか。そういう質問が前提になっておりまして、その問いに対する答えとして、同時に熏習されて阿頼耶識に種子として発生してくると述べたものです。では、同時なのに、どうしてそのような順序があるのでしょうか。

「**而も主・伴と総・別と勝・劣と因・果との相、異なるに依りて、故諸の聖教に、仮りて前後を説けり。**」熏習されるのは同時なのだけれども、阿頼耶識が主たるもので、その他のものは伴であるから、まず識が説かれたのです。名色は包括的で、その後は別々のものだから、次に名色が説かれました。六処は六根のことですが、識を生ずるという勝れたはたらきをもっているから、次に六処を先に説いて、そのあと触・受を説くことになったのです。触・受は同じ心所有法ですが、触の心所があって他の心所も生まれてくるということもあるので、触を先に説くのです。

「**或は当来と現起との分位に依りて、次第有るが故に、前後有りと説けり。**」もう一つの説ですが、未来のどこかの世界に生まれたときの実際に個体が形成されていく段階の区別、あるいは、既にこの世に生まれて、以来いろいろ展開してきた変化の区別に基づいて、識・名色・六処・触・受というような順序をみることができるわけで、この五支の順番はそれに基づいていると見ることもできます。

「**斯れに由りて識等を亦た現行にもありと説けり。**」唯識関係の経論には、十二縁起を現行のレベルで説明しているものもあります。『成唯識論』はあくまでも業種子や名言種子を中心として見ていますが、他の経論には現行も含めて説いている場合もあるのです。

「**因の時には定めて現行の義無きが故に。**」種子レベルでは順番はありません。それは阿頼耶識に同時に存在しているわけです。同時に存在しているものにどうして順番をつけるのでしょうか。それは現行した時にそういう区別がでてくるから、実際には同時に阿頼耶識の中に熏習され存在しているのだけれども、その順序で書かれたということです。

「**復た此れに由りて、生と引と同時なりと説けり。**」ここの生は所生支のことで、十二縁起の最後の二つ、生・老死です。また引は所引支のことで、識・名色等の種子です。所生支と所引支は同時だと説く他の聖教もあり、つまり種子と現行が同時であるということを説いているものもあるのですが、まだ業が熟して来世の生を受けるという段階にならないかぎりは、その来世の業果の種子とその現行とが同時ということはありません。

「**潤と未潤との時は、必ず倶にあらざるが故に。**」とりわけ臨終時に煩悩を起こすことによって、業種子と名言種子が潤され、生死輪廻を促進させることになるのを「潤生する」というのですが、それを受けない段階が未潤です。一方、潤おされて、次の世に現行するに至った段階が潤です。現行すれば、種子と現行は同時となりますが、しかし現行する前と現行した後は同時とは言えません。そこで『成唯識論』では同時とは見ないのです。

以上、所引支の説明を拝読しました。なお、六処は業果の六根の種子ということになりますが、その中の意根は、六識の等無間の意のことになります。六識が滅することによって次の六識が生まれる、その前刹那に滅した識を、意と呼ぶことがあるのです。このように、識から受までの五支を、唯識では異熟果の直接の因縁、つまり名言種子と見るのですが、それはきわめて弱いもので、必ず業種子によって引かれて現行します。そこで、これらを「所引支」というのです。

三には能生支。謂く、愛と取と有とぞ。近く当来の生と老死とを生ずる故なり。謂く、内の異熟果に迷う愚に縁りて、正しく能く後有を招く諸の業を発して縁と為て、親しく当来の生と老死との位の五果を生ずべき種を引発し已んぬ。復た外の増上果に迷う愚に依りて、境界受を縁として貪愛を発起す。愛を縁として復た欲等の四の取を生ず。愛と取と合して潤ぜられつる能引の業種と及び所引の因とを、転じて名づけて有と為す。倶に能く近く後有の果を有しぬるが故に。

（八・一五～一六、Ⅳ・一〇三）

「三には能生支。謂く、愛と取と有とぞ。近く当来の生と老死とを生ずる故なり。」第三のグループは、愛と取と有です。この愛と取は、種子ではなくて現行の煩悩です。次の世に、生・老死を生ずるから、能生支というのです。

「謂く、内の異熟果に迷う愚に縁りて、正しく能く後有を招く諸の業を発して縁と為て、親しく当来の生と老死との位の五果を生ずべき種を引発し已んぬ。」これは能生支の説明のための前段のようなものです。「内の異熟果に迷う愚に縁りて」というのは、身体とか自我に執著する、その無明・煩悩によって、ということです。それによって未来の生存を招くような業を起こし、その業を縁として、来世の業果としての生存の直接の因つまり名言種子を引発します。もう次の世に、地獄なら地獄、あるいは人間なら人間等いずれかの世界に生まれる状況を準備し終わったということになります。

「復た外の増上果に迷う愚に依りて、境界受を縁として貪愛を発起す。愛を縁として復た欲等の四の取を生ず。」「外の増上果」というのは器世間のことでしょう。もう次の世にどこに生まれるか決定された状況の中で、ただ識のみということも知らない無明・煩悩によって、その外界を認識し、貪愛、執著・愛着を起こしていく。そして、その貪愛を起こしたことを縁として、さらに執著を起こしていく。それが取というものですが、それには四種類（欲取・見取・戒取・我語取）あるというのです。欲取は、欲界の貪りです。我語取は、自我に対する執著です。見取・戒取は、見解に対する執著、戒律に対する執著です。

「愛と取と合して潤ぜられつる能引の業種と及び所引の因とを、転じて名づけて有と為す。倶に能く近く後有の果を有しぬるが故に。」能引支の業種子と所引支の名言種子とが、その愛と取によって潤されたものを、種子とは言わないで「有」と呼びます。煩悩を起こすことによって、業種子と名言種子が本当にもう現行すべく促されたものです。それに「有」という名前をつけるのです。その二つが一緒になって、もうすぐ次の世の生存を実現することを「有してしまっている」から、「有」と名づけるのです。

というわけで、この能生支には、業果の種子を潤す愛と取との煩悩と、潤されたその種子とが含まれていることになります。この中、潤生のはたらきをする煩悩について、深浦正文先生の『唯識学研究』下巻の解説を参照しますと、次のようにあります。

「以上の愛・取の二は命終の位に起って、前の能引の業種子と所引の名言種子とを潤す、よってこれを潤生の惑という。いわく、名言種子と業種子と相合して当果を招くわけであるが、もしそれに他の潤沢の縁を蒙らねば、その現行は覚束ないのである。あたかも、穀種（名言種子＝識等五支）が地中（業種子＝無明・行）にありとも、雨・露（潤縁＝愛・取・有）等のそれに加わることがなければ、発芽（感果＝生・老死）を見ること覚束ないがようである。しかるに有情の起す煩悩は絶間なく生ずるから、それによってよくかの名言・業種を沃潤し、以て生果の勢力を増さしめるのである。すなわち命終の位にあるや、下品の貪愛法爾に起って、自体を愛し境界を愛する。『了義灯』巻五末によるに、死有の位には、未だ当生の処を縁ぜないから自体愛を起し、中有の位には、当生の処を縁ずるから境界愛を起すとあって、これが唯識の常説とされるのである。その自体愛とは、現在の自身に貪着して、少しでも長生せんことを欲するをいい、境界愛とは、当生の境界に対して貪着するをいう。このほかに、別に当生愛てうを立てる説あれど、そは境界愛と同義というべきであろう。しかして、この貪愛を起す位が愛である。かくて、貪愛相続して、終に上品の貪愛およびその他の一切の煩悩を起して、しばしばこれを潤沢する、その位が取である。およそ、潤生の用は諸惑何れも有しておれど、臨終の貪愛は水の如く特にその勢力が強いから、別してこれを潤位に立てるのである。それを二支とするは、数数その作用をなすことを顕わすべく、初位を愛、後位を取と分かつのである。しかしてこの潤生の惑は倶生起を以て正潤生とし、分別起を以って助潤生とする。命終に際しては、邪師・邪教等の分別によらず、任運倶生の貪愛が現行するからである。なお、凡夫の潤生は必ず現行であるが、聖者はまた種子を以ても潤生する。故にこの二は、種子および現行に通ずる。」（五〇一～五〇二頁）

今、「あたかも穀種（名言種）が地中（業種）にあるも、雨露（潤縁）等が加わらなければ、発芽（感果）を見ることおぼつかないようである」と説明されていました。土の中の種に水をしみこませて発芽を促進させるように、特に臨終時の煩悩は、来世の受生を促進させることを、唯識ではこのようにはっきりと指摘しているのです。

死ぬ一刹那（死有）においては、すでに次の世にどこに生まれるかは決まっていても、まだそこを認識することができません。そこでそのときは自分自身のみに執著するといいます。中有に入ると、来世に生まれるべき世界の生き物のすがたかたちをしていて、その世界も認識できるといいます。このとき、餓鬼や地獄に生まれるとわかれば、その世界には執著を起こさないと思うのですが、それでもやはり、早く次の世に生まれたいと思うようです。そこで、死の一刹那には少しでも長生きすることを望み、中有に入れば早く次の世に生まれたいと思うことになります。こうして、死の時には自覚しがたい貪りを起こし、中有のなかでも、その貪愛さらには一切の煩悩を起こして、業種子と名言種子を潤していくというのです。生存中の日常時に煩悩を起こすことも、業種子・名言種子を潤すという作用をなさないわけではありません。しかしこのように臨終時、さらには中有の時の貪愛は、潤縁としてめざましいはたらきをするようです。そこで、それに愛・取の二支を立てるなどして、実に細かい分析を示しております。

以上の三支は、近い未来の業果を生じるので、「能生支」といいます。その、生まれさせられるものが「所生支」で、それは生と老死であるというわけです。これについての説明は、以下のようにあります。

四には所生支。謂く、生と老死とぞ。是れ愛と取と有とに近く生ぜらるる故なり。謂く、中有従り本有の中に至るまでに、未だ衰変せざる来たをば、皆な生支に摂む。諸の衰変する位をば総じて名づけて老と為し、身壊し命終するをば乃ち名づけて死と為す。（八・一六、Ⅳ・一〇六）

「**四には所生支。謂く、生と老死とぞ。是れ愛と取と有とに近く生ぜらるる故なり。**」十二縁起のなかの生と老死が、所生支です。愛・取に基づく有によって、次の世に生まれさせられるものであるから、「所生支」と名づけるのであります。

「**謂く、中有従り本有の中に至るまでに、未だ衰変せざる来たをば、皆な生支に摂む。**」生といえば、どこかに生まれることのように思うのですが、この十二縁起説の生支には、死有（一刹那）の直後、中有に入ったその時からが含まれるという解釈です。死んだ後まだどこかに生まれていない期間も、生・老死の生に含めるというのです。そしてどこかに受生して、そこで一期の生涯を送っていくわけですが、その間、死を迎える前までも、生支のうちです。

「**諸の衰変する位をば総じて名づけて老と為し、身壊し命終するをば乃ち名づけて死と為す。**」衰えることは老であり、亡くなれば死です。若くして死ぬ場合でも、死ぬときには衰え変わっていくわけけです。

で、そこに老を見ることになります。そう見れば、老も死も、生物には必ずあるということになるわけです。

業種子・名言種子を潤すのが愛・取で、潤された業種子・名言種子が有でした。その潤された業種子・名言種子（有）に基づいて、未来に生を受けます。唯識ではこのように十二縁起を解釈しているのです。これは説一切有部の解釈とはまったく異なるものです。しかし唯識はこのような仕方で十二縁起説を解釈しますので、『唯識三十頌』第十九頌の生死輪廻の説明も、このことと矛盾しないことになるわけです。第十九頌は、次のようなものでした。

諸の業の習気と、二取の習気と倶なるに由りて、
前の異熟既に尽きぬれば、復た余の異熟を生ず。（八・一一、Ⅳ・一九三）

「二取の習気」というのはふつうは名言習気のことで、八識の相分・見分の種子に当たります。この第十九頌の基本的な意味は、業種子と名言種子によって生死輪廻が続いていくという立場から、外界の存在を認めなくても生死輪廻は説明できるとするものです。しかしこの第十九頌の説明は、すでに見てきた唯識独自の十二縁起の解釈ともまったく照応しているわけです。

第十九頌の第四段の説明——二種生死

次に、第十九頌をめぐる『成唯識論』の最後の解説を拝読します。大乗仏教全体の中から見ると、生死には二種類あるといわれます。一つは分段生死、もう一つは変易（へんやく）生死です。この二種類の生死を、第十九頌でどのように読めるのかが問題になるわけです。分段生死は、過去世の業によって規定される生死です。変易生死というのは、自らの意思で生死していくものです。過去の業に規定された制約のある生死ではなく、自分の意思で生死の世界へ入り、その中で活動していく生死です。小乗仏教では、ただ苦しみから逃れたい、地獄・餓鬼・畜生の世界から離れたい、とのみ考えるのに対して、大乗仏教の場合は、自分の意思でどこにでも入っていき、苦しんでいる人々のために尽くしていこうとします。そういう変易生死も、ふつうの輪廻の分段生死も、はたして唯識の立場でどのように説明できるのでしょうか。

> 復た次に、生死の相続することは、内の因と縁とに由りてなり。外縁を待たず。故に唯だ識のみ有り。因というは謂く、有漏と無漏との二の業ぞ。正しく生死を感ず。故に説いて因と為す。縁というは謂く、煩悩と所知との二の障ぞ。助けて生死を感ず。故に説いて縁と為す。（八・一二三、Ⅳ・二五一）

「**復た次に、生死の相続することは、内の因と縁とに由りてなり。**」生死輪廻は、八識およびそれらに相応する心所有法の中で、そこにある因と縁とによって起きてくることであって、外界という存在を必要しないということです。「**外縁を待たず。故に唯だ識のみ有り。**」外界の縁を待つわけではありません。八識（心所も含む）だけで説明できるという意味になります。ですから唯識と矛盾しません。それは、どういうわけかといいますと、

「**因というは謂く、有漏と無漏との二の業ぞ。**」前の「内の因」の因とは、有漏と無漏の二の業のことだといいます。覚りの智慧を発揮して、その中で行なう行為およびその未来に対する影響力が無漏の業です。そうではなくて、迷いの中で作る業が有漏の業です。凡夫の場合、意識レベルで善の行為を行なっても、それは有漏の善業です。善とはいえ、煩悩の漏れがつきまとっている業だということになります。しかし、それは排除されるべきものではなく、むしろ大事なものです。意識レベルで善を修行することによってこそ、末那識も変わっていくからです。もちろん、有漏の不善業（悪業）もあります。そういう有漏と無漏の二の業が、因と呼ぶべきものです。

「**正しく生死を感ず。故に説いて因と為す。**」業があることによって、生死輪廻がもたらされます。本当は、未来の存在（業果＝異熟果）の因は名言種子でした。阿頼耶識の相分に個体（有根身）と環境（器世間）が現ずる、その種子こそが因なのであり、それに対して業種子は縁になるはずのものなのですが、ここでは、名言種子の因に対し縁に相当する業種子を、あえて特に因と呼んでいるわけです。それがあるから、輪廻していくからだといいます。そしてさらにそれを助けるものを縁と呼んでいます。それは何かというと、

「縁というは謂く、煩悩と所知との二の障ぞ。助けて生死を感ず。故に説いて縁と為す。」煩悩障（我執に関わる煩悩）と所知障（法執に関わる煩悩）が縁になります。有漏の業に対しては煩悩障が縁になり、分段生死がもたらされます。無漏の業に対しては所知障が縁になって、変易生死がもたらされます。それぞれの業（因）を助けて生死を実現させていく、その因を助けるものとして、二障を縁に位置づけているわけです。

煩悩障が有漏の業を助けるとは、どういうことなのでしょうか。それは主に、潤生の縁となる愛・取を考えているということだと思います。所知障については、実現すべき仏果があるという思いをおこすのと、救わなければならない衆生がいるという思いをおこすのと、それらの一種の執著＝所知障によって無漏業を助けて、変易生死が実現するのだといいます。

所以は何となれば、生死に二有り。
一には分段生死。謂く、諸の有漏の善と不善との業が、煩悩障の縁の助くる勢力に由りて感ずる所の、三界の麁なる異熟果ぞ。身と命とに短と長とあり。因と縁との力に随いて定まれる斉限有り。故に分段と名づく。（八・二二三～二二四、Ⅳ・二五二）

「所以は何となれば、生死に二有り。一には分段生死。謂く、諸の有漏の善と不善との業が、煩悩障の縁の助くる勢力に由りて感ずる所の、三界の麁なる異熟果ぞ。」生死には、二種類あるのでしたが、分段生死とは、善・不善の業に対して、煩悩障が助ける力によって、すぐれたものではない身体を受けるものです。「**身と命とに短と長とあり。**」身体や寿命には有限なある制約があります。決まった形もあり、生きていられる期間も、短いものもあれば長いものもあります。「**因と縁との力に随いて定まれる斉限有り。故に分段と名づく。**」業の因とそれを助ける縁のあり方にしたがって、一定の制約があります。おのおのの生で、おのおののある形があります。そこに一分一段、分段と名づけるのです。要は、業に基づく輪廻の中で受けていく生死になるわけです。

変易生死について

二には不思議変易(へんやく)生死。謂く、諸の無漏の有分別の業が、所知障の縁の助くる勢力に由りて感ずる所の、殊勝の細なる異熟果ぞ。悲と願との力に由りて、身命を改転して定まれる斉限無し。故に変易と名づく。無漏の定願に正しく資感せられて、妙用測(はか)り難し、そえに不思議と名づく。

(八・二四、Ⅳ・二五三)

「**二には不思議変易生死。謂く、諸の無漏の有分別の業が、所知障の縁の助くる勢力に由りて感ずる所の、殊勝の細なる異熟果ぞ。**」もう一つが、変易生死です。詳しくは、不思議変易生死と言います。無分別智の世界の中では、行為も起きてこないかもしれません。有分別の覚りの智慧に基づいて、つまり後得智に基づいて行為を行なう。その無漏の有分別の業に対し、さらに所知障を起こしてそれを助けていく。それによって、すぐれた異熟果がもたらされるというのです。

「悲と願との力に由りて、身命を改転して定まれる斉限無し。故に変易と名づく。」悲は、衆生救済の慈悲の心。願は、仏果を実現したいという願です。その両方の力によって、最後の業果としての身体と寿命を改め転じていく。修行が進むとこれ以上、我執がなくなり、業をつくらない状況になります。そうすると、次の世に身を受けることができなくなってしまいます。その時に、すでにそこで受けている業果としての身体と寿命とを変えて延長させるというのです。前の「殊勝の細なる異熟果」とは、このようなもののことだったのです。

「無漏の定願に正しく資感せられて、妙用測り難し、そえに不思議と名づく。」覚りの智慧に基づく禅定と悲願に正しく助けられて実現したもので、その身体の妙なるはたらきは、凡夫にはまことに測りがたいものとなります。そこで不思議変易生死というのです。

> 或は意成身と名づく。意願に随いて成ぜらるる故なり。契経に説くが如し。取を縁と為し、有漏の業を因として、後有を続く者の、三有に生ずるが如く、是の如く無明習地を縁と為し、無漏の業を因として、有る阿羅漢と独覚と已得自在の菩薩との、三種の意成身を生ず、と。亦たは変化身と名づく。無漏の定力をもって転じて本のに異にあらしむること、変化の如くあるが故に。有る論に説くが如し。声聞の無学は永に後有を尽くせり。云何ぞ能く無上菩提を証すというや。変化身に依りて無上覚を証す。業報身には非ず、といえり。故に理に違せず。（八・二四、Ⅳ・二五五）

「或は意成身と名づく。意願に随いて成ぜらるる故なり。」この変易生死で受ける身（変易身）を、意成身とも言います。意願というのは、衆生を救済したいという大悲の意と、菩提を実現したいという願とのことで、それによって成ぜられるから意成身と名づけられるのです。

「契経に説くが如し。」『勝鬘経』には次のように説かれています。**「取を縁と為し、有漏の業を因として、後有を続く者の、三有に生ずるが如く、是の如く無明習地を縁と為し、無漏の業を因として、有る阿羅漢と独覚と已得自在の菩薩との、三種の意成身を生ず」**と。初めの句には、愛・取が潤生の縁になるということが意味されているのでしょう。取の縁と有漏の業の因とによって、次から次へ生死輪廻を続けていく人が、三界のいずれかに生じていく。それとちょうど同じように、無明習地を縁とし、無漏の業を因として、三種の意成身が成立する、と。ここに出る無明習地ですが、『勝鬘経』では、煩悩に関して五つの習地が説かれていて、他の四つは煩悩障なのですが、この無明習地は所知障であるとされるのです。

阿羅漢・独覚は小乗仏教の世界ですが、どちらも修行すべきことを終えた人を指しています。已得自在菩薩は、第八地以上の菩薩を意味します。阿羅漢・独覚（＝縁覚）の中、特に大乗に転向してくるような（不定姓の）声聞・縁覚、あるいは菩薩の中で第八地まで至った人が、それぞれの意成身を生ずるのです。そのように『勝鬘経』に意成身という言葉がでているわけですが、これは、所知障を縁とし無漏の業を因としてのもので、変易身と同じものなのです。

阿羅漢の位は、もう修行すべきものがなくなったということですが、業の結果があるうちは有余依涅槃（肉体上の束縛を離れえない）で、それがなくなると無余依涅槃に入るわけです。大乗に転向していく際には、その身を変えて、あるいは阿頼耶識の中にある身体のための種子（無余依涅槃といっても、大乗唯識から見れば、第八識は存続されている）を現行させて、相続させて修行していく。大乗の第八地の菩薩も、その地においては、もはや我執を起こさなくなっています。我執を起こさないということは、業をつくらないということで、次の世の身を得られないということです。しかしさらに第九地・第十地の修行をしなければなりません。ところがその際、業に基づく身体が得られないので、すでにそこで得ている身体を変えて延長させていくことによって、生死を続けていくのです。そしてさらにますます修行をして、最後には仏果に至る。それが変易生死であり、意成身なのです。

「**亦たは変化身と名づく。無漏の定力をもって転じて本のに異にあらしむること、変化の如くあるが故に。**」この変易身をまた、変化身と名づける場合もあります。第八地以上の菩薩等がさらに修行していくために用いる身体は、かつての分段身（本の）とは異なる清浄・微妙・広大・光潔なる身であって、変化のようであります。ですからここでいう変化身とは、仏の変化身のことではなく、仏以前の修行過程の一定の段階の身についていう場合のもののことです。実際にそういう使われ方をする例として、『顕揚聖教論』（大正三一巻五六〇頁上参照）を示します。

「**有る論に説くが如し。声聞の無学は永に後有を尽くせり。**」無学というのは、学ぶべきことがなくなった段階、阿羅漢の段階のことです。小乗仏教の修行者で、阿羅漢に達した人は、生きている間は有余依涅槃に入っており、その業果が尽きれば無余依涅槃に入ります。そうしたら、「**云何ぞ能く無上菩提を証すというや。**」もはや来世に身を受けることはなくなってしまったはずの声聞・縁覚が、さらに大乗に転向して修行していこうという時に、何の身体をもとにして修行して、これ以上ない正しい覚りの智慧を実現していくのだろうか。「**変化身に依りて無上覚を証す。業報身には非ず、といえり。**」それは、変化身によって修行して仏の覚りの智慧を実現していくのです。過去の業に基づく身体によって修行していくのではありません。『成唯識論』によればそれは、「無漏の定力」によってのようで、覚りの智慧に基づく禅定力によって、そのような身を起こすことができるのでしょう。こういうことが『顕揚聖教論』にいわれていますので、「**故に理に違せず。**」何も問題はありません。この場合の変化身というのは、仏身論の変化身＝化身とは異なる変化身で、変易生死の身（意成身）を表す言葉と考えられますから、そこで変化身と言ったとしても特に矛盾は生じないわけです。

所知障を用いる意味

若し所知障いい無漏の業を助けて能く生死を感ずといわば、二乗の定姓は応に永に無余涅槃に入らざるべし。諸の異生の煩悩に拘せられたるが如くあるが故に。

如何ぞ道諦の実に能く苦を感ずる。誰か言う、実に感ずと。

爾らずんば如何ぞ。無漏の定と願との、有漏の業を資けて、所得の果を相続して、長時に展転して増勝にあらしむるを、仮りて説いて感ずと名づく。是の如く感ずる時には、所知障の縁と為りて助くる力に由る、独り能く感ずるものには非ず。然も所知障は解脱をば障えず。能く業を発し

生を潤ずる用無きが故に。（八・二四～二五、Ⅳ・二六一）

「**若し所知障いい無漏の業を助けて能く生死を感ずといわば、二乗の定姓は応に永に無余涅槃に入らざるべし。**」以下、変易生死についていくつかの問答がなされます。変易生死は無漏の業に対して、所知障が縁となってもたらされてくるものです。「二乗の定姓」とはついに声聞、縁覚にとどまり、大乗には転向しえない人々のこと。不定姓であれば大乗の覚りの智慧の種子をもっているのですが、定姓の場合、声聞は声聞の覚りの智慧の種子しか、縁覚は縁覚の覚りの智慧の種子しかもっていません。そういう人には、それぞれの限りでの覚りの智慧が実現するわけです。一切法空ということに関する覚りの智慧はないのですが、自我の空に関する覚りの智慧は実現するのです。すでに預流・一来・不還・阿羅漢の間には、その覚りの智慧はなんらか実現しています。したがって無漏の智慧は一応あり、その無漏の智慧に基づく行為（業）もあるのです。

一方、法執についてては断じておりませんから、所知障は抱えたままです。無漏の覚りの智慧は実現しても、法執はあります。もし、無漏の智慧（に基づく業）と所知障とがあると変易生死を受けるのであれば、二乗の定姓であっても変易生死を受けてしまって、無余依涅槃に入ることは永遠にできないことになるのではないか、という問いです。

「**諸の異生の煩悩に拘せられたるが如くあるが故に。**」ここはいろいろな読み方があるところですが、今は、前の問いに対する答えの文として読んでおきます。異生は凡夫のことです。諸の凡夫は煩悩に拘束されていて、変易生死など、とても実現できない。分段生死にさまようしかなく、大菩提などとうてい実現できない。それと同じ（～が如くある）で、二乗の定姓の場合は、覚りの智慧があり所知障があるかもしれないけれども、菩提を実現したいとか衆生を救済したいとかいう心は起こりません。これはまさに法執の煩悩があるがゆえなのかもしれません。そのように大菩提を実現して衆生を救済したいという思いがないが故に、定姓二乗の場合は無余依涅槃に入ってしまって、変易生死を受けるということがなくて、それ以上の修行は行なわれないことになってしまう。結局、煩悩に束縛されている衆生と同様、大菩提に達するということはないのです。（なお、前の文に続く問いの文と読む読み方もあります。）

「**如何ぞ道諦の実に能く苦を感ずる。**」これはまた新たな問いです。無漏の業は覚りの智慧に基づく行為で、これは修行の世界、つまり道諦になるわけです。已得自在菩薩等は、覚りの智慧を発揮しているのに、どうして変易生死という苦しみの結果を招いてしまうのか。苦しみとあるのは、生死である以上はどんなに微細であれ、苦しみがあるのだという理解があるのです。変易生死の優れた果を得るとしても、生死がある以上は苦しみであるという前提のもとに、覚りの智慧を発揮して行動しているのに、どうして生死の苦を感じてしまう（招いてしまう）のか、という質問がなされたのです。それに対する答えは次のようであります。

「**誰か言う、実に感ずと。**」無漏の覚りの智慧を起こしたときに、それに基づいて生死の苦しみとしての新しい身体を実際に招きよせてくるということを、いったい誰がいったのか。これに、重ねて質問がなされます。

「**爾らずんば如何ぞ。**」実に感ずるということでないとするのであれば、それはいったいどういうことでしょうか。その答えは次のようです。

「無漏の定と願との、有漏の業を資けて、所得の果を相続して、長時に展転して増勝にあらしむるを、仮りて説いて感ずと名づく。」無漏の智慧のはたらきが変易身を直接にもたらすというのではなくて、無漏の禅定と願とが、むしろ今ある身をもたらしたところの過去世来の有漏の業にはたらきかけてそれを助け、その所得の身をさらに相続させて、長時にそれをよりよいものにしていくのです。菩薩の第七地までの修行が終わって、第八地になると我執が消え、業を起こさないので、もはや次の世の身体を得られないというときに、そこで得ている身体を延長させるべく、その身体をもたらしている有漏の業を助けながら、よりよい身体に変えていき、第九地、第十地と修行していくというのです。そのために、その身に関する有漏業を助けていくことに関して、無漏の業が変易身を感ずるといったまでだというのです。実際は無漏の業から果がえられるというのではなく、無漏の業が有漏の業を助けて、その有漏の業に基づく身体を変えていくのです。

「是の如く感ずる時には、所知障の縁と為りて助くる力に由る、独り能く感ずるものには非ず。」そのことは、無漏の業だけによってできることではなくて、それに所知障が加わって縁となって助けることによって実現してくるものです。**「然も所知障は解脱をば障えず。能く業を発し生を潤ずる用無きが故に。」**しかも所知障は、生死輪廻の苦しみから解脱することについて、妨げるわけではありません。元来、所知障には、業を起こしたり、潤生したりする作用はないからです。定姓の二乗は、所知障を有していても、涅槃に入りうることを妨げるものではないことからも、このことは知られます。

資けて生死の苦を感ずることを用うること、何の為ぞ。自ら菩提を証し他を利楽せんとの故なり。謂く、不定姓の独覚と声聞と及び得自在の大願の菩薩とは、已に永に煩悩障を断じ伏せるが故に、復た当の分段身を受く容き(べ)こと無し。長時に菩薩の行を修することを廃せんかと恐れて、遂に無漏の勝れたる定と願との力を以て、延寿の法の如く現身の因を資けて、彼れを長時に与果して絶えざらしむ。数数(そくそく)に是の如く定と願とをもって資助すること、乃(いま)し無上菩提を証得するに至る。彼れ復た何ぞ所知障をもって助くることをも須(もち)ゆる。既に未(まだ)だ円かに無相と大悲とを証せざるときには、菩提と有情と実に有りと執せずしては、猛利(みょうり)の悲と願とを発起すべきに由し無し。又た所知障は大菩提を障う。永に断除せんが為に、身を留めて久しく住せしむ。又た所知障をば有漏の依と為す。此の障若し無くば、彼れも定めて有るに非ずなんぬ。故に身の住するに於て大いに助くる力有り。(八・二二五～二二六、Ⅳ・二二六二)

「**資けて生死の苦を感ずることを用うること、何の為ぞ。**」これは、問いです。微細な生死とはいえ、生死がある以上は苦と見るのでしたが、わざわざそういう身体を作り、苦を受けるのはいったい何のためなのか。

「**自ら菩提を証し他を利楽せんとの故なり。**」声聞・縁覚は小乗の覚りしか実現していなくて、大乗の覚りは実現していません。第八地の菩薩はまだまだ修行の途中であります。大乗の道を行く菩薩(小乗から転向した者も含む)は、なんとしても完全に無上菩提を実現して仏となり、かつなんとしても苦しんでいる人々をどこまでも救済していくために、自らの業からは離れるのだけれども、あえて生死を起こして修行していくのです。

「**謂く、不定姓の独覚と声聞と及び得自在の大願の菩薩とは、已に永に煩悩障を断じ伏せるが故に、復た当の分段身を受く容きこと無し。**」大乗の覚りの智慧の種子を有していて、しかし声聞や縁覚の道で修行した者たちを、不定姓といいます。ここではその修行を完成した者が念頭におかれています。得自在の菩薩とは、第八地以上の菩薩です。彼らは、我執については断じきっています。我執を起こさなければ、業を作らず、次の世に生まれることが成立しないことになります。とすれば未来に、業の結果による身体、分段身を受けることができません。そうしますと、

「**長時に菩薩の行を修することを廃せんかと恐れて、遂に無漏の勝れたる定と願との力を以て、延寿の法の如く現身の因を資けて、彼れを長時に与果して絶えざらしむ。**」もはや業果を受けず、したがって菩薩行を修行することができなくなってしまうことを恐れて、禅定に入り願をともなって、寿命を延す術と同じように、今ある身体の業を助けて、その業が結果を与え続けるようにさせるというのです。業による生死の最後の身体を、無漏の定と願によって変えて、続けさせていくのです。

「**数数に是の如く定と願とをもって資助すること、乃し無上菩提を証得するに至る。**」その身を相続させることは、一回だけではなく、何回も何回も、その身をもたらしている有漏業にはたらきかけ、それを助けながら、変易身をますますよいものにしばしば変えていきつつ修行を続け、最終的に仏果に至るのであります。そこに生死の意味も出てきます。

「**彼れ復た何ぞ所知障をもって助くることをも須ゆる。**」これも問いです。ではそのときに、どうして所知障を用いるのでしょうか。

「**既に未だ円かに無相と大悲とを証せざるときには、菩提と有情と実に有りと執せずしては、猛利の悲と願とを発起すべきに由し無し。**」まだ仏になっていない段階、完全に真如を証する智慧を実現し大悲を発揮する以前の段階では、仏果としての菩提はあるという執著と、救わなければならない人々がいるという執著を起こさなければ、強力な慈悲の心と、およびその菩提を実現したいという願とを起こすべき便りがなくなってしまいます。ですからその法執つまり所知障を起こすのだといいます。菩薩の本分はいかに他者を救うかです。それを実現していくためには所知障を起こさざるをえないのです。あえて煩悩を起こしてでも理想を実現していく、ということなのですが、その煩悩の内容は、実現すべき菩提と救済すべき人々とへの執心であり、実はその執著はかえって意味があることになります。

「**又た所知障は大菩提を障う。永に断除せんが為に、身を留めて久しく住せしむ。**」大乗仏教の修行の核心は、ひとえに法執を断滅して菩提を実現していくことです。その智慧があればこそ、大悲も円成するはずです。その智慧を邪魔する法執にかかわる煩悩、すなわち所知障を完全に除くためには、どうしても長遠の修行を果たさなければなりません。そのためにも、逆説的ですがあえて部分的な法執を起こして、修行を完成させていくのです。

「**又た所知障をば有漏の依と為す。此の障若し無くば、彼れも定めて有るに非ずなんぬ。故に身の住するに於て大いに助くる力有り。**」変易生死は無漏の業因によって、所知障の縁の助けを受けて、有漏の業果の身体を変えていくわけです。そのために有漏の業にはたらきかけて勝身をもたらすようにさせるのでした。所知障は、その無漏の業を助けることによって、実際は有漏の身体が改転された変易身の、その依り所にもなっているわけです。所知障を起こすということがなければ、その有漏の故業へのはたらきかけやその結果としての変易身はなくなってしまいます。阿頼耶識のなかに個体と器世間が現われるわけですが、阿頼耶識は仏果に至らないと大円鏡智になりません。仏果に至るまでは有漏であります。その変易身の相続の為には、所知障の縁も必要になってきます。そこで、その依り所になるという意味合いがあるということでしょう。

以上は、修行のずっと先のことでもありますし、私どもの生死輪廻でさえ信じがたいのに、それをも超える生死のことですから気の遠くなるような話で、あまり現実感がないかもしれません。しかしながら、やはり菩薩はあくまでも一切衆生を救済するという理想の実現に向けて、どこまでも修行していくということが、ここでの一つの主題です。そのためには過去の業に制約された生死を越えて、自ら生死を起こしてその理想を実現していくのです。

以上の二種生死が、『唯識三十頌』の第十九頌とどういう関係になるかということですが、第十九頌では業習気と二取習気とが言われていました。二種生死を第十九頌で考える場合、有漏の業・無漏の業の習気は、諸業の習気です。一方、その業に対し縁となる煩悩障・所知障の二障の種子を、二取の習気に読んでいくのです。二取の習気を業果の直接の名言種子ではなくて、煩悩障・所知障の種子で読んでいく。そうすれば、この第十九頌にも、十分、二種生死を読むことができるわけです。

このように第十九頌は、十二縁起も説明しえますし、二種の生死も説明しうるということで、実に多彩に読めるものであるのでした。今の四段の解釈を、まとめてみますと、次のようです。

業習気	＝業種子	有支種子	業種子	有漏・無漏業種子
二取習気	＝相見二分種子	我執種子・名言種子	惑・苦種子	二障種子

『成唯識論』はこのように、この第十九頌の有している豊かな多義的内容を、実に詳しく解説しているのです。おそらく世親菩薩も、この一つの頌に一つの意味（思想）のみを謳おうとされたのではないでしょう。

八　三性・三無性説について

『唯識三十頌』の三性説

これより「三性説」の箇所を拝読いたします。三性説は哲学的な問題を扱っておりまして、認識・存在・言語等がからみあう問題を鋭利に解明していく中で、我々の迷いのあり方を自覚していくものです。三性を簡単に説明しますと、要は三つの存在のあり方ということです。三性の一つは遍計所執性で、迷いの認識の中で常住なるものとして捉えられたものです。実体的存在として捉えられたもの、という意味合いになります。もう一つは、依他起性です。これは他に依って起こるものですから、仏教でしばしば説かれる縁起の世界のことです。しかし唯識ではそれを八識、あるいはそれらと相応する心所で説明していくわけです。最後の一つは、円成実性です。円成実性といいますと、何か覚りを成就すると完成するものという印象を受けますが、この言葉の本来の意味は、すでに完全で、すでに成就していて、すでに真実なるものです。どんなに自我やものに執著していても、その世界の本質・本性は空です。その空というあり方は、もとより変わらないものです。その空性が円成実性なのです。

我々の世界は、時々刻々変化していく感覚や知覚等が相続されている、その流れの世界なのですが、しかし我々はその中に常住不変なものがあると思い、執著してしまう。その変わらないものとして捉えられたものが、遍計所執性です。刻々変化している現象世界は依他起性の世界です。それは自体・本体を持たない世界であり、その本体がないという、空なるあり方は、不変にして普遍の真理です。これを時々刻々変化していく世界（依他起性）からもう一つ区別して、円成実性と呼ぶのです。依他起性は、生きている現実世界そのもの。遍計所執性は、その上に変わらないものとして考えられた、実体的存在として執著された自我や物などです。円成実性は、現象世界が自体を持たないというあり方のことで、そのあり方をまた真如とか法性とかと呼ぶのですが、いずれも空性のことです。依他起性の中に空性すなわち円成実性がある。そして依他起性の上に遍計所執性が執著されることになります。

この三性説について、『唯識三十頌』では、第二十頌から第二十二頌までの三つの詩の中に説いています。次のようです。

若し唯だ識のみ有りといわば、何が故ぞ世尊の、処処の経の中に三性有りと説きたまえるや。応に知るべし、三性も亦た識に離れず。所以は何ん。頌に曰く、

彼彼の遍計に由りて、種種の物を遍計す。

此の遍計所執の、自性は所有無し。

依他起の自性の、分別は縁に生ぜらる。

円成実は彼れが於に、常に前のを遠離せる性なり。

故に此れは依他と、異にも非ず不異にも非ず。

無常等の性の如し。此れを見ずして彼れをみるものには非ず。（八・二七、Ⅳ・二七一）

「**若し唯だ識のみ有りといわば、何が故ぞ世尊の、処処の経の中に三性有りと説きたまえるや。**」識には心所も含まれるかもしれませんが、唯だ識のみというのであれば、どうして釈尊はいろいろな経の中に三つの「自性」がある、ということを説いているのか。それは唯識と矛盾するのではないか、という問いです。「処処の経」といいましても、三性を説く経典がいくつもあるのか不審です。たとえば『解深密経』や『楞伽経』などには、説かれています。経といえば、仏説の文献に限られるわけで、そんなにいくつもの経典の中に三性説がでてくるとは思えないのですが、そういう聞き方をしているわけです。

「**応に知るべし、三性も亦た識に離れず。**」仏が経典において説いている三性は、唯識という識の世界を離れないものなのです。唯識という世界の真実の上に三性が立てられているに他ならないのです。そういう答えをしたものですから、「**所以は何ん。**」どうして三性はただ識のみになるのかという質問がなされます。「**頌に曰く、**」そのことを世親は『唯識三十頌』の第二十頌から第二十二頌で説明したのだというのです。

「**彼彼の遍計に由りて、種種の物を遍計す。此の遍計所執の、自性は所有無し。**」いろいろな分別のはたらきによって、さまざまな物を実体視し執著し分別します。そこで執著された、遍計所執性というべきものは、存在するものではありません。あるものではないというわけです。たとえば机という言葉を、なんらかの四角い茶色い現象に対して適用すると、何か机というものがあると考えてしまいます。しかし机という一つのものが、本当にあるのか。唯識で説明すれば、眼識にある程度の形をした茶色の相分が現われて、相続されているにすぎないのだということになりますが、素朴な世界観の中で説明しても、机は板の集まりであって、机という一つの存在はないわけです。板が寄せ集まって仮に机らしくそこにあるだけであって、机という一つのものはないのです。ところが言葉を用いて、その言葉に見合うものがあると考えてしまいます。いわばそういう、本来ないのにあると考えられてしまったものが、遍計所執性といわれるものです。

「**依他起の自性の、分別は縁に生ぜらる。**」ここで分別といっているのは、虚妄分別と呼ぶべきものなのですが、実質上は八識（および心所有法）の相分・見分のはたらきのすべてです。心王・心所のすべてが、ここで分別という言葉でいわれているのです。三界の心王・心所を虚妄分別と呼ぶのでした。この分別は、必ずしも実体的なものを執著するはたらきだけとは限りません。その分別といわれる心王・心所は、縁によって生じるものです。阿頼耶識の種子から生じ、その現行は阿頼耶識に熏習され、そこにはさまざまな縁が介在する、そういう縁の中で生じてくるものが依他起性になります。

「**円成実は彼れが於に、常に前のを遠離せる性なり。**」円成実性というのは、八識の現象世界（彼れ）において、常住の本体としてあると誤ってみなされたもの（前の）がまったくないこと、を本性とするものです。依他起の現象世界は、実体的存在というあり方をもとより離れています。実際には、我々はそこに実体を執著してしまうわけですが、しかしどんなに執著していても、世界そのものはもとより空というあり方にあるのです。その空である本性を、円成実性と呼ぶのです。

「**故に此れは依他と、異にも非ず不異にも非ず。**」「此れ」というのは円成実性です。依他起の世界のその空性そのものが円成実性ですから、円成実性と依他起性とは、離れたものではありません。ではまったく同じかというと、依他起性は縁起の世界で、時々刻々と変化していく世界です。けれども、その本質・本性としての空というあり方は、変わらない真理です。過去から未来に至るまで、空というあり方そのものは変わりません。その点では、依他起性とは異なっているわけです。しかし円成実性というのは、依他起性の本質ですから、まったく異なるのでもないわけです。依他起性を相対、円成実性を絶対だとしますと、相対的な世界とはまったく独立に、超越的に、絶対なる世界があるという考え方ではないということです。相対的世界の中に絶対的なるものを見ているのであり、現象世界の中に真理を見ているのです。といって、現象がそのまま真理そのものだというのでもないのです。

「**無常等の性の如し。**」その関係は、無常なるものと無常性との関係のようだといいます。それは、特殊と普遍の関係といってよいでしょう。ソメイヨシノと桜とは、同じか違うか。まったく違うといってしまうと、ソメイヨシノは桜ではないことになります。かといって同じだといってしまうと、桜はすべてソメイヨシノになるのか、そういうわけではありません。このように、特殊と普遍との間には、非異・非一の関係があります。円成実性は、いわば究極の普遍です。それに対して依他起性は特殊の極限でしょう。この二つは同じともいえないし、異なるともいえない関係にあるのであり、それはちょうど、無常なるものと無常性、特殊と普遍の関係として見ることができるというのです。「**此れを見ずして彼れをみるものには非ず。**」円成実性を見ないかぎりは、依他起性を見ることはできません。いったんは無分別智の覚りを開かないかぎりは、現実世界の本来のあり方は幻のごとく、実体的存在ではない、縁起の存在であり無自性であるという、そのことを見抜くことができないのです。三性説を教えられることによって、多少なりとも知的に了解することはできると思うのですが、徹底して現実世界が空であることを洞察するためには、無分別智によって真如を覚るという体験がなければならないのだというのです。

『唯識三十頌』第二十頌の読み方

以上が『唯識三十頌』における三性に関する説明であります。これをめぐって『成唯識論』ではさまざまな解説をしていくわけですが、主に二つの立場を対比させながら解説していきます。一つは安慧らの説、もう一つは護法らの説です。護法の場合は、八識の活動すべては依他起性であって、それに対して、特定の分別によって実体視されたものが遍計所執性です。遍計所執性を、ある程度限定して考えているのです。常住の本体があるとみなしてしまうようなはたらきとは、主に第六意識、あるいは第七末那識です。末那識は自我を絶えず執著しているわけで、そういう意識・末那識が遍計所執性を生み出すという理解です。一方、『成唯識論』が伝える安慧の説なのですが、これは八識すべてに遍計所執性を生み出すはたらきがあると述べております。そして八識の相分・見分が遍計所執性だという立場なのです。ということは、自体分＝自証分に微細なる執著のはたらきがあるということなのでしょうか。なお、この安慧の立場では、常住のものとして実体視されたものは、遍計所執性としての相分・見分の上に、さらに主に意識が言葉を用いて、実体的存在として捉えたものになります。つまり安慧の説では、遍計所執性に、相分・見分の地平と実体視されたものとの二つの種類があるわけです。

　そういう基本的な二つの説を紹介しながら、もちろん『成唯識論』は、安慧の説は成り立たない、護法の説が正しいと主張していきます。それをどう受けとめるかは、私たちの解釈の問題になってくるのですが、宇井伯寿先生等は、安慧の説が無著・世親の古唯識の説であって、護法の説は新唯識であり伝統的な説とはだいぶ異なるものだと判断しています。しかし護法の説を見ますと『摂大乗論』の枠組みにのっとったものです。『摂大乗論』の枠組みは、『瑜伽師地論』の枠組みにのっとったものです。ですから護法の説は、『瑜伽師地論』『摂大乗論』という路線の中で語られているものでして、無著・世親と矛盾するものとは思えません。安慧の説の拠り所は、『弁中辺論』だといいます。しかし『弁中辺論』の説も、むしろ古来の『瑜伽師地論』『摂大乗論』の中で理解されるべきではないのでしょうか。各論書を、表面的な言葉通りに受けとめるのでは、唯識の真意は解りえないのではないか、と思います。以下、『成唯識論』の解説です。

論に曰く、周遍して計度（けたく）す、故に遍計と名づく。品類衆多（ほんるいしゅた）なり、説いて彼彼と為す。謂く、能遍計の虚妄分別ぞ。即ち彼彼の虚妄分別に由りて、種種の所遍計の物を遍計す。謂く、妄って執す

る所の蘊・処・界等の、若しは法・若しは我の自性と差別とぞ。此の妄執する所の自性と差別とを、総じて遍計所執の自性と名づく。是の如き自性は、都て所有無し。理と教とをもって推徴するに、得べからざるが故に。（八・二八、Ⅳ・二七三）

「論に曰く、周遍して計度す、故に遍計と名づく。」分別（vikalpa）といってもよいかと思うのですが、とくに遍計（parikalpa）という語を使っています。とりわけ一切法にあまねく、実体的な存在を分別していくはたらきのことを、遍計と名づけています。

「品類衆多なり、説いて彼彼と為す。」いろいろなものを分別することがあるから、そこで彼彼と重ねて述べているのです。

「謂く、能遍計の虚妄分別ぞ。即ち彼彼の虚妄分別に由りて、種種の所遍計の物を遍計す。」能遍計とは、あまねく分別するような虚妄分別のことです。そのいろいろな虚妄分別によって、さまざまに分別されたものを分別します。さまざまなものが分別され執著されます。この場合、頌の第二句の「所遍計の物」とは、すでに遍計所執性として分別されたものだという解釈です。

「謂く、妄って執する所の蘊・処・界等の、若しは法・若しは我の自性と差別とぞ。」実体的存在として執著されたもの、常住の本体を持つものは、本当は一切ないわけです。唯識的な説明でいえば縁起の刹那滅の相続にすぎないのに、そこに本体があると誤って執著したところの、五蘊・十二処・十八界、もしくは物として実体視されたもの、あるいは主体的な存在が常住なるものとして実体視されたもの、そうしたもので、「自性」は主語として捉えられたものです。「差別」は述語をともなって存在として執著されたもの。松は青いといえば、青い松があるかと考えられてしまうわけです。そのように、主語的に、あるいは主語に対する述語の限定において、実体視されたもののすべてです。

「此の妄執する所の自性と差別とを、総じて遍計所執の自性と名づく。」誤って執著したところの主語的に捉えられたもの、あるいは主語・述語の中で何らかあるものとして捉えられたもの、そういうすべての妄執されたものを遍計所執性と名づけるのであります。

「是の如き自性は、都て所有無し。」こうした性格のものは、すべて本来、存在しないものです。机といっても机というある一つのものがあるわけではないのです。板の寄せ集めがあるだけだといっても、板はまた原子・分子の集まりで、原子・分子はまた陽子・中性子の集まりだということになり、最後はどうなるかはわかりません。唯識の立場でいうと、客観は主観から独立しているのではなく、眼識の中に色が現われている、それらが相続されているのみです。同一感覚が連続的に生起している、そういうものに対して、言葉を適用して実体視しているのであって、その実体視されたものは本来ありえないものです。

「理と教とをもって推徴するに、得べからざるが故に。」それは論理的にも存在しないし、仏の教えからしても存在しません。以上は『唯識三十頌』の第二十頌の、まず第一師（難陀等）の読み方です。

次は、第二師の読み方です。護法はどちらかといえば、こちらを採るでしょう。

或は初の句は、能遍計の識を顕わす。第二の句は、所遍計の境を示す。後の半は、方に遍計所執の若しは我・若しは法の自性、有に非ずということを申ぶ。已に広く彼れが不可得なることを顕

わしてしが故に。（八・二八、Ⅳ・二七四）

「**或は初の句は、能遍計の識を顕わす。第二の句は、所遍計の境を示す。**」第一句は特に問題ありません。第二句の所遍計とは、能遍計が向かう対象そのもののことと読みます。それに対して分別して、実体的存在を認めていく、その遍計されるべき世界のことです。そのように、ここでは所遍計に、言葉を適用すべき現象世界、唯識的に説明しますと八識の相分・見分の流れの世界を見るのです。

「**後の半は、方に遍計所執の若しは我・若しは法の自性、有に非ずということを申ぶ。**」第三句以下は、言葉を用いて分別していくことによって、実体的存在というものが考えられてしまう、その我であれ、物であれ、種々の実体的存在として把握されたものはない、ということを説明しているといいます。つまり、第二十頌の第二句は、依他起性について言っているのであり、第三句以下が遍計所執性だという読み方をするのです。なお、前の読み方もこの読み方も、どちらも有効な読み方です。

「**已に広く彼れが不可得なることを顕わしてしが故に。**」常住な本体を持つ存在というものはありえません。大乗仏教の根本的な立場としては、一切法空で、ありとあらゆるものが実体的存在ではありえないのです。これは確定した世界です。『成唯識論』でも、すでにこのことは詳しく説いておいたというのです。

能遍計について

以上、第二十頌の遍計所執性をめぐる二つの読み方が提示されたわけですが、それをふまえて能遍計とは具体的にどういうものか、遍計されるべきものはどういうものか、遍計所執性そのものとはどういうものか、そのことについてさらに細かく議論されていきます。まず、能遍計とは、何かです。


初の能遍計の自性、云何ぞ。

有義は、八識と及び諸の心所との有漏に摂めらるるもの、皆な能遍計なり。虚妄分別をもって自性と為るというが故に。皆な所取と能取とに似て現ずというが故に。阿頼耶は遍計所執自性の妄執の種を以て所縁と為すと説けるが故に、という。

有義は、第六と第七との心品の我・法と執するものいい、是れ能遍計なり。唯だ意識のみを能遍計と説くが故に。意と及び意識とを意識と名づけたるが故に。計度し分別するいい能遍計なるが故に。我・法と執するは必ず是れ慧なるが故に。二執は必ず無明と倶なるが故に。無明に善性有りと説かざるが故に。癡と無癡との等きは相応せざるが故に。執有りて空智を導くということを見ざるが故に。有と執すると無と達すると倶起せざるが故に。曾て執有るが能熏に非ざるは無きが故に。（八・二八～二九、Ⅳ・二七五）

「初の能遍計の自性、云何ぞ。」能遍計ですから遍計所執性を生み出すものです。それはいったい何か。

「有義は、八識と及び諸の心所との有漏に摂めらるるもの、皆な能遍計なり。虚妄分別をもって自

性と為るというが故に。」覚りの智慧を開く以前の八識の活動すべては能遍計だという説で、これは安慧の説です。八識全体が虚妄分別を本性としていると説かれる以上は、八識のすべてが誤った認識であり、能遍計になっているはずだというのです。

「皆な所取と能取とに似て現ずというが故に。」八識の心王・心所はすべて所取・能取のように現われてくるとも言われています。これは『弁中辺論』によるのらしいのですが、その所取・能取とは、相分・見分のレベルなのか、それを基にして実体視された所取・能取ということなのか、読み方が問題となります。安慧は、相分・見分が現われること自体が、虚妄なる二取の世界だと見たのです。

「阿頼耶は遍計所執自性の妄執の種を以て所縁と為すと説けるが故に、という。」阿頼耶識は遍計所執性を執著した識が熏習した種子を所縁としている。これはどういうことを意味するのでしょうか。一つは、遍計所執性の種子を対象として持っているから、阿頼耶識も能遍計だと言いうるという意味でしょう。もう一つは、七転識が熏習したものを遍計所執性の種子と呼んでいる以上は、七転識の世界すべてに遍計所執性を執著するはたらきがあるはずで、そのことを証明しているという意味もあると思います。いずれにしましても八識に相分・見分、所取・能取が現われることがすでに虚妄分別であり、その八識のすべてが能遍計だという考え方です。

このとき、相分・見分が、遍計所執性だということになりますと、自体分＝自証分に執著があるという話になるのでしょうか。そういう話にならざるをえません。しかし本来、自証分は見分をそのまま受け止めるべきもので、まさに現量で無分別であり、少なくとも陳那の考え方からすれば、自証分が執著を持つということは解りにくい考え方ではないかと私は思いますが、安慧はそういう説を述べたというのです。

「**有義は、第六と第七との心品の我・法と執するものいい、是れ能遍計なり。**」次に、護法の考え方です。能遍計を、まず第六意識と第七末那識に限定します。なお、それに相応する心所も含めるから、心品という言葉になっているのです。その意識・末那識の、しかもすべてではないのです。たとえば、意識は仏の教えを聞いて理解して、真理にかなったはたらきをする場合もあるわけで、ですから意識の活動はすべて執著であるとはいえません。そこで、意識・末那識の、それも特に自我や物等を執著するはたらきのみが能遍計であると、かなり限定的に見るのです。私たちは迷っているわけですが、この私のいのちの活動のすべてが、絶えず対象的に実体を執著するともいいきれないというのが、護法の立場です。では、どうして意識・末那識の、我・法を執著するはたらきだけが、能遍計だという見方になるのでしょうか。

「**唯だ意識のみを能遍計と説くが故に。**」『摂大乗論』には、はっきりと、能遍計は意識であると明記されています。護法が能遍計を第六意識等に限った背景には、『摂大乗論』の考え方があるわけです。ただ『摂大乗論』には意識としか書いておりません。末那識には表立ってはふれていないわけです。そこを矛盾のないように解釈しなければなりません。

「**意と及び意識とを意識と名づけたるが故に。**」そこで意識とは、意すなわち末那識と意識のことだ、という解釈をするわけです。いずれにしても意識・末那識のみが能遍計だというのです。これは『摂大乗論』のはっきりした立場です。

「**計度し分別するいい能遍計なるが故に。**」常住の本体があるものとして執著していくものであってはじめて、遍計所執性を生み出す能遍計といえる、という考えがあるからです。意識の実体視するはたらき、あるいは末那識の自我を実体視するはたらきはこれにかなうけれども、たとえば眼識に、常住の本体を認め執著するはたらきがあるでしょうか。眼識はただ色を見ているだけです。眼識自身がこれは青いとかいう判断はしません。また過去や未来の色を見ることもありません。現在に、ただ見ている、それだけの世界です。感覚の世界には実体視するはたらきというようなものは認められないでしょう。阿頼耶識は意識下の自覚されない世界でして、実体視するはたらきがあるとも思えません。遍計所執性を生むものは、何か常住なるものとして存在すると誤ってみなすはたらきでなくてはならない。それは前五識や阿頼耶識にはあるとは思えない。そうであれば、第六意識・第七末那識のはたらきに限定せざるをえないはずです。

「**我・法と執するは必ず是れ慧なるが故に。**」自我や物等を実体視し執著する、それには必ず判断するはたらきが作用します。心所有法の中の別境の心所に、慧の心所がありますが、この慧の心所を伴わない限りは、自我や物がある、という判断はできません。自我があるという判断は我見ですが、その見というのは慧の心所のはたらきです。慧のはたらきが悪しくはたらいたのが悪見という煩悩になるわけです。そのように、能遍計には慧の心所が相応することが考えられなければならないのですが、通常の無分別で直接的な感覚の世界の前五識には相応するとはいえず、あるいは阿頼耶識に相応するのは遍行の心所のみです。そこには我・法を実体視し執するはたらきは見出せないのです。

「**二執は必ず無明と倶なるが故に。**」我執・法執がある場合、悪あるいは染の煩悩を起こしています。そのとき、無明も相応しています。ところが、意識の導きのもとに仏典を読んだり、修行をしたりしているときは、意識に善の心所が相応するわけです。末那識は覚りの智慧が開かれない限りは、自我を執著していて煩悩が相応しているわけですが、意識においては善の心所が相応しているとき無明・煩悩が相応しない、ということがあります。しかし我執・法執を起こしているときは、必ず無明を伴っています。とすれば、意識の活動において、能遍計はどうしても限定されてくるわけです。

「**無明に善性有りと説かざるが故に。**」無明が起きているときには、善の性質はないのです。しかし意識は善の性質になる場合があり、そのときは意識には無明はないことになります。したがって、意識のすべてのはたらきが能遍計だとはいえないことになるはずです。

「**癡と無癡との等きは相応せざるが故に。**」癡は無明のことです。無癡は善の心所の一つです。無癡の心所が意識と相応していれば無明は相応しない。無明が相応している時は、無癡の心所は相応しません。いまだ覚りの智慧を開かない前は、意識に善の心所が相応して善を実践しているときでも、末那識には無明・煩悩がつきまとっています。そういう凡夫の行なう善を、有漏善というわけです。しかし第六意識レベルでみれば、善を行じているときは、無明・煩悩を離れています。癡と無癡とは、同時には存在しえません。

「**執有りて空智を導くということを見ざるが故に。有と執すると無と達すると倶起せざるが故に。**」空を観察しているところでは、無明・煩悩は意識レベルでは消えている。そうであってはじめて空の覚りということも実現しえます。その修行に入っている段階においては、無明・煩悩を離れていることになるわけです。無明・煩悩がありながら空を了解し洞察する、ということはありえない話です。ものに執著しつつ、そのものを無自性であると了解する、その両方が同時に起きることはありえないことです。

こうして、上述のいずれも、第六意識の活動のすべてが能遍計であるとはいえない。あくまでも我・法を実体視し、執著するはたらきに限って能遍計であると論じているわけです。

「**曾て執有るが能熏に非ざるは無きが故に。**」安慧の説ですと、八識のすべてが能遍計であり、阿頼耶識も能遍計の一つで、執著をもっているという話になります。唯識一般の教えの中では、阿頼耶識は無覆無記で、力が弱くて自ら種子を熏習することはできません。ところが、安慧の説によると阿頼耶識も執著をもち、執著をもつということはなんらか力を発揮することにもなって、熏習の主体にもなりうることになりますが、それは唯識全体の教えとは矛盾するではないか、という指摘をしているわけです。

というわけで、護法は、能遍計は第六意識・第七末那識、とくに意識に関しては、自我や諸法を執著するはたらきに限って能遍計である、ということを主張したわけです。安慧は『弁中辺論』に基づいて述べていると考えられるわけですが、ではその『弁中辺論』等の説は、護法の立場から考えるとどのように考えられるのでしょうか。

有漏の心等は実を証せざるが故に、一切皆な虚妄分別と名づく。所取・能取の相に似て現ずと雖も、一切能遍計に摂むるものには非ず。勿、無漏心にも亦た執有りぬる故に。応に如来の後得にも執有りぬべきが故に。経に仏智には身と土との等き種種の影像を現ずること、鏡等の如しと説くが故に。若し縁の用無くんば、応に智等に非ざるべし。蔵識は遍計の種を縁ずと説けりと雖も、

而も唯と説かず。故に誠証に非ず。斯の理趣に由りて、唯だ第六と第七との心品のみに於て、能遍計は有り。識品は二なりと雖も、而も二と三と四と五と六と七と八と九と十との等き遍計不同なること有り。故に彼彼と言えり。（八・二九、Ⅳ・二八〇）

「**有漏の心等は実を証せざるが故に、一切皆な虚妄分別と名づく。**」覚りの智慧を起こす前の心の活動はすべて、対象が唯識所現であって空・無自性なるものであることを覚るということがないから、虚妄分別というのです。

「**所取・能取の相に似て現ずと雖も、一切能遍計に摂むるものには非ず。**」八識のすべてに相分・見分が現われます。それを虚妄分別と呼んだからといって、そのすべてが対象を分別して実体視している能遍計だというわけではないのです。そのことは、直観的な五感の世界（前五識）を考えてみれば解ることでしょう。

「**勿、無漏心にも亦た執有りぬる故に。**」もし相分・見分が現われさえすればその一切が執著なのだということになると、諸菩薩らの後得智の覚りの世界には相分・見分があるので、そこにも執著があるという話になってしまいます。しかしそこに執著があるとは、とうてい言えないはずです。

「**応に如来の後得にも執有りぬべきが故に。**」修行を完成した仏の覚りの智慧の後得智においても、相分・見分はあると認めざるをえないわけで、もし相分・見分があれば執著があるということになると、仏にも執著があるということになってしまいます。

「経に仏智には身と土との等き種種の影像を現ずること、鏡等の如しと説くが故に。」凡夫の阿頼耶識には、身体と器世間が維持されています。仏になりますとその第八識は大円鏡智になって、そこには仏身と仏国土が現われるといいます。大円鏡智の中に影像が現われるということは、相分があるということです。

「若し縁の用無くんば、応に智等に非ざるべし。」一方、縁ずるというはたらきがなければ智慧とはいえないでしょう。その縁ずるはたらきの中に、見分の存在を見ることになります。こうして、仏智にも相分・見分があるのは間違いない、ということになるわけです。このとき、相分・見分があれば執著があるというのでは、おかしなことになってしまうわけです。

「蔵識は遍計の種を縁ずと説けりと雖も、而も唯と説かず。故に誠証に非ず。」阿頼耶識は遍計所執性の種子だけを縁じているとは説いていません。ですから、そのことは十全な証拠にはなりえません。遍計所執性を執著することのない七転識の活動が熏習した種子もありうるということが、含意されているのでしょう。

「斯の理趣に由りて、唯だ第六と第七との心品のみに於て、能遍計は有り。」以上の論理によって、第六意識・第七末那識の相応する心所も含めての活動の中にのみ、能遍計があることになります。つまり、安慧の説は成り立たないのだと、護法が反論しているわけです。

「識品は二なりと雖も、而も二と三と四と五と六と七と八と九と十との等き遍計不同なること有り。故に彼彼と言えり。」能遍計はこうして第六意識・第七末那識の限定されたものになってしまうのですが、仏典には分別を二種の分別（自性分別・差別分別）で示したり、三種の分別（自性分別・随念分別・計度分別など）で示したりと、その他さまざまな説があるのです。そこで、それらを意味して、頌に「彼彼の」と言ったのだというのです。

以上は、遍計所執性の、「能遍計」に関する議論でした。

所遍計について

続いて、第二句の「所遍計」についての説明があります。

次の所遍計の自性、云何ぞ。摂大乗に、是れ依他起のみと説けり。遍計心等が所縁縁なる故に。円成実性は寧んぞ彼れが境に非ぬ。真は妄執の所縁の境に非ざるが故に。展転に依りて説かば、亦た所遍計なり。遍計所執は是れ彼れが境なりと雖も、而も所縁縁に非ず。故に所遍計に非ず。

（八・二九〜三〇、Ⅳ・二八八）

「**次の所遍計の自性、云何ぞ。**」次に、所遍計（遍計されるべきもの）とは何か。

「**摂大乗に、是れ依他起のみと説けり。**」依他起性が所遍計であると、確かに『摂大乗論』にはあります。やはり護法の考え方は、『摂大乗論』に直結しているわけです。

「**遍計心等が所縁縁なる故に。**」それは、依他起性が、能遍計の対象になるからです。所縁縁というものは、実質的に現象世界を構成している有なるものでなければなりません。だからこそ識の対象になるのです。八識の相分・見分は変化しながら流れていく。それに対して、第六意識・第七末那識が主に言葉を用いて分別し執著する、ありもしない物を実体視する。その実体視する基盤になる世界が、所遍計という八識の依他起性の世界です。

「**円成実性は寧んぞ彼が境に非ぬ。**」円成実性はどうして対象にならないのでしょうか。

「**真は妄執の所縁の境に非ざるが故に。**」真如という、現象の本性は、能遍計の対象にはなりませんから、別に所縁といえません。

「**展転に依りて説かば、亦た所遍計なり。**」しかし円成実性は、依他起性の本質・本性ですから、円成実性は依他起性と離れません。円成実性は依他起性の中に含まれているのです。そこを考慮すれば、対象となるといっても悪くはありません。

「**遍計所執は是れ彼れが境なりと雖も、而も所縁縁にあらず。故に所遍計に非ず。**」遍計所執性もある意味で能遍計の対象なのですが、いわゆる所縁縁ではありません。それは分別されるべきものではなく、すでに分別されたものとして、無なるものです。したがってそれは所縁縁としての所遍計ではありません。

以上、三性の一つである遍計所執性をめぐって、「能遍計」と「所遍計」に関する議論を拝読しました。

安慧の遍計所執性の見方

次に、「遍計所執性」そのものについての説明があります。初めは安慧の説です。

遍計所執という其の相、云何ぞ。依他起と復た何の別なることか有る。有義は、三界の心及び心所いい、無始より来た虚妄に熏習せしに由りて、各体一なりと雖も而も二に似て生ぜり。謂く、見・相分ぞ。即ち能・所取なり。是の如き二分は情には有りて理には無し。此の相を説いて遍計所執と為せり。二が所依の体は実に縁に託して生ず。此の性の無に非ざるを依他起と名づく。虚妄分別の、縁に生ぜらるる故に。云何ぞ然なりということを知る。諸の聖教に、虚妄分別は是れ依他起なり、二取をば名づけて遍計所執と為すと説けり、というをもってなり。（八・三〇、Ⅳ・二九〇）

「**遍計所執という其の相、云何ぞ。依他起と復た何の別なることか有る。**」遍計所執性はどういうものか。それは依他起性とどういう違いがあるのか。

「**有義は、三界の心及び心所いい、無始より来た虚妄に熏習せしに由りて、各体一なりと雖も而も二に似て生ぜり。**」これが安慧の立場だというのですが、無いものを有ると見たり、執著したりして、その活動が阿頼耶識に熏習され、種子が形成されます。虚妄に認識したことが熏習されて成立した種子によって、欲界・色界・無色界における八識及びそれに相応する心所のすべてにおいて、それぞれの体は一つなのですが、知る側と知られる側の二つのものがあるかのように現われてきます。

「**謂く、見・相分ぞ。即ち能・所取なり。**」一つの識の中に、主観面と対象面が現われてくる、つまり見分と相分です。見分・相分を、安慧の立場で見ていきますと、能取・所取にもほかなりません。安慧はこの能取・所取を、主客分裂した、しかも対象的にとらえられたものという感じでとらえているようです。

「**是の如き二分は情には有りて理には無し。**」この二分は、迷いの認識の中では現われてくるが、本来はありえないものだというのです。相・見の二分の地平では、すべてが虚妄なるものである。これが安慧の考えであります。『成唯識論』(護法)では、たとえば感覚である眼識にも相分・見分はあって、そこに色を見ているわけですが、眼識が色を見ている時に、青い、あるいは青でない等の判断はしません。直覚的にただ見ているだけで分別はないのですが、理論上そこに相分と見分をたてるのです。青なら青を見ているだけという状態を、相分・見分という言葉に託して説明しているだけであって、それは存在しない、という位置付けにはなりません。しかし安慧は、この二分が現われたら、もうそれは虚妄なものだと考えるわけです。

「**此の相を説いて遍計所執と為せり。**」したがって相・見二分は直ちに遍計所執性である。これが安慧の遍計所執性の考え方です。ただし安慧にあっても、このレベルではまだ必ずしも実体視されたものとはいえないのかもしれません。遍計所執性としての相分・見分の上に、さらに常住不変のものとして実体視された我・法というものがあるといいます。遍計所執性が、二つのレベルで考えられているのです。ともあれ、心王・心所の相分・見分は遍計所執性だと見るのが安慧の説です。

「**二が所依の体は実に縁に託して生ず。此の性の無に非ざるを依他起と名づく。**」相分・見分が拠り所とする体（自体分）は、自証分とも呼ばれるものであったわけですが、それは種子所生でつまり縁起所生であり、なんらか実質的に存在しているものであって、それを依他起性と名づけるのです。

「**虚妄分別の、縁に生ぜらるる故に。**」虚妄分別は縁によって生み出されるものであるから、縁起のものであります。この場合の虚妄分別というのは、三界の心王・心所のすべてを意味しています。ただし、安慧の場合はそれらの自体分のみというところで依他起性を見ていくのです。どうして識の自体分は依他起性だが、相分・見分は遍計所執性だということになるのか。

「**云何ぞ然なりということを知る。諸の聖教に、虚妄分別は是れ依他起なり、二取をば名づけて遍計所執と為すと説けり、というをもってなり。**」「諸々の聖教」と、いくつも根拠となる文献があるかのようですが、代表的なものは『弁中辺論』です。そこに、虚妄分別は依他起性で、二取を遍計所執とする、と説いているのがこの考え方の根拠だといいます。もっとも、『弁中辺論』が説いている所取・能取が、相分・見分なのか、それとも相分・見分の上に実体視されたものをいっているのか、異なる解釈もありえます。安慧は所取・能取が遍計所執性だという言葉に、相分・見分を読み込んでしまうわけです。八識及び相応する心所の自体分は依他起性です。しかし、相分・見分は遍計所執性で、本来は有りえないものなのだというのです。とすると、それらは迷いの世界では有りえても、覚りの世界では有りえないものということになります。安慧のこういう考え方に立ちますと、覚りの世界というのは無分別智で真如を証している、ただそれだけの世界だということになります。あらゆる現象が消えた世界が、覚りの世界になってきます。しかし無分別の分別というか、後得智の世界として、覚りの世界の中にも現象世界を的確に見ていく智慧もあると思われます。そういうことに対して、安慧の考え方は成立するのか、ということに『成唯識論』は疑問を呈するわけです。

護法の遍計所執性の見方

有義は、一切の心及び心所の、熏習の力に由りて変ぜる所の二分も、縁従り生ずるが故に亦た依他起なり。遍計というは、斯れに依りて妄って定めて実に有なり無なり、一なり異なり、倶なり不倶なり等と執する、此の二を方に遍計所執と名づく。諸の聖教に、唯量と唯二と種種とを説いて、皆な依他起と名づけたるが故に。又た相等の四の法と十一識との等きをば、論に皆な説いて依他起に摂むと為せるが故に。爾らずんば、無漏の後得智品の二分をも、応に遍計所執と名づくべし。許さば、応に聖の智は彼れを縁じて生ぜざるべし。彼れを縁ずる智品も、応に道諦に非ざるべし。許さずんば、応に知るべし、有漏もまた爾なるべし。又た若し二分は是れ遍計所執ぞといわば、応に兎角等の如く所縁縁にも非ざるべし。遍計所執は体有に非ざるが故に。又た応に二分は種をも熏成せざるべし。後の識等の生ぜんときには、応に二分無かるべし。又た諸の習気をば是れ相分に摂む。豈に有に非ざる法いい能く因縁と作らんや。若し縁所生の内の相・見分は依他起に非ずといわば、二が所依の体も例するに亦た応に然るべし。異なる因無きが故に。

斯の理趣に由りて、衆縁に生ぜられたる心・心所の体と及び相・見分とは、有漏にもあれ無漏にもあれ皆な依他起なり。（八・三〇～三一、Ⅳ・二九三）

「**有義は、一切の心及び心所の、熏習の力に由りて変ぜる所の二分も、縁従り生ずるが故に亦た依他起なり。**」護法の立場でいいますと、一切の心王・心所のすべての経験が阿頼耶識に熏習され、相分は相分の種子から、見分は見分の種子から現ずるといわれています。識の体は一つでありますが、そこにどういうものが現われるか、ということに関しては、それぞれの種子が規定していくという考え方になっているのです。そこで、相分・見分も種子所生の依他起性であるという説です。安慧はそれらを遍計所執性と見たわけですが、護法では八識の相分・見分も依他起性です。

「**遍計というは、斯れに依りて妄って定めて実に有なり無なり、一なり異なり、倶なり不倶なり等と執する、此の二を方に遍計所執と名づく。**」遍計所執性というのは、この八識の相分・見分に基づいて、有る・無い等々、二元対立の分別によって対象的にとらえられてしまったものです。時々刻々変化していく流れの世界に対して、二元対立の分別の中で固定的にとらえてしまう。これが遍計所執性だということになるわけです。

分別を分析すると四句分別（有・無でいえば、有る・無い・有りかつ無い・有るのでもないしかつ無いのでもない）に分けられます。「倶なり、不倶なり」ですが、「倶なり」は、有・無でいうと、有りかつ無いと判断するというものです。「不倶なり」は、有るのでもないしかつ無いのでもないと判断して、その判断のまま固定的にとらえるというものです。こうして、二元対立のさまざまな分別の中で固定的に執されたものが、遍計所執性と名づけられるのです。

「**諸の聖教に、唯量と唯二と種種とを説いて、皆な依他起と名づけたるが故に。**」やはりここでも諸々の聖教とありますが、特に護法は『摂大乗論』や『瑜伽師地論』を基盤として唯識の世界を考えています。『摂大乗論』においては、唯量・唯二・種種のすべてが依他起性だと説かれています。唯量というのは、ただ識のみしかないというところです。唯二は、相分・見分のみということです。種種というのは、相分にはいろいろなものが現われてくるわけです。眼識の相分にはさまざまな色、意識の相分ならそこにありとあらゆるものが現われてきます。そのすべてが依他起性だという句がある以上、相分・見分は依他起性と考えざるをえないというわけです。

「**又た相等の四の法と十一識との等きをば、論に皆な説いて依他起に摂むと為せるが故に。**」五法（相・名・分別・正智・真如）という説が、唯識ではしばしば説かれます。そのうち前の四つは依他起性である、ということがほぼ共通にいわれています。相が依他起性だということは、分別の対象となる世界の限りにおいては依他起性である証拠になる。八識に直していえば八識の相分の世界は依他起性であることになる。つまり相分・見分が依他起性だといっていることと等しいことになるわけです。十一識は、『摂大乗論』でいわれているものでして、これは八識とはかなり異なっていますが、要は十八界（六根・六境・六識）に相当するものを、十一識というかたちで説いているものです。十一識全体が依他起性だということは、十八界はすべて依他起性であるということ。つまり、六根・六境も、依他起性なのです。ということは、依他起性の地平の色・声・香・味・触・法も有る、ひいては八識の相分も有るという話になってくるのです。いずれにしても、現象として現われている世界そのものはすべて依他起性だという説が、『摂大乗論』では説かれております。それを八識に翻訳すると八識の相分・見分は依他起性だということになります。相分・見分はただちに遍計所執性ではなく、依他起性である。現象世界を実質的に構成している世界だというのです。

「**爾らずんば、無漏の後得智品の二分をも、応に遍計所執と名づくべし。**」相分・見分が遍計所執性だとするのならば、二分が現われたらそれは虚妄なものである、遍計所執性だということになってしまいます。そうだとすれば、覚った後の後得智の世界にも相分・見分の世界があるはずだが、それも遍計所執性だということになってしまう。それはおかしいでしょう、というのです。

「**許さば、応に聖の智は彼れを縁じて生ぜざるべし。**」後得智の相分・見分が遍計所執性だと認めるとするならば、無分別智を開いてさらに修行をしている者たちの智慧というものは、相分を縁ずるということはないことになります。縁ずる対象がないとなれば、後得智の中に分析的な正しい智慧が成立しないことになってしまいます。

「**彼れを縁ずる智品も、応に道諦に非ざるべし。**」十地の菩薩は智慧を発揮する中で修行が進んでいくわけで、智慧は苦集滅道の四諦の中でいえば、道諦に入ると考えられるわけですが、その見分が遍計所執性だということになりますと、その智慧は修行を進めていく道諦のものといえなくなってしまいます。

「**許さずんば、応に知るべし、有漏もまた爾なるべし。**」後得智の相分・見分は遍計所執性だと認めないのであるならば、凡夫の認識の中での識の相分・見分も遍計所執性ではないと認めてもよいはずではないか。

「又た若し二分は是れ遍計所執ぞといわば、応に兎角等の如く所縁縁にも非ざるべし。遍計所執は体有に非ざるが故に。」相分・見分は遍計所執性だというならば、相分・見分は兎の角のようにまったくありえないものになってしまう。遍計所執性というのは、錯覚のうちにとらえられたものであって、本来、ありえないものだというのが共通の理解です。ですから、二分が遍計所執性だとすると、対象としての縁（親所縁縁）が存在しえないことになり、そして識そのものが成立しないことになります。遍計所執性は本体がないものであるからです。

「又た応に二分は種をも熏成せざるべし。後の識等の生ぜんときには、応に二分無かるべし。」なんらか有のものであってはじめて阿頼耶識に種子を熏習することができます。体のないものは熏習するというはたらきを持ちえません。もし相分・見分が無であるべき遍計所執性だというならば、二分は熏習して種子を成立させることができないことになります。相分・見分が熏習しないのですから、あとに識が現行するときに、相分も見分もないというおかしな事態におちいるわけです。

「又た諸の習気をば是れ相分に摂む。豈に有に非ざる法いい能く因縁と作らんや。」種子というのは、阿頼耶識の相分に維持されている、というのが唯識の一般的な考え方でした。阿頼耶識の相分には、有根身・器世間とともに種子があるのでした。熏習された種子は、阿頼耶識の相分に摂められるものであります。相分が無体だとすると、その有ではないもの（種子）が、どうして現行を生むという力をもてるのか。無であるならばできないはずです。

「若し縁所生の内の相・見分は依他起に非ずといわば、二が所依の体も例するに亦た応に然るべし。異なる因無きが故に。」識の中の相分・見分は、遍計所執性で依他起性でないというのであれば、その拠り所の自体分も同様に遍計所執性ということになるのではないか。とくに見分種子からは、見分・自体分・証自証分が同時に成立してくる。その中で見分だけが遍計所執性で、自体分が依他起性であるというのはおかしいわけです。種子の問題として考えるときは極めて不自然になりますし、それだけでなくて、同じ一つの識の中なのに、相分・見分は遍計所執性で自体分だけは依他起性だというのは、やはり考えにくいと思われます。

このように、相分・見分が遍計所執性だとすると、さまざまな矛盾が生じてくることが指摘されたわけです。

「**断の理趣に由りて、衆縁に生ぜられたる心・心所の体と及び相・見分とは、有漏にもあれ無漏にもあれ皆な依他起なり。**」こういった論理とその実情によって、心王・心所が種子から生まれるにあたって、さまざまな縁が介在して現行するのです。したがって護法の場合は、証自証分も含めての自証分＝自体分、及び相分・見分も、凡夫の迷いの認識の中であれ、覚った人の後得智等の智慧の世界であれ、すべて依他起性です。八識の相分・見分も依他起性で、時々刻々変化しながら流れている。その事の流れの世界に対して、特に言葉を適用するなどして、固定化してとらえる。その中であるとみなされたもの、ないとみなされたもの等が遍計所執性であることになります。以上が遍計所執性に関する『成唯識論』の議論であります。

『唯識三十頌』に安慧のサンスクリットの注釈が残っているのですが、それが伝える安慧の思想は、『成唯識論』が伝えるものと同じとは思えません。しかし安慧の『弁中辺論』の注釈によりますと、あるいはこういう考え方になるのかもしれません。しかし護法は、少なくとも相・見二分が遍計所執性だという考え方は、唯識全体の中では正しい理解ではないということを徹底的に指摘し論破しているのです。

依他起性について

次に依他起性の説明に入ります。『唯識三十頌』では、「**依他起の自性の、分別は縁に生ぜらる**」と言われていました。この句についての『成唯識論』の解釈が、以下にあります。

> **他の衆縁に依りて而も起こることを得るが故に。頌に言う分別縁所生とは、応に知るべし、且**(しば)**く**(ら)**染**(ぜん)**分の依他のみを説けり。浄分の依他は亦た円成にもあるが故に。或は諸の染と浄との心・心所法を、皆な分別と名づく。能く縁慮するが故に。是れ則ち一切の染・浄の依他をば、皆な是れ此れが中の依他起に摂む。**（八・三二、Ⅳ・二九九）

「**他の衆縁に依りて而も起こることを得るが故に。**」多くの縁によって成立してくるから、依他起性だという説明です。

「**頌に言う分別縁所生とは、応に知るべし、且く染分の依他のみを説けり。**」『唯識三十頌』では、迷いの認識の世界のことだけについて述べている、という理解をまずは示しています。

「**浄分の依他は亦た円成にもあるが故に。**」浄分の依他というのは、智慧としてはたらくもので、覚りの智慧も心のはたらきですから、現象世界の一つ一つです。そういう意味では依他起性といえるのですが、覚りの智慧のすぐれたはたらきに着目したときは、円成実性と呼ぶ場合もあるのです。それを、煩悩の漏れ出ることがない有為法、無漏有為ともいいます。しかし『唯識三十頌』に依他起性とあるものは、染分の依他のみをいっていると解釈することができます。それは、「分別」という言葉の中に、迷いの認識のみを読むのです。

「**或は諸の染と浄との心・心所法を、皆な分別と名づく。能く縁慮するが故に。**」一方、後得智のような覚りの智慧のはたらきも分別とみなすことができます。諸の染と浄との、煩悩に染まった、あるいは、煩悩を離れた清らかな心のはたらきも、みな「分別」と名づけることができます。対象に関わり判断するという意味では、「分別」ということもできるからです。空ということを見抜く中での、一つ一つの的確な認識判断も、正しい分別という意味で、分別と呼ぶことも考えられます。

「**是れ則ち一切の染・浄の依他をば、皆な是れ此れが中の依他起に摂む。**」このように、かの「分別」の中に染・浄双方、有漏・無漏双方を読む場合は、八識であれ、後得智であれ、一切の染・浄の依他起性を、『唯識三十頌』で説いている依他起性に読むこともできます。『唯識三十頌』の「分別」をどのように読むかによって、そこの解釈は変わってくるわけです。

依他起性の説明は、このくらいで終わりです。遍計所執性については、さかんに議論されていましたが、遍計所執性の議論の中に、依他起性と遍計所執性をどうとらえるか、すでに論じ尽くされたということなのでしょう。護法によれば、八識の相・見二分も、依他起性なのでした。

円成実性について

次は、円成実性の説明の箇所に入ります。『唯識三十頌』では、「**円成実は彼れが於に、常に前のを遠離せる性なり**」と言われていました。以下、その解釈です。

二空に顕わされて、円満せり、成就せり、諸法の実性なり、円成実と名づく。此れが遍ぜり、常なり、体虚謬（こみょう）に非ず、ということを顕わす。自と共（ぐう）との相と虚空と我との等き（ごと）を簡ぶ（えら）。無漏の有為は倒を離れたり、究竟せり、勝用周遍せり、亦た此の名を得。然も今の頌の中には、初のを説く。後のには非ず。（八・三二～三三、Ⅳ・三〇〇）

「**二空に顕わされて、円満せり、成就せり、諸法の実性なり、円成実と名づく。**」執著し実体視しているような自我や物は存在しない。主体的な存在であれ、客体的な存在であれ、実体視されて、常住不変なものとして考えられたものは、もとより存在しません。その我空・法空ということによって表わされるもの。それは我空・法空の徹底した認識の中で洞察されるということでもあるでしょうし、場合によっては、我空・法空で説明されるというところで考えてもよいのかもしれません。しかも「円満せり」とありますので完全なるものであるというわけです。また「成就せり」で、すでに成就しているもの。そうして諸法の実性であるもの、あらゆる現象の本性であるもの。そういう、円満・

成就・実性という意味があるので、円成実性と名づけるといいます。つまり円成実性を、円満・成就・実性という三つの観点から説明したわけです。

円成実性という言葉を見ますと、修行をして、修行が完成したら成立するもの、という感じを受けますが、実はすでに成就しているものと受け取るのが正しい理解です。どんなに自我や物を実体視してそれらにしがみついているとしても、その世界全体はもとより空であるのです。その本来、空であるところに円成実性があるわけで、修行してはじめて成立するものではありません。常に空性として成就しているところが、円成実性です。

「**此れが遍ぜり、常なり、体虚謬に非ず、ということを顕わす。**」あらゆるものに遍満している、というのが円満です。常住であって、ある時、初めて成立するというのではなく、故にもとより成就しています。どれほど自我や物にしがみついていても、空という真実は変わらない。実体がないというあり方そのものは変わらないのです。そのあり方において、虚妄であったり誤りであるということがなく、真実である。そのように、円・成・実とは、遍満していて、常住であって、しかも真実であるということを表わしています。

「**自と共との相と虚空と我との等きを簡ぶ。**」自相というのは、個々の現象のかけがえのないもののすがたです。円成実性は、その自相でもない。個々の現実の一つ一つの事物でもない。また共相、共通の相でもない。円成実性は、あらゆるものに遍ぜるものですが、いわばふつうの共相（一般者、普遍）でもなく、単なる物理的な空間としての虚空でもない。常住なる実体としての我というのでもない。むしろ究極の共相として、普遍の方向に普遍を突破したものというべきでしょう。その意味では、絶対無といってよいのかもしれません。あらゆる対象的な認識を離れたものだというのです。

「無漏の有為は倒を離れたり、究竟せり、勝用周遍せり、亦た此の名を得。」無漏の有為法、智慧としての有為法は、逆さまの見方を離れています。これは円成実の実に相当します。真実を見抜くことにおいて徹底している。それは成就の意味に相当します。その智慧の勝れたはたらきは、どのようなものを認識してもすべて的確に判断していく。これは円満に相当します。このことから、無漏有為もまた円成実性と呼ぶ場合があります。

「然も今の頌の中には、初のを説く。後のには非ず。」ただし世親の『唯識三十頌』の中の円成実性は、浄分の依他（無漏有為）は念頭に置かれていなくて、いわゆる真如・法性としての円成実性についてのみ述べている、と解説したものです。

> **此れは即ち彼の依他起の上に於て、常に前（さき）の遍計所執を遠離して、二空に顕わさるる真如をもって性と為す。彼れという言を説けることは、円成実は依他起とは即してもあらず離してもあらずということを顕わさんとなり。常遠離という言は、妄所執の能・所取の性は、理いい恒に有に非ずということを顕わす。前という言は、義、依他をば空ぜずということを顕わす。性というは二空は円成実に非ずということを顕わす。真如は有を離れ無を離れたる性なるが故に。**（八・三二一、Ⅳ・三〇三）

「此れは即ち彼の依他起の上に於て、常に前の遍計所執を遠離して、二空に顕わさるる真如をもっ

て性と為す。」無漏有為ではない無為法（真如・法性）としての円成実性は、八識の流れの世界において、自我あるいは物として、執著し実体視されたものを本来離れているそのことです。我々がどんなに執著していても、そのものは存在しないのです。自我としての実体もなく、物としての実体もない、その空というあり方そのものによって説明される真如を、円成実性は本性とするものであります。

「**彼れという言を説けることは、円成実は依他起とは即してもあらず離してもあらずということを顕わさんとなり。**」『唯識三十頌』に、「彼れが於に」とあるのは、円成実性が依他起性と一つでもないし別でもない、ということをいおうとしているものです。

「**常遠離という言は、妄所執の能・所取の性は、理いい恒に有に非ずということを顕わす。**」「常に遠離す」という言葉は、やはり『唯識三十頌』にあった言葉です。誤って執著された実体視されたものの本体はまったく有るものではない、ということを表わしているものです。

「**前という言は、義、依他をば空ぜずということを顕わす。**」「前のを」とあったその「前」とは、遍計所執性のことなのですが、それのみ否定して依他起性を否定するのではないことを示しています。

「**性というは二空は円成実に非ずということを顕わす。**」我として執著されたものはないとか、物として執著されたものはないというだけでは、円成実性とはいえません。その無なる本性、空という本性、空性が円成実性であって、実体がないとか常住不変の物がないとかいう、そこに留まる限りでは円成実性にはなりえません。

「**真如は有を離れ無を離れたる性なるが故に。**」円成実性である真如は、有る・無いを離れた空性そのものであるからです。

依他起性と円成実性の関係について

前の理に由るが故に、此の円成実は彼の依他起とは、異にも非ず不異にも非ず。異ならば、応に真如は彼れが実性に非ざるべし。異にあらずんば、此の性は応に是れ無常なるべし。彼れも此れも倶に応に浄・非浄の境になんぬべし。則ち本と後との智の用、応に別なること無かるべし。云何ぞ二性の異にも非ず、一にも非ざりぬ。彼の無常と無我との等き性の如し。無常等の性と行等の法と、異ならば応に彼の法は無常等に非ざるべし。異にあらずんば此れは応に彼れが共相に非ざるべし。斯の喩に由りて顕わす、此の円成実は彼の依他とは、一にも非ず異にも非ず、という。法と法性とは理いい、必ず応に然るべし。勝義と世俗とは相待して有るが故に。(八・三二一、Ⅳ・三〇四)

「前の理に由るが故に、此の円成実は彼の依他起とは、異にも非ず不異にも非ず。」円成実性は、あくまでも依他起性において遍計所執性が本来ありえないことという、その空なるあり方そのものです。現象世界とは別に、超越的に真実の世界があるというのではなくて、現象世界の本質・本性を円成実性といっているわけですから、そういう関係によって、円成実性と依他起性とは、異なるわけでもないが異ならないわけでもない。あくまでも円成実性は依他起性の本質・本性ですから、異なるものではありえません。では一つかというと、依他起性は時々刻々変化していく現象世界。円成実性はそれを貫く不変の空性の世界なのですから、まったく一つともいえないのです。

「**異ならば、応に真如は彼れが実性に非ざるべし。異にあらずんば、此の性は応に是れ無常なるべし。**」異なることになりますと、真如すなわち円成実性は、依他起性の実性とはいえないことになります。しかし円成実性も依他起性と同じだということになりますと、円成実性も依他起性同様、無常なるものになってしまいます。

「**彼れも此れも倶に応に浄・非浄の境になんぬべし。**」円成実性すなわち真如は、無分別智によって覚られるべきものです。同じなら、依他起性も無分別智によって覚られるべきものになります。あるいは、依他起性は八識の心王・心所の中で認識されている世界ですから、それと円成実性が同じだとすると、円成実性も通常の認識の中に了解されるものにもなります。

「**則ち本と後との智の用、応に別なること無かるべし。**」無分別智は真如を証する。後得智は現象世界を見る。そこに区別があるはずです。それが円成実性と依他起性が同じだとすると、その区別がつかないことになります。そういう矛盾におちいってしまいます。

「**云何ぞ二性の異にも非ず、一にも非ざりぬ。**」ではどういう理由から、依他起性と円成実性は異ならないのでもないし、同じでもないといえるのか。

「**彼の無常と無我との等き性の如し。無常等の性と行等の法と、異ならば応に彼の法は無常等に非ざるべし。異にあらずんば此は応に彼れが共相に非ざるべし。**」無常性と無常なるものの関係、無我性と無我なるものとの関係等と同じであるといいます。無常性というのは、個々の無常なるものに共通なる、無常という性質（普遍・一般者）です。無常という性質と個々の無常なるものが異なっているということになると、無常なるものは無常とはいえないことになります。一方、無常性は個々の無常なるものにいきわたっているのですが、無常なるものというのは、個々別々のものです。それが同じで異ならないということになりますと、無常性としての共通の性質も個々のものに限定されたものになってしまいます。あるいは個々のものが普遍のものになってしまうということにもなるでしょう。

「**斷の喩に由りて顕わす、此の円成実は彼の依他とは、一にも非ず異にも非ず、という。**」今の無常性と無常なるものの関係という例によって、円成実性と依他起性は同じともいえないが異なるともいえないということが説明されるというのです。

「**法と法性とは理いい、必ず応に然るべし。**」依他起性と円成実性というと全然別もの同士のように思えますが、依他起性は諸法、円成実性は法性です。法性は、法の本性でしょう。この二つは、一でもないし異でもないはずです。

「**勝義と世俗とは相待して有るが故に。**」究極の真理と現実の世界とは、相互に離れたものではなく、まったく別のものではありえません。両者は相まってはじめて有りうるものであるからです。

依他起性を見るということ

『唯識三十頌』の第二十二頌の第四句に「**此れを見ずして彼れをみるものには非ず**」ということが説かれていました。円成実性を見ない限り、依他起性はわからない。真如・法性を無分別智で覚らない限り、現実世界が空だということを如実に知ることはできません。唯識の教えを聞いて、世界は常住不変の本体を持たないということを知的に理解することによって、自分が開かれる、新しい自己のいのちを恵まれるということもあるでしょう。しかし、本当の意味で現象世界が空だということを証知することは、無分別智によって真如の世界を覚らない限り実現できません。

此の円成実を証見せずして、而も能く彼の依他起性を見るものには非ず。未だ遍計所執性の空なることを達せざるときには、実の如く依他の有を知らざるが故に。無分別智いい真如を証し已りて、後得智の中に、方に能く依他起性は幻事等の如しと了達す。無始より来た心・心所法いい、已に能く自の相・見分の等きを縁ずと雖も、而も我・法の執いい恒に倶に行ずるが故に、実の如く衆縁に引かれて自の心・心所の虚妄に変現せることを知らず。猶お幻事と陽焔と夢境と鏡像と光影と谷響と水月と変化との所成の如くして、有に非ざれども有に似れり。（八・三三、Ⅳ・三〇七）

「**此の円成実を証見せずして、而も能く彼の依他起性を見るものには非ず。未だ遍計所執性の空なることを達せざるときには、実の如く依他の有を知らざるが故に。**」自我に執著し物に執著していれば、円成実性を証見することはできません。その限り、執著している対象が空だということには徹底しえません。その場合は結局、現象世界のありのままのすがたを知ることはできないのです。

「**無分別智いい真如を証し已りて、後得智の中に、方に能く依他起性は幻事等の如しと了達す。**」無分別智によって真如を覚ってはじめて、後得智によって依他起性は幻のごとし等ということを悟達できるのです。

「**無始より来た心・心所法いい、已に能く自の相・見分の等きを縁ずと雖も、而も我・法の執いい恒に俱に行ずるが故に、実の如く衆縁に引かれて自の心・心所の虚妄に変現せることを知らず。**」本来、八識の心王・心所の相分・見分しかないわけです。そこに私たちのいのちがあるわけですが、しかし我々は結局その世界に対して、いつも自我や物に執著しているので、その八識のみということが解りえないのです。とくに末那識は無意識のうちに常に自我に執著していて、それはいつも意識に影響を与えています。八識の心王・心所が熏習された種子によって現行していて、本来、外界としての実在はないところに、色や音を描き出している、というのが虚妄に変現せるという意味です。このこと自体は誤って執著するということではなくて、八識の心王・心所の中に世界が現われているというのみです。しかしそのことを、我・法に執著している凡夫は知らないでいる。

「**猶お幻事と陽焰と夢境と鏡像と光影と谷響と水月と変化との所成の如くして、有に非ざれども有に似れり。**」八識の心王・心所の中に世界が現われている世界は、幻、夢の世界、鏡に映った映像、影、こだま、水に映った月、忽然として現われるもの、のように、存在するのではないけれども、有るかのように現われているものです。そのことを、我々は知らないでいるわけです。無分別智という智慧によって真如を証する経験があってはじめて、現実世界を唯識所現であるとありのままに見ることができる、ということが唯識の主張の一つになっているのです。

是の如きの義に依るが故に、有る頌に言く、
真如を見ずして、而も能く諸行は、
皆な幻事等の如く、有なりと雖も而も真に非ずと、了するものには非ず、という。（八・三三二、Ⅳ・三一二）

「**是の如きの義に依るが故に、有る頌に言く、**」以上のようなわけなので、『厚厳経』に次のような詩が説かれています。

「**真如を見ずして、而も能く諸行は、皆な幻事等の如く、有なりと雖も而も真に非ずと、了するものには非ず、という。**」真如を見ない限りは、そのことはわからないということを謳うものです。

そのように、覚らなければわからないという厳しい一面もありますが、ただ三性説の理論を教わる中で、知的には十分、理解していけるわけですから、それは自己と世界の了解やそのことに基づく生き方に、何らかのよい影響も十分ありうると思います。

三無性が説かれる理由

これまで、三性説の箇所を拝読しました。三性の性、スヴァバーヴァ（svabhāva）は、インド哲学全体の中でいえば、自体とか本体という意味を持つ言葉です。釈尊は空を説いたのに、どうして自性という言葉を使うのか。特に『般若経』では、一切法が空・無自性であるとさかんに説いています。

一切法が無自性であるとは、どういう意味で無自性なのか。そうしたことがさらに明らかにされなければならない、ということもありまして、『成唯識論』では三性説の次に三無性説を説きます。それは、『唯識三十頌』では、第二十三頌から第二十五頌に説かれています。次のようです。

若し三性有りといわば、如何ぞ世尊、一切の法は皆な自性無しと説きたまえる。頌に曰く、即ち此の三性に依りて、彼の三無性を立つ。故に仏、密意をもって、一切の法は性無しと説きたもう。初のには即ち相無性をいう。次のには無自然の性をいう。後のには前の所執の我・法を、遠離せるに由る性をいう。此れは諸法の勝義なり。亦たは即ち是れ真如なり。常如にして其の性たるが故に。即ち唯識の実性なり。（九・一、Ⅳ・三五七）

「若し三性有りといわば、如何ぞ世尊、一切の法は皆な自性無しと説きたまえる。」これまで三つの自性（三性）を説いてきたわけですが、『般若経』等には、一切法空、一切法無自性と説かれています。では、その三性と一切法無自性の説とはどういう関係になるのでしょうか。

「**頌に曰く、即ち此の三性に依りて、彼の三無性を立つ。**」まず第二十三頌の前半に、三性それぞれが無自性でもあることに基づいて、三無性を立てると明かします。この三種類の無自性を了解したときに、はじめて一切法無自性の句の本来の意味がわかるのだというのです。

「故に仏、密意をもって、一切の法は性無しと説きたもう。」 したがって、『般若経』等で、三つの無自性という詳しい説ではなく、まとめて一切法は無自性だと説いているのは、密意をもって説かれたもの、つまり本当の真実を語るということを伏せておいて説いたにすぎないものなのだ。一切法無自性とのみ説いているのは、いまだ究極の真実を詳しく明らかにしたものではないというのです。ですから、三性（三つの自性）といってもそれらには三無性の側面があって、ゆえに一切法無自性と矛盾しないし、同時に一切法無自性という概括的な説ではまだ不十分であったと、その両方を説いていることになるかと思います。

では三無性とは、どういうことなのでしょうか。

「初のには即ち相無性をいう。次のには無自然の性をいう。」 遍計所執性に対しては、相無性ということをいいます。体相がないものという意味になります。依他起性に対しては、自然の生がないものをいいます。自然生というのは自ら生まれ、自分のみで自分を支えるものです。しかし、仏教はどんなものでも、必ず縁起の中で生じ成立すると考えます。そこで依他起性は、自然生ではないものの意味で、生無性と呼ばれます。

「後のには前の所執の我・法を、遠離せるに由る性をいう。」 依他起性の中には、実体視された自我や物等はもとより存在しません。つまり本体をもたない空というあり方にあります。その空という本性が円成実性で、そこには遍計所執性はもとより存在しません。そのことに円成実性の無自性を見ます。それは、勝義無性と言われます。

「此れは諸法の勝義なり。亦たは即ち是れ真如なり。」 円成実性あるいは勝義無性は、諸法の勝義であります。究極の本性、究極の真理です。あるいは、それを真如とも呼びます。三性・三無性説の中では、真如は円成実性・勝義無性に相当するのです。

「**常如にして其の性たるが故に。即ち唯識の実性なり。**」空という本質・本性は、いつ、いかなる時でも変わりません。私たちがどんなに自我や物にしがみついていても、空という本質・本性、すなわち空というあり方そのものは変わりません。したがって、その空というあり方そのものは、常住で不変であります。そのように常如（不変）にして、世界の真性であるがゆえに、真如といわれます。それこそが、八識の中で時々刻々変化しつつ、時には迷い苦しんでいる私たちのその世界の、真実の本性にほかなりません。

『唯識三十頌』では、第一頌から第二十四頌までで、唯識の世界を分析的に記述してきました。この第二十五頌に入って、その本質・本性が明らかにされたといえます。第二十四頌までは唯識の相を明らかにし、第二十五頌で唯識の性を明らかにしたのです。

このように、三無性説は第二十三頌から第二十五頌までの三つの詩に説かれています。特に最初の詩の中には、一切法無自性と説くのは密意の説にすぎないということを、一つの詩を用いて述べているわけです。『唯識三十頌』はわずか三十の詩しかないわけですから、一つ一つの詩に多くの意味を込めていかなければならないでしょうが、ここでは第二十三頌すべてを用いて、唯識説というものは詳しく三性を分析しそれらに対する三無性も説いていて、『般若経』等の一切法無自性のみを説く立場をさらに超えたものである、ということを強調しているわけです。

以下、この箇所についての『成唯識論』の説明です。

論に曰く、即ち此の前に説く所の三性に依りて、彼の後に説く三種の無性を立つ。謂く、即ち相と生と勝義との無性ぞ。故に仏、密意をもって一切の法は皆な自性無しと説きたもう。性、全無なるには非ず。密意という言を説けることは、了義に非ずということを顕わさんとなり。謂く、後の二性は体無に非ずと雖も、而も有る愚夫いい彼れが於に増益して、妄って実に我・法の自性有りと執す。此れを即ち名づけて遍計所執と為す。此の執を除かんが為に、故に仏世尊、有と及び無との於に総じて無性と説きたもう。（九・一～二、Ⅳ・三五八）

「**論に曰く、即ち此の前に説く所の三性に依りて、彼の後に説く三種の無性を立つ。謂く、即ち相と生と勝義との無性ぞ。**」遍計所執性・依他起性・円成実性の三性をふまえて、三無性を説きます。すなわち順に、相無性・生無性・勝義無性というものです。ひとくちに無自性といっても、実は三種類の無自性を詳しく明かしてこそ、一切法無自性のその深い意味も明らかになるし、現実世界の本来の姿も明らかになるというのです。

「**故に仏、密意をもって一切の法は皆な自性無しと説きたもう。性、全無なるには非ず。**」釈尊が説法においてただ一切法無自性とのみ説かれたのは、まだ隠していたものがあったからなのです。相手の機根に合わせて、あるいは聴衆の心のあり方を見て、真理を真理のままに説くことはやめて、その人々を導くのに一番適切な方法を採って、一切法無自性と説かれたのみです。しかし一切法無自性といわれたとしても、何から何まですべてないわけではありません。一切法空という言葉に、何もないと思ってしまってニヒリズムに陥る人もいたようですが、しかし時々刻々変化していく現象世界はないわけではありません。むしろ、あると思い込んでいる自我や物だけがないのです。現象世界の存在を完全に否定することはできません。一切法無自性の言では、そのへんがまだ曖昧ではっきりしていません。それゆえ一切法無自性は密意だというのです。

「**密意という言を説けることは、了義に非ずということを顕わさんとなり。**」世親菩薩は『唯識三十頌』で密意という語を用いていますが、それは、真実の世界を真実のままに完全に説き尽くしたというもの（了義）ではないという意味の語です。ただ一切法無自性というのみの教えは、そのように真実を完全に説き尽くしたものではないということを表わそうとして、密意をもって説かれたというのです。識はあるけれども我・法はない。そこに非有非空の中道を明かすのが唯識の教えであって、唯識は単に空のみを説く『般若経』を超えるものだという主張をしているわけです。

「**謂く、後の二性は体無に非ずと雖も、而も有る愚夫いい彼れが於に増益して、妄って実に我・法の自性有りと執す。此れを即ち名づけて遍計所執と為す。**」依他起性と円成実性、生無性と勝義無性は、まったく存在しないものというわけではなく、現象の限りもしくは空性という真理のあり方の限りにおいて、ないものではありません。しかし、凡夫は本来、現象の限りしかないのに、そこに本体ある物があると見てしまう。現象を実体視して、いわば存在のあり方を加増させてしまって、変わらない物があると誤って執著してしまう。その、現象世界に対して常住不変なるものとしてみなしたものが、遍計所執性です。

たとえば我々は、生まれてから今に至るまで変わらない自分がある、と無意識のうちにも考えてしまいます。その内容を吟味すると、それは生まれてからだけではなく、むしろ常住不変のものにもほかならないものとなっています。しかし、生まれてから今に至るまで変わらない自分というものが、本当にあるのか。もちろん、時々刻々変化しているところにかけがえのない主体がはたらいていないわけではありません。しかし、凡夫はそこに常住不変なものがあると、対象的にしがみついてしまいます。自我だけではなくて物に関しても、時々刻々変化している世界があるにすぎません。けれども何かそこに変わらないものがあると思ってしまいます。そこに迷いの根本があるのです。

「此の執を除かんが為に、故に仏世尊、有と及び無との於に総じて無性と説きたもう。」執著は苦しみを生じます。対象に引きずり回されて、真実の主体を見失います。対象に対する執著から解放されたときに、いきいきとした主体が実現して、菩薩としてのいのちが実現します。そこで世尊は、ひとえにその苦しみを除くために、ともかく一切法無自性と説かれたのだというのです。ここで「有」というのは依他起性ないし円成実性です。「無」というのは遍計所執性です。本当は三性が区別され、それぞれに関して独自の意味の無自性の世界があるのですが、凡夫のそういう執著を超えさせるための一つの対策として、とりあえずまとめて一切法無自性と説かれた。しかし本当は、三性を分析し、それらに対して詳しく三無性を見るべきなのだ、というのです。

　では、三性によってどのように三無性を立てるのでしょうか。

相無性・生無性・勝義無性について

> 云何が此れに依りて而も彼の三を立つ。謂く、
> 此の初の遍計所執に依りては、相無性を立つ。此れが体相いい畢竟じて有に非ざること、空華の如くなるに由るが故に。
> 次の依他に依りては、生無性を立つ。此れは幻事の如く衆縁に託して生ず。妄執するが如き自然の性無きが故に、仮りて無性と説く。性、全無には非ず。
> 後の円成実に依りては、勝義無性を立つ。謂く、即ち勝義は前の遍計所執の我・法を遠離せるに由る性の故に、仮りて無性と説く。性、全無に非ず。太虚空の衆色に遍ぜりと雖も、而も是れ衆の色の無性に顕わさるるが如し。
> 依他起も勝義に非ざるが故に、亦た説いて勝義無性と為ることを得と雖も、而も第二のに濫ぜんかとして、故此こに説かず。（九・二一、Ⅳ・三六〇）

「云何が此れに依りて而も彼の三を立つ。謂く、此の初の遍計所執に依りては、相無性を立つ。此れが体相いい畢竟じて有に非ざること、空華の如くなるに由るが故に。」まず、遍計所執性に対しては、相無性ということを説きます。この相無性の相は体相のこと、つまりは体のことだと示されてい

ます。遍計所執性は、空華のように体が畢竟じてないことを、相無性といいます。

「**次の依他に依りては、生無性を立つ。此れは幻事の如く衆縁に託して生ず。妄執するが如き自然の性無きが故に、仮りて無性と説く。性、全無には非ず。**」前に見ましたように、『唯識三十頌』の詩の中では、依他起性に関して無自然性としかいわれていませんでしたが、三無性という一種整った教理の中では、生無性という語で呼びます。依他起性は幻のようなもので、つまり実体はないけれども目に見えているものである現象世界です。それは私たちが思っているような自分で自分を支えているもの、自然性のものではなく、縁によって生じた縁起の世界です。生無性の生をその縁起所生の世界を意味するとみれば、その縁起所生の世界に自然性のものはないことが生無性ということになります。一方、その生をただちに自然生とみれば、自然に生まれるもの（自然性）はないという意味で生無性だということになります。両様の解釈があるようです。生無性といっても、縁生（縁起所生）の世界が、まったくないわけではありません。ただ自然生のものを無と否定するのであって、縁起生のものまで否定するものではありません。

「**後の円成実に依りては、勝義無性を立つ。謂く、即ち勝義は前の遍計所執の我・法を遠離せるに由る性の故に、仮りて無性と説く。性、全無に非ず。**」円成実性に対して、勝義無性といいます。勝義は、円成実性のことです。依他起性の世界（八識心王・心所の世界）には遍計所執性の我・法がないという性のことを、勝義無性というのです。遍計所執性がない本質・本性という意味で無性ということをいいますが、空性というわば真理の世界がないわけではありません。

「**太虚空の衆色に遍ぜりと雖も、而も是れ衆の色の無性に顕わさるるが如し。**」虚空というものは、これという形では指し示すことができません。しかし、空間はあって、事物はその空間の中に存在しえています。その空間そのものを指摘することはできませんが、事物に即しつつそれらの事物がないということで、空間が明らかにされます。それと同じように、これが円成実性だと指摘することはできません。対象的にとらえることはできないわけです。しかし、遍計所執性のない世界というかたちで自覚される、という解説です。

「**依他起も勝義に非ざるが故に、亦た説いて勝義無性と為すことを得と雖も、而も第二のに濫ぜんかとして、故此こに説かず。**」依他起性は勝義諦ではない、という意味では勝義無性といっていえないことはないのですが、依他起性も勝義無性だというと円成実性の勝義無性と区別がつかなくなるので、ここでは依他起性に関しての勝義無性は説きません。

此の性は即ち是れ諸法の勝義なり。是れ一切の法の勝義諦なるが故に。然も勝義諦に略して四種有り。

一には世間勝義。謂く、蘊・処・界の等きぞ。

二には道理勝義。謂く、苦等の四諦ぞ。

三には証得勝義。謂く、二空真如ぞ。

四には勝義勝義。謂く、一真法界ぞ。

此れが中に勝義というは、最後のに依りて説けり。是れ最勝の道が所行の義なるが故に。前の三を簡ばんが為に、故是の説を作す。（九・二一～三、Ⅳ・三六四）

「此の性は即ち是れ諸法の勝義なり。是れ一切の法の勝義諦なるが故に。」すでに勝義無性といっていたわけですが、あらためて円成実性は諸法の勝義であると確認します。なぜそれを勝義と呼ぶかというと、それは究極の真理そのものに他ならないからです。

「然も勝義諦に略して四種有り。一には世間勝義。謂く、蘊・処・界の等きぞ。」仏教ではよく勝義諦というものが説かれますが、唯識説の立場からすると、実はそれには四種類が分析されえます。まず、世間勝義というのは、世間の中での真理という意味です。私たちは見た物があると思っているわけで、それは世間の限りにおいては間違いではありません。世間に通用している言葉において語られる、それぞれの存在です。しかしそれらは本当にあるのか、もう一つ探ると、それらの事物そのものは存在せず、それらの構成要素があるのみです。仏教的にその要素であるものを表現すると、たとえば五蘊があるのみです。あるいは、十二処・十八界もそうです。それぞれの事物を構成している要素のほうが実在であるという、そういう地平での真理がありえます。それは世間の勝義となるのです。

「二には道理勝義。謂く、苦等の四諦ぞ。」また、道理勝義といわれるものがあります。これは主体的な世界での真理といえるでしょう。煩悩が原因になって苦しみがある。けれども、仏道を修行すれば苦しみの滅した世界に入ることができる。これは主体的な世界での厳然たる因果の法則であるわけですが、そのことを明らかにすることのほうが、ただ世界を客観的に見るのみより、より深い地平での真理だということになります。

「三には証得勝義。謂く、二空真如ぞ。」これは根本真理を覚った世界ということですが、ただ、実体としての我・法がないということで明かされる、言葉で語られた真理の世界です。

「**四には勝義勝義。謂く、一真法界ぞ。**」これは究極の真理の世界です。一真法界といってはいますが、二空真如に比べると端的な言い方になっています。二空真如ですと、我や法がないという説明が残っている感じがありますし、おそらく一真法界という言葉で表わしたいものは、言葉を超えた真理の世界をいおうとしているのでしょう。『大乗起信論』には、離言真如と依言真如とがあると説かれています。体験のただ中は、言葉を離れている世界で、そこに究極の覚りの世界があり、言葉はそこから流れ出てきているのです。その言葉において説かれている真理の世界は依言真如、覚りのただ中そのものは離言真如です。それが証得勝義と勝義勝義に対応していると思われます。

「**此れが中に勝義というは、最後のに依りて説けり。是れ最勝の道が所行の義なるが故に。前の三を簡ばんが為に、故是の説を作す。**」『唯識三十頌』の第二十五頌に円成実性すなわち勝義無性こそが諸法の勝義であると示したわけですが、その勝義というのは、勝義諦を四つに分けてみたときの最後の勝義、世間勝義でも道理勝義でも証得勝義でもない、勝義勝義のことだと明かしたわけです。それは究極の体験の中で味わわれるべき真理そのものであることを表わそうとした言葉なのだというのです。円成実性すなわち勝義無性の世界は、最勝の道（菩提・智慧）、最も勝れた根本無分別智の対象（義）にほかなりません。そこで、勝義といいます。対象といっても、じかに体証しているものです。

唯識実性について

此れは諸法の勝義なり。亦た即ち是れ真如なりという。真というは謂く、真実ぞ。虚妄に非ずということを顕わす。如というは謂く、如常ぞ。変易（へんやく）無しということを表わす。謂く、此れいい真実にして、一切の位に於て常如にして其の性たり。故に真如と曰う。即ち是れ湛然（たんねん）にして虚妄にあらざる義なり。亦たという言は、此れに復た多の名（みょう）有りということを顕わす。謂く、法界及び実際等と名づくるぞ。余論の中に、義に随いて広く釈せるが如し。

此の性は即ち是れ唯識の実性なり。謂く、唯識の性に略して二種有り。一には虚妄。謂く、遍計所執。二には真実。謂く、円成実性なり。虚妄を簡ばんと為（し）て、実性という言を説けり。復た二性有り。一には世俗。謂く、依他起ぞ。二には勝義。謂く、円成実なり。世俗を簡ばんと為て、故（かれ）実性と説けり。（九・三、Ⅳ・三六四）

「**此れは諸法の勝義なり。亦た即ち是れ真如なりという。**」円成実性すなわち勝義無性は、本来、言葉ではとらえられない世界ですが、それをあえて勝義といってみたりしますし、またそれを別の言葉でいうと真如といったりすることになります。

「**真というは謂く、真実ぞ。虚妄に非ずということを顕わす。如というは謂く、如常ぞ。変易無し**

ということを表す。」真如の真は、真実で虚妄でないことを表わしています。真如の如は、常に同じで変わらないという意味です。このように、『成唯識論』の真如の説明によれば、如とは時間的に変わらないということです。自性清浄心ともいいますが、迷っていても私たちの本質は空性です。空性は、けっしてネガティブとは限りません。むしろ現象世界の母胎として、いのちが充満しているものかもしれません。この空性そのものは、凡夫でも仏でも変わらないのです。その変わらないことを如という言葉が表わしています。ですから、この意味の如は、ありのまま、ということとは少し異なります。

「**謂く、此れいい真実にして、一切の位に於て常如にして其の性たり。故に真如と曰う。即ち是れ湛然にして虚妄にあらざる義なり。**」どの修行の段階の、一切の位においても、変わらずにそのままあって、ありとあらゆる現象世界の本質・本性を成しています。ですから、真にして如なるものというのです。湛然も、変わらないという意味合いになります。それが如で、一方、虚妄でないのが、真です。

「**亦たという言は、此れに復た多の名有りということを顕わす。謂く、法界及び実際等と名づくるぞ。余論の中に、義に随いて広く釈せるが如し。**」円成実性を勝義といったり、真如といったりします。さらに真如だけではなく、他の多くの言葉でも語られます。たとえば、法界あるいは実際等と呼ぶことがあります。実際というのは、真実の極みという意味です。その他にも無我性とか、空性とか、法性とかとも呼ばれます。ある論、たとえば『大乗阿毘達磨雑集論』などに、それぞれの言葉の意味にしたがって、詳しく解説されています。

「**此の性は即ち是れ唯識の実性なり。謂く、唯識の性に略して二種有り。一には虚妄。謂く、遍計**

所執。二には真実。謂く、円成実性なり。虚妄を簡ばんと為て、実性という言を説けり。」この真如・法性こそが唯識の世界の真性に他なりません。ただ、唯識の本性というとき、二種類のものを見ることができます。何か唯識の本体があると思って、対象的に措定されて考えられたような本性もあります。しかしそれは虚妄なものです。そのただ頭のなかでこういうものがあるとして想定された唯識性ではなくて、本当の唯識性そのもののことであることを明かそうとして、特に実性（唯識実性）という語を用います。

「**復た二性有り。一には世俗。謂く、依他起ぞ。二には勝義。謂く、円成実なり。世俗を簡ばんと為て、故実性と説けり。**」また、世界には二つの実質的な存在があります。一つには世俗の世界、二つには究極の真理の世界です。前者は世俗といっても、現象世界としての依他起性のことです。後者は真理の世界としての円成実性です。円成実性は現象の世界としての世俗の世界ではないことを明かそうとして、実性という語を用いたのです。

三の頌は総じて、諸の契経の中に説ける無性という言は極めて了義に非ずということを顕わす。諸の有智の者、応に之に依りて総じて諸法は都て自性無しとは撥すべからず。（九・三、Ⅳ・三六七）

「**三の頌は総じて、諸の契経の中に説ける無性という言は極めて了義に非ずということを顕わす。**」以上、『唯識三十頌』の第二十三頌から第二十五頌までの三つの頌全体によって、つまりは三無性を明かす説によって、いろいろな経典等にただ一切法無自性といっているのは、けっして完全に真理を説き尽くしたものではないということを明かそうとしたものであります。

「**諸の有智の者、応に之に依りて総じて諸法は都て自性無しとは撥すべからず。**」およそものごとの道理が解る者なら、三無性の説を了解することによって、一切の事物が全く存在しない、と否定し尽くしてしまってはいけません。何が有り、何が無いか、何が真理か、三性・三無性の中で見極めなければなりません。

以上で、三性・三無性説の説明が終わりました。『唯識三十頌』では第一頌から第二十四頌までに、八識の心王・心所や、一切唯識である証明や、三性・三無性説等が詳しく説かれて、いわば唯識の相が明かされ、第二十五頌にその性が明かされて、ここまでで実に唯識の世界観（法相）のすべて（性・相）が説明されたことになります。

九　唯識思想における修行について

修行する人の特性

『唯識三十頌』では、いよいよ最後の第二十六頌から第三十頌までにおいて、唯識の修道論、さらには仏身・仏土論の説明がなされています。『成唯識論』は、その主題に入るにあたり、初めに、唯識の修道論のごく基本的なことがらを示しています。そこに、唯識の修道論の概要を見ることができるでしょう。まず、そこを拝読いたします。


是くの如く成ぜられぬる唯識の相と性とをば、誰か、幾くの位に於て、如何にしてか悟入する。

謂く、大乗の二種の姓を具せる者いい、略して五の位に於て、漸次に悟入す。

何をか大乗の二種の種姓と謂う。

一には、本性住種姓。謂く、無始より来た本識に依附して法爾に得る所の無漏法の因ぞ。
二には、習所成種姓。謂く、法界より等流せる法を聞き已りて、聞所成の等きに熏習して成ぜられたるぞ。
要ず大乗の此の二種の姓を具せるひと、方に能く漸次に唯識をば悟入す。（九・四、Ⅳ・三六七）

「**是くの如く成ぜられぬる唯識の相と性とをば、誰か、幾くの位に於て、如何にしてか悟入する。**」以上には、現象世界と真理の世界のすべてを論じ尽くし、世界は唯識であるということが問題なく述べられました。では、一体どういう人が、どのような段階を経て修行し、どのように覚りを開いていくのでしょうか。

「**謂く、大乗の二種の姓を具せる者いい、略して五の位に於て、漸次に悟入す。**」大乗の覚りを開き仏となる因となるものが、大乗の姓（種姓）です。それには二種あるということがまず呈示されたわけです。それを具えた者は、大変な長い道のりを歩いていって覚りを成就していくことになるのですが、その道程をまとめれば五つの段階になります。

「**何をか大乗の二種の種姓と謂う。一には、本性住種姓。謂く、無始より来た本識に依附して法爾に得る所の無漏法の因ぞ。**」大乗の二種の種姓とは何をいっているのか。覚りの智慧というのは、有為法です。それがはたらくには、その種子というものが必要になってくるわけです。無始以来、生死輪廻していていまだかつて覚ったことがない者は、覚りを開いたという経験によって、阿頼耶識にその種子を熏習することはできないはずです。では私たちは、覚りの智慧の種子をどのようにして持つことができるのでしょうか。それに対しては、本来持っている覚りの智慧の種子があるのだというのです。それが本性住種姓です。もとより阿頼耶識に依りついている無漏法の種子が、本性住種姓です。ただ唯識では、それを誰もが持っているとはいいません。『涅槃経』では、「一切衆生悉有仏性」（仏性とは、成仏の因となるもののこと）と説きますが、唯識では、中にはそういう種子を持っていない人もいると説くのです。そういうことを説くものですから、三乗思想ということで、一乗の立場（誰もが成仏できるとする立場）に立つ人はさかんに唯識説を批判したりもしました。

「二には、習所成種姓。謂く、法界より等流せる法を聞き已りて、聞所成の等きに熏習して成ぜられたるぞ。」もう一つは、修行をする中で作られる種子です。法界より等流せる法とは、真実を説いている教えのことであります。仏教の経典や論書は、真実の世界から流れ出た言葉にほかならないのです。それを聞いて、その内容を考えて、さらには実践していくでしょう。それを聞くこと等により熏習されて、もとよりあった無漏種子も育てられていくことになります。聞かれる対象は法界より流れ出てくる真理の言葉であって、その言葉に馴染（なじ）むことが熏習されて、心の全体に影響を与えていくのです。ここに二つの種姓となっていますが、実際は本性住種姓が開発されていったものが習所成種姓であり、両者は一つのものと見るべきものです。

「要ず大乗の此の二種の姓を具せるひと、方に能く漸次に唯識をば悟入す。」もとより無漏種子を持っていて、しかも仏の側からの導きによって、仏道を歩んでいく人、こういう人が仏道を完成していくことになります。

修行の階位について

では次に、唯識の五つの修行の段階（五位）とはどのようなものでしょうか。


何をか唯識を悟入する五位と謂う。

一には資糧の位。謂く、大乗の順解脱分を修するぞ。

二には加行（けぎょう）の位。謂く、大乗の順決択（けっちゃく）分を修するぞ。

三には通達（つうだつ）の位。謂く、諸の菩薩の所住の見道ぞ。

四には修習（しゅじゅう）の位。謂く、諸の菩薩の所住の修道ぞ。

五には究竟（くきょう）の位。謂く、無上正等菩提に住しぬるぞ。（九・四、Ⅳ・三七三）

「**何をか唯識を悟入する五位と謂う。一には資糧の位。謂く、大乗の順解脱分を修するぞ。**」五位の第一は資糧位です。別名では順解脱分といいます。初歩の修行ですが、究極の解脱（成仏）に順ずるような修行という意味です。この修行をしていくことが、最終的には仏になることをもたらしていくからです。そこで、資糧位を別に順解脱分ともいいます。

「**二には加行の位。謂く、大乗の順決択分を修するぞ。**」資糧位の修行をして力を貯えたら、今度はさらに行を加えて、覚りを開くことに集中する行をします。それが加行位です。ここを順決択分ともいいます。決択というのは、次の見道の位において実現する覚りの智慧のことです。したがって順決択分とは、その見道の覚りの智慧に順ずる修行という意味合いがあります。最初の順解脱分のほうが遠い仏の世界に順ずるといい、二番目の順決択分は直近の次の位に順ずるという言い方になっています。

「**三には通達の位。謂く、諸の菩薩の所住の見道ぞ。**」無分別智という覚りの智慧を発して真如を証する、その最初の覚りを開いた段階が通達位です。ここをまた見道とも呼びます。しかし、いったんの覚りを開いても、すべての問題が解決するわけではありません。無始以来、自我にしがみつき、物にしがみついてきた、そのことが阿頼耶識に熏習されていますから、ちょっと覚りを開いたぐらいでは、心はすべてきれいにはならないのです。

「**四には修習の位。謂く、諸の菩薩の所住の修道ぞ。**」そこでさらに修行していく段階が、修習位です。この位はまた、修道ともいわれます。ここでは、十地の修行がなされていくと言われています。

「**五には究竟の位。謂く、無上正等菩提に住しぬるぞ。**」こうして、最後が究竟位です。この上ない正しい完全なる覚りに住することが完成した位、つまり仏になったということです。

以上のように、唯識では修行の道すじを、資糧位・加行位・通達位・修習位・究竟位と、五つの段階にまとめて説明しているわけです。別の言い方をすれば、順解脱分・順決択分・見道・修道・無学道の五つです。

修行の進展とその境地

では、五位を通じてだんだんに（漸次に）覚りを完成していくとは、どのようにでしょうか。


云何ぞ漸次に唯識を悟入する。

謂く、諸の菩薩は、識の相と性とに於て、資糧の位の中にしては能く深く信解す。

加行の位に在りては、能く漸く所取と能取とを伏除して、真見を引発す。

通達の位に在りては、実の如く通達す。

修習の位の中にしては、所見の理の如く数数修習して余れる障を伏し断ず。

究竟の位に至りては、障を出でて円に明になんぬ。能く未来を尽くして有情類を化して、復た唯識の相と性とを悟入せしむ。（九・四～五、Ⅳ・三七四）

「**云何ぞ漸次に唯識を悟入する。謂く、諸の菩薩は、識の相と性とに於て、資糧の位の中にしては能く深く信解す。**」初めの資糧位では、唯識の教えを聞いてよく了解し、それに沿って初歩的な行を実践する段階です。仏教の信は、教え（言葉）の深い理解（知的活動）を伴うものなのです。

「**加行の位に在りては、能く漸く所取と能取とを伏除して、真見を引発す。**」次の加行位では、対象に執著しているあり方を抑える、あるいは、その執著の心のはたらきのもとになる種子を取り除いていくことにより、真の覚りの智慧を引き出そうとします。

「通達の位に在りては、実の如く通達す。」次の通達位では、真実のままに覚りを開きます。

「修習の位の中にしては、所見の理の如く数数修習して余れる障を伏し断ず。」次の修習位においては、真如・法性を証する無分別智をしばしば修習して、見道では断じ切れなかった阿頼耶識に残っている我執・法執の種子、言い換えれば二障（煩悩障・所知障）の種子をさらに断じていきます。

「究竟の位に至りては、障を出でて円に明になんぬ。能く未来を尽くして有情類を化して、復た唯識の相と性とを悟入せしむ。」最後に、煩悩障・所知障をすっかり離れて、完全に智慧を実現します。そうしますと、あとは苦しんでいる人々を救済して、彼らに唯識の相と性とを覚らせていきます。人々の個々のいのちを完全に実現させていく活動に、未来永劫はたらいていくのです。

このように、仏道の修行を進めていくと、最後には自利・利他のはたらきを完全に実現した存在になるのです。これが唯識の修道論の基本的な見方です。

資糧位について

初めに、『唯識三十頌』の第二十六頌は、資糧位についてです。

初の資糧の位の其の相云何ぞ。頌に曰く、
乃（いま）し未だ識を起こして、唯識の性に住せんと求めざるに至るまでは、

二取の随眠に於て、猶お未だ伏し滅すること能わず。

論に曰く、深く固き大菩提心を発せし従り、乃し未だ順決択の識を起こして唯識の真勝義の性に住せんと求めざるに至るまでの、此れに斉るをば、皆な是れ資糧の位に摂む。無上正等菩提に趣かんが為に、種種の勝資糧を修集するが故なり。有情の為の故に解脱を勤求す。此れに由りて亦た順解脱分とも名づく。（九・五、Ⅳ・三八二）

「**初の資糧の位の其の相云何ぞ。頌に曰く、**」資料位の修行の内容等は、どういうものであるか。それについて説いているのが、第二十六頌であるということです。

「**乃し未だ識を起こして、唯識の性に住せんと求めざるに至るまでは、二取の随眠に於て、猶お未だ伏し滅すること能わず。**」「識を起こして」とあるその「識」とは、加行位でいう観法を修行する識のことだといわれます。観法の識を起こして、「唯識の性に住せん」というのは無分別智を起こして真如を覚ろう、ということです。そこに至ることを「求めざるに至るまでは」というのですが、要するに加行位および通達位に到達しないうちは、ということです。それが資糧位の段階です。

私たちは、自我や物等にしがみついたりして、対象に対して執著をするわけですが、その心を起こしたことが阿頼耶識に熏習されて、種子として蓄えられていきます。所取・能取の「二取」を執著した、その事実がそのまま種子として蓄えられているものを「随眠」といいます。主観・客観を実体視したその執著が、意識下に残されているものです。それに対して、資糧位は、なおいまだ「伏」することもできないし、「滅」することもできない段階だといいます。伏すというのは、種子が現行するのを抑えることです。滅するというのは種子そのものを断じていくこと、阿頼耶識の中からそれを除いていくことです。資糧位は、それがいまだ十分にはできない段階なのです。しかし、資糧位の修行をしていく中で、阿頼耶識において善の種子が増していき、やがては覚りを開いていくことにもなるわけです。

第二十六頌は、そのようなしかたで資糧位のありようを描写しているわけですが、これに対して『成唯識論』は以下のように解説していきます。

「**論に曰く、深く固き大菩提心を発せし従り、乃し未だ順決択の識を起こして唯識の真勝義の性に住せんと求めざるに至るまでの、此れに斉るをば、皆な是れ資糧の位に摂む。**」初めのところは、この上ない完全なる覚りを実現したいという深く固い心を発してよりのち、です。覚りを実現したいということは、自己の本来のいのちを完全に発揮できるような主体になりたいということ。自己のいのちを完全に発揮するということは、自分のいのちも大切にし他者のいのちも大切にする、自利・利他円満になった存在になることです。菩提心とは、ふつう菩提を求める心だといわれますが、その菩提心の内容を考えれば、他者のいのちをも自己の課題とし、自利・利他を自己のいのちの中に完全に実現したいという真摯な心ということができると思います。

「順決択」とは、順決択分、すなわち加行位のことです。見道の智慧（決択）に順じるから、加行位を順決択分といいます。加行位で唯識の観法を修行するとき、観察の識を起こすことになります。「唯識の真勝義の性に住」すというのは、無分別智が実現した通達位＝見道のことを意味しています。結局、その加行位さらには通達位に至らないうち、発心から加行位に入る前までの期間に限って、その全体を資糧位と見ます。

「**無上正等菩提に趣かんが為に、種種の勝資糧を修集するが故なり。**」この段階は、この上ない正しい完全なる覚りを実現しようとして、種種の勝れた資糧すなわち長い修行の道中の助けとなるものを集めていく段階だから、資糧位と呼ぶのだと解説したわけです。

「**有情の為の故に解脱を勤求す。此れに由りて亦た順解脱分とも名づく。**」自分のためではなくて、人々のためにこそ、煩悩の束縛から離れた解脱を求めていく。そういう意味合いがあるので、この位の段階を順解脱分と名づけることにもなります。この解脱というのは仏の位です。利他が完全になった世界です。この期間の修行をすれば、おのずからそこに到達していく。ゆえに仏の位に順じているという意味で順解脱分と呼ぶことにもなるわけです。

資糧位における煩悩の状況

此の位の菩薩は因と善友(ぜんぬ)と作意と資糧との四の勝れたる力に依るが故に、唯識の義の於に深く信解すと雖も、而も未だ能・所取空なりと了すること能わずして、多く外門に住して菩薩の行を修す。故に二取に引かれたる随眠に於て、猶お未だ能く功力(くりき)を伏・滅して彼れをして二取の現行を起こさざらしむること有るにあらず。

此の二取という言は、二取が取を顕す。能取と所取との性を執取する故に。二取の習気(じっけ)を彼の随

眠と名づく。有情に随逐し蔵識に眠伏せり。或は随いて過を増す故に随眠と名づく。即ち是れは所知と煩悩との障の種なり。（九・五～六、Ⅳ・三八四）

「此の位の菩薩は因と善友と作意と資糧との四の勝れたる力に依るが故に、」初心の修行を支えていくものの一つに、「因」があります。この因とは、本性住種姓と習所成種姓といわれるもののことです。先天的に持っている、仏の智慧を成就すべき種子です。言い換えれば仏性といってもよいものです。仏性を、唯識では無漏の種子、智慧の種子としてみていくわけです。その本来もっている種子が、修行の中で開発されていったものが習所成種姓です。こうした種子をもっていることが修行の原動力になっていくわけです。

「善友」は、しばしば善知識と訳されます。この私を導いてくれる徳のある方を、善友というわけです。ただ、ここの善友は、諸仏を意味すると注釈されています。仏に会うことは、なかなかできないような気もしますが、大乗仏教の考え方からすれば、本当は仏である方が、名も無い一市民となって現われていて、この私を導いて下さっているのかもしれません。実は会う一人一人が仏である、と受け止めることもできます。あるいは説法に出会う、経論に出会うことも、善友に出会っていることなのでしょう。いずれにしましても、注釈によれば、善友は諸仏という解釈になっています。

「作意」は、固く了解して信じた心です。その心があるがゆえに、間違った説を吹き込まれようとも動揺することはありません。あくまでも無上正等菩提を実現していく道を歩き続けていく原動力になります。作意というのはふつう、心所の一つでありますが、ここでの作意の具体的な内容は、一向に決定した勝解のことです。勝解というのは、はっきりと了解した心のことです。大乗仏教の道にこそ本当の自己を開いていく道があると、深く了解するのです。それがあるがゆえに迷わされることはない、それがここの作意の力です。

「資糧」は、修行をしていく中で培っていく善根功徳です。修行の基礎体力ともいえるでしょう。

以上の四つの勝れた力によって、

「唯識の義の於に深く信解すと雖も、而も未だ能・所取空なりと了すること能わずして、多く外門に住して菩薩の行を修す。」唯識の教えを知的に深く了解しても、まだ主観・客観、いわば自我や物等を常住なるものと実体視し、執著し、しがみついている段階にある。しかし本来、所取・能取は常住の本体を持つようなものではありえない。生滅を繰り返しながら流れている、空にして現象している世界のみです。そのことを、この段階では、まだ覚りの智慧の中で証することはできないままにいます。そこで、深い修行はまだできません。「外門」とは、「事相の散心」のこととあります。心を統一して道理を観察していくような修行ではなく、日常の分別の心を残したままで、現実の具体的な場面に基づき修行をしていくのが、「事相の散心」です。そのような修行の中で、菩薩行を実践していくのです。

「故に二取に引かれたる随眠に於て、猶お未だ能く功力を伏・滅して彼れをして二取の現行を起こさざらしむること有るにあらず。」したがってこの段階では、所取・能取を執著することによって阿頼耶識の中に熏習され形成された種子に対して、現行させないように抑えることが、必ずしもよくはできません。ましてその種子を断じることは、まったくできません。結局、所取・能取の執著の現行を完全に起こさせないようにすることができず、何かの機会にはつい起こさせてしまうことになるわけです。そのことは修行を進めていくうちに少なくなっていくことも事実でしょうが、またしても起こしてしまうことが残っている段階ということになります。

「**此の二取という言は、二取が取を顕す。能取と所取との性を執取する故に。**」ここに「二取」とあったのは、所取・能取に対する取著をいうものです。対象的なものに対する執著と、主観的な自己に対する執著、それが二取の内容になるわけです。取るもの、取られるもの、そういうものがあると執著するからで、それらを二取といっているのだというわけです。相分・見分そのものを二取と言う場合もありえますが、それとはこの二取は異なるということを明らかにしています。

「**二取の習気を彼の随眠と名づく。有情に随逐し蔵識に眠伏せり。或は随いて過を増す故に随眠と名づく。**」随眠というのは、二取（所取・能取への執著）の習気のこと、熏習されたもののことです。それは、阿頼耶識の中にあってずっとその者につきまとう。阿頼耶識の中に眠るように潜在的に存在し続けていく。そこで随眠というのです。もう一つの随眠の解釈として、執著の種子があるがゆえに、日常の生活のままに執著を重ねていくといいますか、過失を増していく。その増というのが眠という字と通じているのだといいます。

「**即ち是れは所知と煩悩との障の種なり。**」この二取の種子は、言い換えれば、所知障・煩悩障の種子のことです。『成唯識論』では、この二障が一つの重要なキーワードになります。なぜ世親菩薩は『唯識三十頌』を説かれたのか。それは、二障を離れさせて大菩提と大涅槃を実現させるためであったといわれます。そのように、唯識では、迷いのあり方と修行の進展のあり方とを、二障という観点からみていく場合がしばしばあります。簡単にいいますと煩悩障とは、我執に関わる一切の煩悩です。所知障とは、法執、いわば物に対する執著に関わる一切の煩悩です。この煩悩障・所知障を、修行の中で対治して、大涅槃と大菩提を実現するのが、大乗仏教の世界なのです。我執だけを断つ修行をして、涅槃だけを実現するのが小乗の世界で、その涅槃は何の活動もありませんし、自己の苦悩からの解脱のみを味わうだけで、単なる自己満足に終わってしまいます。大乗の場合は、さらに法執をも断じて智慧を実現していく中で、自利・利他の活動が十全に可能になっていく。それこそがいのちの本来のあり方である、というのが大乗の主張になるわけです。物に対するとらわれからも解放され、真の自由の主体を実現して、苦しんでいる他者のために自在にはたらきかけていく。そのために、我執（煩悩障）だけでなく法執（所知障）をも断じて智慧を実現していくのです。そういう文脈の中で、二障ということがしばしば述べられます。

煩悩障と所知障

その二障について、ここに若干の説明がはさまれています。

煩悩障とは、謂く、遍計所執の実我と執する薩迦耶見（さつがやけん）を而も上首と為（せ）る、百二十八の根本煩悩と及び彼れが等流の諸の随煩悩とぞ。此れいい皆な有情の身心を擾悩（じょうのう）し、能く涅槃を障（さ）うるを煩悩障と名づく。

所知障とは、謂く、遍計所執の実法と執する薩迦耶見を而も上首と為る、見と疑と無明と愛と恚と慢との等きぞ。所知の境と無顛倒の性とを覆い、能く菩提を障うるを所知障と名づく。（九・六、Ⅳ・三八八）

「**煩悩障とは、謂く、遍計所執の実我と執する薩迦耶見を而も上首と為る、百二十八の根本煩悩と及び彼れが等流の諸の随煩悩とぞ。**」煩悩障は、常住で変わらない本体を持つ自我があると執著してしまうものです。薩迦耶見を根本とする、特に我執に関わる場合の百二十八の根本煩悩がそれにあたるといいます。五位百法におけるダルマの分析の中では、心所有法の中に遍行・別境・善・煩悩・随煩悩・不定がありました。その煩悩というのが根本煩悩でした。これには貪・瞋・癡・慢・疑・悪見の六つがありましたが、悪見は開くと薩迦耶見・辺執見・邪見・見取・戒禁取となり、全部で十あることになります。その十の煩悩は、四諦（苦・集・滅・道）のおのおのを覆ってしまうことを考えまして、四十と数えるのです。欲界ではその十の根本煩悩のすべてが起きますが、色界・無色界では、瞋の心所は起きないので、九つの煩悩になり、その九つの煩悩が四諦のおのおのを覆うということで、色界・無色界にはそれぞれ三十六の煩悩（あわせて七十二の煩悩）があることになります。四十と七十二で百十二の煩悩。そして修道の段階でも、全部で十六の煩悩があると数えます。修道とは、見道以降の修習位のことで、そこではいわゆる先天的な煩悩障の種子はまだあり、修行しているさなか以外の日常生活ではやはりその煩悩が起きてきてしまいます。その十六の数え方は、欲界には、十の根本煩悩のうち、六つの煩悩（貪・瞋・癡・慢・薩迦耶見・辺執見）が起き、色界・無色界には、そのうちの瞋を除いた五つが起きてくるというのです。こういう数え方をしまして、百十二と十六と全部合わせると、百二十八の根本煩悩という数字がでてくるのです。

また随煩悩には、二十の心所有法がありましたが、我執に関わる根本煩悩から発した随煩悩のすべてがこれに該当します。以上が煩悩障というわけです。

「**此れいい皆な有情の身心を擾悩し、能く涅槃を障うるを煩悩障と名づく。**」これらは、人々の心だけでなく身体をも乱し騒がせ、悩ませます。この我執に関わる煩悩があると、涅槃の実現を妨げるわけです。

「**所知障とは、謂く、遍計所執の実法と執する薩迦耶見を而も上首と為る、見と疑と無明と愛と恚と慢との等きぞ。**」所知障は、種々のものに関して、常住の本体があると執著する薩迦耶見を根本とする、特に法執に関わる場合の一切の煩悩です。つまり法執に関わるものが所知障であるということになります。薩迦耶見とは、我見といえば我見なのですが、その中にものを常住とみなす見解もあるわけです。人我見に対する、法我見です。実際、人我見は、物に対する執著（法我見）の上にあるものなのです。我執があるところには必ず法執があります。法執があるところに我執があるとは限らないのですが、我執があるところには法執はあるという関係があります。ここには、見・疑等々の限られた煩悩だけがあがっていますが、数は煩悩障と同じく百二十八あるといいます。煩悩障があるところには必ず所知障があるからです。

「**所知の境と無顛倒の性とを覆い、能く菩提を障うるを所知障と名づく。**」「所知の境」というのは、知られるべきものということで、現象世界の一つ一つ、あるいは、無為法です。ただし無為法は、大乗仏教の中でいいますと、そのあとの「無顛倒の性」となります。これらを見えなくさせ、覚りの智慧を妨げてしまうはたらきをなすのが所知障です。

煩悩障・所知障の種子が、私たちの阿頼耶識の中に存在しています。資糧位では、その種子が現行してくることを抑えてはいけるのですが、完全には抑えきることはできません。まして種子そのものを断じることはできません。そういう段階が資糧位です。

是の如き二障において、分別起のは見所断に摂めらる。任運起のは修所断に摂めらる。二乗は但だし能く煩悩障のみを断ず。菩薩は倶に断ず。永に二が種を断ずることは、唯だ聖道の能のみなり。二が現行を伏することは有漏道にも通ず。菩薩は此の資糧の位の中に住して、二の麁の現行をば伏する者有りと雖も、而も細なる者と及び二が随眠とに於ては、止と観との力微なるをもって未だ伏し滅すること能わず。（九・七～八、Ⅳ・三九八）

「**是の如き二障において、分別起のは見所断に摂めらる。任運起のは修所断に摂めらる。**」煩悩障・所知障に「分別起」と「任運起」があります。「分別起」というのは、生まれた後、言葉や社会関係などいろいろと学んでいく中で起こしていく煩悩です。これは「見所断」、つまり見道において断ぜられるというのです。この「分別起」の我執・法執の種子というものは、見道＝通達位のところで、無分別智が起きた段階で断じてしまう。「任運起」というのは、倶生起ともいい、いわば先天的な煩悩です。阿頼耶識の中にもとより蓄えられていて、自分が意識しなくても起きてくるものです。それは「修所断」、つまり修道＝修習位において断ぜられます。十地の修行の中で断ぜられていきます。それには長い時間がかかるわけです。

「**二乗は但だし能く煩悩障のみを断ず。菩薩は倶に断ず。**」声聞乗・縁覚乗の者たち、いわゆる小乗仏教を修行する人たちは、我執の関係の種子を断ずるのみです。それで涅槃しか実現できない。覚りの智慧を実現することはできないというわけです。大乗仏教の修行者としての菩薩は、我執も法執も断じていって、涅槃とともに菩提をも実現するのです。菩提のもとに成就する涅槃は、無住処涅槃です。生死を超えた涅槃ではなくて、生死のただ中に見出される涅槃です。

「**永に二が種を断ずることは、唯だ聖道の能のみなり。**」二障の種子を断ずることは、覚りの智慧によってでしかできません。我々が知的に教えを了解して修行をしても、覚りの智慧を起こさないかぎり、種子が現行するのを抑えることはできても、種子を断ずることはできません。見道以後に、種子は断ぜられていくことになるわけです。

「**二が現行を伏することは有漏道にも通ず。**」二障の種子を現行させないということは、覚りの智慧を起こす前に修行をしている段階でも、できます。

「**菩薩は此の資糧の位の中に住して、二の麁の現行をば伏する者有りと雖も、**」資糧位の修行においては、自覚しやすいものについては、現行させないようになりえます。我執に関わるものであれ、物等に対する執著に関わるものであれ、そういう二障の煩悩・随煩悩の粗っぽいもの、自覚しやすいものについては、現行を抑えることはできるわけです。

「而も細なる者と及び二が随眠とに於ては、止と観との力微なるをもって未だ伏し滅すること能わず。」禅定の力と智慧の力がまだ弱いので、二障の微細な煩悩及び二障の種子に関しては、現行させないこともできなければ、滅することもできません。

福の修行・智の修行

此の位には未だ唯識の真如を証せず、勝解の力に依りて諸の勝行を修す。応に知るべし、亦た是れ解行地に摂めらる。所修の勝行の其の相云何ぞ。略して二種有り。謂く、福と及び智とぞ。諸の勝行の中に慧をもって性と為すをば皆な名づけて智と為す。余をば名づけて福と為す。且く六種の波羅蜜多に依りていわば、通相をもっては皆な二なり。別相をもっては前の五をば説きて福徳と為す。第六のは智慧なり。或は復た前の三をば唯だ福徳に摂む。後の一は唯だ智なり。余は二種に通ず。復た二種有り。謂く、自と他とを利するぞ。所修の勝行は、意楽の力に随いて、一切皆な自と他との利行に通ず。別相に依りて説かば、六到彼岸と菩提分との等きをば、自利の行に摂む。四種の摂事と四無量との等きをば、一切皆な是れ利他の行に摂む。是の如き等の行の差別無辺なり。皆な是れ此れが中の修する所の勝行なり。(九・八、Ⅳ・四〇〇)

「此の位には未だ唯識の真如を証せず、勝解の力に依りて諸の勝行を修す。応に知るべし、亦た是れ解行地に摂めらる。」この位では、無分別智はまだ起きてこない段階ですから、真如を証することはできません。分別の世界で、経典の聖なる言葉を了解して、諸の修行をしていく。大乗仏教の修行は、初歩であっても、他にくらべて格段に勝れているのです。この位は、覚りの智慧にもとづいて修行するのではなくて、知的な了解のもとに修行をしていく段階なので、この資糧位を別に「解行地」（信解行地・勝解行地）と呼ぶこともあります。勝解行地を超えると、見道・修道になります。

「所修の勝行の其の相云何ぞ。」資糧位において修せられる勝れた修行とはどういうものか。ここではその意義・性格を解説しつつ、その修行の徳目の名も少し出しています。

「略して二種有り。謂く、福と及び智とぞ。諸の勝行の中に慧をもって性と為すをば皆な名づけて智と為す。余をば名づけて福と為す。」この位の修行の全体は、福（福徳）の修行と智（智慧）の修行に分けて見ることができます。六波羅蜜や他の修行の中で、慧を本性とするものは智の修行です。この慧とは別境の心所のことです。それが発達したものが覚りの智慧にもなっていくわけです。それ以外をすべてまとめて福の修行と見ます。智慧の修行というのは、智慧の力を発揮していく基になる修行です。福徳の修行は、仏の三十二相八十種好を実現させていくようなもので、智慧とは直接関係しませんが、やはり仏の内容を実現していくことにつながるものです。

「且く六種の波羅蜜多に依りていわば、通相をもっては皆な二なり。」菩薩の修行として基本中の基本である六波羅蜜（布施・持戒・忍辱・精進・禅定・智慧）を例にすると、どれにも福の意味合いもあれば、智の意味合いもあります。

「**別相をもっては前の五をば説きて福徳と為す。第六のは智慧なり。**」しかし特徴を強調していえば、智慧以外はすべて福の修行になります。禅定も福の修行です。それは、根本的な解脱に関わる智慧の修行そのものではないからです。最後の般若（智慧）が智慧の修行です。ですから、『般若経』は六波羅蜜の中でも般若波羅蜜多を最重視したわけです。

「**或は復た前の三をば唯だ福徳に摂む。後の一は唯だ智なり。余は二種に通ず。**」別の見方によりますと、布施・持戒・忍辱は福の修行に関わるだけです。般若は智の修行が主になります。精進と禅定は、福と智の双方に通じるものです。たしかに、禅定に入らなければ智慧は生まれないといわれています。仏教の智慧というのは、頭で考えてなる智慧ではなくて、心を統一していく中でみられてくる真理がある、そこに生じる智慧が般若波羅蜜多ということになるわけです。そういう意味では、禅定に智慧の意味合いもあるのです。さらには禅定と智慧に精進すれば、おのずからそこに智慧の意味合いもあることにもなります。

ここでは、あくまでも六波羅蜜を例に見ただけですが、資糧位の修行には六波羅蜜だけではなく、さまざまな修行があります。さまざまな修行を見る一つの視点として、智の修行と福の修行という見方がありえるのです。

「**復た二種有り。謂く、自と他とを利するぞ。**」また、ここでの修行には、自分を利益する修行もあるし、他者の苦しみを除いていく修行もあります。自利と利他です。

「**所修の勝行は、意楽の力に随いて、一切皆な自と他との利行に通ず。**」資糧位で行なう修行は、菩薩の心、願いに応じてすべて自利・利他に通じたものがあります。

「別相に依りて説かば、六到彼岸と菩提分との等きをば、自利の行に摂む。」「六到彼岸」とは、六波羅蜜のことです。波羅蜜を到彼岸と訳したわけです。一般にはこの修行をすれば彼岸にいくことができるから到彼岸と呼ぶ、という解釈がなされていると思います。道元禅師は、到彼岸はむしろ彼岸到だといい、六波羅蜜の修行の中に、すでに覚りの世界（彼岸）が到達しているのだ、修行しているただ中に覚りが成就しているのだと説いています。この道元禅師の到彼岸の解釈はきわめて適切であると私は思います。

「菩提分」というのは、菩提すなわち智慧の拠り所となる修行という意味合いで、昔から三十七菩提分法ということがいわれております。六波羅蜜や三十七菩提分法は自利の行としてみていくことができます。ただ、実際には六波羅蜜の中にも利他行は多分に含まれていると思います。ここは大まかにいったものでしょう。

「四種の摂事と四無量との等きをば、一切皆な利他の行に摂む。」四摂事（布施・愛語・利行・同事）の修行と四無量心（慈・悲・喜・捨）の修行は、利他行としてみることができます。

「是の如き等の行の差別無辺なり。皆な是れ此れが中の修する所の勝行なり。」福と智の修行あるいは自利・利他の修行は、今あげた以外にもたくさんの修行があります。そういうものが資糧位の中で修行するものであります。

参考までに、『摂大乗論』は大乗仏教徒のもっとも基礎的な修行である六波羅蜜について、三種類ずつに整理して示しております。それは比較的整った説ではないかと思いますので、ここに紹介しておきましょう。

布施の三品とは、一に法施、良き教えを一人占めにしないで、皆とわかちあうこと。二に財施、お金や品物を人々に恵むこと。三に無畏施、無畏の心を施すこと、人の不安を取り除いてあげることです。

持戒の三品とは、一に摂律儀戒、諸の悪をなさないこと。二に摂善法戒、進んで諸の善を修行すること。三に饒益有情戒、人々を利益していくことです。

忍辱の三品とは、一に耐怨害忍、誹謗中傷を受けても堪え忍ぶこと。二に安受苦忍、夏の熱い日、冬の寒い日等でも我慢して修行すること。三に諦察法忍、真理を明らかに観察することとしての忍です。

精進の三品とは、一に被甲精進、物事を成就するためには、まずは固い決意をもって入っていかなければなりません。二に加行精進、さらに努力精進を重ねていく。三に無怯弱無退転無喜足精進、ひるむことなく退くことなく少しの成果で満足することなく、どこまでも修行を続けていくのです。

静慮（禅定）の三品とは、一に安住静慮、安楽に住する境地が開ける禅定の世界があります。二に引発静慮、これは神通力が生まれるというのです。坐禅を修行していると、遠くの離れたところのものが見えたり、聞こえたりするようになる。ただし、ここにひっかかってしまったら、とんでもないことになってしまうでしょう。三に成所作事静慮、衆生利益のため、飢饉・疫病などを禅定によって滅すること。坐禅に入れば、飢饉や伝染病を止めることができるらしいです。

智慧の三品とは、一に無分別加行慧、これは無分別智を起こすために修する智慧の修行。二に無分別慧、無分別智そのもの。三に無分別後得慧、無分別智の後に得られる分析的な智慧です。

三種の練磨心について

此の位には二の障を、未だ伏・除せざるをもって、勝行を修する時に三の退屈有りと雖も、而も能く三の事をもって其の心を練磨して、証し修する所に於て勇猛にして退せず。

一には、無上正等菩提は広大深遠なりと聞きて心便ち退屈するときに、他の已に大菩提を証せる者を引きて、自心を練磨して勇猛にして退せず。

二には、施等の波羅蜜多は甚だ修すべきこと難しと聞きて心便ち退屈するときに、己れが意に能く施等を修せんと楽うを省めて、自心を練磨して勇猛にして退せず。

三には、諸仏の円満の転依は極めて証すべきこと難しと聞きて心便ち退屈するときに、他の麁善を引きて己れが妙因に況べて、自心を練磨して勇猛にして退せず。

斯の三の事に由りて、其の心を練磨して、堅固熾然にして諸の勝行を修す。（九・八〜九、Ⅳ・四〇四）

「此の位には二の障を、未だ伏・除せざるをもって、勝行を修する時に三の退屈有りと雖も、而も能く三の事をもって其の心を練磨して、証し修する所に於て勇猛にして退せず。」この段階では、煩悩障・所知障の煩悩を完全に現行させないこと、あるいはそれらの種子を除いてしまうことはできないのでした。その中で修行していく段階ですので、時々、もうやめようと、退屈の心が起きることがあります。しかしそこで修行を廃してしまっては、仏道を外（はず）れることになってしまいます。その退屈の心には三種類あります。そこで、三つの事をもって自分の心を練磨して、修行していくことに対して勇猛にして退かないようにし、さらに加行位へと進んでいくのです。困難なことはたくさんあるけれども、それを乗り越えて修行していくことが、もっとも初歩の段階の資糧位には必要なのです。

「一には、無上正等菩提は広大深遠なりと聞きて心便ち退屈するときに、他の已に大菩提を証せる者を引きて、自心を練磨して勇猛にして退せず。」大乗仏教の中で、修行が完成したときに実現する仏の覚りの世界は、広大で深く高遠なものだと聞いて、自分にはとうてい不可能だと思って修行をやめようと思ってしまう。そのとき、他にも修行を完成して大菩提を実現した人もいる。その人も、もとは凡夫だったけれども、修行を完成して仏になることができた。同じ凡夫だったのに、その人は修行を完成しえたではないか。どうして自分に出来ないことがあろうか。そう思って、自分の心を練磨して勇猛にして修行の道を進んでいくのです。

「二には、施等の波羅蜜多は甚だ修すべきこと難しと聞きて心便ち退屈するときに、己れが意に能く施等を修せんと楽うを省めて、自心を練磨して勇猛にして退せず。」大乗の修行は大変むずかしいものだと聞いて、自分にはとうていできないと修行をあきらめてしまう。そのときには、自分はこの道を進もうと真剣に思ったではないかと、初心を思い起こして、本当に自分が求めていることを考えなおすことにより、自分の心を練磨して勇猛にして進むのです。

「三には、諸仏の円満の転依は極めて証すべきこと難しと聞きて心便ち退屈するときに、他の麁善

を引きて已れが妙因に況べて、自心を練磨して勇猛にして退せず。」「諸仏の円満の転依」というのは、仏の世界が実現したところです。それを実現することはきわめてむずかしいと聞いて、修行をやめてしまおうと思ったときに、他の道で修行した場合の功徳と、大乗の道を歩んでいくときの功徳を比べたときに、大乗の修行の功徳はいかに大きいものであるかということを考え、やはり大乗の道を修行するほうが自分のいのちにとっても大事であると思って、自分の心を練磨して勇猛にして進むのです。「**斯の三の事に由りて、其の心を練磨して、堅固熾然にして諸の勝行を修す。**」以上の三つの仕方によって自分の心を練磨して、固い心と、燃え上がる思いとで、諸の勝行を修するのが資糧位の世界であります。具体的には、六波羅蜜・三十七菩提分法・四摂事・四無量心、さまざまな修行をしていく段階になります。とりわけ六波羅蜜は、大乗仏教の基礎的な修行として、重要なものです。

加行位について

次に、加行位の段階に入ります。十住・十行・十回向・十地・仏の四十一位でいうと、十回向の最終段階ということになります。ここで、集中的に観法を修行します。そうしますと無分別智という覚りの智慧が開かれます。その段階は通達位（見道）であり、四十一位では、十地の最初の段階ということになります。加行位では、唯識観という観察行を行ないますが、ただしその観法の具体的な名前は、四尋思・四如実智といいます。それはいわば、言語とその対象の関係を見究めていく中で、ふつうあると思いをなしているものが実はないことを、明瞭に認識していくものです。

以下、この加行位の箇所を拝読していきます。まず、『唯識三十頌』の第二十七頌です。

現前に少物を立てて、是れ唯識の性なりと謂えり。
所得有るを以ての故に、実に唯識に住するには非ず。（九・九、Ⅳ・四〇九）

「**現前に少物を立てて、是れ唯識の性なりと謂えり。**」客観も主観も実在しない、すべてが空だ、その空性が世界の本性だ、ということを了解するのですが、それがこの段階では、まだ意識の中で、なんらか対象的な認識になっているのです。真如がイメージにおいてとらえられて、意識において対象的に把握されている。

「**所得有るを以ての故に、実に唯識に住するには非ず。**」これが唯識の本性だというかたちで、まだ認識対象がなんらか残っているので、本当の意味で唯識の真性そのものに徹底したところまではいきません。

とすれば、唯識の教理は、ただ識のみだということを思い込ませることをめざしてはいないことが分かります。これが真理だといって、それにしがみつかせるというものではないわけです。意識の中で対象的に現われるものがある限りは、覚りの世界に到達したことにはならないのであり、むしろその了解をも超えていく。そういう意味では、唯識は唯識をも否定するものであったわけです。真如・法性に究極の本質・本性があるという思いすらも、手放していかなければならない。その中で本来のいのちが自覚されてくるのです。

以下、『成唯識論』の解説です。

論に曰く、菩薩は先ず初の無数劫に於て、善く福徳と智慧との資糧を備えて、順解脱分を既に円満し已んぬ。見道に入りて唯識の性に住せんが為に、復た加行を修して二取を伏除す。謂く、煖と頂と忍と世第一法とぞ。此の四を総じて順決択分と名づく。真実の決択分に順い趣くが故に。見道に近きが故に加行という名を立つ。前の資糧に加行の義無きには非ず。（九・九～一〇、Ⅳ・四〇九）

「**論に曰く、菩薩は先ず初の無数劫に於て、**」資糧位から仏になるまで、三大阿僧祇劫の時間がかかるのでした。初の無数劫というのは、三大阿僧祇劫の最初の一大阿僧祇劫の間のことです。阿僧祇（asaṃkhya アサンキヤ）とは無数のことなのです。その間にということは、初めの資糧位の修行の間に、という意味になります。

「**善く福徳と智慧との資糧を備えて、**」六波羅蜜でいえば、般若の修行は智の修行だが、それ以外は福の修行であると、資糧位の箇所に説明がありました。智の修行は仏の智慧そのものを実現していくし、福の修行は三十二相八十種好というような功徳を実現していく基になる、ということもいわれていました。

「**順解脱分を既に円満し已んぬ。**」資糧位を別の言葉でいうと順解脱分という言葉で語られます。解脱は仏の位ですが、この最初の修行を行ずることによってこそ、仏に近づいていくわけですから、解

脱に順ずるわけです。その資糧位の修行を完全に満たしたなら、

「**見道に入りて唯識の性に住せんが為に、復た加行を修して二取を伏除す。謂く、煖と頂と忍と世第一法とぞ。**」現象世界の本質・本性を徹底して覚ろうとする。そのことを実現するために、これまでの行にさらに行を加え、主客分裂した対象的認識が現行するのを抑えていく修行を行なうことによって、覚りの智慧が開かれるのです。それは、煖と頂と忍と世第一法という四つの段階を踏んで行じられます。

「**此の四を総じて順決択分と名づく。真実の決択分に順い趣くが故に。**」前の資糧位は順解脱分という別の名前をもっていましたが、加行位も別に順決択分と呼ばれることがあります。真実の決択分（見道）に順じて、それを実現していくからです。その決択というのは智慧のことです。「五位百法」のダルマの体系の中で、心所有法の、別境の中の慧の心所は、決択のはたらきだといわれています。ただここには真実の決択とありますので、覚りの智慧ということになるわけです。つまり、見道の無分別智・後得智のことです。

「**見道に近きが故に加行という名を立つ。前の資糧に加行の義無きには非ず。**」集中的な行を行なうことが、見道という覚りの智慧を実現することに直接つながっていく。そこをとらえてこの段階の修行を、加行位と呼ぶことになります。もちろん、行の上にさらに行を加えるということは、これまでにもなかったわけではありませんが、見道に直接つながるところを強調して、資糧位の行にまた行を加えて覚りを開くことを際立たせようとして、この段階を加行位と名づけるのです。いずれにしましても、加行位は煖・頂・忍・世第一法という四つの段階で修行していくわけです。

四尋思と四如実智

煖等の四の法をば、四尋思と四如実智との初と後との位に依りて立つ。四尋思とは、名と義と自性と差別とは、仮のは有りて実のは無しと尋思するぞ。実の如く、遍く此の四も識に離れて、及び識も、有に非ずと知るを如実智と名づく。名と義とは相(そう)、異(こと)なり。故に別に尋求(じんぐ)す。二が二は相、同なり。故に合して思察す。（九・一〇、Ⅳ・四一一）

「**煖等の四の法をば、四尋思と四如実智との初と後との位に依りて立つ。**」前半の煖・頂は四尋思を、下の尋思・上の尋思として修行します。後半の忍・世第一法は四如実智を、下の如実智・上の如実智として修行します。こういうかたちで四尋思と四如実智によって、四つの段階を修行していきます。

以下、四尋思と四如実智について説明されていきます。

「**四尋思とは、名と義と自性と差別とは、仮のは有りて実のは無しと尋思するぞ。**」四尋思は、名と、義と、それから名と義の自性はほぼ共通しているので合わせて考察し、差別も同様ですので合わせて考察します。こうして、名と、義と、名・義の自性と、名・義の差別という四つのものについて、観察していくことになるわけです。名は名前、義は名前によって表わされるものです。自性は名前によって自体としてとらえられたもの。差別は主語・述語の中で認識されるものです。仏教では、「名詮自性、句詮差別」（名は自性を詮し、句は差別を詮す）といって、句は、主語を述語することにおいて限定・区別するものです。机は四角いといえば丸い机から区別されるわけです。そのように差別というのは、述語することにおいて主語を限定したものです。主語としての、机なら机、黒板なら黒板等は、自体ある物としてとらえられてしまうことが多いと思いますが、述語することにおいてその内容が実体的存在と見られるというのは、違和感があるかもしれません。そこで限定され区別されたものが実体視されている、と考えればよいのかもしれません。

言葉は存在として何か。これは興味深い問題です。言葉は本来、音声によるものであり、それを表わしたものが文字です。しかし、言葉は音声そのものかというと、そうともいえません。ソプラノで「ア」といっても、バスで「ア」といっても、高い音や低い音を聞くのではなくて、「ア」という何ものかを認識するわけです。そういう母音・子音の構成によって言葉が成立するわけです。とすれば、音声に還元し尽くされない何ものかが言葉だということになってくるわけです。説一切有部では、それを心不相応法（物でも心でもないもの）というダルマとして、実在していると考えました。

仏教は言語を、名身・句身・文身において捉えます。この身とは集まりのことです。名は自性を表わすもので、名前や単語。句は差別を表わすもので、主語が述語されたもの、主語を限定した表現のことです。文は文字のことですが、音声言語での文字というのは、母音や子音のことで、それは音声そのものではない独自の存在であると見なされました。説一切有部は、これらすべてを実在していると考えたのです。一方、唯識の方でも、確かに心不相応法のダルマの中に名身・句身・文身を入れています。ただ唯識では、その心不相応法は色・心の流れの上に仮に立てられたものにすぎません。実体視はしないのです。いずれにしても、言葉は意識の中でとらえられるものです。義は言葉によって表わされたもので、ある意味では概念ということにもなります。ただ、私たちはしばしば、言葉通りに物があると考えてしまうわけです。物というのは、言葉を通じて捉えられているのが実情でしょう。

物というものは五感においてあると見られます。では、私たちに直接与えられている五感とは、どのようなものでしょうか。視覚は色を見、聴覚は音を聞いている。五感は分かれています。眼識・耳識等が、別々の心王のダルマとして分析されているとおりです。大脳生理学的にいっても、直接的に与えられる五感、視覚・聴覚・嗅覚等は分かれているでしょう。しかも、それらは時々刻々変化していると考えられます。ちょっとでも向きを変えれば、全然違うものを見るわけです。私たちに直接与えられているものは、それらしかないはずです。時々刻々変化していく、分かれている五感が直接には与えられているわけです。しかし、それらの流れの上に、何か不変の物があるのではないかと思って認めてしまう。その前提になるのが言葉でしょう。机なら机という言葉を適用することによって、何か変わらない机がそこにあるのではないかという錯覚が生じてくる。しかし実は名も義も意識の中で認識された対象です。言葉と言葉の表わすもの、それもさまざまな仕方で把握されたものは、時々刻々の五感の世界そのままではなく、実は意識の中で構成されたものにすぎないのです。四尋思の段階では、言葉そのものもけっして実体としては存在しないことをも含めて、以上のことを観察して見究めていくのです。

「実の如く、遍く此の四も識に離れて、及び識も、有に非ずと知るを如実智と名づく。名と義とは

相、異なり。故に別に尋求す。二が二は相、同なり。故に合して思察す。」名と義とその両者の自性と差別とは、すべて意識の中に把握されるにすぎない。けっして客観的な実体として存在しているわけではない。したがって、知るものとか認識するものとしての主観、「実体視された対象」に見合うかたちであると想定された「実体視された主観」もまた存在しないことを、事実のままに明確に知り尽くす。それを如実智といいます。

これらの観法は、必ず禅定に入って、その上で観察していくものです。ふだんの散乱した心の中では、本当の真実は見えてきません。心を統一して、道理を観察していく。したがってこれらは止観行でなければなりません。禅定に裏付けられた智慧の修行です。禅定と智慧の中で、以上のことが観察されていくわけです。

煖・頂・忍・世第一法の観法

明得定に依りて、下の尋思を発して、所取無なるを観ずるを、立てて煖の位と為す。謂く、此の位の中には創めて所取の名等の四の法は皆な自心の変ぜるなり、仮りて施設して有り、実のは得べからずと観ず。初に慧の日の前行の相を獲るが故に、明得という名を立つ。即ち此こに獲たる所の道の火が前相なり。故に亦た煖と名づく。（九・一〇、Ⅳ・四一五）

「明得定に依りて、下の尋思を発して、所取無なるを観ずるを、立てて煖の位と為す。」明得定というべき禅定にもとづいて、四尋思の最初の段階の考察を起こして、意識の中で対象的にとらえられているものは実体としては存在しない、ということを観察するのを煖の位とします。

「謂く、此の位の中には創めて所取の名等の四の法は皆な自心の変ぜるなり、仮りて施設して有り、実のは得べからずと観ず。」加行位の最初の段階には、対象として把握されている四つのものは、実は意識の中に描き出されているにすぎないことを観察します。それらは、意識の中の産物ですから、仮に有るだけで、実在はしないと観察していくのです。この観察の段階が、煖位の修行の内容です。

「初に慧の日の前行の相を獲るが故に、明得という名を立つ。即ち此こに獲たる所の道の火が前相なり。故に亦た煖と名づく。」見道のところで発する智慧を太陽に見立て、その前段階の状況に対して、明得（定）という名前を立てます。また覚りの智慧が火に喩えられまして、少しずつ温まってきたというので、そこで煖と名づけるのです。

明増定に依りて、上の尋思を発して、所取無なりと観ずるを、立てて頂の位と為す。謂く、此の位の中には重ねて、所取の名等の四の法は皆な自心が変なり、仮りて施設して有り、実のは得べからずと観ず。明の相いい転た盛んなるが故に、明増と名づく。尋思の位の極みなり。故に復た頂と名づく。（九・一〇、Ⅳ・四一六）

「明増定に依りて、上の尋思を発して、所取無なりと観ずるを、立てて頂の位と為す。」明増定という禅定にもとづいて、上の（勝れた）尋思を発します。前よりもさらに深まった観察行を重ねて起こして、意識の中で対象的にとらえられているものは実在しないということを深く観察していく段階です。これに対して頂の位と名づけます。

「謂く、此の位の中には重ねて、所取の名等の四の法は皆な自心が変なり、仮りて施設して有り、実のは得べからずと観ず。」煖の位で観察した、言葉あるいは言葉によって表わされたもの等、ふだんはその言葉通りに世界があると実体視しているけれども、それは意識の中で現われているにすぎない。その物として実在するものではない。そのことを重ねて観察していくというわけです。

「明の相いい転た盛んなるが故に、明増と名づく。尋思の位の極みなり。故に復た頂と名づく。」智慧のはたらきがますます盛んになっていく状況なので、明増（定）という名前を立てます。前半の四尋思の中で頂点に達した段階というのが頂という言葉の意味です。

印順定に依りて、下の如実智を発して、所取を無するが於に決定して印持す。能取を無するが中には、亦た順じて楽忍す。既に実境として能取の識に離れたること無し。寧んぞ実識として所取の境に離れたること有らんや。所取と能取と相待ちて立つるが故に。印と順との忍の時を、総じて立てて忍と為す。前のを印し後のに順ず。印順という名を立つ。境も識も空なりと忍ず。故に亦た忍と名づく。（九・一〇～一一、Ⅳ・四一六）

「印順定に依りて、下の如実智を発して、所取を無するが於に決定して印持す。」印順定という禅定にもとづいて、所取（対象）である名、義、名・義の自性、名・義の差別は、独自の実体としては存在しない、ということをはっきりと決定して認識します。すべて意識の中のことのみです。

「**能取を無するが中には、亦た順じて楽忍す。既に実境として能取の識に離れたること無し。寧んぞ実識として所取の境に離れたること有らんや。所取と能取と相待ちて立つるが故に。**」その後、それらの対象（所取）に対してあると思われている主観（能取）については、それもないということを認めていく方向に進んでいきます。五感の流れ等はあっても、客観的な実体というものは、それらを把握する識に離れて独立に存在することはありえません。そのように外界に独立に実体的な存在としてあるものはないということになりますと、その対象に見合うかたちで実体的な存在としてあると思われたような、対象とは独立した主観のみのものもありえないことになります。実の対象があればこそ、実の主観も立てられるかもしれませんが、実の所取がない以上は、実の能取もありえないはずだからです。

「**印と順との忍の時を、総じて立てて忍と為す。前のを印し後のに順ず。印順という名を立つ。境も識も空なりと忍ず。故に亦た忍と名づく。**」この忍の段階には、下忍・中忍・上忍の三つの段階があるのですが、下忍のところで所取の無を認め、上忍に至って能取の無を認める。その間の、能取の無に順じていく段階が中忍の段階になります。この全体が、忍の位です。所取の無を印し（はっきり認め）、能取の無に順じていき、最終的には能取の無をも印することになる。そういう如実智をもたらす禅定に対して、印順という名前を立てます。また対象も主観も空であることをはっきりと認める。そこでこの段階を忍と名づけます。無生法忍という場合の忍と同様のものでしょう。

無間定に依りて、上の如実智を発して、二取の空を印するを、世第一法と立つ。謂く、前の上忍には唯だ能取の空のみを印す。今の世第一法には二空を双べて印す。此れ従り無間に必ず見道に入るが故に、無間という名を立つ。異生の法の中に此れいい最勝なるが故に、世第一法と名づく。（九・一一、Ⅳ・四一八）

「**無間定に依りて、上の如実智を発して、二取の空を印するを、世第一法と立つ。**」この段階にくると間も無く見道に入るので、この段階の禅定は無間定と呼ばれます。ここでは、前の段階よりさらに深い如実智を起こして、所取・能取をならべてともに空であると同時にはっきりと認めます。その智に対し、世第一法という名を立てます。

「**謂く、前の上忍には唯だ能取の空のみを印す。今の世第一法には二空を双べて印す。**」前の忍の位では、まず下忍で所取の空を認め、次の中忍で能取の空に順じて、最後の上忍では能取の空のみを認めるのでした。たとえ、上忍まで達したとしても、そこではただ能取の空だけを見ていたわけです。この世第一法の段階まで来ますと、所取・能取の両者ともに意識の中だけのものにすぎず、実在しないことを、同時に明瞭に認めることになります。

「**此れ従り無間に必ず見道に入るが故に、無間という名を立つ。異生の法の中に此れいい最勝なる故に、世第一法と名づく。**」覚りの智慧を起こす段階に間もなくただちに入るがゆえに、無間定という名を用います。異生というのは凡夫のことです。凡夫というのは、覚りの智慧を開かない段階のことです。覚りの智慧をいったんでも開くと、聖者になります。覚りを開く前の段階（世間）では、ここが最も勝れている（第一）ので、世第一法と名づけるのです。

有所得から無所得へ

是の如く煖と頂とには、能取の識に依りて所取空なりと観ず。下忍の起こる時には、境の空の相を印す。中忍の転ずる位には、能取の識の於に境の如く是れ空なりとして、順じて忍可を楽い、上忍の起こる位には能取の空を印す。世第一法には、双べて空の相を印す。皆な相を帯せるが故に、未だ実を証すること能わず。故に説く、菩薩いい此の四の位の中にして、猶お現前に於て少物を安立して、是れ唯識の真勝義の性と謂えり。彼の空と有と二の相を未だ除かざるを以て、相を帯せる観心いい所得有る故に、実に真唯識の理に安住するに非ず。彼の相を滅し已りて方に実に安住す、といわんとぞ。是の如き義に依りて、故に有る頌に言く、

菩薩は定の位に於て、影は唯だ是れ心のみなりと観じて、
義の想を既に滅除し、審に唯だ自の想のみなりと観ず。
是の如く内心に住して、所取は有に非ずと知る。
次に能取もまた無なりとし、後に無所得に触す、という。（九・一一～一二、Ⅳ・四一九）

「是の如く煖と頂とには、能取の識に依りて所取空なりと観ず。」煖と頂との四尋思の段階では、言語とその対象などの四つのものは意識の中で考えられたにすぎないということに基づいて、それらは空であると観察していきます。

「下忍の起こる時には、境の空の相を印す。中忍の転ずる位には、能取の識の於に境の如く是れ空なりとして、順じて忍可を楽い、上忍の起こる位には能取の空を印す。」次の忍の位においては、まずそれらの認識対象が実体を持たないことを認めます。その後、中忍の段階では、それらの対象に見合うかたちで考えられている主観も、それらの対象と同じように本体を持たないことを了解すべくその智に向かいます。そうして、忍の最後の段階になると、確かに主観も空だということを認めます。

「世第一法には、双べて空の相を印す。皆な相を帯せるが故に、未だ実を証すること能わず。」次の世第一法では、対象・主観ともに空であることをはっきり認識し、空性こそが真理だということを深く了解します。ただ、それは意識の分析の中で理解されているのみです。自己の真理そのもの、存在の真理そのものと一つとなって自覚するには至っていないのです。

「故に説く、菩薩いい此の四の位の中にして、猶お現前に於て少物を安立して、是れ唯識の真勝義の性と謂えり。」結局、加行位の中にあっては、修行者は、唯だ識のみという現象世界の、その究極の本性が二空の空性であることを、知的な了解の中でとらえ、それを真如とか法性とか勝義諦とかいう言葉（概念）において受けとめていることになります。

「彼の空と有と二の相を未だ除かざるを以て、」観法の中で、実にあると考えられた能取・所取はない。すべては識のはたらきの中のみだ。その実の所取・能取ではないという本性としての空性はある。

それを本性とした唯だ識のみの現象世界は現象のかぎりも有るということを理解する。しかしそれも意識の中での、いわば知的な了解の中での理解です。

「**相を帯せる観心いい所得有る故に、実に真唯識の理に安住するに非ず。**」そういう知的な理解の観察には、なお対象的な把握が残っている。その限り、主客の分裂がいまだ消えていません。唯識の理というのは、究極の本性ということですが、それそのものまでにはいまだ達しえていません。

「**彼の相を滅し已りて方に実に安住す、といわんとぞ。**」その相を滅して、対象的な把握を超えたとき、唯識そのものの真理を自己に体証する、そういう意味でそこに安住する、ということが実現するのです。

「**是の如き義に依りて、故に有る頌に言く、菩薩は定の位に於て、影は唯だ是れ心のみなりと観じて、義の想を既に滅除し、審に唯だ自の想のみなりと観ず。**」以上の実情に基づき、『分別瑜伽論』という書物には、次の詩が説かれています。実は、『分別瑜伽論』という書物が本当にあったのかよくわかりませんが、これは『摂大乗論』に引用されているものです。菩薩は禅定に入って、見たり聞いたりする対象は心の中に現わし出されたものにすぎないと観察して、実体的に存在していると思っていたものは、実は存在しないことを見ていく。対象的実体を認めるあり方を除いて、すべては自己の識のはたらきに他ならないことを観察する。

「**是の如く内心に住して、所取は有に非ずと知る。次に能取もまた無なりとし、後に無所得に触す、という。**」識のはたらきのみという立場に立って、対象的に認められた存在は実は存在しないことを認めると、次に実体視された主観も存在しないことを深く理解することになります。こうして、主観にせよ客観にせよ、対象的にとらえるものがなくなるのです。対象的に得られるものが何もないとき、そこに真の実性そのものが自覚されます。具体的には、見道で無分別智を発して真如を証することになります。そこに対象的にとらえる認識の仕方ではない、直観的な覚りの世界が実現するのです。

加行位の限界

此の加行の位には未だ相縛を遣らず。麁重縛に於ても亦た未だ断ずること能わず。唯だ能く分別の二取のみを伏除す。見道に違えるが故に。倶生の者と及び二の随眠とに於て、有漏の観心いい所得有るが故に、分別有るが故に、未だ全に伏除せず、全に未だ滅すること能わず。（九・一二一、Ⅳ・四二三）

「**此の加行の位には未だ相縛を遣らず。麁重縛に於ても亦た未だ断ずること能わず。唯だ能く分別の二取のみを伏除す。見道に違えるが故に。**」この加行位では、まだなんらか対象的な認識が残っていますから、相縛を無くしつくすことはできていません。さらに迷いをもたらす種子をも断ずることができないでいます。資糧位でも修行を進めれば、我・法を実体視する心のはたらきの現行を次第に伏していくことでしょう。しかし加行位の段階で、それらの種子を断ずることはできないのです。見道に達しますと、後天的に学んだ分別・執著の種子は、すっかり断じてしまうことができます。しかし、過去以前から先天的に持っている我執・法執の種子は断じえません。それらは十地の修行の中で断じていくのです。加行位では、主観・客観が分裂して、対象を対象的にとらえるあり方は抑えられていく。主観と対象と双方を実体視し執著することの現行は抑えられていきます。しかし加行位にある限りは、その煩悩の種子まで断ずることはできないのです。それは、無分別智の覚りを開く見道とは異なるからです。

「倶生の者と及び二の随眠とに於て、有漏の観心いい所得有るが故に、分別有るが故に、未だ全に伏除せず、全に未だ滅すること能わず。」倶生の者というのが先天的な煩悩です。二の随眠が、我執・法執の二執ないし煩悩障・所知障の二障の種子ということになります。まだ覚りの智慧を開く前の加行位の段階では、対象的認識の所得がまだなんらか残っていて、それが完全には掃討されていません。そして、二障の種子をいまだ完全に断ずることはできません。

> **此の位の菩薩は安立諦と非安立諦との於に、倶に学し観察す。当来の二種の見を引かんが為の故に、及び分別の二種の障を伏せんとの故なり。非安立諦いい是れ正しき所観なり。二乗の唯だ安立のみを観ずるが如くには非ず。**
>
> **菩薩の此の煖等の善根を起こすことは、方便の時には諸の静慮に通ずと雖も、而も第四のに依りて方に成満することを得。最勝の依に託して見道に入るが故に。唯だ欲界の善趣の身に依りてのみ起こす。余は慧と厭との心、殊勝に非ざるが故に。**
>
> **此の位をも亦た是れ解行地に摂む。未だ唯識の真勝義を証せざるが故に。**（九・一二、Ⅳ・四三

○）

「**此の位の菩薩は安立諦と非安立諦との於に、倶に学し観察す。当来の二種の見を引かんが為の故に、及び分別の二種の障を伏せんとの故なり。**」安立諦というのは言葉で語られた真理、非安立諦というのは言葉を超えた真理のことです。加行位の中では、これらを学び観察していくのですが、このとき、真如とか法性とかを、概念においてとらえることを脱しきれません。しかしともかく、言語と存在の関係をよく見定めて、唯識の本性を了解していくわけです。それは、近い未来に実現されるべき見道の覚りの智慧を引くためです。ここの「二種の見」とは、真見道と相見道のことで、見道の説明を拝読するときにまた見たいと思います。さらに、後天的に学んだことから発する煩悩障（我執）・所知障（法執）の煩悩の現行を抑えようとするためです。

「**非安立諦いい是れ正しき所観なり。二乗の唯だ安立のみを観ずるが如くには非ず。**」最終的には、唯識という現象世界の本質・本性である勝義諦（＝真如＝法性＝空性）こそが観察の内容になります。これこそが小乗仏教の観行とは異なる、大乗特有の優れた修行の内容になっているのです。小乗仏教者は言葉に表わされた四諦の観察をしますが、そういうものとは違うのです。

「**菩薩の此の煖等の善根を起こすことは、方便の時には諸の静慮に通ずと雖も、而も第四のに依りて方に成満することを得。最勝の依に託して見道に入るが故に。**」加行位の修行で観察の修行をしていく。その段階のほぼ全体が、いわば方便（悟入する手段）の時です。方便の時（中忍まで）には、諸の禅定（色界四静慮と初静慮を得る未至定の五つ）に通じるのだけれども、しかし上忍と世第一法とは、必ず第四静慮の優れた禅定によらなければなりません。見道に入るためには、最勝の定慧均等の禅定によらなければならないからです。

「**唯だ欲界の善趣の身に依りてのみ起こす。余は慧と厭との心、殊勝に非ざるが故に。**」欲界の善趣というと、人間・天上です。こういう観察ができるのは、神々か人間だけだというのです。仏教では、しばしば、いかに人間に生まれることが貴重なことかといわれているわけです。地獄・餓鬼・畜生・修羅は、自分のいる世界を出て解脱したい、という意思を持たないようです。もちろんその智慧そのものも勝れていないわけです。

「**此の位をも亦た是れ解行地に摂む。未だ唯識の真勝義を証せざるが故に。**」この加行位は、覚りの智慧そのものが実現しない段階で、知性の中での修行の段階ですから、まだ解行地（信解行地・勝解行地、十地以前の段階）の修行に含めます。唯識の究極の真理そのもの、真実の勝義諦そのものを自覚するにいたっていないから、知的な了解に基づく修行の段階としての解行地ということになるのです。

通達位＝見道について

加行位が終わりますと次に通達位ということになります。通達位は見道ともいって、初めて覚りの智慧を起こす段階です。

見道は実は、真見道と相見道との二つの世界から成り立っています。真見道は無分別智という智慧で真如の世界を覚る。相見道の方は分析的に観察していく。その観察する智慧は、無分別智の後に得られた智慧ということで、後得智といいます。そのように通達位は真見道・相見道によって構成されるのですが、『唯識三十頌』の第二十八頌には、もっぱら真見道の世界のみが説かれております。主客二元の対立・分裂を超えて、無分別智によって真如を証した世界の様子が述べられています。

それではまず、『唯識三十頌』の第二十八頌です。

次の通達の位の其の相云何ぞ。頌に曰く、

若し時に所縁の於に、智いい都て所得無くなんぬ。
爾の時に唯識に住す。二取の相を離れたるが故に。（九・一三、Ⅳ・四三四）

「**若し時に所縁の於に、智いい都て所得無くなんぬ。爾の時に唯識に住す。二取の相を離れたるが故に。**」加行位の四尋思・四如実智で唯識の究極の本性が何なのかを極め、それを洞察しようとしていたわけですが、その究明の中で、対象的にとらえられたものがすべて無くなってしまいます。その時に、この世界の究極の本質・本性そのもの、言い換えれば真如とか法性とか空性とかなのですが、それそのものといわば一体化します。主体・客体、主観・客観の二元分裂を一切離れるからです。一真実そのものと一つになったといいますか、その時に覚りの智慧が実現して本当の意味で唯識に住したということになります。

以下、この頌に対する『成唯識論』の解説です。

論に曰く、若し時に菩薩いい、所縁の境の於に無分別智いい都て所得無くなんぬ。種種の戯論の相を取らざるが故に。爾の時に乃し実に唯識の真勝義性に住すと名づく。即ち真如を証する智と真如と平等平等にして、倶に能取と所取との相を離れたるが故に。能・所取の相は倶に是れ分別なり。有所得の心のみに戯論は現ずるが故に。（九・一二三、Ⅳ・四三四）

「**論に曰く、若し時に菩薩いい、所縁の境の於に無分別智いい都て所得無くなんぬ。**」無分別智という智慧が実現して対象的にとらえられるものはすべて無くなりました。

「**種種の戯論の相を取らざるが故に。**」戯論というのは、原語（prapañca）に戻ると拡散していくことという意味だと解説されます。それを仏教では戯論と訳しているわけですが、それはやはり分別に関わる言語の世界と関係した意味なのだろうと思います。言語の表わすものは、リアリティそのものではありません。机といっても、その時・その場のかけがえのないある机を表わすことはできないわけです。言葉を使う以上は、リアリティを離れて一般概念というものになってしまう。したがって言語世界は、およそ戯論ということになってしまうわけです。私たちが認識し分別するのはおよそ言語を通してですから、逆に戯論の相を取らないということは、一切の分別を止めて離れてしまったということです。対象的に何かに関わるというあり方を超えてしまった。そのただ中は、まさに主体そのものとして息づいている、いのちそのものの世界です。それと一体となった世界をしかも自覚するのが、覚りということになると思います。ただ、その世界を唯識独特の言葉の中で説明していくわけです。

「爾の時に乃し実に唯識の真勝義性に住すと名づく。」そのときにこそ、現象世界の真実の究極の本性に住したと名づけるのであります。前の「若し時に」と今の「爾の時に」とは照応した関係になっています。

「即ち真如を証する智と真如と平等平等にして、倶に能取と所取との相を離れたるが故に。」真如を証する智慧と真如そのものとが一つになる。主観が立つのでもないし、客観が立つのでもない。智慧の方も能取というわけでもないし、真如も所取というわけでもない。二元分裂がまったく超えられた究極の本性の世界です。

「能・所取の相は倶に是れ分別なり。有所得の心のみに戯論は現ずるが故に。」何かこちら側に主観があるとか、向こう側に対象があるとか、そういうものは分別の中でいわれたものです。対象的に分別し認識をおこなうことは、どこかで概念的な把握、あるいは、言葉による把握と結びついている。その対象にかかわるあり方をいったんは超えないと、いのちの本質・本性そのものを自覚するということはできないのです。

禅宗の方では、「見性」ということをさかんに言います。まず見性して、そしてさらに修行してゆくのだと、そのようなことをさかんに言います。その「見性」という言葉を聞きますと、何か仏性とか自性とかを見ることかと思ってしまうのですが、本当の悟りは、見るもの・見られるものという対立が超えられるということがあるわけです。ですから道元禅師は、見性という言葉を非常に嫌われました。六祖慧能によるとされる『六祖壇経』という本が伝わっておりまして、その中に、見性という言葉がしばしば使われています。それに対して、道元禅師は、「六祖がそのようなことを言うはずがない。ゆえに『六祖壇経』という本は偽書に他ならない」と退けています（『正法眼蔵』「四禅比丘」参照）。ですから、曹洞宗ではあまり見性ということは言わないかもしれませんが、しかし臨済宗では、見性ということをさかんに言いますが、本当の禅匠から見れば、それは実は本性を見ることではないのだ、ということになってきます。たとえば鈴木大拙は、「見が性で、性が見だ」と言いました。その世界は、冷暖自知といいますか、自分で体験するしか解らない世界なのですが、とにかく大拙は、見性とは決して性を見るということではなく、「見が性で、性が見だ」と言ったのです。

今、「真如を証する智と真如と平等平等にして、倶に能取と所取との相を離れたるが故に」とありましたが、無分別智と真如とはまったく無差別となって、そこに能取・所取の区別もないといいます。それはまさに「見が性で、性が見だ」というような世界になるのではないかと思います。ただし、そこに留まっていては、一枚覚りということにもなりかねません。そこから後得智の世界へ出て、さらに現実世界でのはたらきに出てくる。他者のためにはたらいてやまない、しかもそのはたらいたことにもとらわれない、ということが重要です。この「はたらきに出て来る」ということを、大拙は常に強調しておりました。それはともかく、「見は性であり、性は見である」というようなその見性の世界が、まさに見道・通達位の世界ではないかと思います。

ただ、唯識はそこを、どこまでも理論的に整合的に表現していこうとします。そこで次に、無分別智を理論的に説明するとどうなるのか。唯識では識は相分・見分があるという形で理論化されていたのですが、無分別智という智慧には相分はあるのか、見分はあるのかが論じられます。主・客を離れているという以上は、相分も見分もないのではないか等、いろいろな議論がなされるのです。そのことについての『成唯識論』の立場は、「見分はあるが、相分はない」というものになります。その前に、相・見二分があるという説と、相・見二分はないという説の主張が紹介され、それらに対して、「此の智には、見は有りて相は無し」と、見分だけがあって、相分はないのだと主張するのです。

智における見分・相分の問題

有義は、此の智には、見は有りて相は無し。相無くして取る、相をば取らずと説けるが故に。見分は有りと雖も、而も無分別なるをもって、能取に非ずと説けり。取ること全無には非ず。相分は無しと雖も、而も此れいい如の相を帯して起こると説くべし。如に離れざるが故に。自証分いい見分を縁ずる時に変ぜずして縁ずるが如く、此れも亦た応に爾るべし。変じて縁ぜば便ち親しく証するに非ずなんぬ。後得智の如く応に分別有るべし。故に応に此れには見のみ有りて相は無しと許すべし。（九・一三〜一四、Ⅳ・四三六）

「有義は、此の智には、見は有りて相は無し。」これが、『成唯識論』の立場です。

「相無くして取る、相をば取らずと説けるが故に。」これは『瑜伽師地論』の巻七十三の説ということなのですが、相無くして取る、つまり対象無くして、しかも知るものである。知るものであるが、対象的に相をとるものではない。このようなことが『瑜伽師地論』に説かれているのです。これによれば、「見分はあるけれども相分はない」と押さえるのが正しいとするのです。

「見分は有りと雖も、而も無分別なるをもって、能取に非ずと説けり。取ること全無には非ず。」見分はあるのだけれども、それは何かに執著するとか対象的に認識するというものではないので、能取ではないと説きます。しかし、知としてのはたらきがまったくないのではありません。

「相分は無しと雖も、而も此れいい如の相を帯して起こると説くべし。如に離れざるが故に。自証分いい見分を縁ずる時に変ぜずして縁ずるが如く、此れも亦た応に爾るべし。」知る対象がなければ何を知るのか、ということになるわけですが、しかしそれは相分ではないのだが、真如そのものの体相を帯びるのだといいます。そこを法相宗では「挟帯（きょうたい）する」と表現するのですが、要は真如と一つとなるということです。相分はないのだけれども無分別智という智慧は真如と一体化し、そこに真如を自覚しているというわけです。ただ、智慧はあくまでも有為法でそのつどそのつど起きてくるものなのですが、真如は無為法で変化のない世界です。そうなのですが、しかも無分別智は真如といわば一つになるのです。それは自証分が見分を見るとき、見分を現わし出してそれを見るのではなくて、見分の内容をそのまま直接受けとめるように、そのように真如を証するということです。

「変じて縁ぜば便ち親しく証するに非ずなんぬ。後得智の如く応に分別有るべし。故に応に此れには見のみ有りて相は無しと許すべし。」相分やら何やらを現わし出して、それを縁ずるということになると、そこに何らか対象への関与が生じて、直接に証することにはならず、後得智と同じように分別があることになってしまいます。したがって無分別智を理論的に説明する場合は、見分はあるが相分はないというかたちで、ただし真如を挟帯して証するのだと説いています。無分別智も真如も言葉では説明できない世界ですが、理論的にはこのようにとらえるのです。

加行の無間に此の智の生ずる時に、真如に体会す、通達位と名づく。初めて理を照らすが故に、亦た見道と名づく。（九・一四、Ⅳ・四三七）

「**加行の無間に此の智の生ずる時に、真如に体会す、通達位と名づく。初めて理を照らすが故に、亦た見道と名づく。**」加行とは前に読みました加行位のことで、四尋思・四如実智の修行が煖・頂・忍・世第一法の四段階を経て行われたわけですが、この世第一法は、言葉の対象としての客観も主観もともにないというところに押し込まれた段階で、世第一法から次の刹那に移る瞬間が「無間に」であり、そこに智慧が生じる時に真如に「体会」します。その「体会」の意味を「通達」は表わしているというのです。真勝義性という本性と一体となり、主客分裂をいったんは超えるところです。

「理」とは道理や論理ではなく、真如・法性のことをいうものです。これを照見することから「見道」とも称するというのです。

真見道と相見道

『唯識三十頌』の第二十八頌はまさに無分別智が真如に体会するところを語っているわけですが、実際上の修行の過程においては、そのあと分析的な智慧である後得智が起きて、さらに真如に体会することを修練していくことになります。その修行も含めて、見道・通達位です。そこでその全体を説明するために、以下、真見道と相見道という二つの見道を分けて説明していきます。

> 然も此の見道に、略して説かば二有り。一には真見道。謂く、即ち説きぬる所の無分別智ぞ。実に二空所顕の真理を証し、実に二障の分別の随眠を断ず。多刹那に事方に究竟すと雖も而も相等しきが故に、総じて一心と説けり。有義は、此れが中には二空と二障とを漸く証し・漸く断ず。浅深と麁細と異なること有るを以ての故にという。有義は、此れが中には二空と二障とを頓に証し・頓に断ず。意楽の力堪能有るに由るが故にという。（九・一四、Ⅳ・四三八）

「然も此の見道に、略して説かば二有り。一には真見道。謂く、即ち説きぬる所の無分別智ぞ。実に二空所顕の真理を証し、実に二障の分別の随眠を断ず。多刹那に事方に究竟すと雖も而も相等しきが故に、総じて一心と説けり。」真見道とは、いま説いた所の無分別智のことで、それは実に主体や客体としての常住の存在はないという二空によって顕わされるべき真如を証した覚りそのものであり、この覚りが起きた時には、実に煩悩障（我執）と所知障（法執）の二障の「分別起」の随眠を断じます。煩悩にはいわば先天的な「倶生起」の煩悩といわば後天的な「分別起」の煩悩とがあり、見道ではその中の分別起の煩悩に関わる種子をすべて断じるのだというのです。この段階では、倶生起の煩悩の種子は阿頼耶識に蓄えられていて、この見道のあとの修道＝修習位の修行でそれは断じられていきます。それらの煩悩のすべてが断じられたとき、はじめて仏になるわけです。真見道の段階は決して一刹那だけではなくて、複数の刹那にわたって煩悩を断じて真如を証するわけですが、その間、真如そのものを等しく対象としているので、そこを一心と言うとのことです。

「**有義は、此れが中には二空と二障とを漸く証し・漸く断ず。浅深と麁細と異なること有るを以ての故にという。**」ある人の立場では、断ち易い粗い煩悩（麁）や、断ち難い微細な煩悩（細）があり、二空によって顕わされる真如を浅く見る場合と深く見る場合があり、それらにおいて煩悩は段階的に断じ、真如は徐々に証していくと説きますが、これは『成唯識論』の立場ではありません。その次のある人の立場（有義）が、『成唯識論』の考えです。

「**有義は、此れが中には二空と二障とを頓に証し・頓に断ず。意楽の力堪能有るに由るが故にという。**」その頓の立場では、この真見道にはただ二刹那だけがあると主張します。すなわち、まず分別起の煩悩種子を断じます。一方、阿頼耶識にはその種子があることによって、その影響が阿頼耶識に留まると考えられており、それを習気と言います。習気は種子と同じものとして語られる場合もありますが、この場合の習気は種子そのものではなく、種子が及ぼした残臭のようなものを意味します。

分別起の煩悩の種子を断じた次の刹那に、阿頼耶識に留まる習気をさらに滅して真如を証するのです。「頓に証し・頓に断ずる」とありましたが、実際にはそのように煩悩を断ずる方が先で真如を証するのは後なのであり、見道の中において分別起の煩悩の種子を断ずる段階を「無間道」、そして習気を滅して真如を証する段階を「解脱道」と言います。なぜ頓に断じて頓に証することができるのかというと、覚りの実現を願って観法を集中的に修した加行位の如実智の優れた力によるからであると説いています。この見方ですと、真見道は二刹那ということになるわけです。

三心相見道の世界

次に、相見道の説明に入ります。それは、無分別智の後に起こる分析的な智慧である後得智が現われて、無分別智で真如を証したことをもう一度繰り返し確認して、覚りをより確実なものにしていく段階です。相見道では、言葉や概念で把握できない真理である非安立諦の観察と、言葉で分析される概念的な真理の安立諦の観察と、大きく分けて二つの説明がなされます。すなわち、三心相見道と十六心相見道という二種類です。これらは後得智の世界ですから、真如そのものを直接みるのではなく、真如という概念を対象にして観察するということになってきます。なお、後得智には相分と見分の二分があるというのが、『成唯識論』の立場です。

まず初めに、三心相見道のことです。

二には相見道。此れに復た二有り。一には非安立諦を観ずるに三品の心有り。一には内をして有情の仮を遣って縁ずる智。能く軟品の分別の随眠を除す。二には内をして諸法の仮を遣って縁ずる智。能く中品の分別の随眠を除す。三には遍く一切の有情と諸法との仮を遣って縁ずる智。能く一切の分別の随眠を除す。前の二をば法智と名づく。各別に縁ずるが故に。第三をば類智と名づく。総合して縁ずるが故に。真見道の二空の見分が自所断の障において無間と解脱とあるに法すること、別にし・総じてするを建立して相見道と名づく。

有義は、此の三は是れ真見道なり。相見道は四諦を縁ずるを以ての故にという。有義は、此の三は是れ相見道なり。真見道は別に縁ぜざるを以ての故にという。（九・一四〜一五、Ⅳ・四四二）

「**二には相見道。此れに復た二有り。一には非安立諦を観ずるに三品の心有り。一には内をして有情の仮を遣って縁ずる智。能く軟品の分別の随眠を除す。二には内をして諸法の仮を遣って縁ずる智。能く中品の分別の随眠を除す。三には遍く一切の有情と諸法との仮を遣って縁ずる智。能く一切の分別の随眠を除す。**」相見道の第一の非安立諦を観察するのに、三種の心があります。一つには、自分自身を対象にし、ありもしない自我（仮）を否定して、その我空を通して真如を観察する智慧により、断ちやすい粗い分別起の煩悩障を除くものです。二つには、同じく自分自身を対象にし、自分を構成している五蘊もしくは五位百法のダルマの、その本体有るものは実在しないと否定して、その法空を通して真如を観察する智慧により、粗い分別起の所知障を除きます。そして三つには、これまでの我空と法空を同時に見ることで、自己と世界全体の自我と諸法の常住の本体を否定し、二空によって顕わされる真如を観察する智慧により、断ちがたい微細な一切の分別起の煩悩（二障）を滅します。こうして、先ほどの真見道の段階で分別起の煩悩を断じて真如を証したということを、さらに追体験しているのです。これらは、直に真如を証するのではなく、分析的な智慧によって真如の相を浮かべて了解していく世界です。なお、ここに、随眠（煩悩の種子）を断ずとありますが、実際にはすでに真見道において断じています。ですからここは、ある整理の都合上、そう言っているまでで、実に断じるわけではありません。

「**前の二をば法智と名づく。各別に縁ずるが故に。第三をば類智と名づく。総合して縁ずるが故に。真見道の二空の見分が自所断の障において無間と解脱とあるに法すること、別にし・総じてするを建立して相見道と名づく。**」前二つの我空と法空の智慧は、それぞれ我と法と対象を分けて証するので「法智」と名づけ、三つめの我空と法空を総合して同時に証する智慧は「類智」と名づけます。無分別智（真見道）において、二空真如を証する無分別智が二障を断じる際に、無間道と解脱道の二段階があり、相見道においてもう一度それを真似て学ぶ（法する、のっとる）のですが、この三心相見道の前二つでは、真見道の無間道の段階で断ぜられるべき煩悩障（我執）と所知障（法執）の二つを分けて順に観察し、一方、解脱道の段階では唯一の真如を証することから三つ目には合わせて観察します。こうして、まず三つの観察の智が建立される相見道があると説かれています。

「**有義は、此の三は是れ真見道なり。相見道は四諦を縁ずるを以ての故にという。有義は、此の三は是れ相見道なり。真見道は別に縁ぜざるを以ての故にという。**」ある立場の人は、これら三つはいずれも真如を観察しているのだから真見道である、相見道と、相という以上は対象があってそれを分析していく四諦の分析のことにならざるをえない、と主張します。これに対して『成唯識論』の立場では、無分別智が真如を証する際には、我空と法空を別々に分けて見ることはありえない、ここで二空を分けて観察している以上は、後得智の相見道だと主張しています。分析的な後得智のなかで、真見道を深く了解し確実にしていくものだというのです。このように『成唯識論』は瑜伽行者の覚証の心の過程を、実に深く分析・叙述しています。

十六心相見道の世界

次に、十六心相見道についてです。この十六心相見道には二種類あるのですが、まずはその初めのものです。

二には安立諦を縁ずるに十六の心(しん)あり。此れに復た二有り。

一には所取と能取とを観ずるに依りて、別に法と類との十六種の心を立つ。謂く、苦諦に於て四種の心有り。一には苦法智忍。謂く、三界の苦諦の真如を観じて、正(まさ)しく三界の見苦所断の二十八種の分別の随眠を断ずるぞ。二には苦法智。謂く、忍の無間に前の真如を観じて、前の所断の煩悩の解脱を証するぞ。三には苦類智忍。謂く、智の無間に無漏の慧生じて、法の忍と智とに於て、各別に内に証して、後の聖法は皆な是れ此れが類なりと言うぞ。四には苦類智。謂く、此れ

が無間に無漏の智生じて、苦類智忍を審定し印可するぞ。苦諦に於て四種の心有るが如く、集・滅・道諦にも応に知るべし亦た爾なり。此の十六心において、八は真如を観ず。八は正智を観ず。真見道の無間と解脱との見と自証との分に法するをもって、差別に建立して相見道と名づく。

（九・一五〜一六、Ⅳ・四四八）

「**二には安立諦を縁ずるに十六の心あり。此れに復た二有り。一には所取と能取とを観ずるに依りて、別に法と類との十六種の心を立つ。**」所取とは真如です。能取は無分別智です。この真如と無分別智とを観察するのに、十六種の心を立てます。十六種の心を立てるにあたっては、まず法忍（法智忍）・法智・類忍（類智忍）・類智の四つの観察があります。先ほどの三心相見道にも法智と類智という言葉が出てきましたが、ここでも法智と類智という言葉が使われています。ただ内容は異なっております。それらについては後ほど説明があります。とにかく、その四種類の観察の心を、四諦（苦・集・滅・道）それぞれに対して起こすので、十六種の心がいわれるのです。

「**謂く、苦諦に於て四種の心有り。一には苦法智忍。謂く、三界の苦諦の真如を観じて、正しく三界の見苦所断の二十八種の分別の随眠を断ずるぞ。**」まず、苦の真理に関して四つの分析・観察があります。第一は苦法智忍。これは、欲界・色界・無色界の三界の、苦諦の真如を観察するものです。苦しみの本質・本性は真如である。すべてのダルマは空性を本性としているからです。その苦諦に関する真如を観察するのです。三界の苦しみの本質をみることによって、分別起の煩悩の種子を断じます。ただしこれも実断ではありません。すでに見道で断たれているからです。位の区別のためにこう言っているのです。

「**二には苦法智。謂く、忍の無間に前の真如を観じて、前の所断の煩悩の解脱を証するぞ。**」第二には苦法智です。同じ苦諦に関する真如を重ねて観察して、確かに煩悩の種子を断じたことを、さらに確認するというのです。

「**三には苦類智忍。謂く、智の無間に無漏の慧生じて、法の忍と智とに於て、各別に内に証して、後の聖法は皆な是れ此れが類なりと言うぞ。**」第三には苦類智忍です。「智の無間に」の智とは、今の苦法智のことです。苦法智の直後に、無漏の分析的な慧が生じまして、今の苦法智忍と苦法智の双方に対して、別個に証します。真如よりもその智そのものを確認するのです。このとき、その苦法智忍・苦法智以後、仏になるまでに起きる聖法（智慧）は、すべてこの智慧の類であると了解します。

「**四には苦類智。謂く、此れが無間に無漏の智生じて、苦類智忍を審定し印可するぞ。**」第四には苦類智です。今の忍からさらに智になると、その苦類智忍の了解の内容をさらに確固として認証します。

こうして、苦諦に関して四つの心を生ずるというのです。

「**苦諦に於て四種の心有るが如く、集・滅・道諦にも応に知るべし亦た爾なり。**」苦諦に関して苦法智忍・苦法智・苦類智忍・苦類智という四つの心を発するように、他の集・滅・道の三つの諦においても同様に、それぞれの法智忍・法智・類智忍・類智を起こすのです。

「**此の十六心において、八は真如を観ず。八は正智を観ず。**」前半の法智忍・法智においては、真如を観察し、後半の類智認・類智においては、法忍・法智そのものを確認するわけで、つまり正智を観察します。

「**真見道の無間と解脱との見と自証との分に法するをもって、差別に建立して相見道と名づく。**」真如を確認するには、真如を証している見分をまねることになるわけで、そこで見分に法することになります。さらにその智そのものを確認するときは、見分を見ている自証分のはたらきにまねることになり、そこで自証分に法することになります。その場合、苦法智忍では真見道の無間道の段階の見分にならい、苦法智ではその解脱道の段階の見分にならうことになります。両者において、真如の証を深めていくのです。さらに進んで、苦類智忍では無間道の自証分にならい、苦類智では解脱道の自証分にならいます。自証分にならうということは、智慧そのものの証を深めていくことになります。

このように、第一の十六心相見道においては、真如と正智双方を追認するのであり、この説明の最初にあったように「所取と能取とを観ずるに依りて」の修行ということになります。真見道において、無分別智を実現し真如を証した。それを四諦のそれぞれにおいて確かめていく。小乗仏教の修行における見道は、四諦十六行相の観察となっておりますので、それに合わせているということがあるのでしょう。唯識独自の立場は、三心相見道の方である程度説明されているわけですが、それまでの仏教には十六心相見道の伝統があるので、その中で、大乗の立場での相見道をもう一度語っているのだと思われます。もちろん、その内容は、小乗仏教のそれとは、真如・無分別智を見るといった点で、まったく異なっていますが。

前にも申しましたように、一般には、真見道では無間道の段階で煩悩の種子を断じ、解脱道の段階で習気を滅して真如を証するといわれています。しかし実際はその二刹那ともにおいてすでに真如を証する無分別智がはたらいていたのでしょう。今の十六心相見道では、そこを無間道の中での真如と無分別智、解脱道の中での真如と無分別智というように分けながら、それらを観察していく中で、真見道の覚りをさらに確認しているわけです。

もう一つの、十六心相見道があります。

二には、下・上の諦境を観ずるに依りて、別に法と類との十六種の心を立つ。謂く、現前と不現前との界の苦等の四諦を観ずるに、各二の心有り。一には現観忍。二には現観智。其の所応の如く、真見道の無間と解脱との見分の諦を観ぜしに法（ほっ）して、見所断の百一十二の分別の随眠を断ずるを、相見道と名づく。（九・一六、Ⅳ・四五三）

「**二には、下・上の諦境を観ずるに依りて、別に法と類との十六種の心を立つ。**」「下」というのは欲界です。「上」というのは色界・無色界とを合わせたものです。こうして、四諦に下の四諦と上の四諦の観察の対象があることになりますが、その下界（欲界）の四諦には法忍・法智、上界（色界・無色界）の四諦には類忍・類智という二つの智による観察があって、四×二＋四×二で、結局、十六種の観察があるということになります。

「**謂く、現前と不現前との界の苦等の四諦を観ずるに、各二の心有り。一には現観忍。二には現観智。**」「現前」というのは欲界です。「不現前」というのは色界・無色界です。色界・無色界は禅定の世界だからです。この二つの界の四諦を観察するのに、現観忍（法忍・類忍）と現観智（法智・類智）の二つがあります。

「其の所応の如く、真見道の無間と解脱との見分の諦を観ぜしに法して、」現観忍の方は、真見道の無間道の段階の見分にならうものです。現観智は、その解脱道の段階の見分にならうものです。見分にならうのみということは、その観察の対象は真如のみなのでしょう。無間道・解脱道と二つに分けられるそれぞれの見分にならいながら、欲界と色界・無色界の四諦に関する真如をそれぞれ観察します。つまり、苦法智忍は欲界の苦諦に関して無間道の見分にならって観察し、苦法智はそれを解脱道の見分にならって観察します。苦類智忍は色界・無色界の苦諦に関して無間道の見分にならって観察し、苦類智はそれを解脱道の見分にならって観察することになります。

「見所断の百一十二の分別の随眠を断ずるを、相見道と名づく。」見道で断ぜられるべき百十二の分別の煩悩とは、十の根本煩悩を四諦それぞれに配すると四十になります。色界・無色界には瞋の煩悩がないので、九つの根本煩悩で、これを四諦に合わせて四×九＝三十六になり、色界・無色界の二つの界の分として七十二になります。それに欲界の四十を合わせて百十二というわけです。要するに分別起のあらゆる煩悩の種子を断じていくのです。ただし、これも実断ではないはずです。

以上のように、一心真見道と、三心相見道および二種類の十六心相見道が示されて、見道の世界全体が究明されたわけです。

見道のまとめ

最後に、この通達位・見道の説明の結びの箇所を拝読しておきます。

菩薩の此の二の見道を得しつる時には、如来の家に生じ、極喜地に住し、善く法界を達し、諸の平等を得し、常に諸仏の大集会の中に生じ、多の百門に於て已に自在を得しつ。自ら、久しからずして大菩提を証し、能く未来を尽くして一切を利楽すべしということを知んぬ。（九・一九、Ⅳ・四六六）

「**菩薩の此の二の見道を得しつる時には、如来の家に生じ、極喜地に住し、善く法界を達し、諸の平等を得し、**」真見道・相見道を実現した時には、仏の家系を継ぐべき者に確実になった。つまり、確実に仏になる者になったという意味であります。これは十地の最初の段階、極喜地（初歓喜地ともいわれる）に住したのであり、よく真理の世界に通達し、すべてが平等一味の本性であることを証します。いわば、あらゆる存在が仏のいのちに生かされている、その平等性を得るのです。

「**常に諸仏の大集会の中に生じ、**」ある仏さまが仏国土を建立されて、そこで説法されている、そのさまざまな仏の法会に、いつでも真に生まれることができます。化身・化土の、何か映像だけのヴァーチャルな世界ではなくて、本当に仏さまがいて説法されているその国土に生まれることができるというのです。見道に達して以後、言い換えれば無分別智を実現して以後、はじめて本当の浄土に生まれることができる。これが唯識の立場なのです。浄土宗の法然は、「凡夫でしかない私は本当の仏の世界に生まれることはできないのだろうか」と悩み追求し、ついに善導の解釈に出会って、凡夫の我々でもそのまま阿弥陀仏の大悲によって、その本当の仏国土・報土に生まれることができる、これで救われるといって、易行の念仏を弘めました。しかし、オーソドックスには、無分別智という覚りの智慧を開かない限りは、本当の仏の浄土に生まれることはできないというのが、唯識の立場です。

「**多の百門に於て已に自在を得しつ。**」多の百門というのは十の百門で、「一刹那の頃に百の三昧を証する」とか「百仏を見る」とかとあります。それらにおいて、自在を得ます。

「**自ら、久しからずして大菩提を証し、能く未来を尽くして一切を利楽すべしということを知んぬ。**」もうここまで来たら、必ず仏となって、未来永劫人々のためにはたらける自分になったことが、自らうなづかれます。もっとも久しからずといっても、それまでの修行の二倍かかります。初発心以来、三大阿僧祇劫の修行が終わると仏となるのですが、まだ見道では、一大阿僧祇劫が終わったのみで、あとその二倍の時間が必要です。しかしともかく、一切の人々のためにはたらいてやまないいのちを実現することは約束された、と確信できる段階に入るのです。その確信はいろいろな段階にもあるのでしょうが、ある覚りを開くとは、けっして自分だけのことではなく、他者のための誓願を本当に実現していけるという確信の喜びにもほかならないのだというのです。

修習位＝修道について

次は修習位（修道）です。簡単に申しますと、十地の修行を行ない、それを完成して仏になるという段階です。十地の各地は、修行者を支え、成長せしめていきます。そこで、地という名前で呼ばれます。各地には、入心・住心・出心の三つの段階があるのですが、見道は、初地の入心の段階に当たります。そのあと、初地の住心以降は、修道すなわち修習位の段階ということになります。この十地の修行が完成すると、仏になります。すでに見道で悟りの智慧が生まれることによって、この世の中で育っていく中で身につけた、誤った見方に関する無明・煩悩（分別起）の種子は断じました。しかし先天的に蓄えられている（倶生起の）煩悩の種子がなお阿頼耶識に残っておりますので、これを完全に浄化していかなければ仏の智慧は成就できません。そこで十地の修行がさらになされるということになるわけです。

この修行を果たしますと、八識すべてが智慧（大円鏡智・平等性智・妙観察智・成所作智）に転じます。しかも智慧だけではなくて涅槃をも完成します。その大涅槃と大菩提を完成した存在が、仏であるということになります。大乗仏教は、一人一人が仏に成る道ですが、その仏の内容を言えば、自利・利他円満の存在となることです。自分のいのちをも十全に発揮し、他者のいのちをも十全に発揮せしめるような主体になる。仏教というのは、エゴイズムにとらわれ苦しんでいた自己が、無我という真実に徹底して、自利・利他円満の存在と完成する道である、といえるかと思います。その自利・利他円満の世界は、智慧のはたらきによって描かれています。

この修習位の修行等について、『唯識三十頌』では第二十九頌において説明しています。それは次のようです。

無得なり、不思議なり。是れ出世間の智なり。

二の麁重を捨しつるが故に、便ち転依を証得す。（九・一九、Ⅳ・四六九）

「**無得なり、不思議なり。是れ出世間の智なり。**」「無得なり」というのは対象的な実体をとらえることがないということです。「不思議なり」とは、霊妙なる智慧としてはたらいていることです。この「無得」や「不思議」は、出世間の無分別智のことをいうものです。その無分別智を修していく中で、物や自我に対する執著の名残としての種子を断じていくことができるといいます。そのために十地では、無分別智をしばしば起こしていくことが修行の中心になります。

「**二の麁重を捨しつるが故に、便ち転依を証得す。**」「麁重」は二障（煩悩障・所知障）の種子および習気（残臭）のことを意味します。我・法の二執を起こした経験が阿頼耶識の中にうえつけられているものです。無分別智の修習によって、それらが捨てられていって、「転依」を実現できることになります。この転依というのは、仏果の世界のことであり、その内容は大菩提と大涅槃です。真如・法性を自覚しつつ四つの智慧としてはたらく個体になった、その果を証得することになるのです。修道の段階では、仏果そのものとしての転依が実現するわけではありません。修道を超えて仏になったときにそれは実現するのです。

以下、この頌に対する『成唯識論』の解説があります。

論に曰く、菩薩は前の見道従り起ち已りて、余の障を断じて転依を証得せんが為に、復た数、無分別智を修習す。此の智は所取と能取とを遠離せり。故に無得なり、及び不思議なりと説く。

或は戯論を離れたり、説いて無得と為す。妙用測り難し、そえに不思議と名づく。是れ出世間の無分別智なり。世間を断ずるが故に、出世間と名づく。二取の随眠は是れ世間の本なり。唯だ此れのみ能く断ずるをもって独り出という名を得たり。或は出世という名は二の義に依りて立てたり。謂く、体無漏なると、及び真如を証するとなり。此の智のみ斯の二種の義を具せり。故に独り出世と名づく。余の智は然にはあらず。即ち十地の中の無分別智ぞ。数、此れを修するが故に、二の麁重を捨つ。二障の種子に麁重という名を立つ。性いい無堪任にして、細・軽に違えるが故なり。彼れをして永く滅せしむ、故に説いて捨と為す。（九・一九〜二〇、Ⅳ・四六九）

「**論に曰く、菩薩は前の見道従り起ち已りて、余の障を断じて転依を証得せんが為に、復た数、無分別智を修習す。**」見道では分別起（後天的）の煩悩障・所知障の種子を断じますが、まだ倶生起（先天的）の二障の種子は残っています。これを断じていくために、さらにしばしば無分別智を修行していきます。具体的にどのように無分別智を修行していくのか、詳しいことは必ずしもよくわかりませんが、少なくとも坐禅のような禅定に入る中で無分別智を実践することになるのだろうと思います。ともかく、十地の修行の核心は、無分別智を修習するというところにあるわけです。

「**此の智は所取と能取とを遠離せり。故に無得なり、及び不思議なりと説く。**」この無分別智は、主観・客観を対象化して執著することを離れています。対象を取らないことが無得であります。こちら側に心があるとか自我があるとか、そうしたものも取らないところが不思議です。

「**或は戯論を離れたり、説いて無得と為す。妙用測り難し、そえに不思議と名づく。**」あるいは、誤った認識をすれば、リアリティそのものから遊離してしまう。世間の言葉においてとらえられた対象は、真実を離れている。その言葉に基づく分別がないことが、無得です。一方、智慧のはたらきは、凡夫の心では測り難い。そこが不思議です。頌の「無得・不思議」を、『成唯識論』はこのように解説しています。

「**是れ出世間の無分別智なり。世間を断ずるが故に、出世間と名づく。二取の随眠は是れ世間の本なり。唯だ此れのみ能く断ずるをもって独り出という名を得たり。**」それは、迷いの世界を超え出た無分別智です。それは世間を断じているから、出世間と名づけます。対象（所取）と主観（能取）の実体視をもたらす種子が、迷いの世界、世間の根本です。ただ無分別智のみがその迷いの根本の種子を断ずることができます。そこで、この無分別智のみに、世間を「出」ると名づけることができるのです。

「**或は出世という名は二の義に依りて立てたり。謂く、体無漏なると、及び真如を証するとなり。此の智のみ斯の二種の義を具せり。故に独り出世と名づく。余の智は然にはあらず。即ち十地の中の無分別智ぞ。**」または出世は、次の二つの意味合いからいう言葉です。その体が無漏、煩悩が漏れ出ることのない清らかなものであることと、現象でなくその本質・本性としての真如そのものを証していることとです。ただ無分別智だけがこの二つの意味合いを具え得ています。これに対し、後得智は無漏ではあっても、真如を証することはありません。無漏ということにさらに真如を証することを合わせて考える場合には、その出世間の智慧としては無分別智だけがあがってくるという解釈です。

「**数、此れを修するが故に、二の麁重を捨つ。二障の種子に麁重という名を立つ。性いい無堪任に**

して、細・軽に違えるが故なり。彼れをして永く滅せしむ、故に説いて捨と為す。」無分別智をしばしば修行するがゆえに煩悩障・所知障の種子を捨てることになります。ここで麁重というのは、倶生起の煩悩障・所知障に関わる種子と習気のことです。「無堪任」とは、その麁重が、智のはたらきを成しえないということです。またそれは、微細なる世界でもないし、また軽やかな世界でもない。そこで麁重という名前で呼びます。無分別智を修行していく中で、過去世以来の生死輪廻の中で積み重ねてきた倶生起の煩悩障・所知障の種子を完全に断っていきます。頌の「捨」とはその意味だという説明です。

転依証得の道筋

此こにして能く彼の二の麁重を捨つるが故に、便ち能く広大の転依を証得す。……（九・二〇、Ⅳ・四七二）

「**此こにして能く彼の二の麁重を捨つるが故に、便ち能く広大の転依を証得す。**」十地の修行において、無分別智を修習していくことによって、阿頼耶識の中に蓄えられている過去世以来の倶生起の煩悩障・所知障の種子を浄化したゆえに、広大なる転依を得ることができます。

なお、この転依を見ていく場合にさまざまな見方があって、たとえば転依はどこで起きるのかに関して、八識の世界において、煩悩が消えていくことによって智慧が実現し真如の悟りも現われてくる、そこで見ることもできますし、我々の存在の本質・本性である真如・法性が煩悩に覆われているのが、修行の中で煩悩が消え、真如・法性がまどかに現われてくる、そこで転依を見ることもできます。つまり、依他起性という場におい てなされるのか、円成実性においてなされるのかという二つの見方がありえます。もっとも、基本的には八識の心王・心所の世界（依他起性）においてなされると見ることになります。

云何にしてか二種の転依を証得する。謂く、十地の中に、十の勝行を修し、十重障を断じ、十真如を証して、二種の転依を斯れに由りて証得す。（九・二二一、Ⅳ・四七三）

「云何にしてか二種の転依を証得する。」二種の転依とは、大菩提と大涅槃のことです。これが大乗仏教の究極の転依です。では、それらをどのように証得し実現していくのでしょうか。

「**謂く、十地の中に、十の勝行を修し、十重障を断じ、十真如を証して、二種の転依を斯れに由りて証得す。**」十地という十の段階の修行を経ながら、それぞれの段階で勝れた行を修することによって、煩悩を徐々に断っていき、そのつどそのつどその段階に相応しい真如を証していきます。その十段階の修行を果たしたとき、最終的に大菩提と大涅槃を得ることになるのです。これを図表的にまとめると、次のようです。

〔十地〕	〔十勝行〕	〔十重障〕	〔十真如〕
①極喜地	布施	異生性障	遍行真如
②離垢地	持戒	邪行障	最勝真如
③発光地	忍辱	闇鈍障	勝流真如
④焔慧地	精進	微細煩悩現行障	無摂受真如
⑤極難勝地	静慮	於下乗般涅槃障	類無別真如
⑥現前地	般若	麁相現行障	無染浄真如
⑦遠行地	方便善巧	細相現行障	法無別真如
⑧不動地	願	無相中作加行障	不増減真如
⑨善慧地	力	利他中不欲行障	智自在所依真如
⑩法雲地	智	於諸法中未得自在障	業自在等所依真如

涅槃の証得について

さきほど、転依を依他起性において見る場合と円成実性において見る場合があると述べましたが、別の転依の見方として、転じていく過程に少しずつ段階を設けて転依を見ていくこともあります。その際、最終的に大乗仏教を修行して実現する転依を「広大転」といいます。それは大菩提と大涅槃を実現したところです。

それから転依を見ていく場合に、能転道・所転依・所転捨・所転得の四つの観点から見ることができることも説明されています（十・六以下）。能転道は、転依を実現していく智慧を意味します。それには、煩悩等の種子を現行させない智慧と、種子そのものを断じていく智慧とがあります。所転依、転ぜられるべき所依は、種子を保持する阿頼耶識と、有垢から無垢へと転ずる真如との、二つの見方がありえます。所転捨は、二障の種子、さらには二障のではない有漏の種子や劣った（小乗の覚りの）無漏の種子等です。そして、所転得、転依の中で得られるものが、所顕得（大涅槃）と所生得（大菩提）です。ここに、修行の結果が見られるのであり、それはもはや仏果の世界のことでもあります。そこで以下、特にこの涅槃と智慧についての『成唯識論』の説明を拝読してまいりたいと思います。


四には所転得。此れに復た二有り。

一には所顕得。謂く、大涅槃ぞ。此れは本より来た自性清浄なりと雖も、而も客障いい覆いて顕わさざらしむるに由りて、真聖道いい生じて彼の障を断ずる故に、其の相を顕われしむるを涅槃を得すと名づく。此れは真如の障りを離れたるに依りて施設す。故に体は即ち是れ清浄の法界なり。（十・九、Ⅳ・五九六）

「**四には所転得。此れに復た二有り。**」転依において得られるもの、実現するものは何か。これには、二つあります。

「**一には所顕得。謂く、大涅槃ぞ。此れは本より来た自性清浄なりと雖も、而も客障いい覆いて顕わさざらしむるに由りて、真聖道いい生じて彼の障を断ずる故に、其の相を顕われしむるを涅槃を得すと名づく。**」一つには所顕得です。もう一つは所生得になります。所顕得はふつうの涅槃ではなく「大涅槃」だというのです。大乗にいう涅槃とは、実は修行をして初めて得られる世界ということではありません。唯識説でも、世界の一切は実体をもたない空なる世界と見ています。現象世界は空というあり方、空性を本性としているわけで、そこを自性清浄というわけです。本来自性清浄なのだけれども、外から付着したといいますか、いのちそのものにとって本質的ではない煩悩が付着することによって、空性そのものを自覚させないで覆ってしまいます。そこで修行をしていくと、覚りの智慧が生まれてくる。我執・法執を断じていくと、自性清浄なる空性そのものを自覚せしめます。それが自覚されたものを涅槃と名づけるのです。ですから、実はそれはもとよりあったものということにもなるのです。

「**此れは真如の障りを離れたるに依りて施設す。故に体は即ち是れ清浄の法界なり。**」真如・法性が煩悩を離れたところに対して、涅槃という名前を立てるのです。『倶舎論』では現象世界とは別に無為法の世界が実在していると考えるわけですが、唯識の場合は、現象世界に即して、現象世界が空性そのものであると見ます。しかし、そのことを理解できず、物や自我があると思って執著してしまう。しかしそれらの煩悩をどんなに起こしていても、本質は空そのものであって、その空性を修行の中で自覚していくことになる。覆われて見えなかったのが明らかに見えてきたその世界（つまり空性＝法性＝真如）に対して、涅槃と呼ぶということです。それを別の言葉で、清浄法界と呼ぶ場合もあります。

四種涅槃の内容

涅槃の義の別(こと)なること略して四種有り。

一には本来自性清浄涅槃。謂く、一切法の相たる真如の理ぞ。客染(かくぜん)有りと雖も而も本より性浄(きよ)し。無数量(しゅりょう)の微妙(みみょう)の功徳を具せり。生も無く滅も無く湛(す)めること虚空の若(ごと)し。一切の有情に平等に共有(ぐう)なり。一切の法と一にもあらず異にもあらず。一切の相と一切の分別とを離れたり。尋思の路(ろ)絶えたり。名言の道断ちたり。唯だ真の聖者のみ自ら内に証(かな)う所なり。其の性、本より寂なり。故に涅槃と名づく。

二には有余依涅槃。謂く、即ち真如が煩悩障を出でぬるぞ。微苦(みく)の所依有りて未だ滅せずと雖も、而も障りを永に寂したり。故に涅槃と名づく。

三には無余依涅槃。謂く、即ち真如が生死の苦を出でぬるぞ。煩悩を既に尽くしつ。余依をも亦た滅して衆苦を永に寂したり。故に涅槃と名づく。

四には無住処涅槃。謂く、即ち真如が所知障を出でぬるぞ。大悲と般若とに常に輔翼(ほよく)せらる。斯れに由りて生死にも涅槃にも住せずして、有情を利楽すること、未来際を窮めて用うれども而も常に寂なり。故に涅槃と名づく。（十・九〜一〇、Ⅳ・五九七）

「涅槃の義の別なること略して四種有り。」清浄法界や真如にも他ならない涅槃は、まとめると四つに分けて見ることができます。

「一には本来自性清浄涅槃。」第一は、「本来自性清浄涅槃」です。唯識思想においても、存在の本質としての空性すなわち真如は自性清浄であり、そこは変化がなく無為法と見ることになります。一方、智慧はそのつどそのつど変化していくはたらきであり、有為法です。したがって、変化のない世界である真如は自性清浄だが、そこに智慧は含まれてはいないというのが唯識の立場です。涅槃と智慧とを分けて説くことになるわけです。一方、如来蔵思想は、その真如の世界が仏の覚りの智慧そのものでもあると見ていきます。これを理智不二の立場（理は真如のこと）と言います。そこが如来蔵思想と唯識の違いです。しかし唯識でも、一切法が空であるという意味では、諸法の本質を自性清浄とも見るのであり、そこに涅槃を見るのです。我々は、どんなに煩悩をおこして苦しんでいても、本来、もとより空性の世界にいるのです。

「謂く、一切法の相たる真如の理ぞ。」ここの「相」とは、実相とか通相（普遍）とか解されるべきものです。真如や法性を「理」という言葉で表す場合があります。この場合の理は、論理とか道理という意味での理ではなくて、究極の普遍なるものを指しているのです。あらゆるものにいきわたっているものを理と言っているのです。

「客染有りと雖も而も本より性浄し。無数量の微妙の功徳を具せり。」付着している煩悩があっても、本性はもとより清らかである。功徳を具せり、というと如来蔵思想と近いような気がします。唯識ではその本性には智慧は含まないのですから、何の功徳かとも思うのですが、空性というあり方の中でこそ現象世界も展開していけるわけで、その母体としての無限の功徳があるのかもしれません。

「**生も無く滅も無く湛めること虚空の若し。一切の有情に平等に共有なり。**」生滅もなく、湛然として虚空のようである。一切の有情に平等に存在して差別はありません。仏身論でいうと法身になります。したがって法身はあらゆる衆生にもいきわたっているので衆生はもとより法身仏であるとも、ある意味ではいえることになります。しかし智慧が実現していませんので、唯識の立場からいえば、もちろん報身仏・化身仏ではありえません。

「**一切の法と一にもあらず異にもあらず。**」真如は現象そのものではありませんが、あくまでもその一切の有為法の本質・本性ですから、その一切法と異なるものではありません。真如とか法身とか呼ばれるものは、世間とは超越的に何かあるというものではないのです。

「**一切の相と一切の分別とを離れたり。尋思の路絶えたり。名言の道断ちたり。唯だ真の聖者のみ自ら内に証う所なり。其の性、本より寂なり。故に涅槃と名づく。**」前半は、要はあらゆる分別の認識を超えているというわけです。また、これは無分別智を実現した人のみが証するものです。涅槃の原語（nirvāṇa ニルヴァーナ）とは、煩悩の火を吹き消した状態とよく言われます。しかし『成唯識論』の説明を見ますと、それに寂静という意味をとっていきます。ここでは、その本性がもとより寂滅している、それにニルヴァーナの意味があるということで、自性清浄の世界を涅槃と呼ぶとあります。

「**二には有余依涅槃。謂く、即ち真如が煩悩障を出でぬるぞ。**」第二の涅槃ですが、小乗仏教の修行者が我執を断つという修行だけをして、生死輪廻から離れる、そこに実現した涅槃です。これは、煩悩障だけを滅して得られた涅槃です。これを「有余依涅槃」というのは、「**微苦の所依有りて未だ滅せずと雖も、而も障りを永に寂したり。故に涅槃と名づく。**」修行を完成しても、まだ生前で業の結果として得られた身体を滅してはいない間の涅槃だからです。煩悩障に関しては断じることが実現した。このとき、煩悩障が寂したということで、これを涅槃と呼ぶことにもなるのです。

「**三には無余依涅槃。謂く、即ち真如が生死の苦を出でぬるぞ。**」第三の涅槃ですが、小乗の悟りを実現した者が、死後、有為法の世界を出て、小乗仏教の説明で言えば、無為法の真如そのものに成りつくしたところを、「無余依涅槃」と呼びます。「有余依涅槃」、にせよ「無余依涅槃」にせよ、いずれも真如について涅槃といっているわけです。

「**煩悩を既に尽くしつ。余依をも亦た滅して衆苦を永に寂したり。故に涅槃と名づく。**」煩悩を断じた上に過去世の結果としての身体も滅し、あらゆる苦悩を寂滅した、その寂したところで涅槃と名づけます。このように、小乗仏教では我執だけを断じて生死輪廻から解脱した涅槃に、生前の「有余依涅槃」、死後の「無余依涅槃」があります。ところが、大乗仏教は我執だけではなくて法執も超えていきます。二障を断滅していくわけです。そこで得られる涅槃はどういう涅槃でしょうか。

「**四には無住処涅槃。謂く、即ち真如が所知障を出でぬるぞ。**」この第四の「無住処涅槃」というのが大乗仏教で説かれる涅槃です。それは、真如が煩悩障のみでなく所知障をも出たところに特徴があります。物に対する執著が断ぜられて、あらゆる世界が空であるということが明らかに見られているわけです。小乗仏教の修行者は、自我が空であることは理解できても、物の世界が空だということは理解していません。大乗の修行者は、自我も物も空であるということを洞察していく修行をしていって、この世の現象はすべて空であることをよく理解しています。それゆえ、生死輪廻の世界に自由に入っていってはたらくことができます。ただ生死を超えた、何のはたらきもない涅槃に入って満足するのみではなくて、むしろ人々が苦しんでいる生死輪廻の世界に出てきて、その中で活動してやまない。現実世界のさまざまな問題に取り組んで、しかもそれらに全然とらわれないのです。

「**大悲と般若とに常に輔翼せらる。断れに由りて生死にも涅槃にも住せずして、有情を利楽すること、未来際を窮めて用うれども而も常に寂なり。故に涅槃と名づく。**」他者も自分と変わらないいのちであることの自覚の中で、他者の苦しみを共に苦しみ、他者に関わっていく。その大悲と般若に助けられる。生死に住さないのは智慧（大智）によるわけです。一方、涅槃にも住さないのは、ひとり自己満足に陥ってはいないわけで、このはたらきは慈悲（大悲）によって出てくるのです。有情を利益し楽を与え、未来永劫はたらいてやみません。一切法の本質は空ですから、はたらいたということにもとらわれません。その寂静性に、涅槃を見るのです。

唯識の場合は、涅槃を以上のように四つに分けて見ます。空性を言い換えると、真如とか法性とか清浄法界とかと呼ばれるのですが、この本来の空性の世界（真如）を涅槃とみるのが大乗仏教の涅槃観の基本です。小乗の修行者が我執のみを断って入る涅槃もあります。それは修行が完成して身体が残っている場合と業果が尽きて涅槃に入りきった場合の二つがあって、有余依涅槃・無余依涅槃といわれます。しかし、大乗菩薩の涅槃は我執・法執をともに断つことの中で、智慧が実現し、生死にも涅槃にも住しないというところに涅槃をみます。ただ、その場合もその本質は空性そのものです。唯識の場合は涅槃の世界に智慧は含まれません。涅槃は「五位百法」の体系の中でいうと無為法であって、有為法である智慧とは区別されることになります。

四智の内容

次に、大菩提、智慧の世界の説明です。

二には所生得。謂く、大菩提ぞ。此れは本より来た能生の種有りと雖も、而も所知障に礙えらるが故に生ぜず。聖道の力を以て彼の障を断ずるに由るが故に、種従り起こらしむるを菩提を得と名づく。起こし已りては相続して未来際を窮む。此れは即ち四智相応の心品なり。（十・一四、Ⅳ・六一〇）

「**二には所生得。謂く、大菩提ぞ。**」見道で無分別智等が起きるということを見ましたが、その見道の覚りの智慧は第六意識・第七末那識に起こるものです。前五識や阿頼耶識はまだ智慧に変わっていません。しかし仏果の世界に至ると、八識すべてが智慧に変わります。八識すべてが智慧に変わったところを、大菩提と呼ぶのです。

「**此れは本より来た能生の種有りと雖も、而も所知障に礙えらるが故に生ぜず。聖道の力を以て彼の障を断ずるに由るが故に、種従り起こらしむるを菩提を得と名づく。起こし已りては相続して未来**

際を窮む。此れは即ち四智相応の心品なり。」八識すべてを覚りの智慧と実現させる種子を持っていても、法執があるのでそれを実現させることができません。そこで、特に十地において無分別智を修する中で所知障の種子を断じていきます。そうすると、八識の無漏種子を智慧そのものとして実現させることができます。このとき、菩提を得ると言うのです。仏としての菩提が現行した以降は、智慧が熏習され、また智慧を起こしますから、それ以後、未来際を極めて四智（大円鏡智・平等性智・妙観察智・成所作智）のはたらきが活動していくのです。

　では、その四つの智慧とはどういうものでしょうか。

云何なるをか四智相応の心品という。

一には大円鏡智相応の心品。謂く、此の心品は諸の分別を離れたり。所縁も行相も微細にして知り難し。一切の境相に忘（もう）ならず愚ならず。性も相も清浄なり、諸の雑染を離れたり。純と浄と円との徳あり。現と種との依持たり。身と土と智との影を能く現じ能く生ず。間（けん）無く断無くして未来際を窮む。大円鏡に衆色（しゅしき）の像を現ずるが如し。

二には平等性智相応の心品。謂く、此の心品は一切の法と自他の有情とは悉く皆な平等なりと観じて大慈悲の等きと恒に共に相応す。諸の有情の所楽（しょぎょう）に随いて受用（じゅゆう）の身と土との影像の差別を示現す。妙観察智の不共（ふぐう）の所依なり。無住涅槃の建立する所たり。一味に相続して未来際を窮（きわ）めん。

三には妙観察智相応の心品。謂く、此の心品は善く諸法の自相と共相とを観ずるに、無礙にして

転ず。無量の総持と定門と及び発生（ほっしょう）する所の功徳の珍宝とを摂観（しょうかん）す。大衆の会（え）に於て、能く無辺の作用の差別を現ずるに、皆な自在を得たり。大法の雨を雨（ふら）し一切の疑を断ず。諸の有情をして皆な利楽を獲せしむ。

四には成所作智相応の心品。謂く、此の心品は諸の有情を利楽せんと欲するが為の故に、普く十方に於て種種の変化の三業を示現し、本願力の所応作（しょおうさ）の事を成ず。（十・一四〜一五、Ⅳ・六一〇）

「**云何なるをか四智相応の心品という。一には大円鏡智相応の心品。謂く、此の心品は諸の分別を離れたり。所縁も行相も微細にして知り難し。一切の境相に忘ならず愚ならず。性も相も清浄なり、諸の雑染を離れたり。**」第一は大円鏡智相応の心品です。心品とは、心王・心所をまとめて言ったものです。この智慧は、微細にして凡夫の理解するところではありません。一切の世界すべてを知り尽くしており、そのはたらきすべてが清浄で、無明・煩悩及びその一切の結果を離れています。

「**純と浄と円との徳あり。現と種との依持たり。**」純粋（無雑）・清浄（離染）・円満（完全）というような徳があります。この大円鏡智は、現行と種子を保っているものですが、その現行と種子には、四智のすべてのものを含めるのでしょう。あらゆる現行の所依となり種子を維持しています。

「**身と土と智との影を能く現じ能く生ず。**」阿頼耶識にも相分・見分があって、その相分は有根身と器世間と種子とされていました。阿頼耶識の中に身体と環境世界が維持されていて、その中で見たり聞いたりが行なわれている。一人一人が第八識を持っていて、一人一人の中に身心と環境世界があるという構造になっているわけです。その第八識が智慧に転ずると、仏国土としての環境世界と、仏身（色身）と、さらに他の三智のはたらきとをよく現じ、よく生じます。仏になっても仏身とその仏身の住む環境世界があるわけで、それは大円鏡智の相分の中に現じていることになるのです。

「**間無く断無くして未来際を窮む。**」それは刹那刹那生滅を繰り返しながら相続していくことになる。大円鏡智のその智慧の世界は、時間・空間的に限界がないようなかたちで、しかも、未来の果て（際）を窮めるのです。

「**大円鏡に衆色の像を現ずるが如し。**」それは、大きな丸い鏡に明らかに映像が映るのと同じようなので、大円鏡智という名で呼ばれるのです。そこに仏身・仏土が維持されていくことになります。

「**二には平等性智相応の心品。謂く、此の心品は一切の法と自他の有情とは悉く皆な平等なりと観じて大慈悲の等きと恒に共に相応す。**」二つには平等性智です。これは第七末那識が転じたものです。自我に執著していた第七末那識が智慧に変わると、自他平等性を知る智慧になります。自他がまったく一つのいのちだということを洞察する智慧に変わります。真如・法性において、自他のみならず一切法のすべて、現象のすべては平等一味であるということを了解して、他者に対する無限の慈悲が常に伴われてきます。

「**諸の有情の所楽に随いて受用の身と土との影像の差別を示現す。**」平等性智のはたらきの対象は、諸の有情の中、凡夫は含まれず、特に十地の修行に取り組んでいる菩薩に限られます。その他者である菩薩らの願いに応じて、自らが仏になって完成した功徳を受用せしめます。十地の菩薩である相手に応じて、その他受用身の仏としての身と、その仏が住まう国土とのさまざまなあり方を示現して導いていくのです。

「**妙観察智の不共の所依なり。**」妙観察智を支えていくという意味では、他の智慧にない独自のはたらきをします。

「**無住涅槃の建立する所たり。**」この箇所の解釈については、二つの説があります。末那識の平等性智にともなう大悲が無住処涅槃を支えるという読み方と、無住処涅槃が実現して平等性智の大智と大悲を支えるという読み方があります。大悲・大智と無住処涅槃のどちらを建立されるものと見るか、両方の解釈がありうるのです。ともあれ、自他平等性を証する中で大悲が現われてくる。そこで涅槃に安住しないで、人々を導くために活動し続ける。それが無住処涅槃の根底にあるべきものでしょう。

「**一味に相続して未来際を窮めん。**」平等性という真如・法性を対象とする智慧として、変わらずに未来際はたらいていくというのです。

「**三には妙観察智相応の心品。謂く、此の心品は善く諸法の自相と共相とを観ずるに、無礙にして転ず。**」第六意識が智慧に変わると妙観察智という智慧に変わるといいます。自相というのはもろもろの事物等の個々かけがえのないすがた、共相というのはそれらに種々の地平で見いだされる共通のすがたのことです。この智は、その自相も共相も的確に認識していくことになります。私たちの意識は理性に基づいて世界を分析しているようですが、実はエゴイズムに汚されていたりします。しかし妙観察智になれば、世界の個別的な事象と共通的な事象とを、的確に認識していけるのです。

「**無量の総持と定門と及び発生する所の功徳の珍宝とを摂観す。**」少ない言葉の中に多くの意味合いを込めたものが「総持」で、陀羅尼のことです。それを持つ中で世界の認識が深まることもあるわけです。あるいは、定門とは、種々の禅定でしょう。「功徳の珍宝」というのは、六波羅蜜とか十力等だということです。ですから妙観察智は、広大なる修行の世界を繰り広げては実現していくというのでしょう。

「大衆の会に於て、能く無辺の作用の差別を現ずるに、皆な自在を得たり。大法の雨を雨し一切の疑を断ず。」人々が集まっている法会の場で、その人々を導くときに、ありとあらゆるさまざまな導き方をします。相手に応じて自在に教化の活動をしていきます。また、第六意識は言葉と深く結びついております。それが智慧に変わった妙観察智は、大法の雨を雨降らす。すばらしい説法をして、一人一人の一切の疑いを断じていくのです。

「諸の有情をして皆な利楽を獲せしむ。」諸の人々等に対して、宗教的な意味での利と楽とを得せしめていきます。

「四には成所作智相応の心品。謂く、此の心品は諸の有情を利楽せんと欲するが為の故に、普く十方に於て種種の変化の三業を示現し、本願力の所応作の事を成ず。」成所作智という言葉は、「本願力の所応作の事を成ず」という意味合いで、仏も以前は菩薩として修行したその根本（最初）に発願したのであり、その本願に誓った「応に作すべき所」（所応作）を実際に実践していくことによって、あらゆる人を利益し楽を与えるのです。具体的にはあまねく十方において変化身を現し、身・語・意の三方面の種々の適切なはたらきによって教化していきます。

智とは何か

なお、以上の四智の「智」とは、詳しくはどのようなものなのかが次に明かされています。

是の如き四智相応の心品は、各定めて二十二法の能変と所変と種と現と倶に生ずること有りと雖も、而も智の用増せるをもって智という名を以て顕わす。（十・一五、Ⅳ・六二四）

「**是の如き四智相応の心品は、各定めて二十二法の能変と所変と種と現と倶に生ずること有りと雖も、而も智の用増せるをもって智という名を以て顕わす。**」心品は心王・心所の複合体を意味する言葉でした。心所にはさまざまなものがあります。では智慧においてはたらく心所とはどういうものでしょうか。各智慧は二十二法だとありますが、その二十二法とは、遍行の心所が五つ、別境の心所が五つ、善の心所が十一、それに心王一つを数えたものです。別境の心所の中に慧の心所がありまして、その慧の心所が発達した心王・心所の全体に対して、智とか智慧とか呼ぶわけです。もちろん、その心王・心所のすべてに、相分・見分、そして現行と種子の地平があります。

以上、十地の修行をしていくことによって、八識及びそれに相応する心所が転じて、大円鏡智・平等性智・妙観察智・成所作智が完成します。しかもその智慧のはたらきの中で無住処涅槃を実現していくことになります。この大菩提と大涅槃とは、もはや修行の完成した仏果の世界の内容にもほかなりません。その智慧が実現するということは、自分の本来のいのちの悦びを味わうということもあるのですが、他者のためにはたらいてやまない自己を完成するということもあり、そこに仏になるということの意味があると思います。

十　唯識思想における仏身・仏土論について

『唯識三十頌』の最後の頌

前の『成唯識論』の修習位の説明は非常に詳細なもので、その全体を詳しく見ることはできませんでしたが、主に修習位の修行によって実現する、「転依」という言葉で表現される世界について解説しました。それは簡単に言えば、大涅槃と大菩提が実現するということです。無住処涅槃といわれるような涅槃、そして大円鏡智・平等性智・妙観察智・成所作智という四つの覚りの智慧、その大涅槃と大菩提が実現したのが転依であるわけで、そこは実はすでに究竟位の仏果の世界です。

その転依はすでに修習位のことを明かす第二十九頌に説かれていたのですが、今回はその次の、『唯識三十頌』最後の第三十頌、仏の世界そのものを説く箇所を、拝読します。第三十頌には、次のようにあります。

此れは即ち無漏界なり。不思議なり、善なり、常なり、安楽なり。解脱身なり、大牟尼なるを法と名づく。（十・二〇、Ⅳ・六二五）

これが『唯識三十頌』の最後の頌です。ここに仏の世界はどういう世界であるかということが、あらためていくつかの観点から説かれていくことになります。

「**此れは即ち無漏界なり。**」「此れは」というのは、大涅槃と大菩提という二の転依すなわち仏果のことですが、『成唯識論』に即していいますと、涅槃の世界は真如そのものにほかなりません。真如がまだ煩悩に覆われている段階に対して、本来自性清浄涅槃といいました。また、真如が、我執に関わる煩悩のすべてである煩悩障を脱したのが、小乗仏教の修行者が実現する涅槃の世界です。これには、有余依涅槃と無余依涅槃があります。真如が煩悩障も所知障も抜け出たのが、無住処涅槃といわれる涅槃です。つまり涅槃というのは真如であります。その真如の世界を、別の言葉で清浄法界とも呼びます。仏を語る場合には、真如そのものである大涅槃は、むしろ清浄法界という言葉で語られていくことになります。一方、大菩提は四つの智慧でした。この清浄法界と四つの智慧で、仏を語っていくことになります。そこで「此れは」というのは、清浄法界と四つの智慧は、と受けとめるべきことにもなります。

「無漏」というのは、煩悩をまったく離れている世界のことです。「界」は、仏教ではさまざまな場面で使われます。ときには界を種子とみなす場合もあります。しかしここでは、仏の全体を「無漏なる界」だと説明しているわけです。その場合の「界」の意味とは、一つは、「蔵」です。「此れが中に無辺の希有の大功徳を含容せる故に」と説明され、ありとあらゆる功徳を蔵していることを意味します。もう一つは、「因」です。因といっても、因には多くの意味がありますが、ここでは「能く五乗の世・出世間の利楽の事を生ずるが故に」と説明されています。五乗というのは、菩薩乗・縁覚乗・声聞乗・天乗・人乗、ということでしょう。しかもそれらの人々の覚る前も、覚った後も、いつでも利益していき、究極の楽をもたらします。そのあらゆる利益の根本になるところを因という意味合いでとらえ、それが界という言葉で表わされているという解釈を『成唯識論』ではしています。

「**不思議なり、善なり、常なり、安楽なり。**」大涅槃と大菩提、言い換えれば清浄法界と四智の五法は、「不思議」であります。これは凡夫の考え・思いではとうていとらえきれない。仏が内に証している自内証の世界であるというのです。「善」というのは、当然でしょう。「常なり」というのは、仏を五法でおさえるうちの清浄法界は真如ですから、空というあり方そのもの（空性）です。それが法性と呼ばれたり円成実性と呼ばれたりするわけですが、仏身論でいうと、それが法身あるいは自性身という言葉で呼ばれます。それは空性が本質ですから、生じたり滅したりすることがない。その意味で常なのです。一方、四智は未来永劫に衆生を救済していく活動をなしていく。そういう意味で、やはり常住です。智慧の方は有為法です。時間の中ではたらきが未来永劫続いていく。清浄法界は無為法でありまして、時間を超えている世界です。その両方の意味からして常住なのです。

仏の智慧のはたらきが続いていくことに関しまして、『成唯識論』は、「**然も四智品は、本願力に由りて、所化の有情いい尽くる期無きが故に、未来際を窮めて断ずることも無く尽くることも無し**」

（十・二四）といっています。仏になった根本には、自分以外の衆生が本来のいのちを発揮できるようにという願いがあって、そして菩薩として修行して仏になるのです。その本願力のゆえに、救われない衆生がいつまでも現われてくるものですから、その人々を救っていくため、未来永劫に救済のはたらきをなしていくのです。また、仏の世界ですから、一切の煩悩を離れ、「安楽」な世界ということになります。

「**解脱身なり、大牟尼なるを法と名づく。**」清浄法界と四智との仏身は解脱身ともいえます。またそれは大牟尼であって、法と名づけるとありますが、頌の制約の中で、すべて書ききれなかったということもあると思います。「法と名づく」というのは、詳しくは「法身と名づける」ということです。この場合の法身は、仏の全体をとらえたものをいうものです。仏の全体を法身と名づけるのであり、この法身は三身論の中の法身ではありません。「解脱身」というのは、小乗の修行を完成させた人にも使える言葉です。小乗仏教の場合は、我執に関わる煩悩障を滅し尽くして、生死輪廻から解脱して涅槃に入って満足する。それが修行の完成だと考えます。そこを解脱身という言葉で語ることになります。煩悩障を脱したということは、大乗の仏にもいえることですから、その仏に解脱身という言葉を使うこともできます。「大牟尼」については、のちに見ます。それを「法」身ともいうべきである。これは小乗仏教の阿羅漢には使えない言葉です。この場合の法身の「法」とは、功徳の法です。実は法＝ダルマにはさまざまな意味があります。真理そのものを意味する場合もありますし、教えを意味する場合もあります。唯識の五位百法のように、「任持自性・軌生物解」という世界の構成要素としてのダルマという意味合いもあったりしますが、ここでの「法」は功徳の意味です。その集まりという意味が法身です。すばらしい功徳を実現するという、このことは小乗仏教では実現できません。何のはたらきもない涅槃に入って、満足しているのみです。というわけで、大乗の仏には、解脱身という言葉も使えるし法身という言葉も使えます。しかし、小乗の阿羅漢には解脱身という言葉は使えても法身という言葉は使えない、という関係になってくるわけです。

法身について

この法身ということ等については、『成唯識論』に次のように説明されています。

大覚世尊は無上の寂黙の法を成就したまいたり。故に大牟尼と名づく。此の牟尼尊の所得の二果は、永に二障を離れたり。亦たは法身なりと名づく。無量無辺の力と無畏との等き大功徳の法に荘厳せられたまえる故に。体と依と聚との義をもって総じて説いて身と名づく。故に此の法身は五の法をもって性と為す。浄法界のみを独り法身と名づくるには非ず。二転依の果をば皆な此れに摂むるが故に。（十・二五、Ⅳ・六三七）

「**大覚世尊は無上の寂黙の法を成就したまいたり。故に大牟尼と名づく。**」牟尼には寂黙という意味もあることから、無上の寂黙を成就した仏を、大牟尼と名づけるということです。ここで大覚世尊とあるのは、必ずしも歴史上の釈尊だけではないと思います。偉大なる覚りを実現した世にも尊い方というのは、大乗仏教の中では何人でもありうる話です。大乗仏教は三世十方多仏説で、過去にもたくさん仏がいたし、未来に仏になる人もたくさんいると考えています。そもそも大乗仏教は一人一人が仏になっていく道であります。その仏になった方を大覚世尊といっているのです。

仏という存在、つまり清浄法界と四智が実現したところを、この上ない寂黙の法だと述べていました。とくに清浄法界は直接その寂黙につながると思いますが、智慧において無明煩悩を一切離れたというところに、寂黙という意味合いも得られるのです。その寂黙という意味から、仏を大牟尼と名づけたのです。

「**此の牟尼尊の所得の二果は、永に二障を離れたり。**」大涅槃と大菩提の二果は、清浄法界と四智ということでしたが、それは煩悩障・所知障を完全に離れたものなのです。そこが「無上の寂黙」なのでしょう。

「**亦たは法身なりと名づく。無量無辺の力と無畏との等き大功徳の法に荘厳せられたまえる故に。**」大牟尼世尊をまた法身と名づけます。無量無辺の力というのは、十力のことです。仏には十の特別な智慧の力があるといわれます。無畏は、四つの無畏が言われまして、仏は教えを説くのに何も畏れずに堂々と説くわけです。それは仏道を妨げる道だということを指摘して畏れない、それから苦しみを尽くしていく道はこういう道であるということを説法して畏れない等、そのような四つの無畏ということが説かれます。こういう十力・四無畏というような功徳は、仏に特有の功徳です。菩薩にもそういう面はあるかと思いますが、菩薩をさらに超えて仏固有の功徳と言われる特性です。法身の法は、そうした大功徳の法であることを解説したものです。仏はそれらの大功徳によって飾られているから、法身といいます。ともかく、法身の法は大功徳の法だということが説明されたわけです。「**体と依と聚との義をもって総じて説いて身と名づく。**」清浄法界と四智の全体の仏は、あらゆる功徳の本体であり、依り所であり、集まりであります。小乗仏教でも功徳の集まりという意味で、法身という言葉が使われることもあったかと思いますが、集まりの意味もあれば、体や依止の意味もあります。「身」には、この三つの意味合いがこめられています。したがって仏を法身と呼ぶことができるのです。

「**故に此の法身は五の法をもって性と為す。浄法界のみを独り法身と名づくるには非ず。**」通俗的な仏身論では、法身・報身・化身の三身論をいいます。その場合の法身は真如・法性です。それを仏身論でみたときに、法身と呼びます。これから拝読します自性身・受用身・変化身の三身論の中での自性身にあたるものを、法身と呼ぶことがしばしばあります。それは真如・法性に限定されてしまう、言い換えれば清浄法界に限定されてしまうことになります。そういう使われ方があるのですが、ここで述べている法身はそれとは違います。ここで法身と述べているのは、清浄法界と四智の全体をいうものです。その全体に対して、法身と呼んでいるのです。

「**二転依の果をば皆な此れに摂むるが故に。**」大菩提と大涅槃のすべてを、ここの法身という言葉におさめているからです。自性身だけを法身という場合の法身とは、内容が異なるのです。

修行が完成して仏になった存在は、法身とも呼ぶべき存在でもあることになったわけですが、大乗仏教では、伝統的に仏身論というものがあります。般若・中観では、真理そのものを身体として見る場合と、姿かたちをとって現われたところで見る場合との、いわゆる法身・色身の二身論が説かれました。唯識では、ふつう法身・報身・化身、正確には自性身・受用身・変化身の三身論というかたちで仏を解明していくわけです。唯識では、一人の仏を三つの方面からみていくのですが、以下、その三身論の解説がなされます。

仏身の三身論――自性身について

是の如き法身は三の相別なること有り。
一には自性身。謂く、諸の如来の真浄の法界ぞ。受用と変化との平等の所依なり。相を離れたり、寂然たり。諸の戯論を絶ちたり。無辺際の真常の功徳を具せり。是れ一切法の平等の実性なり。即ち此の自性を亦た法身とも名づく。大功徳法の所依止なるが故に。（十・二五、Ⅳ・六三七）

「**是の如き法身は三の相別なること有り。**」仏の全体を法身と呼ぶのでしたが、これには三つのすがたを分析できます。第一には自性身です。次に受用身です。受用身には自受用身と他受用身がありまず。最後は変化身です。このように唯識の三身論では、本来の正式の名前としては、自性身・受用身・変化身です。受用身は自受用身と他受用身の二つに分かれますので、むしろ四身論で見ていくというべきかもしれません。

「**一には自性身。謂く、諸の如来の真浄の法界ぞ。**」自性身とは、完全に煩悩を離れ尽した真如そのものの世界です。真如・法性を、仏身論でいう場合に、自性身と名づけるというかたちになります。

「**受用と変化との平等の所依なり。**」それは受用身・変化身両者の等しく依り所となるものです。

「**相を離れたり、寂然たり。諸の戯論を絶ちたり。無辺際の真常の功徳を具せり。**」相を離れるというのは、青・黄・赤・白・男・女・生・住・異・滅などの一切の相を離れているのです。寂然は、対象的な分別・限定ではとらえられないということです。寂然は分別を超えている、そして言語も超えているのです。空性そのものですが、決して無ではないのです。限りない真実の極みの功徳、真実にして常住なる功徳を具えています。存在の根源が実体的な有ではなくて、無をも否定するはたらきといいますか、自ら自身を否定して止まないはたらきであり、そのはたらきの中にさまざまな現象世界が展開していく。空性というのは、単なる無ではなく、ありとあらゆるはたらきが生まれてくる根源である。空にして根源なるもの、空にして母体なるものといいますか、そういう意味合いがあるので、功徳を具えていることにもなるのでしょう。

「**是れ一切法の平等の実性なり。即ち此の自性を亦た法身とも名づく。大功徳法の所依止なるが故に。**」これは、ありとあらゆる存在を貫く平等の本性であります。物の世界も心の世界も貫いています。法身・報身・化身という場合は、それを法身と呼ぶ場合もあるわけです。ただその場合の法は、真理というよりも、あらゆる功徳の依り所となっているところをとらえて法身と呼ぶのだということになります。どうも法身というのは、真如・法性という真理を身体としているのではなく、功徳の依り所ということのようです。清浄法界と四智が仏であるというときに、その清浄法界が仏の自性身というかたちでおさえられます。

仏身の三身論――受用身について

二には受用身。此れに二種有り。一には自受用。謂く、諸の如来の三無数劫に、無量の福と慧との資糧を修集して起こしたまえる所の無辺の真実の功徳と、及び極めて円かに浄き常・遍の色身とぞ。相続せり、湛然なり、未来際を尽くして恒に自ら広大の法楽を受用す。二には他受用。謂く、諸の如来の平等智に由りて示現したまえる微妙の浄功徳身ぞ。純浄土に居して、十地に住せる諸の菩薩衆の為に、大神通を現じ、正法輪を転じ、衆の疑網を決して、彼れをして大乗の法楽を受用せしむ。此の二種を合して受用身と名づく。(十・二二五～二二六、Ⅳ・六三八)

「**二には受用身。**」これは報身にあたります。この報とは修行の果報です。修行して実現したもの(智慧)です。受用は、その智慧において実現した功徳を受け用いるという意味合いです。自らにそれを受け用いるのが自受用身。他者にそれを受け用いさせるのが他受用身です。受用身には二つのはたらきがあることになります。

「**此れに二種有り。一には自受用。**」自受用とは、自分で修行して完成した功徳を自ら受用する、というのが本来の意味です。ある場合には、火が火を焼く、水が水を飲む、そのへんを自受用という語で表しているような用例も目にしますが、自受用という言葉の本来の意味は、修行をして完成した功徳を自らに受け用いる、ということになるわけです。

「謂く、諸の如来の三無数劫に、無量の福と慧との資糧を修集して起こしたまえる所の無辺の真実の功徳と、及び極めて円かに浄き常・遍の色身とぞ。」「福」の資糧とは、三十二相八十種好のもとになるという解説がありました。「慧」の資糧とは、智のもとになるものです。ありとあらゆる修行をして善根を積んで無量の真実の功徳を実現する。この「功徳」には、智慧のはたらきを含んでいると見てよいかと思います。色身は物質的な身体ということです。私たちも分析すれば身体と心のはたらきのあわさったものです。仏も智慧のはたらきとともに、目には見えないけれども霊妙なる物質の身体も持ち合わせています。唯識の説明によれば、我々の場合、阿頼耶識の中に身体と器世間が維持されているのでした。仏も、仏の第八識、阿頼耶識が仏の智慧に転じた大円鏡智の中に、仏の身体と仏国土とが実現していて、しかもその身（根）において八識に相当する四つの智慧がはたらいているのです。仏の身心の個体をもとにさまざまなはたらきがなされます。

「相続せり、湛然なり、未来際を尽くして恒に自ら広大の法楽を受用す。」仏としての智慧を変わらずに相続して、常にいのちの究極の味わいを味わい尽くします。

「二には他受用。謂く、諸の如来の平等智に由りて示現したまえる微妙の浄功徳身ぞ。」受用身の中に他受用身があります。他受用身は如来の平等性智が他者に対して現わし出した浄らかな仏の身体です。それは実は智慧の中の相分に現わし出されるのです。それを他者は疎所縁縁として、自らの中に影像相分を映し出して味わっていくのです。そのように他受用身は現わし出された仏身です。ただ、誰に対してそれを現わすかというと、それを受けとめることができる者は次のように限定されています。

「純浄土に居して、十地に住せる諸の菩薩衆の為に、大神通を現じ、正法輪を転じ、衆の疑網を決して、彼れをして大乗の法楽を受用せしむ。」「十地に住せる」というのは、修行が進んで通達位（見道）に入り、初めて無分別智を開いて、その後、十地の修行をしている菩薩のことで、菩薩の中でも覚りを開いたある程度、高位の菩薩です。その菩薩らのために示現する仏身が他受用身です。十地の菩薩に対して、すばらしいはたらきを現わし、説法して、その菩薩らが疑問に思うようなこともすべて解決して、大乗仏教で実現すべき功徳の楽しみをもたらしていく。そういう利他のはたらきをするのが他受用身です。逆にいえば、仏の報土（他受用土）には、本来は十地の初地以上に上った菩薩しか入りえないわけです。

「此の二種を合して受用身と名づく。」報身といえば一つで分けられませんが、分ければ自受用身と他受用身になります。それを合わせて受用身といいます。

仏身の三身論——変化身について

三には変化身。謂く、諸の如来の成事智に由りて変現したまえる無量の随類の化身ぞ。浄・穢土に居して、未登地の諸の菩薩衆と二乗と異生との為に、彼の機の宜しきに称いて通を現じ法を説いて、各に諸の利楽の事を獲得せしめたもう。（十・二六、Ⅳ・六三九）

「三には変化身。謂く、諸の如来の成事智に由りて変現したまえる無量の随類の化身ぞ。」変化身は、如来の成所作智によって現わし出されたものです。相手に応じて現われてくるのです。人間の世界では、自分たちの宗教だけが真実だ、あとはすべて方便で低いもので拠るべきでない、とよく主張されます。そのようなことが仏教でも言われますし、一神教などではさらに鋭いかたちでそのことが主張されますが、仏という方は、どこまでも相手にふさわしいかたちで、柔軟に対応していかれるのです。決してこれだけが真実で、この道をいかなければ駄目だと決めつけることはないのです。それが仏の世界なのです。

「浄・穢土に居して、未登地の諸の菩薩衆と二乗と異生との為に、彼の機の宜しきに称いて通を現じ法を説いて、各に諸の利楽の事を獲得せしめたもう。」浄土真宗では、他力によれば真実報土に生まれることができる。しかし、自力で修行した者は化身土にしか生まれることができない、と言われます。これはその化身土としての浄土ということになります。化身仏はその浄土にせよ、我々のこの娑婆世界の穢土にせよ、そこに現われて住します。菩薩は十地に登れば、他受用身を味わうことができます。そこで無分別智（初地）を起こす前の菩薩・二乗・凡夫のために、変化身は神通力を現わしたり、説法をしたりして、それぞれの人等にさまざまな宗教上の楽しみ・利益を与えていく活動をするのです。

五法と三身の関係

『成唯識論』、『摂大乗論』には、仏の全体を法身と呼ぶ場合の法身という用例があるのでした。その場合の法身の法とは、大功徳の法です。ありとあらゆるよき力・性質ということになるわけです。その一仏身を、三身もしくは四身で見ていくことができたわけですが、一方では清浄法界と四つの智慧（五法）で語ることができたわけです。では、この五法と三身・四身とは、どのような関係になるのでしょうか。これには二つの説があります。清浄法界と大円鏡智を自性身におさめる。つまり智慧も自性身におさめるという見方です。そして平等性智と妙観察智が受用身で、成所作智が変化身だというのです。これは第一師の説ですが、『成唯識論』の立場を比較的素直に表わしているのは、次の第二師のほうです。こちらは清浄法界だけが自性身であると説きます。四智の全体が自受用身です。そして、平等性智のはたらき、成所作智のはたらき、特にそれらの智の相分に現じたもの、あるいは、その仏智の相分に現じたものをもとにして衆生が受け取るもの、そこに他受用身・変化身を見ます。

有義は、初の一には自性身を摂む。自性身をば本性常と説ける故に。仏の法身は生滅無しと説ける故に。証因をもって得す、生因には非ずと説ける故に。又た法身は諸仏に共に有り。一切の法に遍ぜり、猶（な）おし虚空の若（ごと）し。無相なり、無為なり、色心に非ずと説ける故に。然も蔵識を転去（てんこ）して得すと説けるは、謂く、第八識の中の二障の麁重を転滅して法身を顕すに由るが故なり。智

殊勝の中に法身と説けるは、是れ彼れが依止なり、彼れが実性なる故なり。自性法身は、真実の無辺の功徳有りと雖も、而も無為なる故に、説いて色心等の物とは為すべからず。四智品の中の真実の功徳と、鏡智に起こされたる常遍の色身とには、自受用を摂む。平等智品の所現の仏身には、他受用を摂む。

成事智品の所現の随類の種種の身相には、変化身を摂む。（十・二七、Ⅳ・六四一）

「**有義は、初の一には自性身を摂む。**」以下、第二の立場の説です。初の一というのは、清浄法界のことです。清浄法界は、言い換えれば真如・法性です。清浄法界すなわち真如は自性身におさめられます。

「**自性身をば本性常と説ける故に。**」この本性常とは、不生・不滅というところで常住を見るという立場です。有為法として存続していくという意味での常ではありません。この意味での常住は、真如・法性に見るしかありません。その意味で本性常と説くのです。

「**仏の法身は生滅無しと説ける故に。**」四つの智慧は、有為法のものです。有為法は生滅を繰り返しながら続いている世界です。生滅しつつ未来永劫に続いていくから常住だということもありえますが、特に法身すなわち自性身は生滅がないところで常住であるのです。そういうこの常住の法身は、清浄法界・真如でおさえるしかありません。

「**証因をもって得す、生因には非ずと説ける故に。**」煩悩が除かれたときに、それを証することによって自覚される。それは何かを原因にして生まれてくる有為法とは違います。

「**又た法身は諸仏に共に有り。一切の法に遍ぜり、猶おし虚空の若し。無相なり、無為なり、色心に非ずと説ける故に。**」法身というものは、諸仏だけではありません。それは空性そのものでもあって、一切法を通貫している、無相・無為の、不変のものです。こういうことが説かれている以上は、自性身に有為法なる智慧を見ることはできません。清浄法界だけを見るという話になります。

「**然も蔵識を転去して得すと説けるは、謂く、第八識の中の二障の麁重を転滅して法身を顕すに由るが故なり。**」『摂大乗論』には、阿頼耶識あるいは第八識を転ずると法身を得る、ということが説かれています。阿頼耶識を転じて得るものは大円鏡智です。そうすると、大円鏡智が自性身＝法身に読まれてよいのではないかということにもなりますが、この阿頼耶識を転じて自性身を得るという句は、阿頼耶識を転じて得る大円鏡智が自性身だということを意味するのではないのだといいます。それは、第八識の中の二障の麁重を転滅して、真如・法性が円かに現われるということを言っているのであって、第八識は大円鏡智になるでしょうが、その大円鏡智がそのまま法身だと言っているのではないのだというのです。

「**智殊勝の中に法身と説けるは、是れ彼れが依止なり、彼れが実性なる故なり。**」「智殊勝」というのは、『摂大乗論』で智慧を論じている章の名前です。その中で、「阿頼耶識を転じて法身を得す」と説かれているということは、大円鏡智を法身と見てもよいのではないか、という解釈がありうるわけですが、やはり有為法の智慧と、無為法の法身＝清浄法界＝真如とを、一つと見ることはできないというのが唯識の立場です。したがって、そこでの法身とは、智慧の依り所・智慧の本性という意味で説かれているのであって、法身がそのまま智慧だということではありません。

「**自性法身は、真実の無辺の功徳有りと雖も、而も無為なる故に、説いて色心等の物とは為すべからず。**」自性法身＝清浄法界＝真如は空性なのですが、そこに無辺の功徳がある。単なる無ではないわけです。ありとあらゆる現象世界を展開させていく根源になるものです。その自性身は無為法なので、有為法の智慧等として受けとってはいけないという話になるのです。結局、三身の自性身を五法に対比して解釈したとき、清浄法界だけが自性身に相当することになります。

「**四智品の中の真実の功徳と、鏡智に起こされたる常遍の色身とには、自受用を摂む。**」「四智品の中の真実の功徳」、これは四つの智慧そのものの功徳です。その中に大円鏡智があって、大円鏡智の相分に含まれる仏の妙色身も、四智品の功徳の中におさまっていると思うのですが、それは別立てされて、「常遍の色身」とあります。第八識が転じた大円鏡智の相分に、仏の色身が現ずることになります。この色身は物質的な内容を持ってはいるのですが、私たちの肉眼に見える空間的に限定された物質とは異なるのかもしれません。大円鏡智は無終に相続されていきます。

こうして、五法の中の四つの智慧は、自受用身で見るのです。法身・報身・化身で言えば報身にあたります。法身は清浄法界、報身は四つの智慧、ということになります。

「**平等智品の所現の仏身には、他受用を摂む。**」平等性智が現わし出した仏、これは他受用身です。他受用身は平等性智によって現わされたものだというのです。その場合、平等性智そのものではないという言い方をしています。智慧の相分も智慧だと見れば、智慧そのものと言ってもよいような気もしますが、一方で智慧の相分であると同時にその相分が他の十地の菩薩によって受けとめられたものでもあるわけです。そういうものが他受用身なのです。そこで、智慧そのものというかたちでは語らず、智慧が現わし出したものということで見ていきます。

「**成事智品の所現の随類の種種の身相には、変化身を摂む。**」成所作智が凡夫等のために相手に応じて現わし出した種種のすがた、これが変化身になります。

以上、もう一度整理しますと、仏の内容は清浄法界と四智の五法です。一方で仏という存在は三身で分析されます。では、その清浄法界・四智と、三身とはどういう関係になるのかといいますと、自性身は清浄法界です。受用身の自受用身は四智です。他受用身と変化身は智慧が現わし出したものです。すなわち、他受用身は平等性智が示現したものであり、変化身は成所作智が現わし出したものです。

修行をして智慧を成就したところ、それが受用身ないし報身です。それがある意味では仏という存在の一番の核心でしょう。その内容はといえば、自利・利他円満であると言えるかと思います。自受用身は法楽を味わい、他受用身・変化身は利他にはたらいてやみません。とりわけ変化身は、相手に応じたもっともふさわしい手段で導いていきます。その場合は、むしろ方便こそが真実であるということになっているのかも知れません。けっして方便を設けることをいとわない。あらゆる方便を駆使して、一切の衆生を救済していく活動をなしてやまない存在になる。それが仏のすがたとして描かれていたことになります。

以上、『成唯識論』の重要と思われる箇所を、ひととおり拝読いたしました。『成唯識論』に説かれていることはもっともっと豊富で、以上は全体の内容の半分にも達していないかもしれません。またここで拝読できた部分の私の解釈も十全ではなかったことでしょう。しかし、『唯識三十頌』のすべてについては一覧しましたし、この間、いくつもの興味深い精緻な議論を勉強することもできたかと思います。ともあれこの講義によって、まずはほぼ唯識哲学の全体像を理解していただけたのではないかと思います。

「仏教」とは、「仏が説いた教え」だと言われます。まだ修行の途中にある者が教えを説いても、仏教にはなりません。仏になった人が説くからこそ、仏の教えであり、仏教になるのです。それでは仏は何を説いたのでしょうか。大乗仏教の解釈によりますと、一人一人が仏になることを説いたのです。それぞれのいのちを完全に実現していく、本来の自己を自己実現していく道を説いてくださったのです。

では、本当に自己実現した世界というのは、どういう世界か。それを一言で言えば、自利・利他円満です。それは、自覚・覚他円満です。自らも目覚め他者を目覚めさせていく。いのちの真実に目覚めさせていく。そこにいのちの一番の根本の内容をみているのです。それを私たちに教えてくださるのが仏教、仏の教えではないでしょうか。

その仏の内容につきまして、これほど詳しく解明している仏教は、唯識説の他にないのではないかと思わずにはいられません。

あとがき

本書は、平成十七年四月より平成十九年九月までの二年六ヶ月にわたって、月一回、興福寺仏教文化講座において『成唯識論』の講義をさせていただいた、その講義録である。この間、全部で三十回の講義の中で、『成唯識論』の全体にわたって、まがりなりにもひととおり解説することができた。

『成唯識論』はいうまでもなく、世親の『唯識三十頌』の詳細な注釈書である。『唯識三十頌』には、唯識思想の世界観（法相）、実践論（修道論）双方にわたる仏教思想のすべてがこめられている。その思想内容には、八識のこと、心所有法のこと、我々の迷いの構造、輪廻のこと、三性・三無性説、五位の修行と唯識観、仏身・仏土論等々、いくつもの主題があるが、『唯識三十頌』は、そのすべてがわずか三十の詩に盛り込まれている名品である。

『成唯識論』は、それらすべてについて、綿密な解説を施しており、その議論は微に入り細にわたっている。もともと唯識思想はきわめて論理的に構成されているが、『成唯識論』はそのおのおのの問題について、まさに徹底して論理的に究明している。これらをともかくひととおり学ぶことによって、唯識思想の世界観等の全体像をひとまず了解しうることであろう。それは、大乗仏教全体の基礎にあるもので、あらゆる仏教の立場にあっても、大いに参考になるものである。

もちろん、私のこの『成唯識論』の講義は、十巻におよぶその全文を丹念に逐一講義したものではない。主要と思われる箇所をとりあげ、とびとびに講義しつつ、全体に及んだものである。しかしそれでも、『成唯識論』の大体の内容を、ほぼお伝えすることはできたかと思う。唯識思想はいかにも難解のような印象を持たれるかもしれないが、それは言葉がほとんど術語によって成り立っているからである。その術語を一つ一つ学び理解していけば、あとはきわめて合理的、論理的に語られているので、それほどむずかしいことはない。そのことをふまえ、この講義ではその言葉の意味と論の意旨とをわかりやすく解説させていただいたつもりである。

特に本書の特徴をあげれば、第十七頌から第十九頌までの、一切唯識を論証しようとする箇所については、かなり詳しく説明しておいたことがある。一切唯識の九つの立場からの論証（九難義）や生死輪廻の四種の説明など、それらの部分は他の一般的な唯識の解説書においても、あまり触れられていなかったのではないかと思う。もとより浅学菲才の身であり、十全な講義は望むべくもないが、読者には本書において『成唯識論』の思想体系の概要を把握され、それをもとにさらに『成唯識論』の奥深い世界に分け入っていただければ、私の役目は果たせたものと思っている。

なお、テキストに関して、興福寺での講座においては『新導　成唯識論』を採用した。そこで本書でもそのままにしてある。新導本は、活字印刷の一冊本であり、本文の頭や脇等々に重要な注釈の一節が適切に記載されていて、大変便利なものである。

また、今後、さらに学修していかれる方のために、本文引用箇所には、新導本の該当頁等のみならず、いわゆる仏教大系本の『会本　成唯識論』（全四巻）の該当頁等をも記載しておいた。会本というのは、『成唯識論』本文の一、二行から数行ごとに、『成唯識論述記』その他『了義灯』『演秘』等の主要注釈書の該当箇所を並べて掲げて編集したものである。

本書における本文の書き下しは、新導本の訓点に拠ることを基本とし、その読みは国訳大蔵経の『成唯識論』をも参考としつつ、私が平川彰先生等に学んだ経験をもとにしてルビをふるなどしておいた。ごくわずか、私の好みの読み方の採用もあると思うが、その旨、ご了承くだされば幸甚である。上記国訳大蔵経では、すべてルビがふられているので、ご関心のある方は参照されたい。

なお、上述のように本書は講義録を起こしたものが基盤となっており、そのため、なるべく重複するところなどを削除したりしてみたが、なお書き下ろしのように整理されたものとはなっていないことと思う。その点についてはご海容くださるようお願い申し上げたい。

興福寺文化会館で行われたこの講座には、一般市民の方々が、毎回多数、参加してくださっていた。必ずしもこれまで仏教を勉強されてきた方のみでなく、まして唯識の教理などには初めてふれられた方もけっして少なくなかったと思われるが、今日ではややなじみの少ない漢文のテキストを読み、術語を解説しながら説明していく私の講義を、皆さん一様に真剣に聴いてくださり、月一回の奈良行きは緊張感の中にもかけがえのない楽しみであった。また、そのお蔭で私もいろいろと勉強になった。ご参加の方々に、厚く御礼申し上げたい。お見受けしたところ、ご参加の方々も、唯識思想という仏教の、一つの哲学的な世界の、論理性・真実性・現代性等々にいつしか魅せられ、ひきこまれて行かれたようであった。

唯識思想は、一般の人々の間に高い人気があるようなので、興福寺での講義を東京でも再現したいと思い、現在、昼は本郷の東京大学仏教青年会（毎月第一・第三木曜日）、夜は東京・芝の青松寺（毎月第二木曜日）において、講座を開かせていただいている。

やはり講義を重ねる中であらためて気づくこともあり、仏教学の学問の道は尽きないものだと感じている。仏教を真剣に学びたいと考えておられる方々とともに、古今東西の哲学書（かつ宗教書）の中でも代表的な古典ともいうべき『成唯識論』を、さらに勉強していくことができることは、私の大きな欣びである。

最後ではあるが、興福寺仏教文化講座を担当させてくださり、何かと種種ご高配くださった興福寺多川俊映貫首および関係各位に心より御礼申し上げる次第である。また、けっこう大部となった本書の作成にご尽力くださった、春秋社編集部の佐藤清靖氏、棟高光生氏にも、厚く御礼申し上げる。

平成二十一年三月十五日

つくば市故道庵にて

興福寺責任役員　竹村牧男

著者紹介

竹村牧男（たけむら・まきお）

1948年、東京生まれ。東京大学文学部印度哲学科卒業。

文化庁宗務課専門職員、三重大学助教授、筑波大学教授、東洋大学教授を経て、東洋大学学長に就任、2020年3月に退職。筑波大学名誉教授・東洋大学名誉教授、興福寺責任役員。唯識思想研究で博士（文学）。専攻は仏教学・宗教哲学。

主な著書に、『唯識三性説の研究』『華厳とは何か』『唯識の構造』『『華厳五教章』を読む』『『大乗起信論』を読む』『心とはなにか――仏教の探究に学ぶ』『〈宗教〉の核心――西田幾多郎と鈴木大拙に学ぶ』（春秋社）、『日本浄土教の世界』『大乗仏教のこころ』（大東出版社）、『入門　哲学としての仏教』『はじめての大乗仏教』（講談社現代新書）、『唯識・華厳・空海・西田――東洋哲学の精華を読み解く』（青土社）、その他多数。


〈新・興福寺仏教文化講座７〉

『成唯識論』を読む

2009年５月20日　第１刷発行
2025年４月20日　第５刷発行

著　　者＝竹村牧男
著作権者＝興福寺
発 行 者＝小林公二
発 行 所＝株式会社春秋社
〒101-0021　東京都千代田区外神田2-18-6
電話　(03) 3255-9611（営業）(03) 3255-9614（編集）
振替　00180-6-24861
https://www.shunjusha.co.jp/

印　　刷＝萩原印刷株式会社
装　　幀＝本田　進

ISBN 978-4-393-11274-8　C3015　　Printed in Japan
定価はカバーに表示してあります

多川俊映
唯識入門

果てしない覚りへの探究も、まずは身の回りの生活を見つめることから始まる。「唯識」思想を極めて平易に解説する仏教入門。『はじめての唯識』の改題、増補新版。

2200円

多川俊映
俳句で学ぶ唯識 超入門
わが心の構造

仏教の深層心理、唯識の世界の扉を開く、目からウロコの超入門。難解な心の哲学を、俳句や短歌など日本人に身近な詩歌を通して、分かりやすく明快に解き明かす。

2200円

城福雅伸
現代語訳・講義 成唯識論 巻第四

阿頼耶識の存在証明と、第二能変である末那識について、所依、所縁、自性、行相、末那識が常に四煩悩とともに活動することと、ともにはたらく心所等について説明される。

22000円

城福雅伸
現代語訳・講義 成唯識論 巻第五

末那識の三性、阿頼耶識と同じ界地に繋されること、末那の名がなくなる段階などが説明され、末那識の存在証明（二教六理証）がなされる。続いて第三能変（六識）の説明に入る。

16500円

城福雅伸
現代語訳・講義 成唯識論 巻第六

六識と倶にはたらく六位の心所のうち、前巻の遍行と別境に続いて善と煩悩と随煩悩の心所について説明される。

27500円